UNIX C-SHELL PROGRAMMING

유닉스 C쉘 프로그래밍

황민태 지음

HS 도서출판 한산

머리말

필자는 대학원 시절에 Unix C-Shell Field Guide 라는 책을 처음 접하고서 유닉스에 대한 관심을 갖기 시작해 그 동안 개인적으로 크고 작은 유닉스 서버를 다루어 보면서 유닉스에 대한 관심을 지속적으로 유지해 오고 있다. 몇 년 전까지만 해도 국내 모 출판사에서 이 책의 번역본을 계속 출판해 온 터라 선택의 여지없이 이 책을 교재로 사용해 학생들에게 유닉스 기초 명령어와 C쉘 프로그래밍을 지도해 왔으나, 수년 전부터 이 책이 절판되어 더 이상 교재용으로 책을 구할 수 없는 상황이 되어 버렸다.

필자가 생각하는 다양한 C쉘 예제 프로그래밍을 다룬 도서는 더 이상 찾아보기 어려운 터라 유닉스에 대한 이론과 기초 명령어를 다룬 책을 수업 교재로 채택하게 되었고, 이러한 단발적인 유닉스 명령어 실습만으로 수업을 진행하다 보니 학생들의 기억력은 그리 오래가지 못한다는 것을 알게 되었다. 그러다 보니 교재에서 다루는 다양한 유닉스 명령어와 Unix C-Shell Field Guide 책에 나오는 C쉘 프로그래밍 테크닉을 활용해 학생들에게 유닉스를 가르치게 되었고, 점차 C쉘 프로그래밍에 대한 비중이 높아지고 프로그래밍을 통해 다양한 유닉스 명령어들을 자연스럽게 배우게 되는터라 학생들이 교재의 필요성을 느끼지 못하고 있음을 알게 되었다. 더불어 강의 시간에 빠지지 않고 꾸준히 참여하는 학생들과는 달리 개인 사정으로 강의에 불참하는 경우에는 해당 학생들이 큰 불편을 감수해야 한다는 점을 알게 되었다.

이에 필자는 그 동안 수업 시간에 학생들과 다룬 다양한 C쉘 예제 프로그램들과 아이디어를 도출해 학생들에게 내 준 과제나 실기시험 문제들을 C쉘 프로그램으로 개발한 결과물들을 개인 PC의 하드디스크 내에 보관하고 있기에는 너무 아까운 생각이 들어 이들을 담은 교재 집필을 추진하게 되었다.

이 책은 저자가 그 동안 학부 2학년 학생들을 대상으로 유닉스(UNIX) 교과목을 가르치면서 직접 개발한 다양한 C쉘 프로그래밍 예제들을 포함하고 있다. 직접 개발한

C쉘 프로그래밍 예제 프로그램들이 더 많이 있지만, 이 책이 수업 교재로 주로 이용되었으면 하는 생각에서 다소 난이도가 높다고 생각하는 예제들과 학생들을 위한 과제나 실기시험 문제로 다루었으면 하는 내용들은 일부 제외시키도록 했다.

이 책은 16주 강의로 구성되는 대학교 강의 교재에 초점을 맞추어 분량을 정했으며, 일반인이라 할지라도 예제를 중심으로 조금씩 배우다 보면 짧은 시간내에 마스터할 수 있도록 구성하였다. 하지만 책의 분량이 적다고 해서 유닉스 시스템을 이해하는 데 필요한 핵심 기능이 빠져있을 것이라고 생각하지 않기를 바란다.

이 책의 구성을 살펴보면 다음과 같다.

제1장에서는 유닉스 이론에 대한 장황한 설명보다는 유닉스 실습 환경을 구축하는 방법을 중점적으로 다루었다. 개인용 컴퓨터에 버추얼 박스와 솔라리스를 설치하는 방법, 리눅스를 설치하는 방법 그리고 터미널 에뮬레이터를 이용하는 방법 등 모두 세 가지 방법으로 유닉스를 실습할 수 있는 환경 구축 방법을 제시하고 있다. 수업 교재로 사용하는 경우에는 개인용 컴퓨터에 솔라리스나 리눅스를 설치해서는 수업 운용이 불편할 것으로 예상되므로 이 책에서 핵심적으로 다룬 것처럼 유닉스 서버에 학생들의 사용자 계정을 발급해 주고서 이 계정에 로그인해서 실습하는 것을 권장한다.

제2장에서는 유닉스 시스템의 명령 라인에서 파일이나 디렉토리를 대상으로 한 기초 명령어를 비롯한 다양한 기초 명령어들을 살펴보았다. 이러한 명령어들은 유닉스 관련 대부분의 책에서 다루는 내용이므로 설명이 부족하다 싶으면 인터넷이나 다른 책들을 참고하기 바란다.

제3장에서는 유닉스 시스템에서 인기있는 텍스트 편집기인 vi 사용법을 다루었다. 이 책에서 다루는 다양한 유닉스 C쉘 예제 프로그램들을 직접 코딩해 보려는 경우에 vi 편집기는 아주 유용하게 사용될 것이다.

제4장에서는 C쉘 프로그래밍을 위한 기초 문법을 다루고 있다. 변수 선언과 참조를 비롯해 반복문과 조건분기문 등의 C쉘 프로그래밍 기초 문법을 간단한 예제를 통해 배울 수 있도록 구성하였다.

제5장에서는 앞서 배운 다양한 유닉스 명령어와 반복문과 조건분기문 등의 기초 문법을 활용해 만들어 볼 수 있는 간단한 예제 프로그램들을 다루었다. 처음부터

복잡한 프로그램을 접하다 보면 쉽게 지치고 포기할 가능성이 높기 때문에 예제로 다룬 대부분의 소스 코드들이 주석과 공백 라인을 제외하면 10줄 전후로 만들어져 있어 이해하기 쉽도록 구성되어 있다. 명령어만 자꾸 외우려 하면 금방 잊어버리기 쉬우므로 이들 명령어들과 조건분기문이나 반복문을 이용해 새로운 명령어를 만들어 내는 예제들을 조금씩 다루다 보면 어느새 다양한 명령어가 쉽게 이해되고 기억에 남아 있음을 느낄 수 있을 것이다.

필자가 최근 몇년간 대학교 2학년 학생들을 대상으로 유닉스 교과목을 가르치면서 휴지통 프로그램, 숫자 야구 게임 그리고 비주얼 트리 프로그램의 세 가지 과제를 내어왔다. 이러한 세 가지 과제는 각각 파일과 디렉토리 관련, 난수(Random Number) 활용 관련 및 재귀적 함수 호출 관련 이라는 서로 다른 분야로 구성되어 있다. 과제와는 별개로 실기 시험에 있어서도 이들 세 가지 분야를 응용해 해마다 새로운 문제들을 출제해 오고 있다.

제6장에서는 휴지통 프로그램을 궁극적으로 만들어 보기 위해 파일과 디렉토리를 활용한 예제를 다루어 본 다음 기본적인 휴지통 기능을 만들어 가는 과정을 다루었다. 하지만 이 책에서는 휴지통 프로그램이 가져야 할 모든 기능을 제시하지 않고, 학생들이 과제로 만들어야 하는 부분은 힌트만 제시하고 과제로 남겨놓았다.

제7장에서는 난수를 이용한 다양한 게임들을 다루어 보았다. 학생들에게 다양한 난수 활용 예제 아이디어를 내어서 과제나 실기 시험으로 다루어 보면 좋을 것이다.

제8장에서는 재귀적 함수 호출을 이용한 다양한 프로그램들을 다루어보았다. 필자가 생각하기에는 C쉘 프로그래밍을 이용해 만들 수 있는 대부분의 예제를 다룬 것이 아닌가 할 정도로 많은 예제를 다룬 것 같다. 하지만 조금만 신경을 써서 규칙을 찾아내면 새로운 예제들을 많이 발굴할 수 있을 것이라 생각한다. 그리고 이 책에서는 비주얼 트리 프로그램의 기본 골격만을 제시한 후에 이를 완성하도록 하는 과제를 제시하고 있음을 알 수 있다.

마지막으로 제9장에서는 네트워크 관련 명령어, 암호나 압축 관련 명령어, 관리자용 명령어 등을 다루었다. 이들 명령어들을 추가로 익히게 된다면 충분히 리눅스 마스터 자격증 취득에도 도전할 수 있을 것으로 생각된다. 다만 이 책은 제목에서 알 수 있는 바와 같이 다양한 유닉스 C쉘 프로그래밍 기술을 예제를 중심으로 살펴보고 있으므로,

유닉스 시스템에 대한 이론 부분은 인터넷을 비롯한 다양한 서적을 통해 보충해야 할 것으로 생각된다.

이 책에서 다룬 유닉스 명령어와 C쉘 프로그래밍 예제 프로그램들이 비록 빈약해 보일지 몰라도 이 정도만 알고 있어도 유닉스 서버 시스템을 다루는 데 자신감을 가질 수 있을 것이다. 자신이 유닉스 관리자이건 개인 사용자이건 간에 이 책을 기초로 하여 다양한 유닉스 명령어를 자유자재로 사용할 수 있고, C쉘 프로그래밍을 이용해 보다 강력한 새로운 명령어나 유틸리티를 만들어 낼 수 있는 실력을 갖추어 나가길 바란다.

처음 집필을 시작할 때에는 장과 절을 어떻게 구성해야 할지 난감한 상황이었지만 가지고 있는 소스 코드들을 적절한 장과 절에다 먼저 배치해 자리를 잡고 나니 그 전후에 와야 할 내용들이 명확해 지며 희망이 보이기 시작하더군요. 년초부터 이런 가닥을 잡고서 집필을 시작했으나 기술개발 과제 및 보직 업무 수행 등으로 인해 중간 중간 집필에 제동이 걸린 터라 거의 한달 반에 걸쳐 집필이 진행되었고, 이제 마무리 차원에서의 머리말 인사를 적게되니 가슴이 벅차오르고 감개가 무량함을 느낀다.

이 책에서 다룬 다양한 예제 프로그램들은 직접 유닉스 서버에 접속해 코드를 작성하고 실행을 시켜본 다음 그 결과 화면을 캡쳐해서 원고에다 삽입하는 과정으로 진행해야 한다. 그러나 학교 전산망 관리 규정에 따라 전산실에 있는 유닉스 서버 시스템을 방화벽으로 막아놓았기 때문에 외부에서 터미널 에뮬레이터를 이용해 접근할 수가 없고 학내에서만 작업이 가능한 상황이었다. 그러다 보니 주말에도 가족을 외면한 체 틈틈히 학교에 출근해 집필 작업을 할 수 밖에 없었기에 집필 기간 내내 가족들에게 미련과 아쉬움을 많이 안겨줬다는 느낌이 든다. 이제 집필을 끝냈으니 더 이상 미련을 두지않고 일찍 퇴근해 가족들과 함께 즐거운 시간을 보내련다.

이 책에서 다룬 예제 프로그램을 비롯해 여러분들이 유닉스를 공부하는 과정에서 궁금하신 점이 생기면 언제든지 이메일 professorhwang@gmail.com으로 연락주시면 빠른 답장으로 궁금증을 해결해 드리도록 노력할께요. 끝으로 이 책이 나오기 까지 도움을 준 제자 강문중 학생과 도서출판 한산 관계자 여러분들께 감사의 뜻을 전합니다.

2014년 2월

저자 황민태

차 례

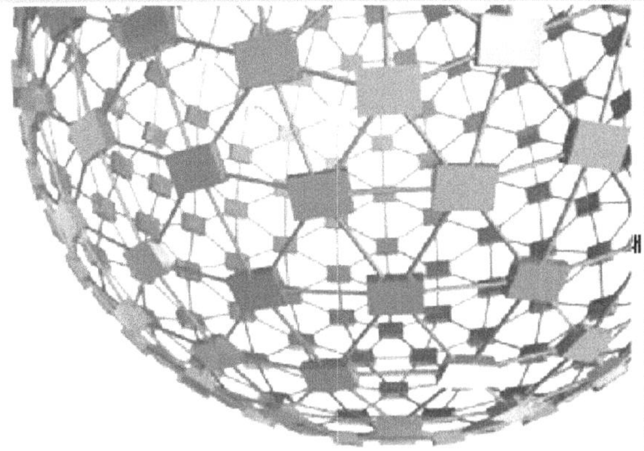

1 유닉스 실습 환경 구축

1. 유닉스(UNIX)의 역사

1960년대 말에 AT&T의 벨 연구소와 MIT 대학 그리고 GE(General Electronics) 회사는 Multics라 불리는 운영체제를 개발하고 있었다.

당시의 컴퓨터는 동시에 한 사용자가 하나의 작업만을 수행할 수 있었기에 값비싼 가격에 비해 매우 비효율적인 존재인 셈이었다. 이러한 값비싼 컴퓨터를 효율적으로 운용하기 위한 여러 가지 기법이 연구되었는데 이 중의 하나가 바로 시분할 방식이다. 이는 컴퓨터의 사용 시간을 아주 미세한 단위로 쪼개어 여러 사용자에게 배분함으로서 동시에 여러 사용자가 하나의 컴퓨터를 쓸 수 있는 방식이었다. 바로 Multics는 이 개념을 도입한 혁신적인 운영체제 중 하나였다.

Multics는 이러한 기능 이외에도 여러 가지 혁신적인 기능을 갖고 있었지만, 그 만큼 단점도 많았기에 결국 벨 연구소는 Multics 프로젝트를 중단시켜 나갔다. 이 때 Multics 프로젝트에 참가 중이던 켄 톰슨은 데니스 리치(C 언어의 창시자), 루드 카나데이와 함께 연구소 내에 잘 쓰지 않는 컴퓨터 한 대를 구해 거기에다 자신이 만든 "우주 여행(Space Travel)"이란 게임을 돌리기 위한 새로운 운영체제를 만들고서 Multics 운영체제에 대한 패러디 이름으로서 Unics라 이름을 붙였다. 이 운영체제는 Multics와 달리 시분할 운영체제가 아니었고 멀티태스킹도 불가능했으나 이후 시분할 개념을 도입해 지금처럼 멀티태스킹이 가능한 운영체제가 되었고 이름을 유닉스(UNIX)로 개명했다.

이때까지도 UNIX는 비공식적인 프로젝트였고, 톰슨과 리치는 워드프로세서를 개발하는 건으로 회사로부터 공식적인 자금 지원을 받아 유닉스를 계속 개발했다. 1970년이 되어 유닉스는 마침내 공식적인 프로젝트가 되었다.

그 후 데니스 리치는 유닉스 운영체제를 만들기 위한 프로그래밍 언어로서 C언어를 개발하게 되었고, 유닉스는 아주 필수적인 부분만을 어셈블리어로 만들고 나머지는 모두 C 언어로 다시 만들어지게 되었다. C 언어는 타 기종으로 이식이 쉬운 특징으로 인해 유닉스는 호환성이 대단히 좋아졌고, 다른 기종의 컴퓨터로 유닉스 운영체제를 옮길 때에는 어셈블리어로 작성된 부분만을 새로 짜면 되었다.

당시 AT&T는 전화 사업에 대한 독점기업이었기 때문에 반독점법에 의해 그 외의 분야에 대해서는 상품 및 용역의 유료 제공이 금지되어 있었다. 따라서 유닉스 운영체제는 그 소스 코드까지 모두 무료로 공개되었고, 수많은 곳에서 이 유닉스를 사용하게 되었다. 또한 AT&T에서 유닉스에 대한 사후 지원을 제공할 수 없게 되자 각지에서 사용자 그룹들이 생겨나 제각각 유닉스에 대한 기능 수정과 보강을 진행해 왔다.

그 후 1983년에 또 다시 반독점법에 의거해 AT&T에서 분사해 별개의 사업체가 된 벨 시스템은 반독점법의 제제를 받지 않게 되자 유닉스의 유료화를 추진하게 되나 이는 기존의 오픈 소스 사용자들의 반발을 불러일으키게 되고, 결국 유닉스는 이후 여러 갈래의 버전으로 나누어지게 된다.

버클리 소프트웨어 재단(BSD)은 상용으로 팔리는 유닉스의 버전을 피해 구 버전의 유닉스를 토대로 오픈 소스 유닉스를 계속 개발해 나갔다. BSD에서 발전시킨 유닉스의 코드는 BSD 계열의 다른 유닉스 운영체제뿐만 아니라 AT&T에서 만든 상용버전의 유닉스와 마이크로소프트 윈도우즈(Microsoft Windows) 운영체제의 초기 버전에도 탑재되기에 이르렀다.

1999년에 이 BSD 계열 유닉스를 기반으로 애플의 MacOS X가 발표되었으며, 이후 아이폰, 아이패드 등 애플사 휴대기기에 탑재되는 모바일 운영체제인 iOS 또한 이를 기반으로 하게 된다.

또한 단순히 소스 코드를 차용해 만들어진 것 외에도 유닉스의 설계 사상과 그 개념만을 따르고 단 한 줄의 소스 코드 인용 없이도 유닉스 계열의 운영체제를 새로 만들어 내는 경우도 생겨났다. 이렇게 탄생한 것 중 하나가 바로 1991년 리누스 토르발스가 장난삼아 만들어 공개한 리눅스(LINUX)로서 단 한 줄의 소스 코드도 기존 운영체제로부터 인용되지 않았으므로 라이선스 문제에 있어 자유로웠다. 리눅스의 이러한 특징은 GNU 재단이 자신들이 만들고 있던 운영체제의 커널(Kernel)로 채택하는 이유가 되었고, 이후 지금까지 수많은 사용자와 기업들이 다양한 분야에서 리눅스를 사용해 오고 있다.

2. 유닉스의 미래

대부분의 일반 데스크톱 PC 사용자들은 마이크로소프트의 윈도우에 익숙하다 보니 유닉스 운영체제가 생소하다 느끼거나 사용하기 어려울 거라 생각한다. 그리고 유닉스에 대해서는 알 필요성을 그다지 느끼지 못하는 것이 당연한 일이다.

Net Applications 사의 2013년 6월 시장 조사에 따르면, 일반 데스크톱 PC 시장에서의 윈도우 운영체제의 점유율은 91.26%로서 단연 압도적이다. 이미 일반 사용자를 대상으로 한 프로그램은 거의 대부분이 윈도우 기반으로 만들어져 있으며, 설사 그렇지 않다 해도 반드시 윈도우용 버전이 제공된다. 폐쇄정책이 심한 애플사마저 iTunes 등의 프로그램을 윈도우용으로 내놓는다.

소비자들을 위한 거의 모든 프로그램이 얼마든지 필요하다면 윈도우에서 사용할 수 있게 제공되는 상황이니 당연히 유닉스에 대해서 알 필요성을 느끼지 못한다. 하지만 한 가지 조건이 있다. 어디까지나 단지 이용자로서만 남는다는 전제이다.

비록 마이크로소프트의 윈도우가 PC 운영체제 시장을 거의 독점한 것은 사실이나, 그 이외의 시장에서서는 전혀 이야기가 다르다. 2012년 4분기 서버 시장에서의 윈도우 점유율(45.8%)은 독점에 가까운 데스크톱 환경과는 달리 UNIX와 거기서 파생되어 나온 운영체제인 리눅스 운영체제의 점유율(37.6%)과 비교해 볼 때 호각세이다. 국내 대표적 포털 사이트인 네이버(Naver)와 다음(Daum)은 자사의 서버에 리눅스 계열의 하나인 CentOS를 사용하고 있으며, 구글이나 IBM 등도 모두 리눅스를 사용 중이다. 슈퍼컴퓨터에서는 더욱 격심한 점유율의 차이를 보이는데, 2011년 6월 조사 결과 가장 빠른 슈퍼컴퓨터의 10위 내에 드는 컴퓨터 중 9대가 리눅스를 사용했으며, 국내 기상청에서 사용하는 두 대의 슈퍼컴퓨터 또한 리눅스를 사용하고 있다. 심지어 우리가 자주 쓰는 스마트 폰의 iOS나 안드로이드 모바일 운영체제마저 유닉스 계열의 운영체제이다. 반면 윈도우는 스마트 폰 운영체제에서의 점유율이 고작 1.33%(2013년 6월 기준)에 불과하다.

데스크톱 이외의 분야에서 유닉스나 리눅스의 높은 점유율은 중요한 점을 시사한다. 비록 우리가 일상에서 흔히 보고 만지는 데스크톱은 윈도우를 쓰는 경우가 대부분이지만, 그 윈도우를 통해 우리가 접하는 웹 사이트, 게임, 메일, 메신저 등의 수많은 인터넷 기반 프로그램들이 운영되는 서버의 운영체제는 사실 대부분이 유닉스 계열 기반이라는 것이다. 그리고 이제 누구나 쓰게 된 스마트 폰의 운영체제의 절대 다수를 차지하는 iOS와 안드로이드 모바일 운영체제마저도 유닉스를 그 시초로 두고 있으므로 우리 주변의 네트워크 환경에서 유닉스가 없는 곳은 찾아보기 힘들다 봐도 좋다.

단순히 네트워크 환경만이 아니다. 전문적인 작업 분야에서도 유닉스 계열 운영체제의 강세는 옛날부터 쭉 이어져 내려왔다. 심지어 국제 우주정거장에서는 2013년 5월, 정거장에서 사용되는 모든 노트북의 운영체제를 윈도우에서 데비안 계열 리눅스 운영체제로 바꾸었다. 또한 발전소의 관리 시스템 또한 유닉스 기반으로 만들어지는 경우가 많은데 한국수력원자력(주)에서는 구매시방서에 유닉스 운영체제를 사용할 것을 명시하고 있다.

유닉스가 생소해 보이는 것은 어디까지나 일반 소비자 입장에서의 데스크톱 PC 시장에서 뿐이라는 것이다. 물론 단순히 콘텐츠 소비자로서의 영역에서라면 유닉스를 몰라도 상관없을지 모르나 단순 소비자에서 벗어나 컴퓨터나 모바일 등의 관련 업계에서 종사하거나 향후 예정인 사람이라면 유닉스는 몰라서는 안 될 필수적인 운영체제이다.

3. 유닉스의 특징

유닉스는 마이크로소프트 윈도우즈와는 달리 단 하나의 특정한 운영체제를 가리키는 말이 아니다. 유닉스는 앞서 소개한 바와 같이 다양한 이름을 가진 여러 가지 버전으로 갈라져 있으며, 이들을 통칭해 유닉스라 부르는 것이다. 같은 유닉스 범주에 들어가는 운영체제들도 각 버전별로 서로 조금씩 다를 수 있으며 호환성 및 동작에서 차이를 보인다.

아래에 소개하는 내용은 유닉스의 장점을 열거한 것이다. 이미 여기에 나열된 많은 장점들은 이미 다른 운영체제에서 흡수한지 오래된 터라 현 시점에서 과연 이것들을 장점이라고 내세울 수 있을지는 의문스럽다.

- 뛰어난 통신기능

  대부분의 유닉스 시스템은 현재 인터넷에서 사용하고 있는 표준 프로토콜에 기반을 둔 통신 기능을 운영체제 자체에 포함하고 있으며, 이러한 강력한 통신 기능은 오늘날 유닉스를 가장 인기 있는 운영체제로 만든 큰 요인이 되고 있다.

- 복수 사용자와 다중 처리 지원

  유닉스 시스템은 시분할(Time Sharing) 방식의 멀티태스킹 환경을 제공하므로, 동시에 여러 명의 사용자가 여러 개의 작업을 동시에 처리할 수 있다.

- 뛰어난 호환성

  유닉스는 대부분이 C 언어로 작성되어 있으며, 필수 불가결한 부분만이 어셈블리어로 만들어져 있다. 따라서 이기종의 하드웨어 플랫폼 간에도 이식이 매우 편리하다.

- 뛰어난 유연성

  유닉스는 운영체제(OS: Operating System)를 보조할 수 있는 다양한 유틸리티(Utility) 소프트웨어를 제공한다. 사용자는 필요에 따라 유틸리티 소프트웨어를 구입 혹은 제작해 자신이 원하는 기능을 유닉스에 추가할 수 있다.

- 대화형 시스템

  사용자가 명령을 내리면 유닉스 시스템은 그 명령을 수행하고 결과를 응답하는 방법으로 작업이 진행된다. 과거의 운영 체제는 한 번 명령을 내린 후 그 응답을 듣기 위해서는 오랜 시간을 기다려야 하는 경우가 많았다. 즉, '실시간 대화형 응답' 이란 것은 꽤 최근의 개념이다.

- 쉘 프로그래밍

  쉘(Shell)은 사용자의 명령어 입력을 계속 체크하다 사용자의 명령어가 입력되면 이를 해석해 커널(Kernel)로 전달한 다음 사용자가 지시한 작업을 수행하도록 명령한다. 쉘은 반복적이고 복잡한 명령어를 대화식으로 간단히 처리할 수 있는 매우 중요한 기능을 제공한다.

- 계층적 파일 시스템

  유닉스 시스템에서 사용하는 파일의 종류와 수는 매우 많은데, 이러한 파일을 쉽게 다루기 위하여 서로 연관되고 접근하기 쉬운 유형에 따라 파일들을 묶어주는 계층적 구조, 즉 트리(Tree) 구조를 사용한다.

- 소프트웨어 개발 도구

  유닉스는 오랫동안 강력한 개발 환경으로 평가되었는데, 이는 최적화된 C 컴파일러, 그리고 소스 코드 디버거 등을 포함한 풍부한 개발 도구들을 제공하기 때문이다. 유닉스는 그 밖에도 입출력 방향 지정(Redirection), 파이프(Pipe), 텍스트 처리(Text Processing) 및 포맷팅(Formatting), 그리고 강력한 워드프로세서 기능을 갖춘 에디터 등을 갖추고 있다.

– 강력한 권한 관리
유닉스는 모든 파일과 디렉토리에 대해 그 소유주와 그 외 사용자들의 접근 권한을 엄격하게 제한한다. 관리자 권한은 매우 제한적으로서 제한된 인원에게 필요할 때에만 일시적으로 제공하는 것이 엄격하게 적용된다. 이는 곧 악성 프로그램 및 외부의 공격자가 공격할 수 있는 보안상의 약점을 현저히 줄이고 프로그램의 과도한 시스템 간섭을 막아 안정성을 높인다.

이러한 장점을 가진 유닉스 운영체제가 일반 데스크톱에 탑재되는 마이크로소프트 윈도우 운영체제와 대비되는 가장 큰 특징은 아래와 같다.

– 동시 복수 사용자의 허용
윈도우 운영체제는 서버용을 제외하고는 다중 사용자를 허용하지 않는다. 원격 접속을 지원하지만 동시에는 단 한 명만이 사용할 수 있다. 반면 유닉스는 기본적으로 서버용 운영체제로 만들어졌기 때문에 가상 터미널 에뮬레이터 등으로 원격 접속을 통해 여러 명이 동시에 사용하는 것이 가능하다.

– 엄격한 권한 관리
유닉스는 앞서 언급한 바와 같이 엄격한 권한 관리 기능을 제공한다. 심지어 관리자라 할지라도 무조건 일반 권한 사용자로 먼저 로그인한 후에 최상위 권한 계정인 root로 로그인할 수 있게 되어 있는 경우도 있다. 이는 최상위 권한을 가진 관리자라 할지라도 평상시에는 일반 계정을 이용하다가 필요한 경우에만 관리자 권한을 잠깐 가지는 것을 권장한다는 뜻이다. 반면에 윈도우의 경우 일반적으로 관리자 권한을 그대로 사용하는 경우가 대부분이며 관련 소프트웨어 또한 관리자 권한을 당연하다는 듯 요구하는 것들이 많다. 또한 각 사용자 계정간의 파일의 접근 제한이 관리자 권한 남발로 인해 잘 이루어지지 않는다. 윈도우에서 비교적 권한 관리가 엄격해진 것은 윈도우 비스타(Windows Vista) 운영체제부터 이다.

– 문자가 할당되지 않는 드라이브
윈도우의 경우 각각의 하드 드라이브나 CD-ROM, USB 플래시 메모리에 대해 각각 문자를 할당(예: C 드라이브, D 드라이브 등)한다. 반면 유닉스의 경우에는 드라이브에 대한 할당 문자라는 개념이 없으며, 이 드라이브들은 디렉토리 비슷한 형식으로 '연결'된다. 예를 들어 유닉스에 기반을 둔 안드로이드 운영체제의 경우 외장 MicroSD 카드의 경우는 /storage/extSdCard 이고, 솔라리스의 경우 첫 번째 CD-ROM 드라이브의 경로는 /cdrom/cdrom0 과 같은 식으로 다룬다.

- 대소문자의 구별
  유닉스 운영체제는 명령어, 파일 및 디렉토리 등의 이름에서 대소문자를 구별한다. 가령 디렉토리 내의 파일 리스트를 보여주는 ls 명령어는 LS, Ls 혹은 lS 형태로 입력하면 실행되지 않는다. 파일 이름 또한 대소문자를 정확히 기입하지 않으면 다른 파일로 간주된다.

4. 유닉스의 설치

기본적으로 유닉스는 서버용 운영체제이기 때문에 회사나 학교 등의 기관에서 별도의 시스템을 구축하고서 관리자에 의해서만 서버에 접근해 작업을 하고, 개인 사용자들은 서버에 설치된 응용 프로그램이나 업무용 소프트웨어를 웹 브라우저(Web Browser)나 개인용 PC에 설치된 클라이언트 프로그램을 이용해 활용을 하는 게 일반적이다.

하지만 요즈음은 개인용 컴퓨터가 서버급 컴퓨터에 못지않은 고급 사양을 가지고 출시되는 터라 개인용 컴퓨터에도 충분히 유닉스를 설치해 사용할 수가 있다. 그러나 개인용 컴퓨터는 주로 사용자의 문서 작업이나 인터넷 사용을 위해 사용하는 경우가 대부분이다 보니 그 목적에 맞추어 전원 관리 기능이나 프로세서나 메모리 등의 자원 관리 기능을 갖추고 있다. 따라서 개인용 컴퓨터에 유닉스를 설치하게 되더라도 이를 24시간 내내 쉬지 않고 운영하면서 다수의 사용자가 동시에 접속해 작업을 할 수 있는 서비스 제공을 목적으로 하지 말고 개인이 스스로 유닉스를 집에서 공부하는 목적 정도로만 생각하는 것이 좋을 것이다.

개인 사용자가 자신이 보유한 최신 사양의 컴퓨터에다 기존의 윈도우 운영체제를 제거하고 유닉스 운영체제만을 설치해 유닉스를 공부하기에는 경제적인 부담이 커질 수밖에 없다. 따라서 이 책에서는 기존의 윈도우 운영체제를 그대로 사용하면서 이러한 윈도우 상에서 동작하는 가상머신 프로그램을 설치해 이 가상머신에다 유닉스 운영체제를 설치하는 방법을 제시하고자 한다. 가상머신 프로그램은 윈도우 운영체제 상에 새로운 가상의 컴퓨터를 만들어 주는 것이며, 이 컴퓨터에 유닉스 운영체제를 설치하는 경우에는 개인 사용자가 기존의 윈도우 운영체제를 그대로 사용하면서, 윈도우 운영체제에 설치된 하나의 응용 프로그램 형태로서 유닉스 운영체제를 사용할 수 있게 되므로 여러모로 편리한 기능을 제공할 것이다.

우리가 이 책에서 설치해 사용할 유닉스 운영체제는 오라클(Oracle) 사에 인수 합병된 썬 마이크로시스템즈(Sun Microsystems) 회사에서 만든 솔라리스(Solaris) 운영체제이다. 오라클은 2013년 7월을 기준으로 해서 상업적인 용도로 사용하는 경우 외에는 솔라리스를 무료로 다운로드 받을 수 있도록 제공하고 있다. 오라클은 또한 가상 머신 소프트웨어인 버추얼 박스(Virtual Box)도 교육 목적으로는 완전히 무료로 제공하고 있다. 따라서 이 책에서는 오라클 사에서 제공하는 무료 유닉스 운영체제인 솔라리스와 가상 머신 소프트웨어인 버추얼 박스를 사용하고자 한다.

오라클 회사의 웹사이트 주소는 http://www.oracle.com 이며, 이곳에서 솔라리스 운영체제의 설치 이미지 파일과 버추얼 박스 소프트웨어를 모두 다운로드 받을 수 있다.

현재 오라클 사에서 제공되는 가장 최신의 솔라리스는 버전 11이지만, 버전 11은 64비트 전용이므로 이 책에서는 개인용 컴퓨터가 32비트 운영체제를 사용하는 독자를 고려해 32비트 버전도 제공되는 버전 10을 사용하도록 한다. 또한 자신이 가진 컴퓨터의 아키텍처에 맞는 솔라리스 설치 이미지 파일을 골라야 하는데, 우리가 일반적으로 사용하는 개인용 컴퓨터는 모두 x86 아키텍처 이므로 다운로드 사이트에서 SPARC 버전이 아닌 x86 버전을 다운로드 받도록 한다.

아래 그림은 오라클 웹사이트에서 솔라리스 버전 10(x86 버전)을 다운로드 받을 수 있는 페이지 모습을 보여준다.

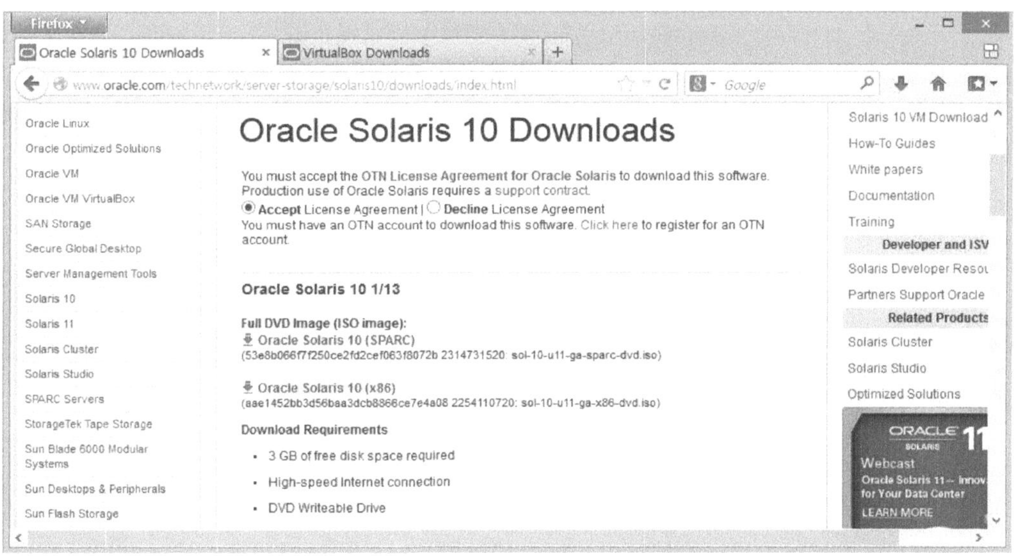

솔라리스 운영체제를 다운로드 받았으면, 이제 버추얼 박스를 다운로드 받도록 하자. 버추얼 박스는 32비트/64비트 공용이므로 그냥 윈도우용을 다운로드 받으면 된다. 아래 그림에서 Windows (32-bit/64-Bit) 라고 적혀있는 부분의 오른쪽 옆에 있는 링크를 클릭해 다운로드 받으면 된다.

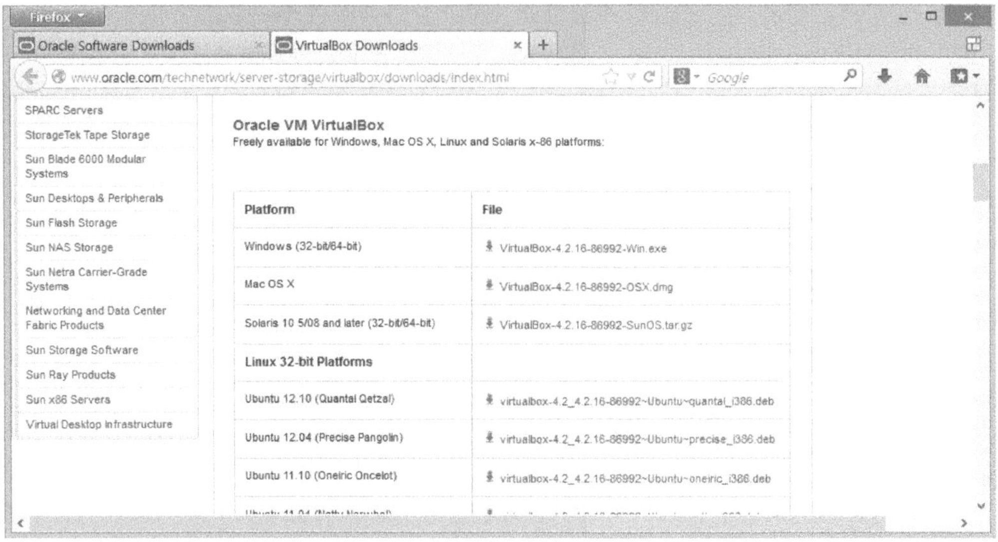

오라클 웹사이트에서 솔라리스와 버추얼 박스 설치 소프트웨어를 모두 다운로드 받았다면, 먼저 가상 컴퓨터를 생성해야 하므로 다운로드 받은 버추얼 박스를 먼저 설치하도록 한다. 만약 자신의 컴퓨터에 이미 다른 가상 머신 소프트웨어를 사용하고 있다면 그 소프트웨어를 그대로 사용하는 것을 추천한다. 가상 머신간의 인터넷 공유 설정 문제로 인해 두 프로그램이 동시에 정상 동작하지 않을 수가 있기 때문이다.

아래 그림은 다운로드 받은 버추얼 박스 설치 소프트웨어를 설치하는 모습이다.

Oracle VM VirtualBox 4.2.16 Setup
Welcome to the Oracle VM VirtualBox 4.2.16 Setup Wizard
The Setup Wizard will install Oracle VM VirtualBox 4.2.16 on your computer. Click Next to continue or Cancel to exit the Setup Wizard.
Version 4.2.16
Next >
Cancel

버추얼 박스의 설치가 완료되었다면 버추얼 박스를 실행하도록 한다. 아래 그림과 같은 화면이 나타날 것이다.

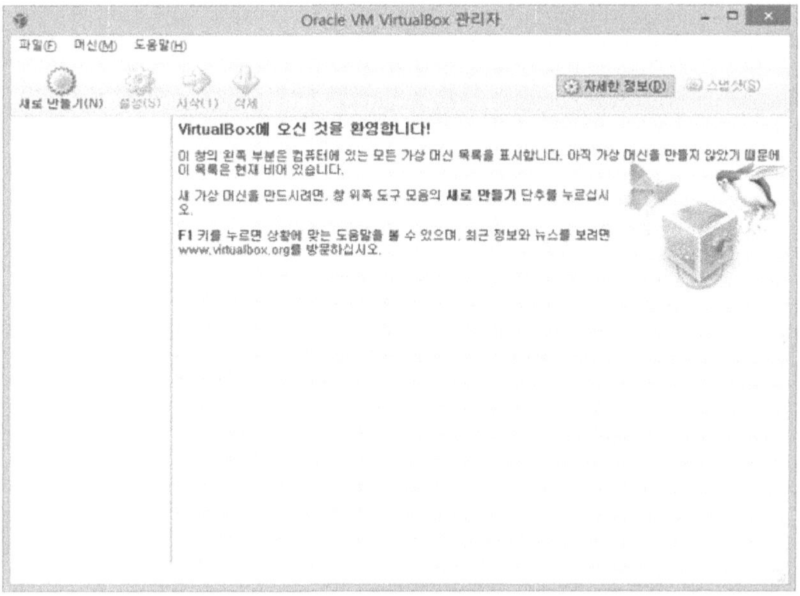
Oracle VM VirtualBox 관리자
파일(F) 머신(M) 도움말(H)
새로 만들기(N)
자세한 정보(D)
VirtualBox에 오신 것을 환영합니다!
이 창의 왼쪽 부분은 컴퓨터에 있는 모든 가상 머신 목록을 표시합니다. 아직 가상 머신을 만들지 않았기 때문에 이 목록은 현재 비어 있습니다.
새 가상 머신을 만드시려면, 창 위쪽 도구 모음의 새로 만들기 단추를 누르십시오.
F1 키를 누르면 상황에 맞는 도움말을 볼 수 있으며, 최근 정보와 뉴스를 보려면 www.virtualbox.org를 방문하십시오.

새로 만들기 탭을 눌러 아래 그림과 같이 새로운 가상 머신을 생성하도록 하자.

가상 머신 만들기
이름 및 운영 체제
새 가상 머신을 나타내는 이름을 입력하고 설치할 운영 체제를 선택하십시오. 입력한 이름은 VirtualBox에서 가상 머신을 식별하는 데 사용됩니다.
이름(N):
종류(T): Solaris
버전(V): Oracle Solaris 10 10/09 and later
설명 숨기기
다음(N)
취소

이름은 자신이 원하는 이름을 입력하면 되고, 우리가 사용할 운영체제가 솔라리스 10의 가장 최신 버전이므로 Oracle Solaris 10 10/09 and later 옵션을 선택하도록 한다.

그리고 가상 머신에 할당할 RAM 용량을 설정하도록 한다. 여기서 주의할 점은 가상 머신이 켜져 있을 때 가상 머신에 할당해 준 RAM 용량을 모두 사용하게 되므로 개인용 컴퓨터의 전체 RAM 용량을 할당하지 않도록 한다. 만약 전체 RAM 용량을 가상 머신에 할당하게 되면 윈도우 운영체제의 기능 사용에 제약이 따를 수 있기 때문이다.

또한 RAM 용량을 너무 적게 할당하면 가상 머신이 너무 느려질 수 있다. 따라서 개인용 컴퓨터가 가진 RAM 용량이 8GB 이하이라면 50% 가량을 가상 머신에 할당하고, 그 이상이라면 4GB 정도까지를 할당해 주면 좋다.

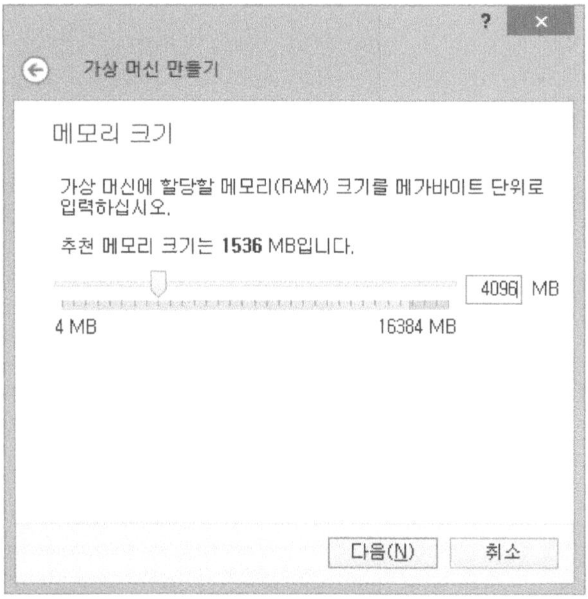
가상 머신 만들기
메모리 크기
가상 머신에 할당할 메모리(RAM) 크기를 메가바이트 단위로 입력하십시오.
추천 메모리 크기는 1536 MB입니다.
4096 MB
4 MB
16384 MB
다음(N)
취소

그 다음은 가상 머신의 하드 드라이브를 설정할 차례이다. 가상 머신의 하드 드라이브는 가상 하드 드라이브 파일의 형태로 저장되며 실제 컴퓨터의 저장 공간을 차지하게 되므로 주의하자.

아래 그림은 실제 하드 디스크 내에 저장될 가상 하드 디스크 파일의 형식을 지정하는 메뉴이다. 여기서는 VDI 혹은 VHD를 추천한다. 따라서 별 다른 설정 없이 다음으로 넘어가도 된다.

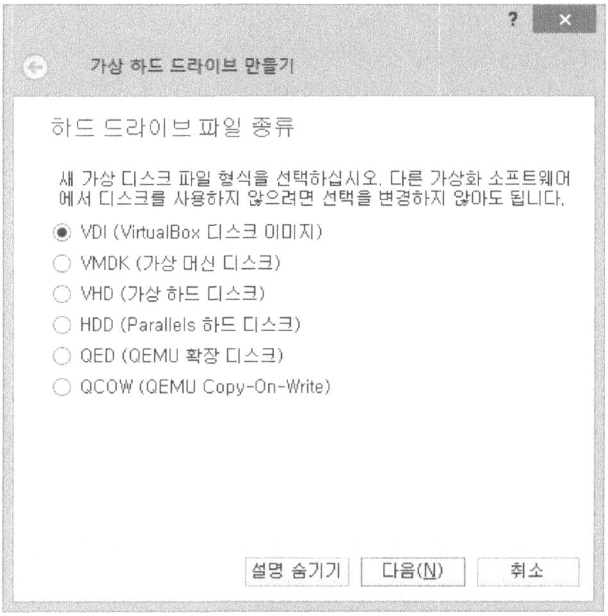
가상 하드 드라이브 만들기
하드 드라이브 파일 종류
새 가상 디스크 파일 형식을 선택하십시오. 다른 가상화 소프트웨어에서 디스크를 사용하지 않으려면 선택을 변경하지 않아도 됩니다.
VDI (VirtualBox 디스크 이미지)
VMDK (가상 머신 디스크)
VHD (가상 하드 디스크)
HDD (Parallels 하드 디스크)
QED (QEMU 확장 디스크)
QCOW (QEMU Copy-On-Write)
설명 숨기기
다음(N)
취소

다음 단계로 넘어가면 아래 그림과 같은 화면이 나타난다. 여기서는 동적 할당을 선택하도록 한다.

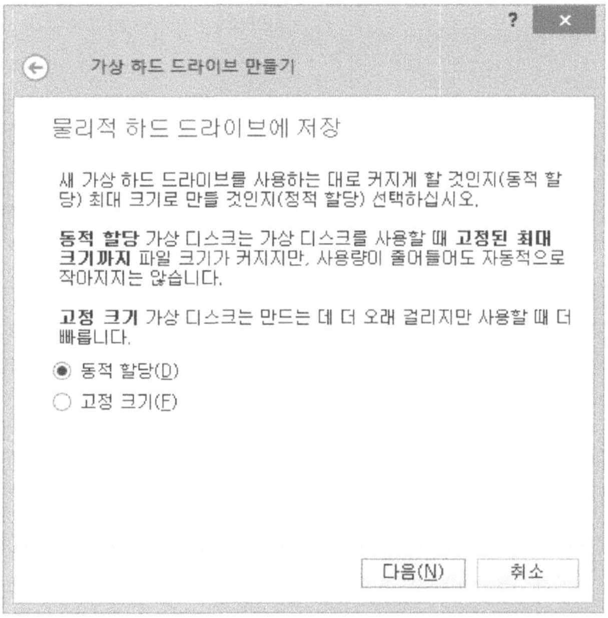
가상 하드 드라이브 만들기
물리적 하드 드라이브에 저장
새 가상 하드 드라이브를 사용하는 대로 커지게 할 것인지(동적 할당) 최대 크기로 만들 것인지(정적 할당) 선택하십시오.
동적 할당 가상 디스크는 가상 디스크를 사용할 때 고정된 최대 크기까지 파일 크기가 커지지만, 사용량이 줄어들어도 자동적으로 작아지지는 않습니다.
고정 크기 가상 디스크는 만드는 데 더 오래 걸리지만 사용할 때 더 빠릅니다.
동적 할당(D)
고정 크기(F)
다음(N)
취소

안내 메시지처럼 동적 할당의 경우 가상 하드 드라이브 파일의 실제 크기는 0으로 시작해 그 내부에 데이터를 기록할 때마다 용량이 그 때 그 때 증가하여 최대 지정한 용량 크기까지 늘어난다. 단, 사용량이 줄어들어도 자동적으로 작아지지 않는 특징이 있다. 반면에 고정 크기는 지정한 용량만큼 실제 하드 드라이브 공간을 차지하며 실제 크기는 변하지 않는다. 고정 크기를 선택하면 가상 디스크를 만드는 데 더 오래 걸리지만 사용할 때는 더 빠르다는 장점이 있다.

다음 단계로 가상 하드 드라이브의 크기를 지정한다. 프로그램이 추천하는 대로 16GB 정도가 적당하며, 다른 프로그램을 내부에 설치하는 등의 다른 고려사항이 있다면 여유 공간이 허락하는 대로 더 크게 잡아도 좋다.

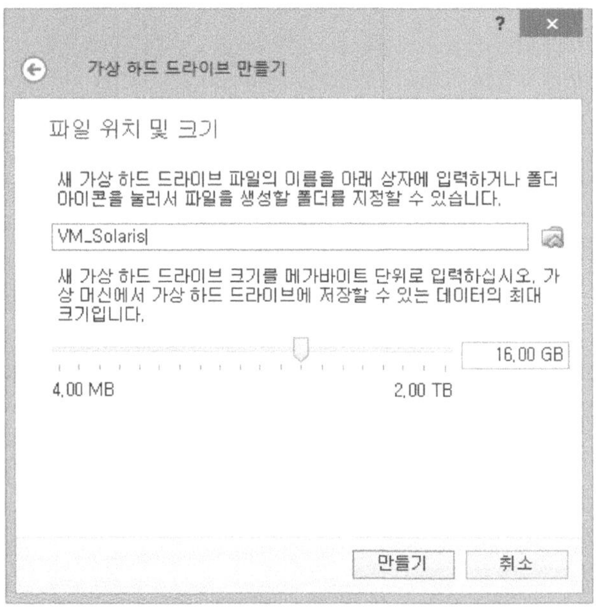
가상 하드 드라이브 만들기
파일 위치 및 크기
새 가상 하드 드라이브 파일의 이름을 아래 상자에 입력하거나 폴더 아이콘을 눌러서 파일을 생성할 폴더를 지정할 수 있습니다.
VM_Solaris
새 가상 하드 드라이브 크기를 메가바이트 단위로 입력하십시오. 가상 머신에서 가상 하드 드라이브에 저장할 수 있는 데이터의 최대 크기입니다.
16.00 GB
4.00 MB
2.00 TB
만들기
취소

이렇게 새로운 가상 머신 만들기가 완료되면 아래 그림과 같이 솔라리스를 설치할 가상 머신이 생성되었다. 참고로 아래 그림은 이 책에서 다루기로 한 Solaris 버전 10이 아니라 버전 11의 스크린 샷임을 이해 바란다. 버전 10에서도 동일한 화면이 출력됨을 알 수 있을 것이다.

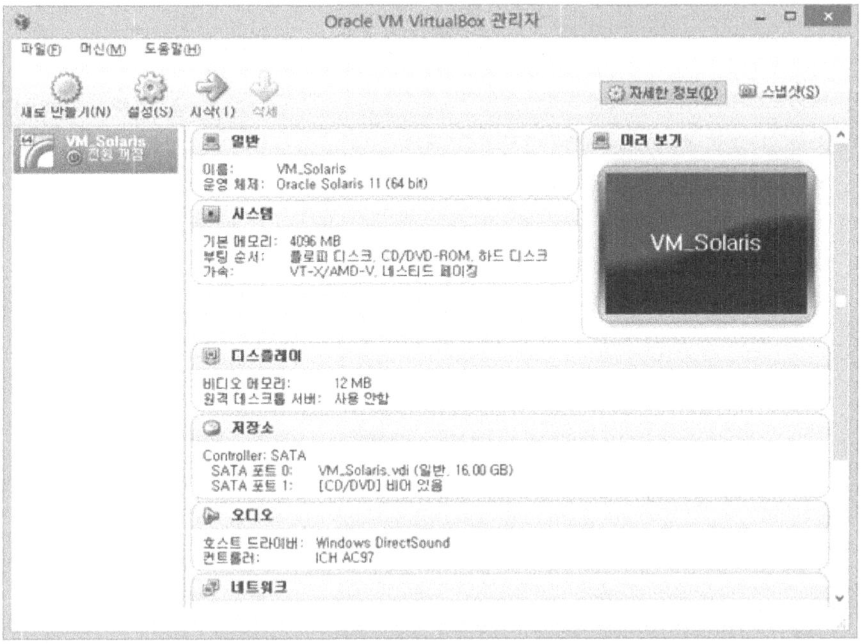

그러나 이대로는 약간의 성능 한계가 있으므로 아래 그림과 같이 설정을 일부 변경할 필요가 있다. 상기 그림에 나와 있는 버추얼 박스 관리자 화면의 상단에 있는 설정 아이콘을 눌러 가상 머신의 세부 설정 창을 띄운 다음 시스템 메뉴에서 프로세서 탭을 누른다.

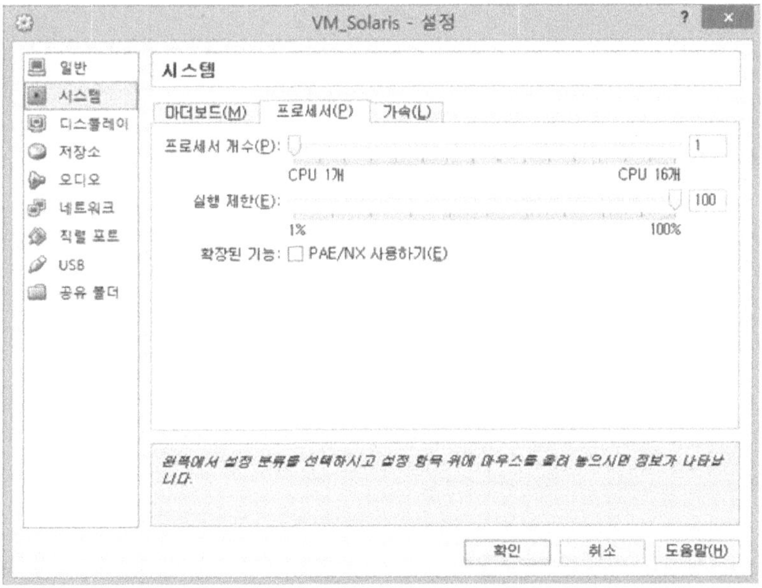

여기서 프로세서의 개수를 1에서 좀 더 늘려주도록 하는데 자신이 가진 컴퓨터의 논리 코어 개수의 절반을 지정해 주는 것이 좋다. 자신의 컴퓨터의 논리 코어 개수를 확인하려면 Ctrl+Shift+Del 키를 눌러 다음 그림과 같이 작업 관리자를 띄워보면 된다.

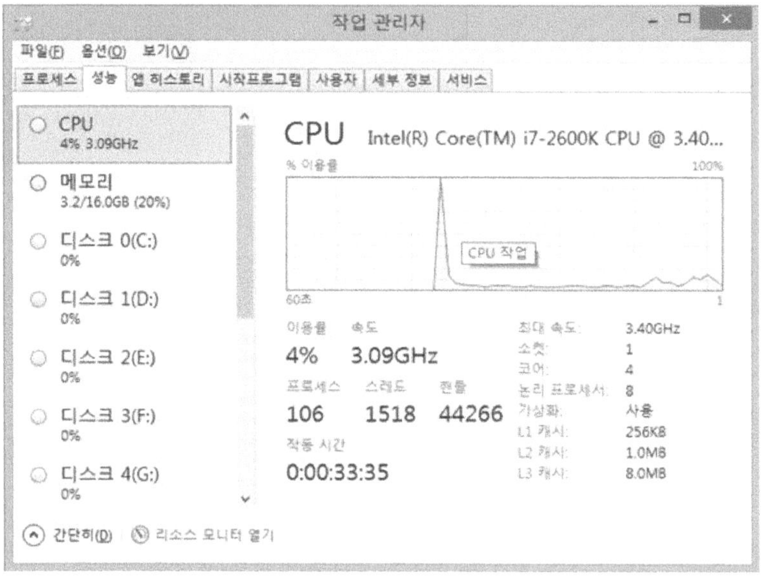

성능 탭에서 CPU를 클릭해 보면 자신의 컴퓨터가 가진 논리 코어의 개수를 알 수 있다. 상기 그림은 Windows 8 운영체제에서 열어 본 작업 관리자의 화면인데, 그림에서는 논리 프로세서가 8개라고 나오므로 이 경우에는 가상 머신의 프로세서의 개수를 4개로 지정해 준다. 단, 컴퓨터의 가상화 기술 지원 여부에 따라 1 이상의 프로세서 개수를 지정할 수 없는 경우도 있다. 이런 경우에는 그냥 개수를 1로 둔다.

아래 그림은 Windows XP 운영체제에서 열어 본 작업 관리자 화면이다. Windows XP 운영체제의 경우에는 Ctrl + Alt + Delete 키를 동시에 누르면 작업 관리자 화면이 뜬다. 이 화면에서 성능 탭을 눌러보면 아래 그림이 나타난다.

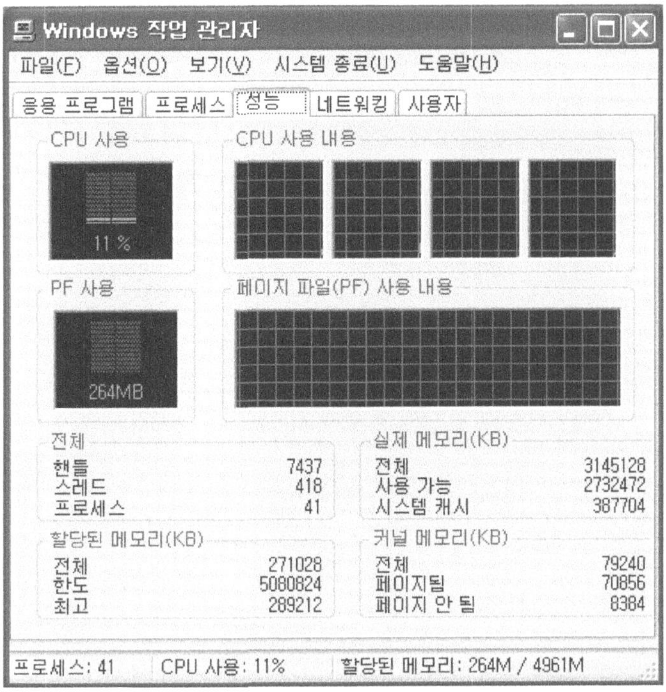

이 경우에는 우측에 있는 CPU 사용 내용에서 그래프 박스가 총 몇 개인가로 논리 코어 개수를 파악할 수 있다. 아래 그림의 경우에는 논리 코어의 개수가 4개이다. 이 경우에는 가상 머신의 프로세서의 개수를 2개로 지정한다. Windows 7 운영체제의 경우에도 비슷하게 파악할 수 있을 것이다.

가상 머신 설정 화면에서 시스템 메뉴의 프로세서 개수에 대한 변경을 제외한 그 나머지 기능들은 그냥 그대로 사용하면 된다.

지금까지 가상 머신 소프트웨어의 설치 후에 새로운 가상 머신을 생성하는 과정을 살펴보았다. 다음 단계는 이렇게 생성한 가상 머신에다 다운로드 받은 솔라리스 운영체제를 설치하는 것이다.

이를 위해 다운로드 받은 솔라리스의 설치 이미지 파일을 가상 머신의 가상 드라이브에 넣어주는 작업이 선행되어야 한다. 버추얼 박스의 메인 화면에서 앞서 생성한 가상 머신을 선택한 후 설정 버튼을 눌러 아래 그림과 같이 설정 창을 띄우도록 한다.

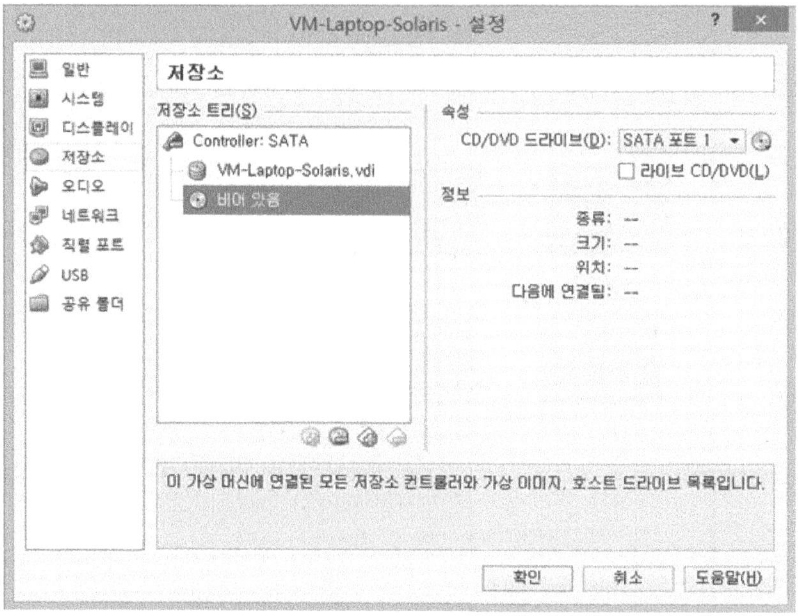

저장소 메뉴를 눌러 우측 영역에 보이는 저장소 트리 영역에서 CD 모양의 아이콘이 있는 "비어 있음" 항목을 클릭한다. 그러면 우측의 속성 부분에 CD/DVD 드라이브: SATA 포트 1 이라 보이는 부분을 발견할 수 있을 것이다. 오른쪽에 있는 CD 모양 아이콘을 누르면 가상 CD/DVD 디스크 파일 선택 창이 뜨는데 앞서 오라클 사이트에서 다운로드 받았던 솔라리스 설치 이미지를 선택하면 된다. 솔라리스 10 버전을 제대로 다운로드 받았다면 sol-10-u11-ga-x86-dvd.iso 이라는 파일명일 것이다.

이 단계를 거치면 솔라리스 설치 이미지 파일이 가상 머신에 마운트가 된 상태이며, 이는 CD/DVD 드라이브에 솔라리스 설치 디스크를 넣어준 것과 같은 경우이다. 확인 버튼을 눌러 설정 내용을 저장하고서 설정 창을 닫도록 한다.

그리고 아래 그림과 같이 버추얼 박스 관리자 화면에서 초록색의 화살표 아이콘이 담겨 있는 시작 버튼을 눌러 가상 머신을 동작시키면 된다.

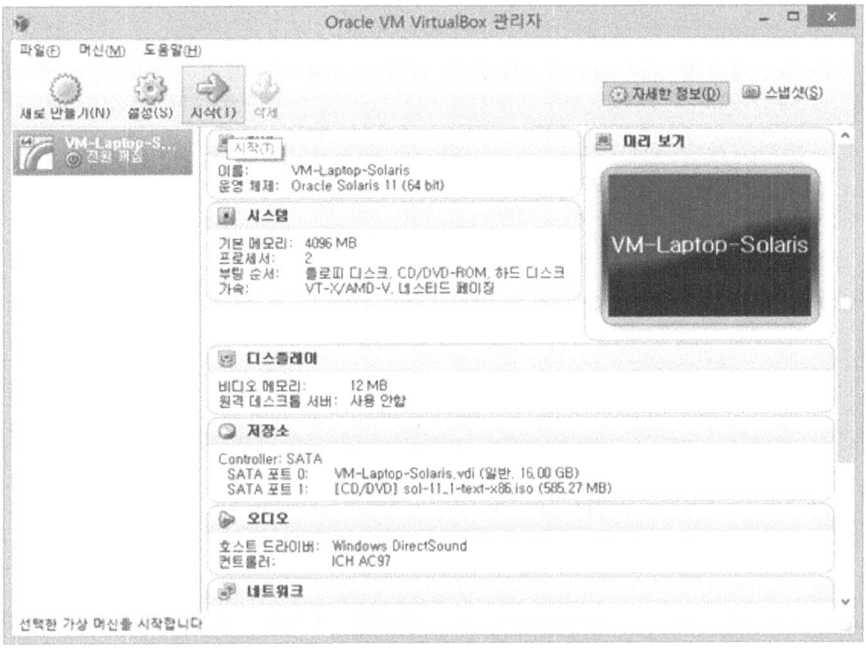
Oracle VM VirtualBox 관리자
파일(F) 머신(M) 도움말(H)
새로 만들기(N) 설정(S) 시작(T) 삭제
자세한 정보(D) 스냅샷(S)
미리 보기
이름: VM-Laptop-Solaris
운영 체제: Oracle Solaris 11 (64 bit)
시스템
기본 메모리: 4096 MB
프로세서: 2
부팅 순서: 플로피 디스크, CD/DVD-ROM, 하드 디스크
가속: VT-X/AMD-V, 네스티드 페이징
VM-Laptop-Solaris
디스플레이
비디오 메모리: 12 MB
원격 데스크톱 서버: 사용 안함
저장소
Controller: SATA
SATA 포트 0: VM-Laptop-Solaris.vdi (일반, 16.00 GB)
SATA 포트 1: [CD/DVD] sol-11_1-text-x86.iso (585.27 MB)
오디오
호스트 드라이버: Windows DirectSound
컨트롤러: ICH AC97
네트워크
선택한 가상 머신을 시작합니다

가상 머신을 동작하게 되면 아래와 같은 창이 나타난다. 말 그대로 가상 머신은 하나의 또 다른 컴퓨터로서 동작하게 되며, 가상 머신을 활성화시켰을 때엔 본체의 키보드와 마우스는 가상 머신이 이용하게 된다. 이 때 다시 원래 운영체제 상으로 마우스와 키보드 입력을 돌리기 위해서는 호스트 키를 눌러야 한다. 기본적으로 이 호스트 키는 우측 컨트롤(Right Ctrl) 키이다.

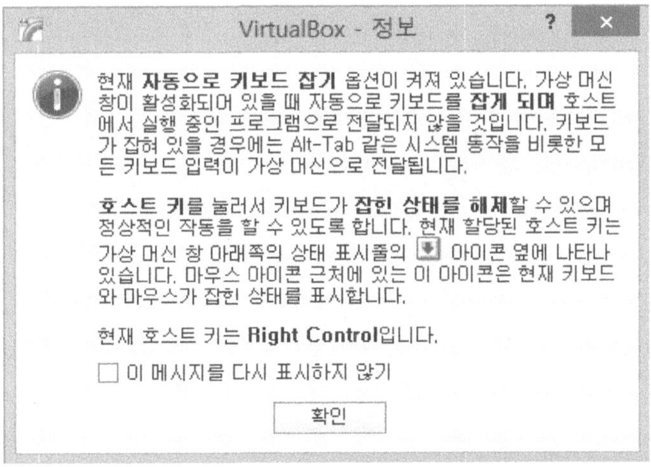
VirtualBox - 정보
현재 자동으로 키보드 잡기 옵션이 켜져 있습니다. 가상 머신 창이 활성화되어 있을 때 자동으로 키보드를 잡게 되며 호스트에서 실행 중인 프로그램으로 전달되지 않을 것입니다. 키보드가 잡혀 있을 경우에는 Alt-Tab 같은 시스템 동작을 비롯한 모든 키보드 입력이 가상 머신으로 전달됩니다.
호스트 키를 눌러서 키보드가 잡힌 상태를 해제할 수 있으며 정상적인 작동을 할 수 있도록 합니다. 현재 할당된 호스트 키는 가상 머신 창 아래쪽의 상태 표시줄의 아이콘 옆에 나타나 있습니다. 마우스 아이콘 근처에 있는 이 아이콘은 현재 키보드와 마우스가 잡힌 상태를 표시합니다.
현재 호스트 키는 Right Control입니다.
이 메시지를 다시 표시하지 않기
확인

그러나 노트북 등의 일부 컴퓨터에서는 이 키가 동작하지 않는 경우가 있다. 이때에는 버추얼 박스 관리자 화면에서 상단에 있는 파일 메뉴를 누른 다음 환경설정 > 호스트 키에서 다른 키 혹은 다른 키 조합을 지정해 주면 된다. 아래 그림을 참고하도록 한다.

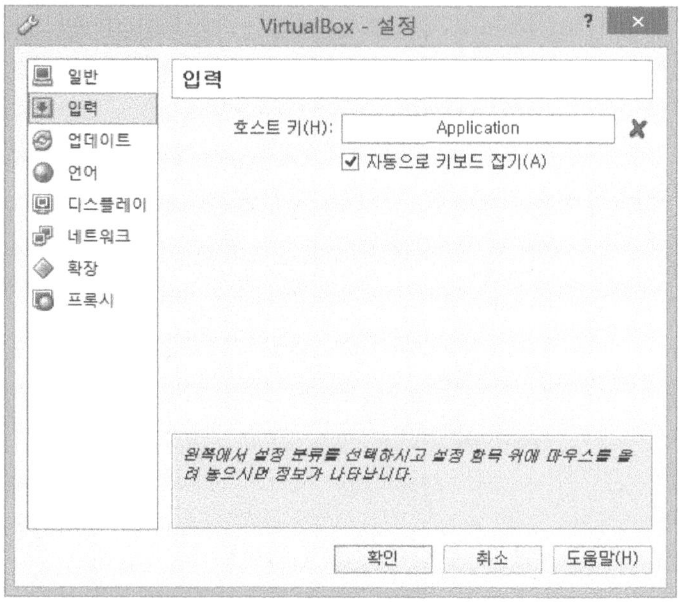

가상 머신이 켜지면 자동으로 빈 가상 하드 디스크와 설치 디스크 이미지를 인식해 설치 디스크로 부팅되면서 솔라리스 설치 단계로 넘어가게 된다.

다음 화면은 일단 설치 디스크의 파일을 읽어 컴퓨터가 부팅된 상황으로서 다음 어떤 동작을 수행할 것인지 묻는 화면이다.

```
SunOS Release 5.10 Version Generic_147148-26 64-bit
Copyright (c) 1983, 2013, Oracle and/or its affiliates. All rights reserved.
Configuring devices.
WARNING: Sharing vectors: pci1274,1371 instance 0 and SCI
/

    1.     Oracle Solaris Interactive (default)
    2.     Custom JumpStart
    3.     Oracle Solaris Interactive Text (Desktop session)
    4.     Oracle Solaris Interactive Text (Console session)
           (Select option 3 or 4 to install a ZFS root file system)
    5.     Apply driver updates
    6.     Single user shell

Enter the number of your choice.
Automatically continuing in 29 seconds
```

위 메뉴에서 2~6번은 다른 복잡한 명령을 수행할 수 있지만 유닉스에 대해 이제 천천히 익숙해지는 단계에서는 고급 동작을 사용할 필요는 없다. 따라서 1번을 눌러 그래픽 기반의 운영체제 설치를 수행하도록 하자.

솔라리스 설치 프로그램은 설치 과정을 수행하기에 앞서 현재 사용 중인 컴퓨터의 키보드 배열을 묻는다. 여기서는 당연히 Korean을 엔터키로 선택한 후 F2 버튼을 눌러 다음 화면으로 넘어가면 된다.

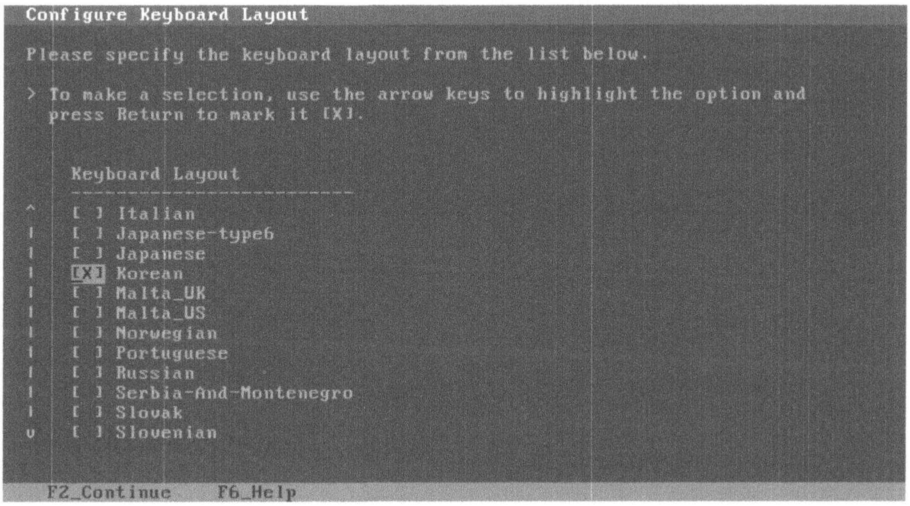
Configure Keyboard Layout
Please specify the keyboard layout from the list below.
> To make a selection, use the arrow keys to highlight the option and press Return to mark it [X].
Keyboard Layout
[ ] Italian
[ ] Japanese-type6
[ ] Japanese
[X] Korean
[ ] Malta_UK
[ ] Malta_US
[ ] Norwegian
[ ] Portuguese
[ ] Russian
[ ] Serbia-And-Montenegro
[ ] Slovak
[ ] Slovenian
F2_Continue
F6_Help

그 후에는 그래픽 기반 설치를 진행할 것임을 알리는 메시지가 뜨고, 엔터키를 누르면 콘솔 화면을 벗어나 그래픽 사용자 인터페이스(UI: User Interface)가 뜬다.

제일 먼저 뜨는 창은 아래 그림과 같이 단순한 배경화면에 메시지 한 줄만이 뜬 창이 나타난다. 이는 화면 출력이 제대로 되었는지 확인하기 위한 단계로서 이 창을 클릭한 후 엔터키를 누르면 된다.

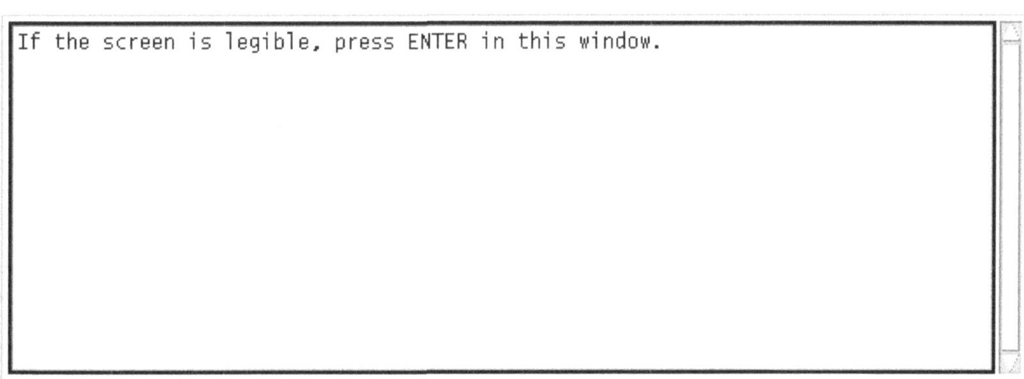
If the screen is legible, press ENTER in this window.

이제 운영 체제에서 사용할 언어를 묻는 단계로 넘어오게 된다. 여기서 6번을 선택해 한국어를 고르면 친숙한 한국어로 솔라리스 설치를 진행할 수 있게 된다.

```
Select a Language

   0. English
   1. Brazilian Portuguese
   2. French
   3. German
   4. Italian
   5. Japanese
   6. Korean
   7. Simplified Chinese
   8. Spanish
   9. Swedish
  10. Traditional Chinese

Please make a choice (0 - 10), or press h or ? for help:
```

설치를 수행하는 도중 네트워크 연결 옵션을 선택하는 아래 그림과 같은 화면이 나타나는데 이때 반드시 [네트워크에 연결되어 있음] 옵션을 선택한다.

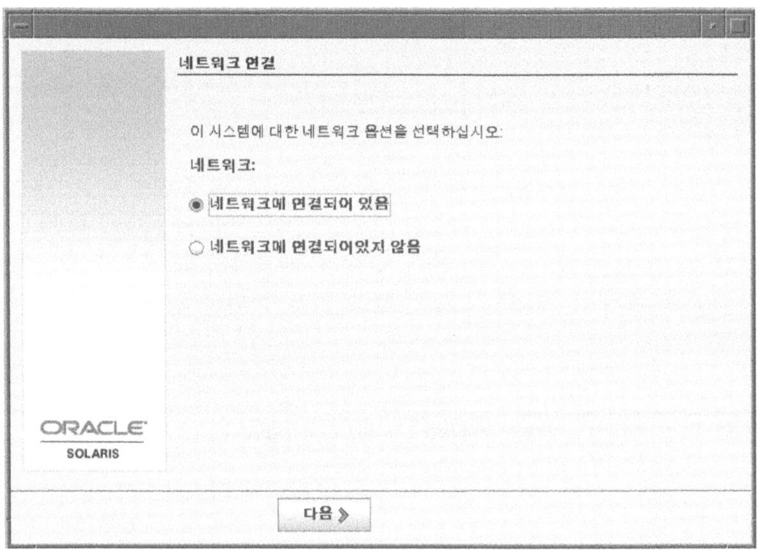

버추얼 박스는 기본적으로 가상 머신의 운영 체제에 대해 별다른 복잡한 네트워크 구성 없이 자동으로 네트워크 설정을 찾아줄 수 있도록 DHCP(Dynamic Host Configuration Protocol) 프로토콜을 제공한다. 따라서 아래 그림과 같이 DHCP 사용 여부를 물어볼 때 [예] 라고 선택한다. 그 이후로는 초기 설정 값을 그대로 따라가면 된다.

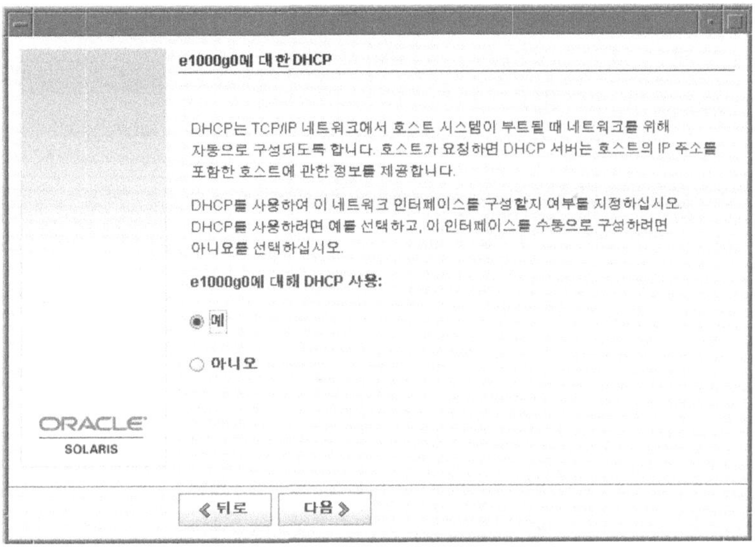
e1000g0에 대한 DHCP
DHCP는 TCP/IP 네트워크에서 호스트 시스템이 부트될 때 네트워크를 위해 자동으로 구성되도록 합니다. 호스트가 요청하면 DHCP 서버는 호스트의 IP 주소를 포함한 호스트에 관한 정보를 제공합니다.
DHCP를 사용하여 이 네트워크 인터페이스를 구성할지 여부를 지정하십시오. DHCP를 사용하려면 예를 선택하고, 이 인터페이스를 수동으로 구성하려면 아니요를 선택하십시오.
e1000g0에 대해 DHCP 사용:
예
아니오
ORACLE
SOLARIS
《 뒤로
다음 》

솔라리스 설치 과정에서 운영 체제의 최상위 권한을 가지는 관리자인 root 계정의 비밀번호를 정하게 된다. 이 비밀번호는 잊어버릴 경우 매우 곤란해지므로 반드시 잊지 않도록 한다.

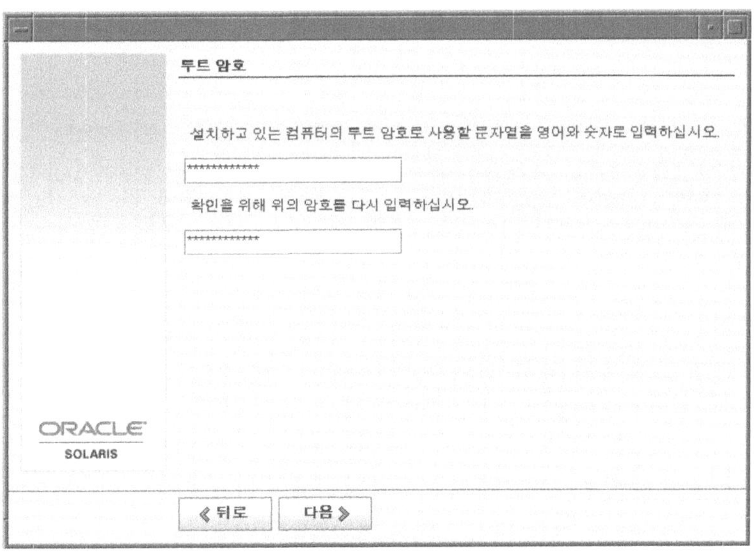
루트 암호
설치하고 있는 컴퓨터의 루트 암호로 사용할 문자열을 영어와 숫자로 입력하십시오.
확인을 위해 위의 암호를 다시 입력하십시오.
ORACLE
SOLARIS
《 뒤로
다음 》

이후 자동적으로 설치 과정이 진행되어 솔라리스의 설치가 완료되면 시스템은 자동으로 재부팅하게 된다.

이 때 설치 완료된 솔라리스는 뜨지 않고 아래 그림과 같은 바이오스 화면이 뜨면서 솔라리스 설치 이전의 화면 단계로 돌아오는 일이 발생한다. 그 이유는 가상 머신에 마운트 시켰던 솔라리스 설치 이미지 디스크를 제거하지 않았기 때문이다.

```
GNU GRUB  version 0.97  (638K lower / 3143552K upper memory)

 Oracle Solaris
 Oracle Solaris Serial Console ttya
 Oracle Solaris Serial Console ttyb (for lx50, v60x and v65x)

    Use the ↑ and ↓ keys to select which entry is highlighted.
    Press enter to boot the selected OS, 'e' to edit the
    commands before booting, or 'c' for a command-line.

 The highlighted entry will be booted automatically in 59 seconds.
```

여기서는 1분 내로 다른 명령을 입력하지 않으면 또 다시 솔라리스 운영체제 설치의 첫 단계로 넘어가게 된다. 가상 머신의 설치 이미지 디스크를 제거하기 위해서는 먼저 가상 머신을 끌 필요가 있다. 위 화면에서 c를 누르면 아래 그림과 같은 콘솔 창이 뜨게 되며 여기서 halt 명령어를 입력하고서 엔터를 누르면 가상 머신이 종료된다.

```
GNU GRUB  version 0.97  (638K lower / 3143552K upper memory)

[ Minimal BASH-like line editing is supported.  For the first word, TAB
  lists possible command completions.  Anywhere else TAB lists the possible
  completions of a device/filename.  ESC at any time exits. ]

grub> halt_
```

가상 머신이 꺼진 후에는 앞서 살펴본 바와 같이 가상 머신의 설정 창을 열어 메뉴 중에서 저장소 탭을 눌러 들어간다. 아래 그림과 같은 화면이 뜰 것이다.

처음에 설정 창을 띄웠을 때에 디스크 모양의 아이콘과 [비어있음] 으로 표시되던 부분이 이번에는 마운트한 파일명이 표시되고 있는 것을 확인할 수 있다. 그 파일명을 클릭한 후에 우측의 속성 화면에 나타나는 CD/DVD 드라이브: SATA 포트 1 부분의 오른쪽에 있는 CD 모양 아이콘을 누르면 된다. 이번에는 가상 드라이브에서 디스크 꺼내기를 선택해 설치 이미지를 언마운트 시켜준 후 확인을 눌러 설정을 저장한다.

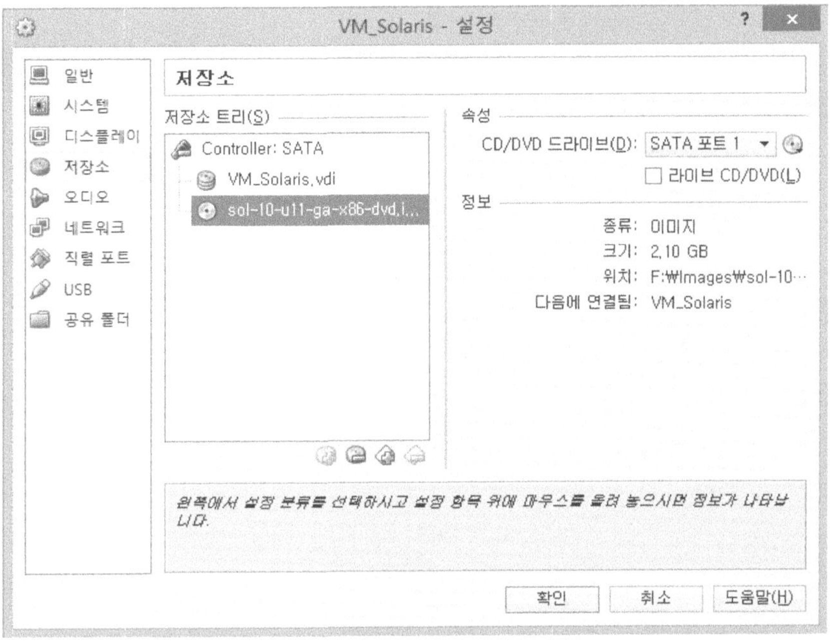

그리고 다시 시작 버튼을 눌러 가상 머신을 켠다. 그러면 이제 설치가 완료된 솔라리스가 구동된다. 드디어 솔라리스 유닉스 시스템의 환영 메시지와 함께 아래 그림과 같은 로그인 창이 뜬다.

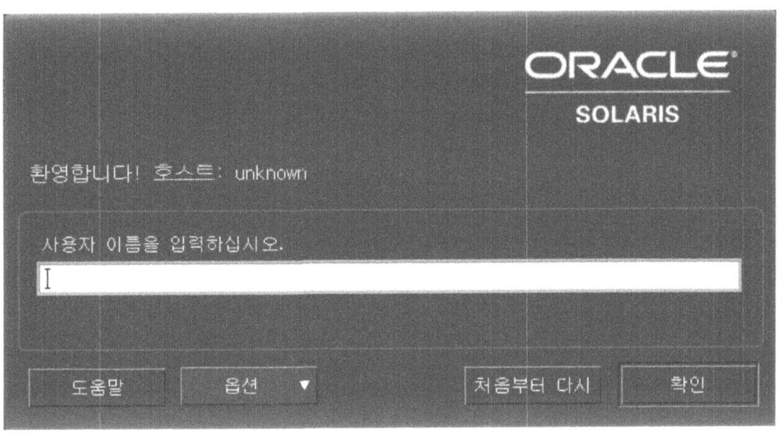

설치 과정에서 사용자 계정을 생성한 적이 없다. 그러나 설치 과정에서 관리자인 root 계정의 비밀번호를 설정한 것을 기억할 것이다. 사용자 이름에 root를 입력하고 비밀번호를 입력해 솔라리스에 로그인하자.

그러면 아래 그림과 같이 솔라리스의 사용자 인터페이스인 X-Window가 뜨게 된다.

그러나 모든 설치가 완료된 것은 아니다. 마우스 포인터를 움직여 보거나 창을 움직여 보면 알겠지만 가상 머신에 설치된 솔라리스는 반응성이 떨어지고 느리다는 것을 발견할 것이다. 서버 컴퓨터에 직접적으로 설치해 운영하는 솔라리스 운영체제를 가상 머신에 설치해 완벽한 성능을 지원하기에는 무리이므로 가상 머신 프로그램 자체에서 제공하는 드라이버를 내부에 설치된 솔라리스 운영 체제에 깔아 가상 머신의 성능을 향상시켜야 한다.

가상 머신의 실행 창의 상단 메뉴에서 장치 > 게스트 확장 설치를 눌러 솔라리스에 설치할 수 있는 가상 머신의 드라이버가 담긴 CD 이미지를 마운트 시킨다. 그러면 아래 그림과 같이 바탕화면에 CD 모양의 아이콘이 뜨며 마운트 된 CD 창이 열린다.

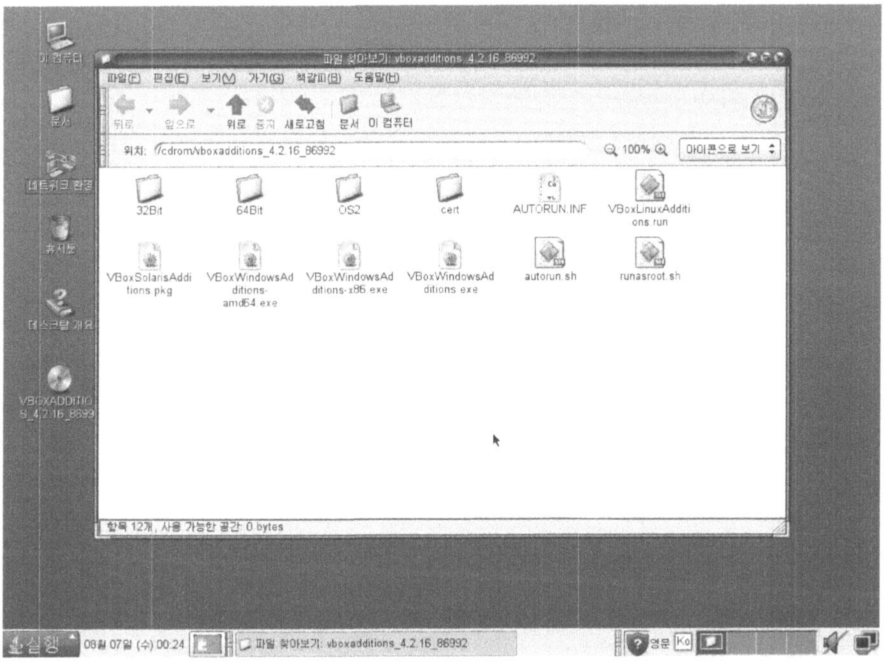
32Bit
64Bit
OS2
cert
AUTORUN.INF
VBoxLinuxAdditions.run
VBoxSolarisAdditions.pkg
VBoxWindowsAdditions-amd64.exe
VBoxWindowsAdditions-x86.exe
VBoxWindowsAdditions.exe
autorun.sh
runasroot.sh

여기서 autorun.sh 파일을 더블 클릭한 후 뜨는 메뉴에서 실행 버튼을 선택한다. 그러면 자동으로 아래 그림과 같은 창이 뜨면서 드라이버 설치가 진행된다.

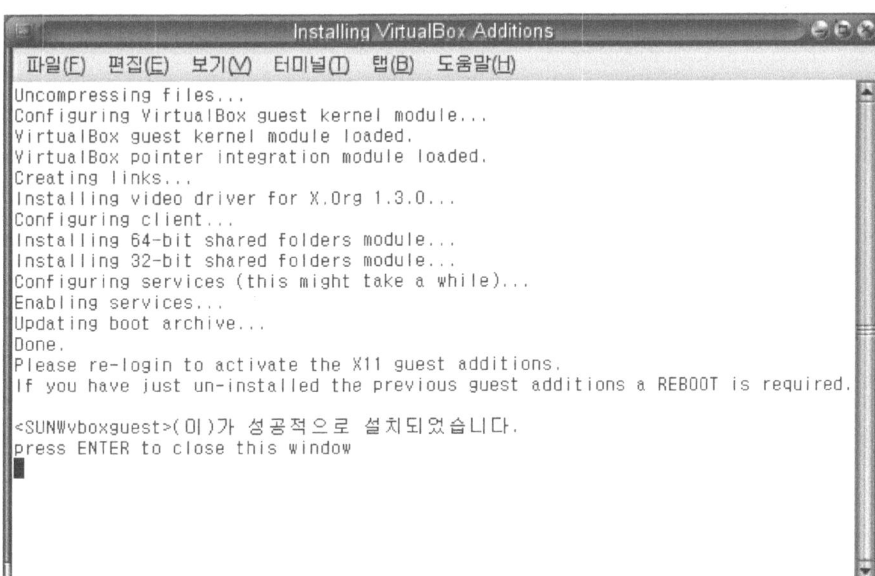
Installing VirtualBox Additions
파일(F) 편집(E) 보기(V) 터미널(T) 탭(B) 도움말(H)
Uncompressing files...
Configuring VirtualBox guest kernel module...
VirtualBox guest kernel module loaded.
VirtualBox pointer integration module loaded.
Creating links...
Installing video driver for X.Org 1.3.0...
Configuring client...
Installing 64-bit shared folders module...
Installing 32-bit shared folders module...
Configuring services (this might take a while)...
Enabling services...
Updating boot archive...
Done.
Please re-login to activate the X11 guest additions.
If you have just un-installed the previous guest additions a REBOOT is required.
<SUNWvboxguest>(이)가 성공적으로 설치되었습니다.
press ENTER to close this window

이제 드라이버 설치가 완료된 것이다. 삽입되어 있던 드라이버 디스크 이미지는 바탕화면의 아이콘을 마우스 우측 버튼 클릭해 배출 메뉴를 이용해 제거할 수 있다.

드라이버의 완벽한 적용을 위해서는 시스템을 재시작 해야 한다. 좌측 하단의 실행을 눌러 팝업 메뉴를 띄우고 root 로그아웃 > 컴퓨터 다시 시작을 통해 가상 머신을 재시작 시킨다.

드디어 가상 머신에 솔라리스를 설치하는 단계가 끝났다. 그러나 여기서 모든 작업이 끝난 것은 아니다.

root 사용자 계정은 앞서 언급한 바와 같이 모든 권한을 가지고 있는 계정으로서 시스템의 모든 것에 대해 접근하고 변경할 권한이 있다. 그러나 유닉스에서는 보안 유지를 위해 항상 필요 최소한의 권한만을 가지는 정책을 취한다. 따라서 전체 시스템 관리자도 자신의 개인 사용자 계정을 따로 가지고 있으면서 특별히 root 권한이 필요한 경우에만 root로 로그인해 작업을 한다.

따라서 우리도 root 사용자가 아닌 일반 사용자 계정을 하나 만들 필요가 있다. 일반 사용자 계정을 하나 생성하기 위해서는 root 권한이 필요하다. 시스템이 재시작 되면 다시 root로 로그인한다. 그런 다음 바탕화면을 마우스 우측 버튼 클릭해 터미널 열기 메뉴를 선택한다. 그러면 아래 그림과 같은 터미널 창이 하나 뜨게 된다.

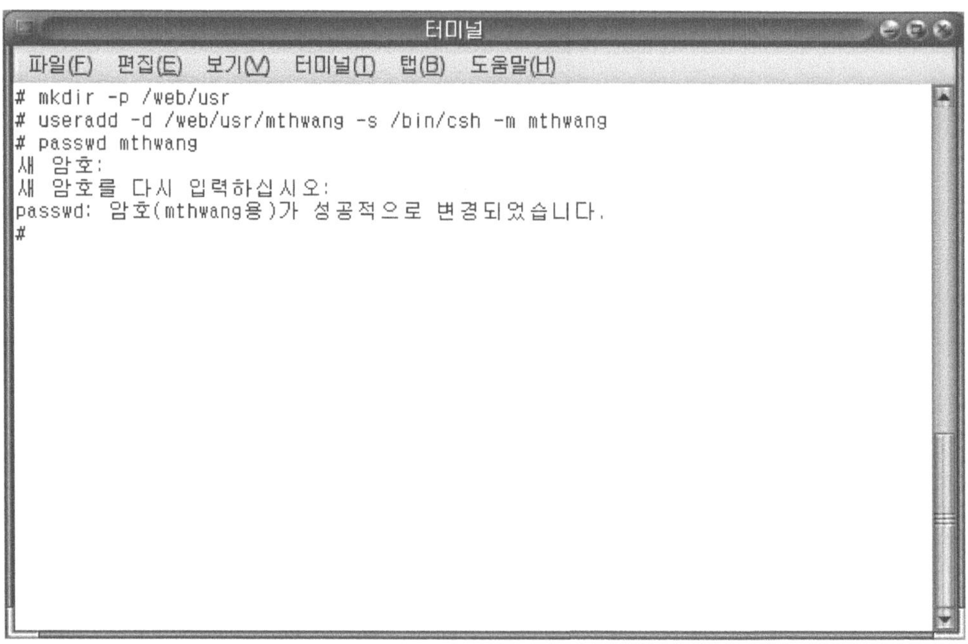
터미널
파일(F) 편집(E) 보기(V) 터미널(T) 탭(B) 도움말(H)
mkdir -p /web/usr
useradd -d /web/usr/mthwang -s /bin/csh -m mthwang
passwd mthwang
새 암호:
새 암호를 다시 입력하십시오:
passwd: 암호(mthwang용)가 성공적으로 변경되었습니다.
#

그러면 다음과 같이 사용자 계정을 추가하는 명령어를 입력해 새로운 사용자 계정을 하나 생성한다.

```
# useradd -d /web/usr/mthwang -s /bin/csh -m mthwang
```

맨 마지막에 사용된 mthwang은 사용자 계정 이름이므로 각자 원하는 이름을 써넣으면 된다. 상기 그림 내에 사용된 명령어에 대한 기능을 소개하면 다음과 같다.

- mkdir: 디렉토리를 생성한다. -p 옵션은 존재하지 않는 상위 디렉토리도 함께 생성한다. /web/usr 디렉토리를 생성하려면 상위의 /web 디렉토리가 없기 때문에 -p 옵션을 사용하지 않으면 에러가 발생한다.
- useradd: 사용자 계정을 추가한다. -d 옵션 뒤에는 경로가 따르며 이 계정 소유자가 로그인시 사용할 홈 디렉토리를 지정하는 것이다. -s 옵션 뒤에도 경로가 따르는데 이는 사용자 계정이 사용할 쉘(Shell)의 경로를 지정해 준다. 이 책에서는 C쉘(C-Shell)에 대해 배울 것이므로 C쉘의 경로인 /bin/csh를 지정한다. -m 옵션은 앞서 지정한 홈 디렉토리가 존재하지 않으면 그 디렉토리를 만들어 주는 기능이다. 단, 상위 디렉토리는 존재해야 한다. 그리고 맨 마지막에 사용자 계정명을 지정해 준다.
- passwd: 이 개인 사용자가 자신의 암호를 지정하는 명령이나, 관리자의 경우 이 명령 뒤에 사용자 계정명을 입력함으로써 지정한 사용자 계정의 암호를 설정하는 역할을 한다. 빈 암호는 사용할 수 없으며, aaa, 1234와 같이 너무 취약한 암호 또한 거부당한다.

이제 새로운 사용자 계정이 생성되었으므로 바탕화면의 좌측 하단에 있는 실행 > root 로그아웃 > 로그아웃을 차례로 눌러 root 계정으로부터 완전히 로그아웃한 후 방금 생성한 새로운 사용자 계정으로 로그인해 보자.

지금까지 윈도우 운영체제가 설치된 개인용 컴퓨터에다 버추얼 박스라는 가상 머신을 설치한 다음 이 곳에다 솔라리스 운영체제를 설치하였으며 마지막으로 사용자 계정을 만

들고 비밀번호를 설정하는 단계까지 모든 것이 끝났다.

그러나 본격적으로 유닉스를 사용하기에 앞서 최소한 가상 머신을 켜고 끄는 방법은 알아야 할 것이다. 기본적으로 솔라리스는 서버용 운영체제이기 때문에 root 권한이 없다면 시스템을 종료할 수가 없다. 아래와 같이 root와 그 외의 사용자 계정은 실행 > 로그아웃 메뉴의 창에서 끄기/재시작 메뉴의 여부가 다름을 알 수 있다. 따라서 반드시 root 계정으로 로그인한 후 가상 머신을 종료하도록 하자.

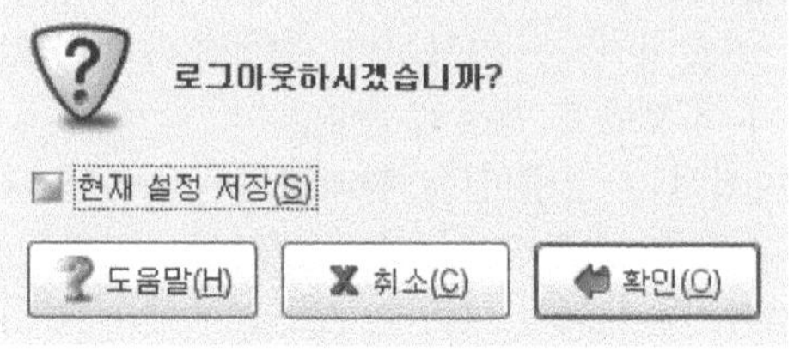

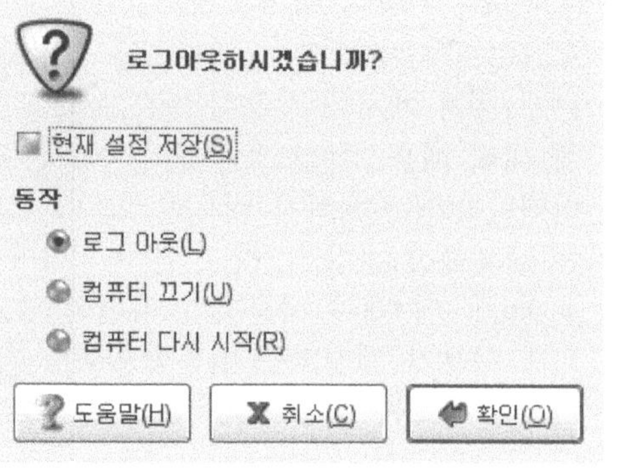

5. 리눅스의 설치

개인 사용자의 컴퓨터에 가상 머신을 설치한 후에 솔라리스를 설치하기 어려운 환경이라면 개인용 컴퓨터에 아예 리눅스 운영체제만을 설치해 보도록 하는 건 어떨까? 잘 사용되지 않는 저사양의 컴퓨터가 있다면 더욱 권장할 만하다. 윈도우즈 운영체제에 비해 시스템 고사양의 시스템 자원을 필요로 하는 것이 아니므로 이러한 컴퓨터에는 리눅스 운영체제를 설치해 운용하는 것이 바람직하다. 리눅스는 유닉스의 PC 버전이라는 의미답게 대부분의 유닉스 명령어와 쉘 프로그래밍을 개인용 컴퓨터에서 즐길 수 있을 것이다. 아울러 리눅스가 설치된 컴퓨터를 서버로 사용하고서 웹 프로그래밍(Web Programming) 기술을 배우고 익혀 홈페이지나 온라인 쇼핑몰 등 서버 프로그램을 개발하여 운용할 수도 있는 장점이 있다.

개인용 컴퓨터에 리눅스를 설치하는 방법은 앞서 살펴본 솔라리스 설치 방법과 유사하게 윈도우즈 내에 설치하는 방법도 있지만 자칫 잘못하면 윈도우즈 운영체제와 함께 여러분의 소중한 자료들이 망가질 수 있으므로 독립적으로 설치하는 것을 권장한다.

리눅스 운영체제의 설치 방법은 윈도우즈 운영체제를 설치하는 방법과 유사하다. 요즘 온라인상에 리눅스 설치 과정이 자세히 소개되어 있으므로 이를 참고해도 좋다.

이 절에서는 리눅스 운영체제 중에서 요즘 인기리에 사용되고 있는 우분투(Ubuntu) 리눅스 운영체제를 USB 메모리를 이용해 설치하는 과정에 대해 간단히 살펴보도록 한다.

1) 우분투 가상이미지 다운로드

아래에 나와 있는 공식 우분투 홈페이지에 접속해 데스크톱용 우분투를 다운로드 받도록 하자.

http://www.ubuntu.com/download/desktop

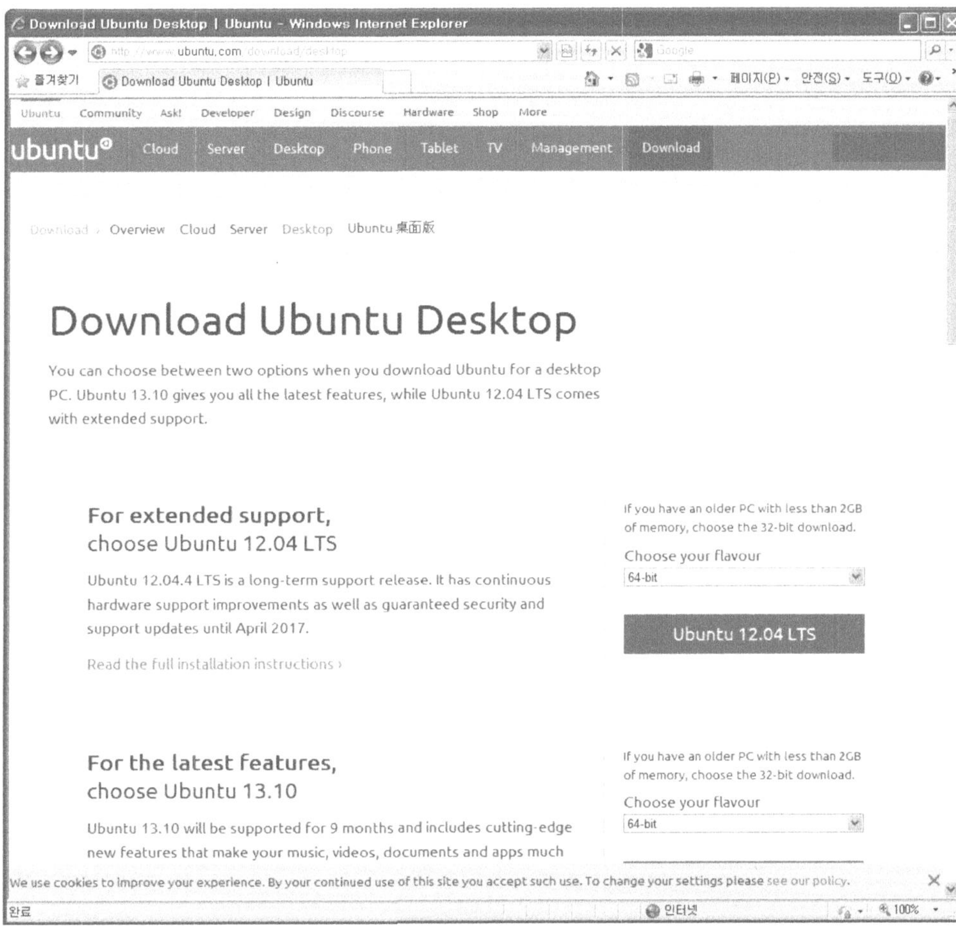
Download Ubuntu Desktop | Ubuntu - Windows Internet Explorer
ubuntu.com
즐겨찾기
Download Ubuntu Desktop | Ubuntu
페이지(P) 안전(S) 도구(O)
Ubuntu Community Ask! Developer Design Discourse Hardware Shop More
ubuntu
Cloud Server Desktop Phone Tablet TV Management Download
Overview Cloud Server Desktop Ubuntu 桌面版
Download Ubuntu Desktop
You can choose between two options when you download Ubuntu for a desktop PC. Ubuntu 13.10 gives you all the latest features, while Ubuntu 12.04 LTS comes with extended support.
For extended support, choose Ubuntu 12.04 LTS
Ubuntu 12.04.4 LTS is a long-term support release. It has continuous hardware support improvements as well as guaranteed security and support updates until April 2017.
Read the full installation instructions ›
If you have an older PC with less than 2GB of memory, choose the 32-bit download.
Choose your flavour
64-bit
Ubuntu 12.04 LTS
For the latest features, choose Ubuntu 13.10
Ubuntu 13.10 will be supported for 9 months and includes cutting-edge new features that make your music, videos, documents and apps much
If you have an older PC with less than 2GB of memory, choose the 32-bit download.
Choose your flavour
64-bit
We use cookies to improve your experience. By your continued use of this site you accept such use. To change your settings please see our policy.
완료
인터넷
100%

개발자용으로 사용할 거면 64-bit 운영체제를 다운로드 받으시길 권장하며, 그냥 일반 사용자 입장에서 리눅스를 경험해보고 싶다면 어느 버전이든지 상관이 없다고 본다. 우분투 운영체제의 최신 버전을 설치해도 되겠지만 안정화가 되지 않아 오류가 잦을 수 있으므로 가급적 많은 사용자들의 검증을 거친 버전으로 설치하면 좋겠다. 권장하는 버전은 Ubuntu 12.04 LTS 버전이다.

다운로드에 앞서 우분투 고급 기능에 대한 지원을 받으려면 적절한 금액을 지불하길 요구하는데 이는 우분투 사용에 대한 개인적인 기부 금액을 입력하라는 것과 마찬가지이다. 각 항목에 대해 모두 0 달러로 수정하면 무료로 다운로드 받을 수 있다.

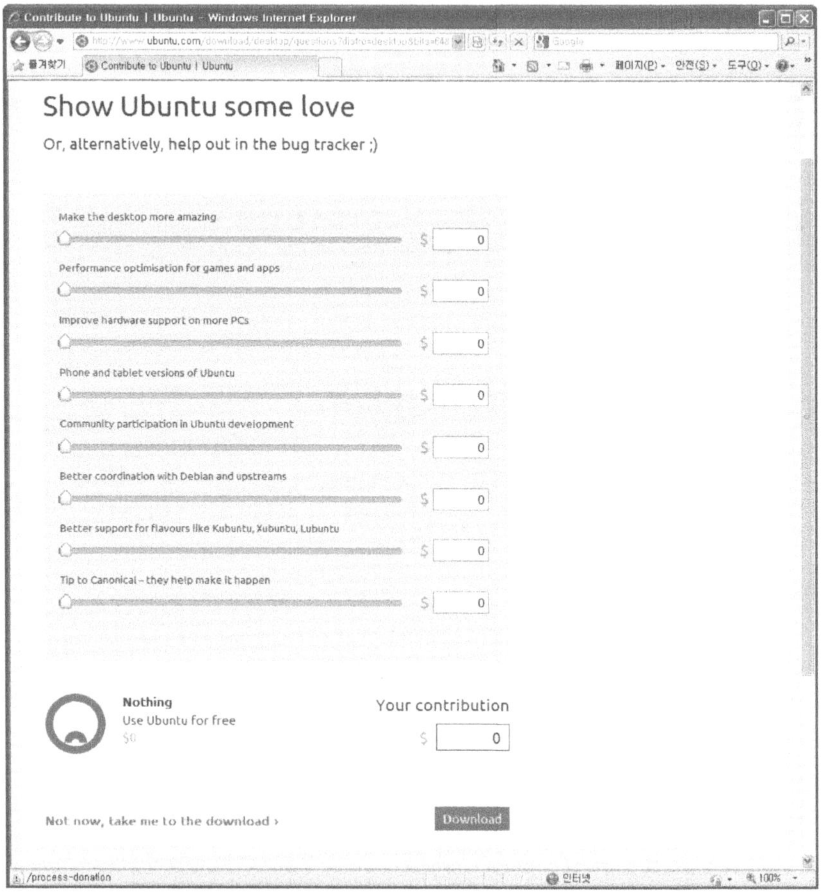
Contribute to Ubuntu | Ubuntu - Windows Internet Explorer
Show Ubuntu some love
Or, alternatively, help out in the bug tracker ;)
Make the desktop more amazing
Performance optimisation for games and apps
Improve hardware support on more PCs
Phone and tablet versions of Ubuntu
Community participation in Ubuntu development
Better coordination with Debian and upstreams
Better support for flavours like Kubuntu, Xubuntu, Lubuntu
Tip to Canonical – they help make it happen
Nothing
Use Ubuntu for free
Your contribution
Not now, take me to the download ›
Download

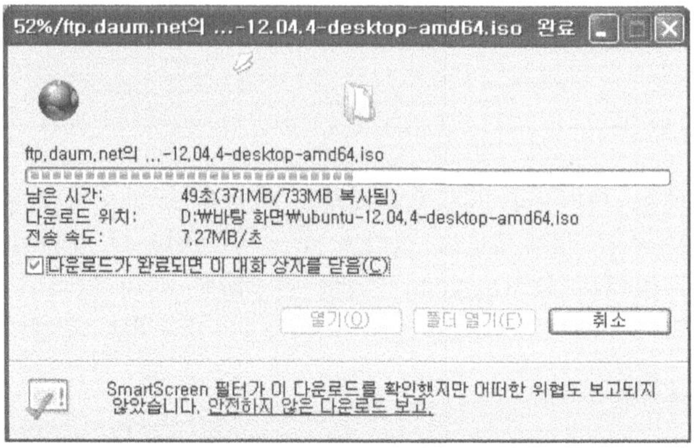
52%/ftp.daum.net의 ...-12.04.4-desktop-amd64.iso 완료
ftp.daum.net의 ...-12.04.4-desktop-amd64.iso
남은 시간: 49초(371MB/733MB 복사됨)
다운로드 위치: D:₩바탕 화면₩ubuntu-12.04.4-desktop-amd64.iso
전송 속도: 7.27MB/초
다운로드가 완료되면 이 대화 상자를 닫음(C)
열기(O)
폴더 열기(F)
취소
SmartScreen 필터가 이 다운로드를 확인했지만 어떠한 위협도 보고되지 않았습니다. 안전하지 않은 다운로드 보고.

다운로드 받은 우분투 운영체제는 아래 그림에서 보는 바와 같이 파일 확장자 iso가 붙어있는 가상이미지 파일이다.

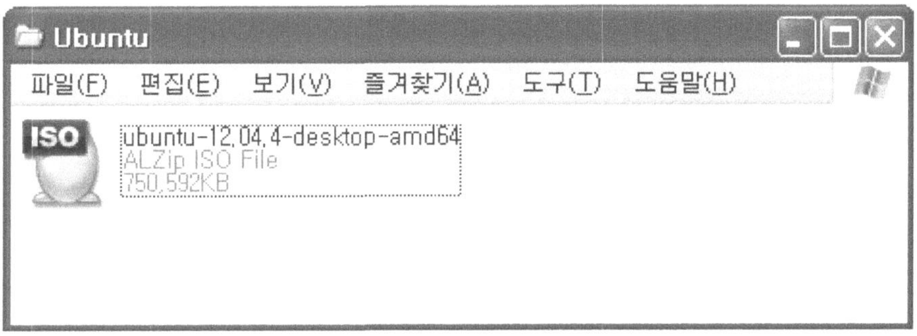

2) 우분투 설치 디스크 만들기

우분투 운영체제의 가상 이미지 파일을 다운로드 받았다면 다음 단계로 UltraISO 라는 툴을 다운로드 받도록 한다. 이는 가상이미지 파일을 CD나 USB 메모리를 이용해 부팅 설치 가능하도록 만들어 주는 보조 도구이다.

아래 사이트에서 직접 다운로드 가능하며, 검색 사이트에서 검색하게 되면 다운로드 받을 수 있는 사이트가 많이 보일 것이다.

http://software.naver.com/software/summary.nhn?softwareId=MFS_100140

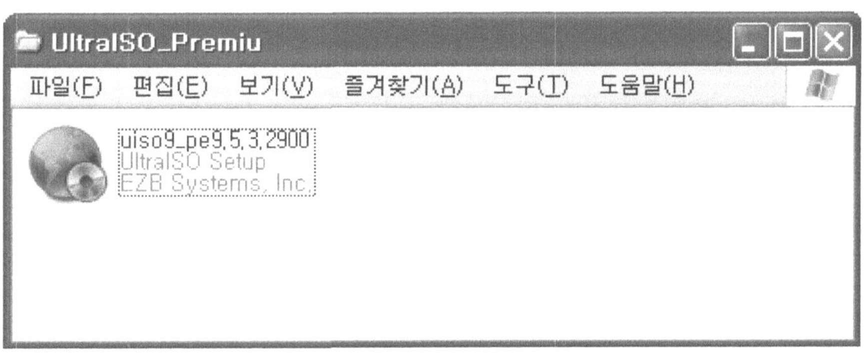

다운로드 받은 UltraISO 파일을 설치한 후에 실행하게 되면 아래 그림과 같은 메인 화면이 뜨게 된다. 정식버전이 아니지만 무료 제공 기능만으로도 충분하다.

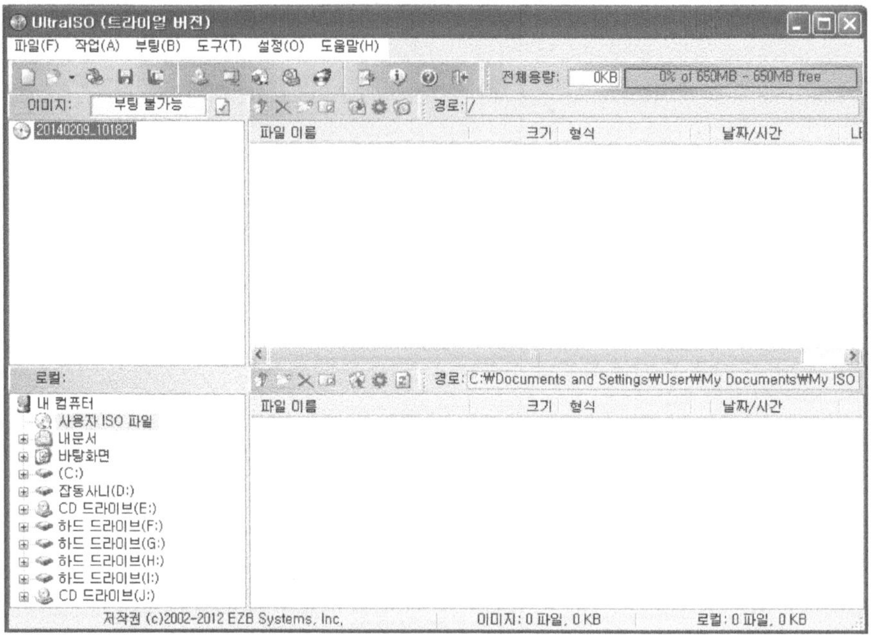

이 화면에서 파일 > 열기 기능을 선택해 조금 전에 다운로드 받은 우분투 가상이미지 파일을 가져오도록 한다. 아래 그림과 같은 모습이 나타날 것이다.

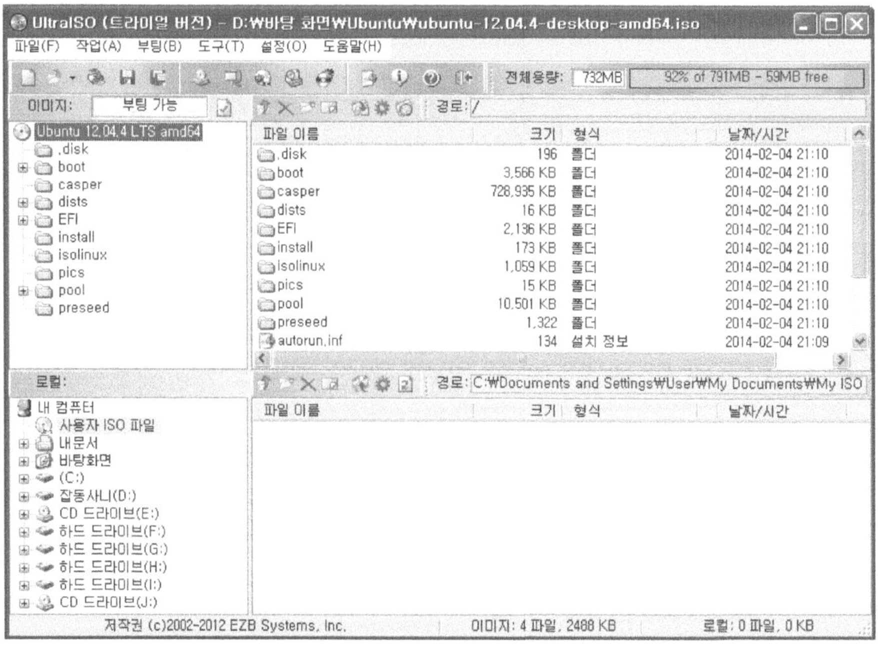

다음 단계로 부팅 메뉴에 있는 디스크 이미지 기록 기능을 선택하도록 한다. 아래 그림과 같은 화면이 나타나게 된다.

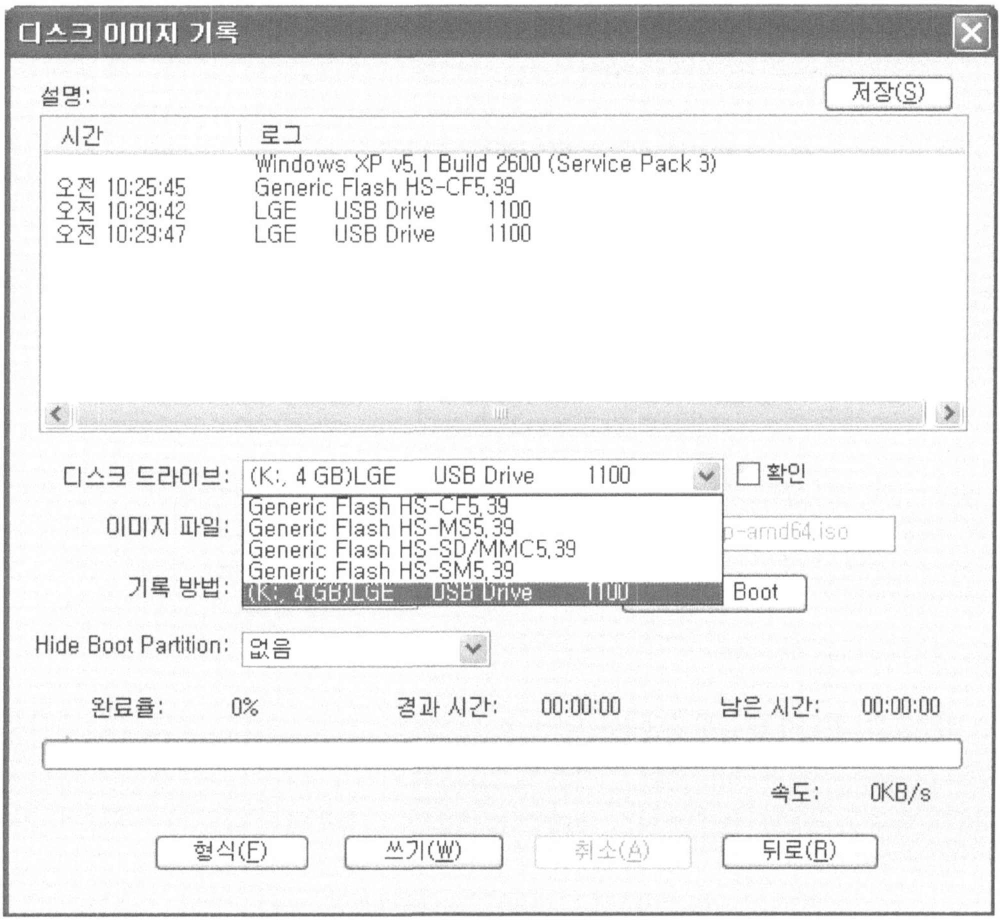

이에 앞서 컴퓨터의 USB 포트에는 자신이 우분투 설치용으로 사용하게 될 USB 메모리를 꽂아두어야 할 것이다. 전체 USB 메모리가 우분투 설치용으로 사용될 것이므로 기존 USB 메모리에 담긴 개인용 자료들은 별도로 백업한 후에 사용하길 바란다.

상기 화면에서 디스크 드라이브를 USB 드라이브로 선택하고, 기록 방법은 기본적으로 나와 있는 USB-HDD+ 그대로 두면 된다. 화면 하단에 있는 쓰기(W) 버튼을 클릭하면 USB 메모리에 우분투 가상이미지 파일을 기록하는 과정이 진행된다.

과정이 완료되면 우분투 가상 이미지를 담은 USB 부팅 디스크가 만들어진 것이다.

3) 우분투 설치

우분투 가상 이미지가 담긴 USB 부팅 디스크를 이용해 손쉽게 우분투를 설치할 수 있다. 가급적 사양이 낮아 잘 사용되지 않는 컴퓨터를 골라 우분투를 직접 설치해 보도록 한다.

우분투를 설치하려는 컴퓨터를 처음 부팅하게 되면 Delete 키나 F2 키를 눌러 바이오스 설정 화면으로 들어갈 수 있다. 여기서 Advanced Setup > Boot 메뉴로 들어가 보면 부팅 순서를 바꿔줄 수 있는데 이곳에서 1st Boot Device 또는 First Boot Device로 적혀있는 부분을 선택해 USB 드라이브로 지정하면 된다. 개인용 컴퓨터 기종에 따라 약간 차이가 있을 수는 있으나 일반적으로 USB 드라이브를 가장 먼저 부팅할 수 있도록 하는 방법은 유사하므로 쉽게 변경할 수 있을 것이다. F10 키를 눌러 바이오스 설정 내용을 저장한 후에 다시 부팅을 시작하면 된다. 이 때 우분투 가상 이미지가 담긴 USB 부팅 디스크를 USB 포트에 꽂아 놓아야 한다.

컴퓨터에 윈도우즈 운영체제를 설치할 때와 마찬가지로 우분투 리눅스 운영체제 설치 역시 별도의 어려운 설정 과정 없이 자연스럽게 설치가 진행된다.

따라서 이 책에서는 우분투 설치 과정에 대한 상세한 설명은 생략하도록 한다. 우분투 설치 과정에 대한 단계별 소개 자료들은 인터넷 상에 많이 존재하므로 설치하는 과정에서 이해가 안 되는 부분이 있다면 이러한 인터넷 검색 자료를 충분히 활용하도록 한다. 앞서 살펴 본 솔라리스 운영체제 설치 과정에서의 설정 과정을 참고해도 도움이 될 것이다.

6. 유닉스 터미널 에뮬레이터

만약 학교나 회사와 같이 유닉스 서버 시스템이 이미 갖추어져 있는 경우에는 이 서버 시스템 관리자에게 자신의 개인 사용자 계정을 발급 요청하기 바란다. 사용자 계정이 발급되면 자신의 PC에다 터미널 에뮬레이터(Terminal Emulator) 프로그램을 설치한 다음 원격 네트워크 접속을 통해 자신의 계정에 로그인하면 된다.

이 책에서는 무료로 설치해 쉽게 사용할 수 있는 PineTerm v2.0.6 터미널 에뮬레이터 프로그램을 대상으로 한다. 이 프로그램은 인터넷 검색을 통해 많은 사이트에서 쉽게 다운로드 받을 수 있으므로 출처는 생략한다. PineTerm 프로그램은 별도의 설정 없이 원클릭으로 모든 설치가 완료되므로 설치 과정에서의 어려움은 전혀 없다.

자신의 PC에다 PineTerm을 설치한 후에 실행을 시키면 아래 그림과 같이 초기 화면이 등장한다.

자주 접속하게 되는 유닉스 서버 시스템이 있다면 아래 그림과 같이 세션을 만들어 저장을 하도록 한다. 매번 번거로운 서버 주소 입력 작업이 줄어들게 된다. 이 작업은 세션 이름과 서버 주소를 지정하고 터미널 창의 가로 폭과 세로 폭을 적절히 조정한 후에 화면 좌측 하단의 S기호가 담긴 저장 버튼을 누르면 된다.

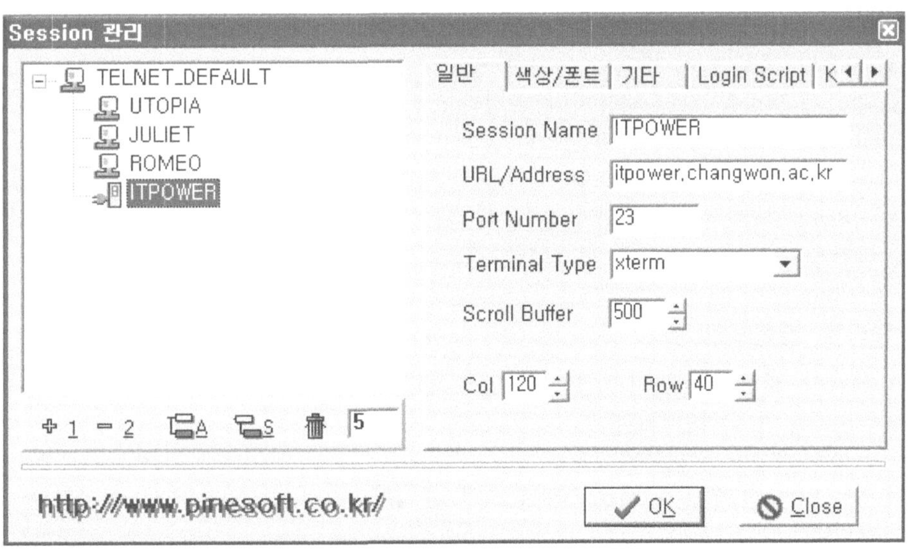

아울러 터미널 창의 배경 색깔, 글자 색깔, 글꼴이나 글자 크기 등을 설정한 다음 이를 저장해 놓으면 사용에 편리하다.

아래 그림은 저장해 놓은 세션을 선택한 다음 OK 버튼을 눌렀을 때 나타나는 모습이다.

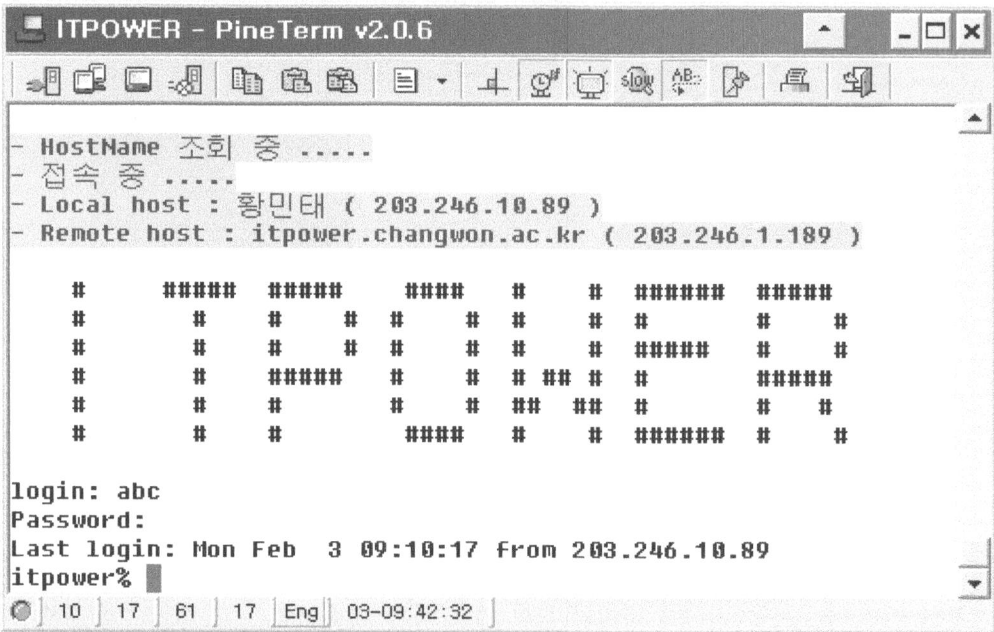
ITPOWER - PineTerm v2.0.6
- HostName 조회 중 .....
- 접속 중 .....
- Local host : 황민태 (203.246.10.89)
- Remote host : itpower.changwon.ac.kr (203.246.1.189)
login: abc
Password:
Last login: Mon Feb 3 09:10:17 from 203.246.10.89
itpower%
10 17 61 17 Eng 03-09:42:32

만약 본인이 유닉스 서버 시스템의 관리자로서 수업이나 기타 목적으로 개인 사용자들에게 계정을 발급해 줘야 하는 경우에는 앞서 개인용 PC에다 솔라리스를 설치 과정에서 살펴 본 사용자 계정 발급 방법과 유사한 방법으로 계정을 발급할 수가 있다.

보통 관리자 권한을 가진 사용자라 할지라도 자신의 개인 사용자 계정으로 작업을 수행하는 것이 일반적이다. 관리자 권한으로 일반 작업을 수행하는 경우 시스템에 문제가 발생할 명령을 내리거나 실수로 시스템 파일을 삭제하는 경우가 발생할 수도 있기 때문에 관리자 일지라도 일반 사용자 계정을 이용해 개인 작업을 수행하고 필요한 경우에만 잠시 관리자 권한을 가지는 방법으로 시스템을 관리하는 것이 일반적이다.

1) 관리자 권한으로 접근

일반 사용자 계정에서 관리자 권한을 얻게 되는 su(Super User) 명령을 내린 다음 관리자 비밀번호를 입력하면 된다.

아래 그림은 개인 사용자 계정으로 로그인 한 후 관리자 권한(su)으로 접근하는 과정을 보여주고 있다.

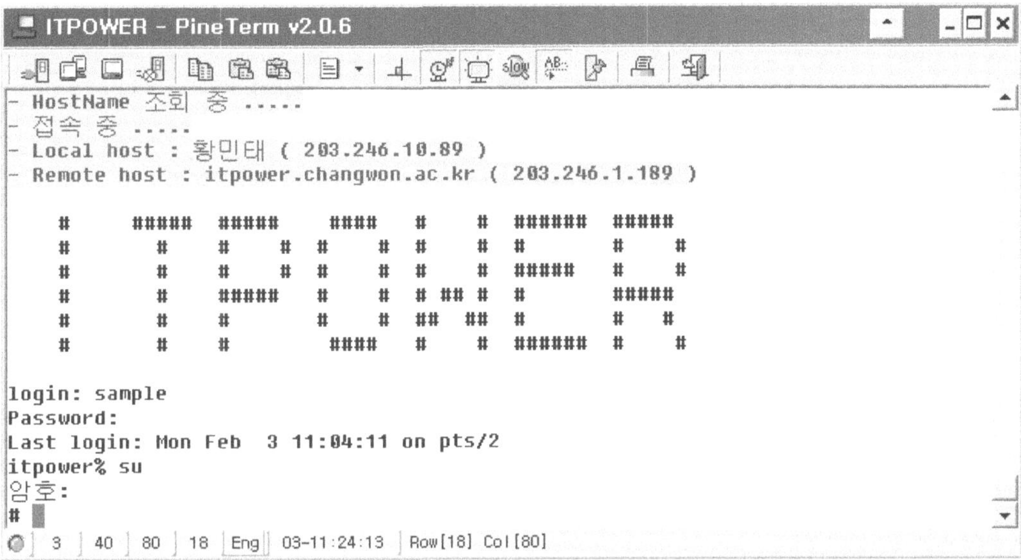
ITPOWER - PineTerm v2.0.6
- HostName 조회 중 .....
- 접속 중 .....
- Local host : 황민태 (203.246.10.89)
- Remote host : itpower.changwon.ac.kr (203.246.1.189)
login: sample
Password:
Last login: Mon Feb 3 11:04:11 on pts/2
itpower% su
암호:
#
3 40 80 18 Eng 03-11:24:13 Row[18] Col[80]

2) 사용자 계정 추가

관리자가 사용자 계정을 추가하려면 아래 그림과 같이 useradd 명령을 내려야 한다.

useradd –d 홈디렉토리 –s 사용자쉘 –m –k 참조디렉토리 사용자_ID

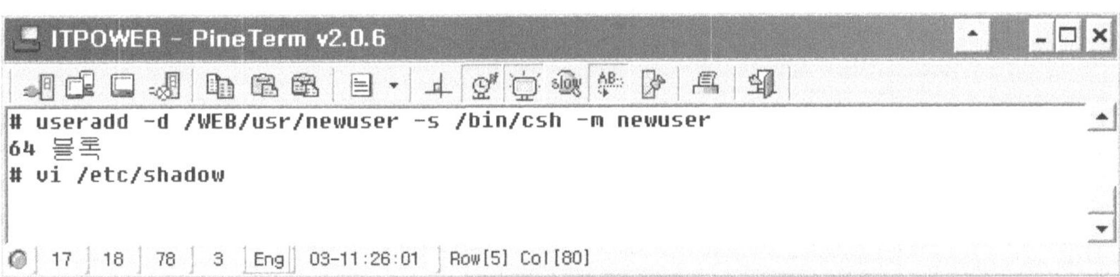
ITPOWER - PineTerm v2.0.6
useradd -d /WEB/usr/newuser -s /bin/csh -m newuser
64 블록
vi /etc/shadow
17 18 78 3 Eng 03-11:26:01 Row[5] Col[80]

사용자 계정 발급 명령인 useradd 명령은 몇 가지 옵션을 필요로 한다. –d 옵션 뒤에는 새로운 사용자의 홈 디렉토리를 지정하는 것이며, –s 옵션 뒤에는 사용자의 쉘을 지정하는 것인데 이 책에서 다룰 C쉘로 지정하면 된다. –m 옵션은 사용자의 홈 디렉토리를 실제 생성하는 기능을 하는데, 이 옵션을 넣지 않으면 관리자가 별도로 사용자의 홈 디렉토리를 만들어 줘야 한다. 맨 마지막에 있는 newuser 부분은 사용자의 로그인 아이디를 지정하는 것으로서, 보통 다수의 사용자를 관리하는 경우에는 사용자의 로그인 아이디와 홈 디렉토리명을 일치하는 것이 좋다.

만약 작업 환경이 잘 갖추어진 기존 사용자 계정이 존재한다면 -k 옵션을 useradd 명령에 추가함으로써 새로운 사용자의 홈 디렉토리를 기존 사용자와 동일하게 만들어 줄 수 있다. 아래 그림에서는 /WEB/usr/sample 홈 디렉토리와 동일한 내용을 가진 새로운 사용자의 홈 디렉토리를 만들어 주면서 사용자 계정을 발급하는 useradd 명령의 사용 예이다.

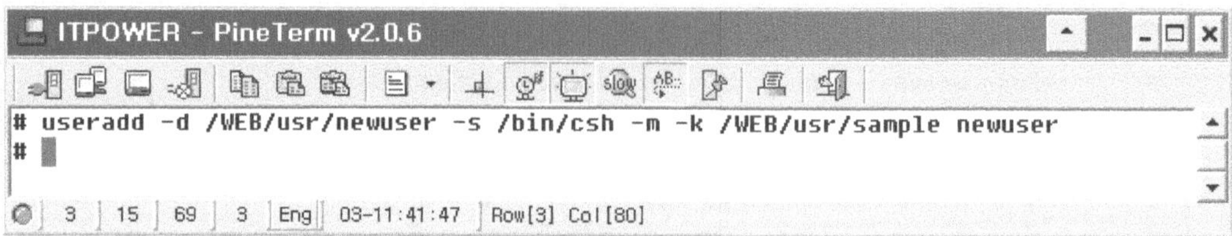
ITPOWER - PineTerm v2.0.6
useradd -d /WEB/usr/newuser -s /bin/csh -m -k /WEB/usr/sample newuser
#
3 15 69 3 Eng 03-11:41:47 Row[3] Col[80]

3) 사용자 비밀번호 생성

만약 관리자가 사용자의 비밀번호를 직접 만들어 주고자 한다면 명령 라인에서 다음 그림과 같이 명령을 내리면 된다.

passwd 사용자_ID

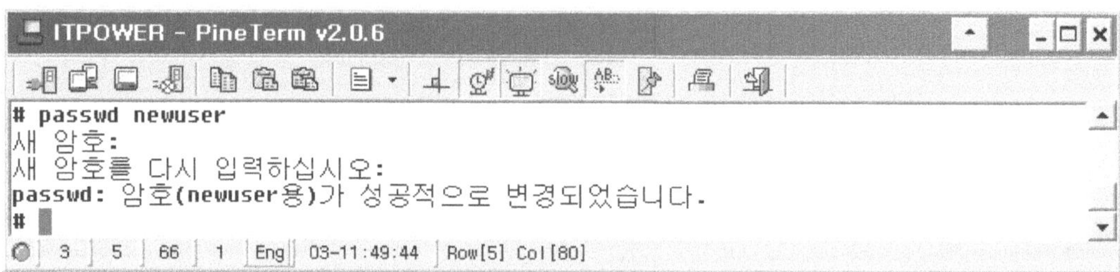
ITPOWER - PineTerm v2.0.6
passwd newuser
새 암호:
새 암호를 다시 입력하십시오:
passwd: 암호(newuser용)가 성공적으로 변경되었습니다.
#
3 5 66 1 Eng 03-11:49:44 Row[5] Col[80]

이 방법으로 관리자가 사용자의 비밀번호를 지정하는 것은 별로 좋지 않아 보인다. 물론 개인 사용자가 자신의 계정으로 로그인 한 다음 passwd 명령으로 다시 비밀번호를 바꾸면 된다. 하지만 이런 번거로운 과정보다는 계정을 발급받은 사용자가 처음 로그인시에 개별 패스워드를 설정하도록 하는 것이 좋다.

이는 관리자가 텍스트 편집기(보편적으로 vi 편집기)를 이용해 사용자의 암호 설정과 관련된 /etc/shadow 시스템 파일을 간단히 수정하는 것이다. 아직 텍스트 편집기에 대해 배우진 않았지만 유닉스 시스템의 관리자 권한을 가진 사용자라면 이미 vi 텍스트 편집기 사용법 정도는 알 것이라 생각한다.

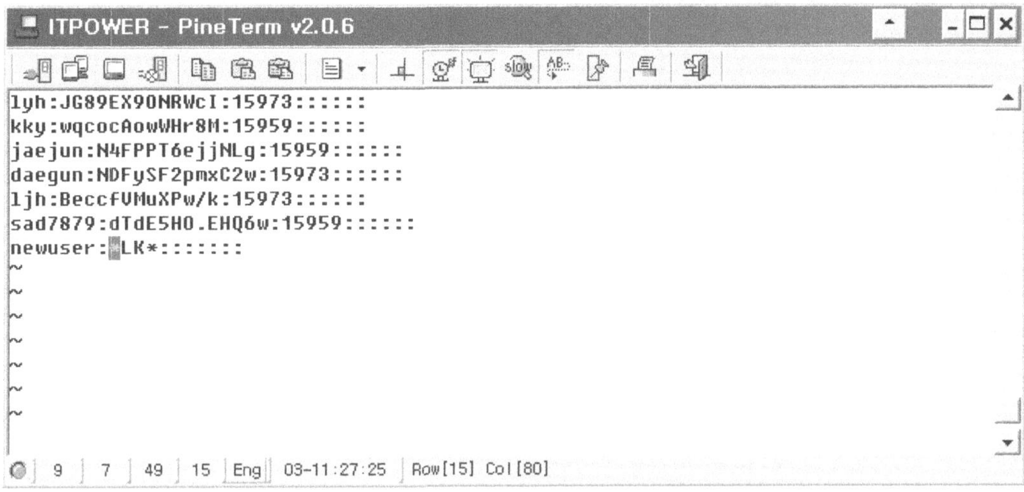
ITPOWER - PineTerm v2.0.6
lyh:JG89EX90NRWcI:15973::::::
kky:wqcocAowWHr8M:15959::::::
jaejun:N4FPPT6ejjNLg:15959::::::
daegun:NDFySF2pmxC2w:15973::::::
ljh:BeccfVMuXPw/k:15973::::::
sad7879:dTdE5HO.EHQ6w:15959::::::
newuser:*LK*:::::::
9 7 49 15 Eng 03-11:27:25 Row[15] Col[80]

vi 텍스트 편집기로 /etc/shadow 파일을 열어 맨 아래에 추가된 newuser 사용자가 있는 라인에서 *LK* 부분을 삭제해 준 다음 아래 그림과 같이 저장 후 빠져나가면 된다. 다수의 사용자 계정을 생성한 경우라면 추가된 사용자에 대해 모두 삭제해 주면 된다.

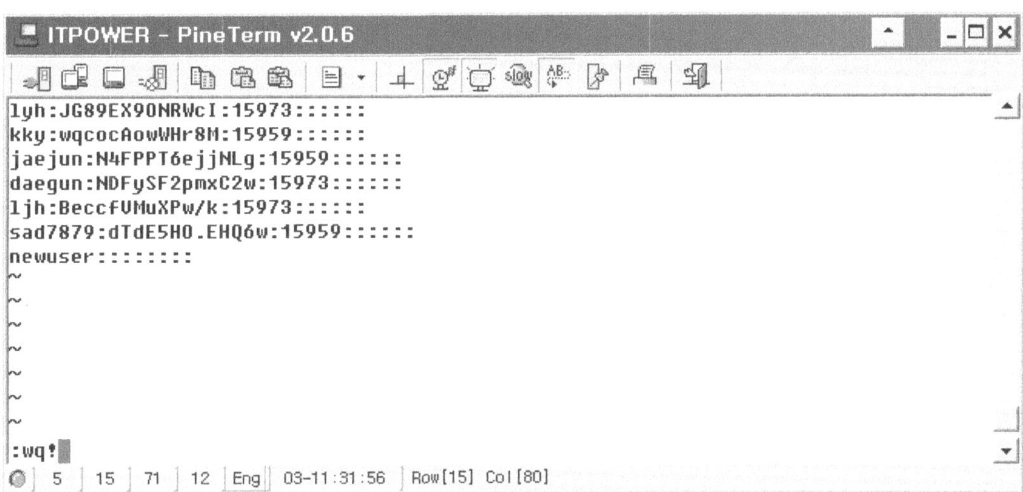
ITPOWER - PineTerm v2.0.6
lyh:JG89EX90NRWcI:15973::::::
kky:wqcocAowWHr8M:15959::::::
jaejun:N4FPPT6ejjNLg:15959::::::
daegun:NDFySF2pmxC2w:15973::::::
ljh:BeccfVMuXPw/k:15973::::::
sad7879:dTdE5HO.EHQ6w:15959::::::
newuser::::::::
:wq!
5 15 71 12 Eng 03-11:31:56 Row[15] Col[80]

관리자가 이렇게 작업을 하고 나면 아래 그림과 같이 새로운 사용자가 처음 로그인시에 자신의 비밀번호를 직접 생성할 수 있게 된다.

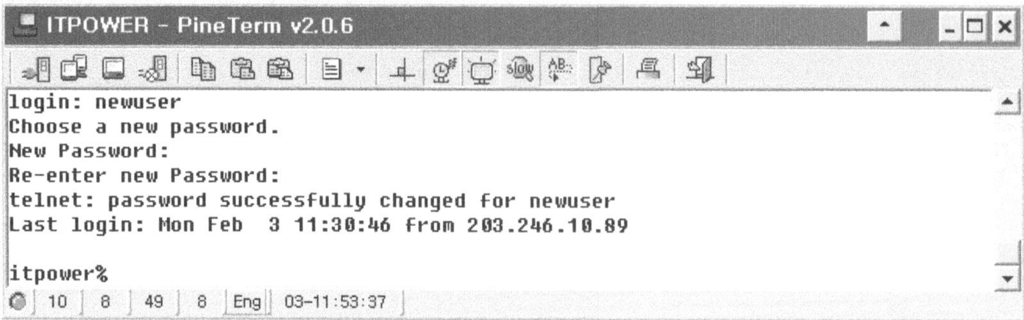
ITPOWER - PineTerm v2.0.6
login: newuser
Choose a new password.
New Password:
Re-enter new Password:
telnet: password successfully changed for newuser
Last login: Mon Feb 3 11:30:46 from 203.246.10.89
itpower%
10 8 49 8 Eng 03-11:53:37

4) 사용자 계정 삭제

만약 사용자 계정을 만드는 과정에서 오류가 발생하거나 더 이상 사용자 계정을 유지할 수 없는 경우에는 아래와 같이 사용자 계정을 삭제하는 명령(userdel)을 내리면 된다.

```
# userdel 사용자_ID
```

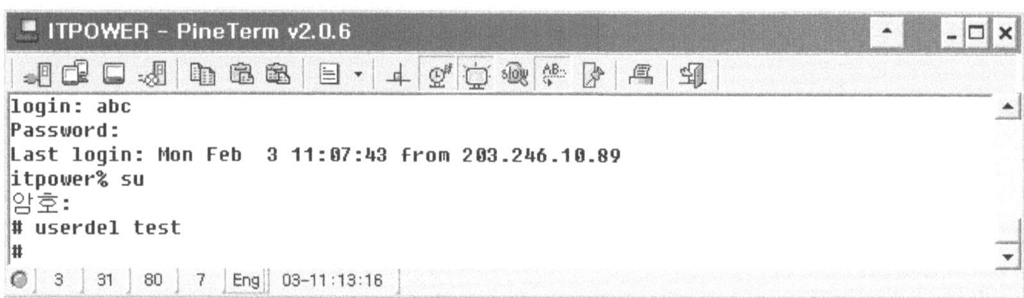
ITPOWER - PineTerm v2.0.6
login: abc
Password:
Last login: Mon Feb 3 11:07:43 from 203.246.10.89
itpower% su
암호:
userdel test
#
3 31 80 7 Eng 03-11:13:16

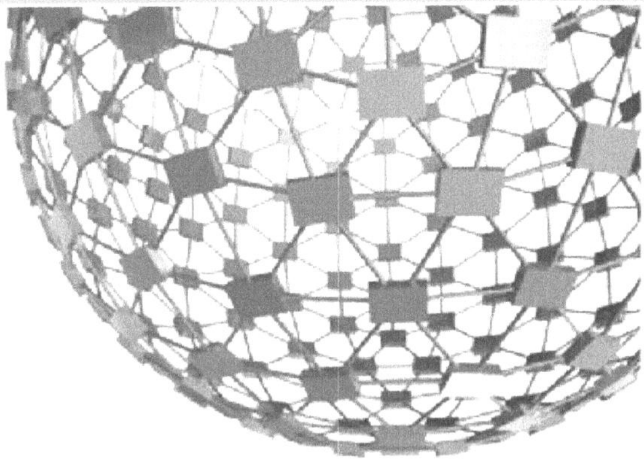

2 유닉스 기초 명령어

이 장에서는 쉘(Shell)을 중점적으로 다룰 것이다. 쉘은 운영체제의 구성요소 중 하나로 운영체제의 핵심 부분인 커널(Kernel)에 의해 실행되어 사용자가 커널을 이용할 수 있도록 제공되는 사용자 인터페이스다. 사용자는 쉘을 통해 명령을 내리면 쉘은 그 명령을 운영체제가 이해할 수 있게 해석해 전달한다. 따라서 유닉스를 익히기 위해서는 유닉스의 인터페이스인 쉘을 잘 알아야 한다.

이 책에서 다룰 쉘은 C쉘(C-Shell)이다. C 언어와 비슷한 문법을 쓰기에 C 언어에 익숙한 사용자가 쓰기 쉽고 강력한 프로그램 작성 기능이 있다.

쉘의 사용자 인터페이스에는 크게 두 가지가 있다. 현재 운영체제의 대세를 이루는 그래픽 사용자 인터페이스(GUI - Graphic User Interface)가 있고, 전통적으로 사용되어 오던 명령어 라인 인터페이스(CLI - Command Line Interface)가 있다. 본래 초기의 운영체제들은 명령어 라인 인터페이스를 쓰고 있었으나, 전문성이 떨어지는 일반 사용자들이 쓰기에는 난해한 면이 있어 결국 현대에 와서는 쉽고 간단한 그래픽 사용자 인터페이스를 거의 모든 운영체제가 채택하게 되었다.

물론 그래픽 사용자 인터페이스는 컴퓨터에 대한 전문적인 지식이 없는 사용자도 상대적으로 쉽게 이해하고 사용할 수 있다. 그러나 그 기능에는 한계가 있으며, 그래픽 사용자 인터페이스만 이용해서는 어떤 기능을 조건에 따라 반복적으로 수행하도록 하는 스크립트 동작을 컴퓨터에게 시키기는 불가능하다.

그래서 거의 모든 그래픽 사용자 인터페이스 기반의 운영체제는 기본적으로 명령어 라인 인터페이스도 함께 지원하고 있다. 일상적인 용도 이상의 세밀하고 높은 수준의 작업을 할 때에는 명령어 라인 인터페이스를 주로 사용하게 된다. 마이크로소프트 윈도우즈 운영체제도 기본적으로는 그래픽 사용자 인터페이스 기반이지만, 명령어 라인 인터페이스 환경을 따로 제공하며 여기서 고급 작업이 많이 이루어진다. 윈도우즈 운영체제에서 시작 > 실행 창에서 cmd 라고 입력하면 명령어 라인 인터페이스를 접할 수 있다.

우리는 유닉스를 사용함에 있어 단순한 명령어뿐만 아니라 컴퓨터에게 특정 동작을 조건에 따라 반복적으로 수행할 수 있도록 프로그래밍을 할 것이므로 C쉘의 명령어 라인 인터페이스에 익숙하도록 그 사용법을 익힐 것이다.

개인 사용자가 유닉스 명령어를 익히고 C쉘 프로그래밍을 실습하기 위해서는 솔라리스 운영체제를 실행해 아래 그림과 같이 개인 사용자 계정으로 로그인하면 된다.

관리자인 root 계정은 기본적으로 sh(Bourne Shell)을 사용한다. 하지만 개인 사용자 계정을 만들 때 C쉘을 사용하도록 옵션을 준 사실을 기억할 것이다. 즉, useradd 명령을 사용할 때 -s 옵션 뒤에 /bin/csh 경로를 주었기 때문에 이 사용자 계정에서는 C쉘을 사용하게 된다. 따라서 앞으로는 root 계정이 아닌 개인 사용자 계정으로 로그인해서 유닉스 명령어 실습과 C쉘 프로그래밍 실습을 진행하도록 한다.

솔라리스 운영체제의 바탕화면에서 마우스 우측 버튼 클릭을 한 후 터미널 열기 메뉴를 고르면 상기 그림과 같은 C쉘을 사용할 수 있는 터미널 창이 뜬다.

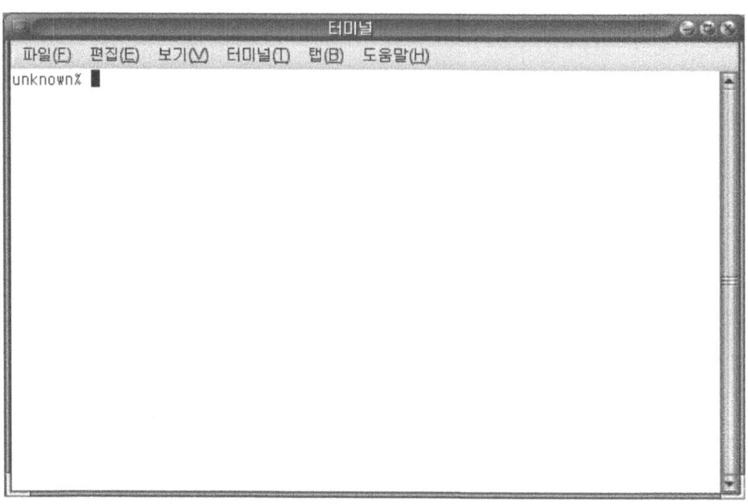

만약 학교나 회사와 같이 다수의 사용자가 유닉스 서버 시스템에 개인 사용자 계정을 발급받아 사용하게 되는 경우에는 개인용 컴퓨터에 설치해 이용 가능한 터미널 에뮬레이터(Terminal Emulator)를 사용해 개인 사용자 계정으로 로그인하면 된다.

아래 그림은 PineTerm v2.0.6 터미널 에뮬레이터를 이용해 유닉스 서버 시스템에 개인 사용자 권한으로 로그인한 모습을 보여주고 있다.

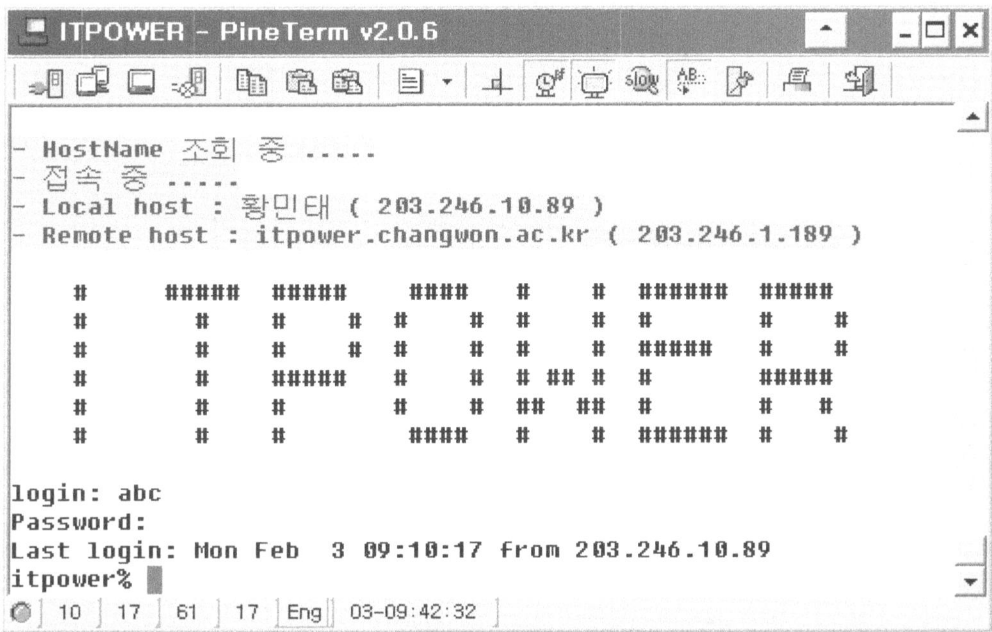
ITPOWER - PineTerm v2.0.6
- HostName 조회 중 .....
- 접속 중 .....
- Local host : 황민태 (203.246.10.89)
- Remote host : itpower.changwon.ac.kr (203.246.1.189)
login: abc
Password:
Last login: Mon Feb 3 09:10:17 from 203.246.10.89
itpower%
10 17 61 17 Eng 03-09:42:32

이 책에서는 터미널 에뮬레이터를 이용해 작업하는 과정을 중심으로 설명하고자 한다. 이는 앞서 살펴본 바와 같이 개인 사용자의 컴퓨터에 버추얼 박스와 솔라리스를 설치해 개인 사용자 권한으로 로그인 한 다음 터미널 창을 열어서 작업하는 경우와 동일하므로 걱정하지 말자.

로그인 사용자가 작업을 마치고서 종료하고자 한다면 아래 그림과 같이 exit 명령을 내리거나 logout 명령을 내려서 사용자 계정에 대한 세션 접속을 먼저 끊어주도록 한다.

ITPOWER - PineTerm v2.0.6
itpower% exit
14 1 73 4 Eng 16-03:24:32

1. 유닉스 파일 시스템

파일 시스템(File System) 이란 말은 파일을 저장하거나 불러오고, 또 갱신할 수 있는 저장소의 형식을 일컫는다. 흔히 우리가 파일을 저장하고 담아두는 하드 디스크에 실제로 자료가 저장되는 형식이 바로 파일 시스템이다.

기본적으로 컴퓨터에서 수행하는 거의 모든 작업에 파일이 관여하고 있다. 컴퓨터에서 작업을 수행하고 나면 그 결과물을 추후에도 볼 수 있도록 저장하려면 반드시 파일의 형태로 저장해야 한다. 따라서 컴퓨터 기능 대부분의 관리는 관리자의 몫이지만 개인 사용자 역시 기본적인 파일의 조작 방법과 개념은 숙지하고 있어야 한다.

1) 파일(File)

파일은 기본적으로 컴퓨터에 저장된 자료의 실체이다. 운영체제나 다른 응용 프로그램 모두 컴퓨터의 연산장치가 수행할 명령어 목록과 여러 값의 자료를 담고 있는 파일의 군집으로 구성되어 있다. 흔히 우리가 알고 있는 이 의미의 파일을 일반 파일이라고 한다.

그러나 유닉스에서는 단순히 저장된 자료로서의 의미에 그치지 않고 물리적인 장치 또한 파일의 형태로 취급하는 특징이 있다. 키보드, 모니터, 프린터, LAN 카드, 마우스 등의 장치 모두 각자 파일의 형태로 유닉스 파일 시스템 속에 존재한다. 이러한 파일을 특수 파일이라고 한다.

일반 파일은 다시 크게 텍스트 파일(Text File)과 이진 파일(Binary File)의 두 가지 종류로 나눌 수 있다.

텍스트 파일은 주로 아스키(ASCII) 코드나 유니코드 등의 문자 형식에 맞춰 기록되어 사람이 내용을 읽을 수 있는 형식으로 작성된 파일이다.

반면, 이진 파일들은 문서 파일과 달리 사람이 아닌 컴퓨터가 읽기 위해 존재한다. 오로지 0과 1의 데이터로만 구성되어 있는 파일로서 사람이 열어보아도 의미를 알 수 없는 내용들만이 나올 뿐이다. 그러나 컴퓨터는 이러한 파일들을 해석할 수 있으며, 만일 파일이 명령어 목록을 담고 있다면 그 목록을 따라 작업을 수행하기도 한다. 컴퓨터가 운영체제를 불러오는 작업이 바로 이러한 명령어 목록을 담고 있는 이진 파일을 열고 그 안에 담긴 명령어 목록을 읽어 수행하는 것이다.

또한 간단한 텍스트 파일 외의 hwp, doc 등의 확장자를 가진 문서 파일들은 텍스트 파일 형태일 것 같지만 사실은 이진 파일에 속한다. 이러한 파일들은 컴퓨터가 응용 프로그램의 지시를 따라 읽고 해석해 내서 비로소 사람들이 볼 수 있는 문서의 형태로 나오는 것이다.

2) 디렉토리(Directory)

디렉토리는 파일을 분류하는 구조 중 하나이다. 디렉토리는 파일 혹은 또 다른 디렉토리를 담을 수 있는 일종의 공간으로 볼 수 있다. 마이크로소프트사의 윈도우 운영체제에서도 예전에는 이 구조를 디렉토리라 불렀으나, 윈도우 95 이후에 폴더(Folder)로 명칭을 바꿔 부르기 시작했다.

디렉토리는 그 내부에 다른 디렉토리를 포함하는 관계에 있을 수 있는데, 이 때 다른 디렉토리를 포함하고 있는 디렉토리를 "상위 디렉토리" 혹은 "부모 디렉토리" 라고 부른다. 반대로 포함된 디렉토리는 "하위 디렉토리" 혹은 "자식 디렉토리"로 부른다.

이런 식으로 디렉토리는 또 다른 디렉토리를 포함하고, 이것이 꼬리를 물고 이어지면서 계층 구조를 이루게 된다. 그리고 임의의 디렉토리의 상위 디렉토리를 계속 추적해 나가면 결국 하나의 최상위 디렉토리에 수렴하게 된다. 이 디렉토리는 계층적으로 모든 디렉토리를 포함하는 특별한 디렉토리로 그 자신은 소속된 상위 디렉토리가 없다. 이 디렉토리를 루트(Root) 디렉토리라고 부른다.

아래 그림에서 부모 디렉토리와 자식 디렉토리의 모습을 예로써 살펴볼 수 있다.

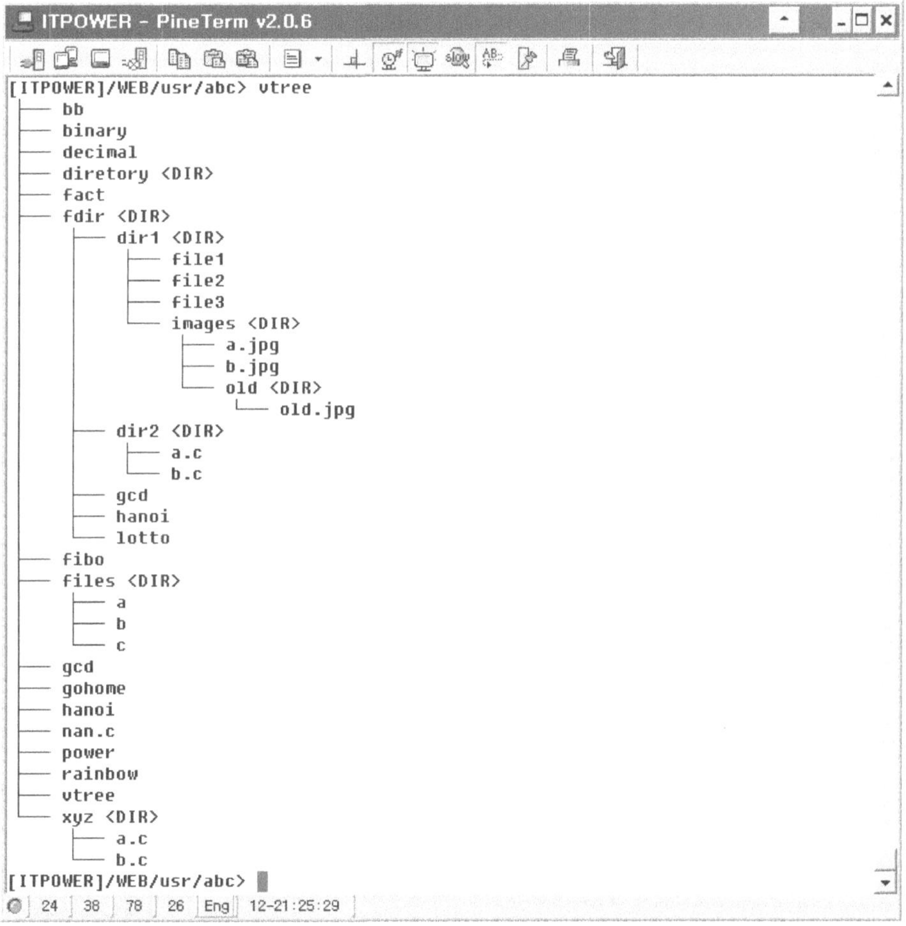

```
ITPOWER - PineTerm v2.0.6
[ITPOWER]/WEB/usr/abc> vtree
├── bb
├── binary
├── decimal
├── diretory <DIR>
├── fact
├── fdir <DIR>
│    ├── dir1 <DIR>
│    │    ├── file1
│    │    ├── file2
│    │    ├── file3
│    │    └── images <DIR>
│    │         ├── a.jpg
│    │         ├── b.jpg
│    │         └── old <DIR>
│    │              └── old.jpg
│    ├── dir2 <DIR>
│    │    ├── a.c
│    │    └── b.c
│    ├── gcd
│    ├── hanoi
│    └── lotto
├── fibo
├── files <DIR>
│    ├── a
│    ├── b
│    └── c
├── gcd
├── gohome
├── hanoi
├── nan.c
├── power
├── rainbow
├── vtree
└── xyz <DIR>
     ├── a.c
     └── b.c
[ITPOWER]/WEB/usr/abc>
24 38 78 26 Eng 12-21:25:29
```

여기서 사용된 명령은 유닉스 자체의 명령어가 아니라 나중에 배우게 될 C쉘 프로그래밍을 이용해 디렉토리와 파일들을 계층적으로 보여줄 수 있도록 만든 프로그램이다. 따라서 여러분들은 지금 이 명령을 사용할 수 없다는 점을 이해하도록 하자.

3) 경로(path)와 경로명(pathname)

컴퓨터의 파일 시스템에서는 공통적으로 경로와 경로명이라는 단어를 많이 언급한다. 물론 두 개념을 표현하는 방법은 운영체제 마다 조금씩 다르다. 그러나 그 개념 자체는 공통적으로 이용된다. 이 두 개념은 컴퓨터를 사용할 때 매우 자주 언급되므로 명확한 정의를 기억하고 있을 필요가 있다.

경로(path)는 컴퓨터의 파일 시스템에서 특정한 파일 및 디렉토리 등에 접근하기 위해 거치는 계층 관계를 표현한 문자열이다.

그리고 경로명(pathname)은 이 경로 뒤에 목적한 파일이나 디렉토리 등의 이름이 붙은 것으로, 이들은 특정한 개체와 그 개체에 접근하기 위한 경로 정보까지 모두 포함하고 있는 문자열이다.

상기 그림에서 예를 들면, lotto 라는 파일이 존재하는 경로는 /WEB/usr/abc/fdir 이며, 경로명은 /WEB/usr/abc/fdir/lotto 이다. 사용자가 /WEB/usr/abc 경로에 있는 디렉토리에서 명령을 내리고 있으며 이 디렉토리 내에 있는 fdir 디렉토리 속에 lotto 라는 파일을 찾아볼 수 있다.

2. 파일과 디렉토리 관련 명령어

유닉스에는 다양한 형태의 명령어가 있으며, 이 명령어들은 제각각의 사용 문법을 가지고 있다. 따라서 이러한 다양한 용법을 잘 구분해 제대로 기술해야 하므로 모든 명령어의 용법은 다음의 법칙에 맞춰 기록하고 있다.

명령어 용법 표시	
[foo]	foo는 생략할 수 있음.
foo	foo는 반드시 명시되어야 함.
(a|b|c)	a, b, c는 양립할 수 없는 옵션으로 한 개만 골라 써야함.
foo...	foo는 공백으로 구문해 여러 개를 동시에 지정할 수 있다.
-abcdefg	a, b, c, d, e, f, g는 서로 섞어 쓸 수 있다. ex) a, b 옵션을 동시에 줄 때 "-a -b" 혹은 "-ab"로 쓸 수 있다.

1) pwd

특정 사용자가 유닉스 시스템에 로그인하면 관리자가 처음 사용자 계정을 생성할 때 -d

옵션 뒤에 지정한 경로에서부터 쉘이 시작되는데 이를 해당 사용자의 홈 디렉토리(Home Directory)라 부른다. 일반적으로 모든 사용자는 자신의 홈 디렉토리를 갖는다. 그러나 작업 도중에 다른 디렉토리로 여기저기 옮겨 다니게 되면 자신이 지금 어떤 디렉토리에 있는지를 알 필요가 있다.

이 때 현재의 작업 중인 디렉토리를 알기 위해서는 pwd 명령어를 사용한다.

pwd 명령어	
문법	pwd
기능	현재 디렉토리를 표시
옵션	없음

사용자가 현재 위치하고 있는 디렉토리를 현재 디렉토리(Current Directory) 또는 작업 디렉토리(Working Directory)라고 한다. 만약 다른 디렉토리로 이동하면 그 이동한 디렉토리가 바로 현재 디렉토리가 된다.

아래 그림은 사용자가 pwd 명령을 내린 결과 모습이다.

ITPOWER - PineTerm v2.0.6
itpower% pwd
/WEB/usr/abc
itpower%
10 20 45 3 Eng 15-18:01:25

2) ls

현재 디렉토리가 어디인지 알 수 있게 되었으므로 이제는 그 디렉토리 안에 무엇이 있는지 알아볼 차례이다. ls 명령은 다양한 옵션을 통해 원하는 여러 가지의 형식으로 지정한 디렉토리 내의 파일과 디렉토리 등의 목록을 보여준다. 여기서는 다양한 옵션들 중에서 특별히 자주 사용되는 옵션들만 제시하도록 한다. 추가 옵션에 대해 알고 싶으면 인터넷 자료나 유닉스 시스템에서 온라인으로 제공하는 매뉴얼을 참고하기 바란다.

ls 명령어	
문법	ls [-aACdlrRtu] [경로명]...
기능	현재 디렉토리 내의 파일과 디렉토리 목록을 보여줌
옵션	옵션 미사용 시 : 현재 디렉토리의 내용을 기본 형식으로 출력 -a : . 과 .. 을 비롯한 숨겨진 파일을 모두 출력 -A : -a 옵션과 거의 같으나 . 과 .. 은 미출력 -C : 정렬된 목록을 여러 열을 사용해 출력 -d : 지정한 경로명이 디렉토리인 경우 그 이름만 출력 -l : 파일이나 디렉토리에 대한 정보를 자세하게 출력. -r : 정렬 순서를 역순으로 함. -R : 하위 디렉토리들의 내용도 출력. -t : 이름 대신 마지막 수정 시간으로 정렬. -u : 이름 대신 마지막 접근 시간으로 정렬.

ls 명령은 아주 다양한 옵션을 가지고 있으며 그 옵션들은 대부분 조합해서 사용할 수 있다. 아래 그림들은 ls 명령에 다양한 옵션을 적용해 본 결과 모습을 보여주고 있다.

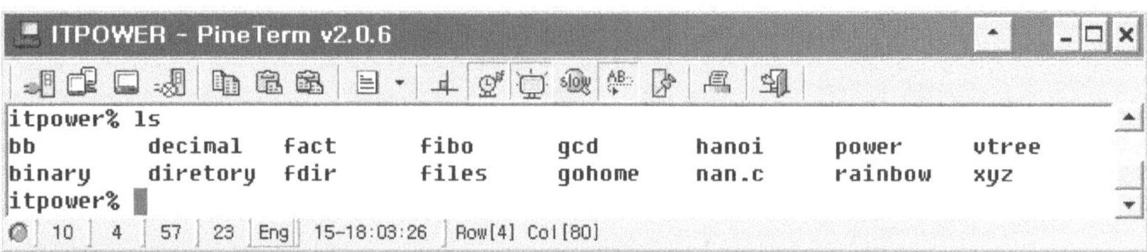
ITPOWER - PineTerm v2.0.6
itpower% ls
bb decimal fact fibo gcd hanoi power vtree
binary diretory fdir files gohome nan.c rainbow xyz
itpower%
10 4 57 23 Eng 15-18:03:26 Row[4] Col[80]

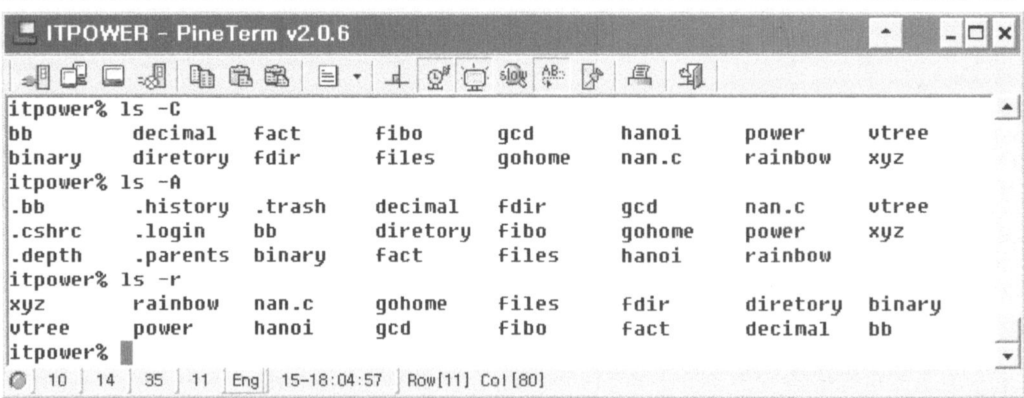
ITPOWER - PineTerm v2.0.6
itpower% ls -C
bb decimal fact fibo gcd hanoi power vtree
binary diretory fdir files gohome nan.c rainbow xyz
itpower% ls -A
.bb .history .trash decimal fdir gcd nan.c vtree
.cshrc .login bb diretory fibo gohome power xyz
.depth .parents binary fact files hanoi rainbow
itpower% ls -r
xyz rainbow nan.c gohome files fdir diretory binary
vtree power hanoi gcd fibo fact decimal bb
itpower%
10 14 35 11 Eng 15-18:04:57 Row[11] Col[80]

```
ITPOWER - PineTerm v2.0.6
itpower% ls -l
total 17
-rwxr-xr-x   1 abc        1343 Feb 11 18:26 bb
-rwxr-xr-x   1 abc         452 Feb 12 18:05 binary
-rwxr-xr-x   1 abc         414 Feb 12 19:33 decimal
drwxr-xr-x   2 abc         512 Feb 12 20:26 diretory
-rwxr-xr-x   1 abc         226 Feb 12 10:22 fact
drwxr-xr-x   4 abc         512 Feb 12 21:38 fdir
-rwxr-xr-x   1 abc         335 Feb 12 11:28 fibo
drwxr-xr-x   2 abc         512 Feb 10 19:52 files
-rwxr-xr-x   1 abc         486 Feb 12 17:08 gcd
-rwxr-xr-x   1 abc         864 Feb 11 16:10 gohome
-rwxr-xr-x   1 abc         241 Feb 12 19:57 hanoi
-rwxr-xr-x   1 abc         158 Feb 12 09:35 nan.c
-rwxr-xr-x   1 abc         248 Feb 12 10:58 power
-rwxr-xr-x   1 abc         269 Feb 12 09:29 rainbow
-rwxr-xr-x   1 abc         810 Feb 12 21:38 vtree
drwxr-xr-x   2 abc         512 Feb 12 21:36 xyz
itpower%
10 | 19 | 80 | 3 | Eng | 15-18:06:02 | Row[19] Col[80]
```

보통 ls -al 명령을 주로 사용하게 되는데, 여기서 -a 옵션의 효과로 숨겨진 모든 파일들이 출력되고, -l 옵션의 효과로 파일이나 디렉토리의 상세한 정보가 출력되는 것을 볼 수 있다.

앞서 살펴 본 그림에서 -l 옵션을 사용하는 경우 출력되는 파일과 디렉토리의 상세 정보에서 -rwxr-xr-x 혹은 drwxr-xr-x 형식으로 표현된 부분을 살펴보도록 하자. 이는 파일이나 디렉토리에 대한 접근 권한을 나타내는데 맨 첫 글자가 -로 시작하면 파일을 의미하고, d로 시작하면 디렉토리를 의미한다. 나머지 의미에 대해서는 잠시 후 접근 권한을 관리하는 절에서 상세히 설명하기로 한다.

그 다음의 숫자는 디렉토리 내에 포함된 파일의 수를 가리킨다. 파일의 경우는 1을 가진다. 그 다음의 abc 부분은 이 파일의 소유자 아이디를 가리킨다. 그 다음에 적힌 숫자는 파일의 크기를 바이트 수로 표기한 것이다. 그 이후에 파일이나 디렉토리의 생성 날짜와 실제 파일명이나 디렉토리명이 맨 마지막으로 보이고 있음을 알 수 있다.

참고로 -a 옵션이나 -A 옵션이 주어졌을 때에는 숨은 디렉토리나 파일들을 보여준다는 것을 알 수 있다. 숨은 파일이나 디렉토리는 점(.)으로 시작하는 이름을 가지고 있으며, 그냥 ls 명령에서는 출력되지 않는다.

3) cd

사용자가 현재 작업 디렉토리를 바꾸고 싶다면 cd 명령어를 사용해 원하는 디렉토리로 갈 수 있다.

cd 명령어	
문법	cd [경로명]
기능	현재 디렉토리를 변경
옵션	옵션 미사용 시 : 자신의 홈 디렉토리로 이동 (경로명) : 지정한 디렉토리로 이동

cd 명령은 원하는 디렉토리의 경로명을 지정해 주면 현재 디렉토리를 그 디렉토리로 변경해준다. 아래 그림을 참고하도록 한다.

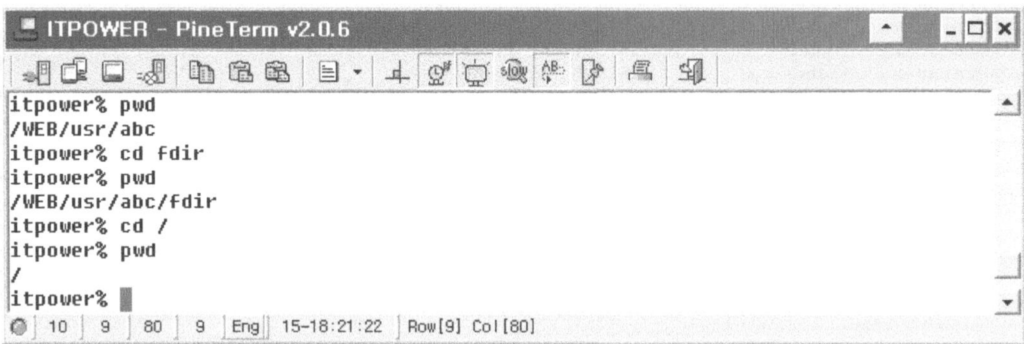
ITPOWER - PineTerm v2.0.6
itpower% pwd
/WEB/usr/abc
itpower% cd fdir
itpower% pwd
/WEB/usr/abc/fdir
itpower% cd /
itpower% pwd
/
itpower%
10 9 80 9 Eng 15-18:21:22 Row[9] Col[80]

만약 cd 명령 뒤에 경로명을 입력하지 않는다거나 ~ 기호나 $home 이라 적어주게 되면 현재 어느 디렉토리에 있을지라도 자신의 홈 디렉토리로 이동한다. 이 기능은 여러 가지 명령어를 다룰 때 유용하게 사용되므로 알아두기 바란다.

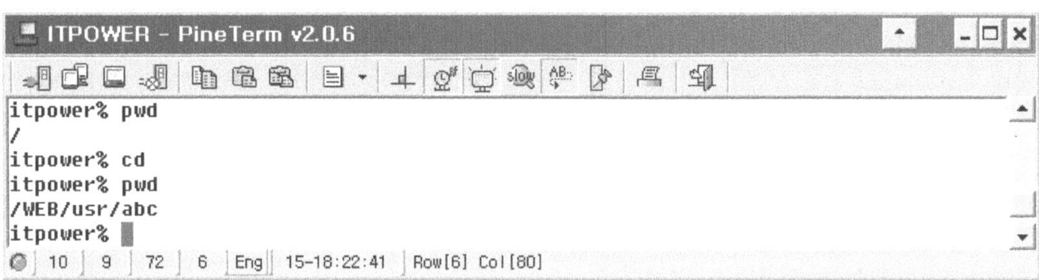
ITPOWER - PineTerm v2.0.6
itpower% pwd
/
itpower% cd
itpower% pwd
/WEB/usr/abc
itpower%
10 9 72 6 Eng 15-18:22:41 Row[6] Col[80]

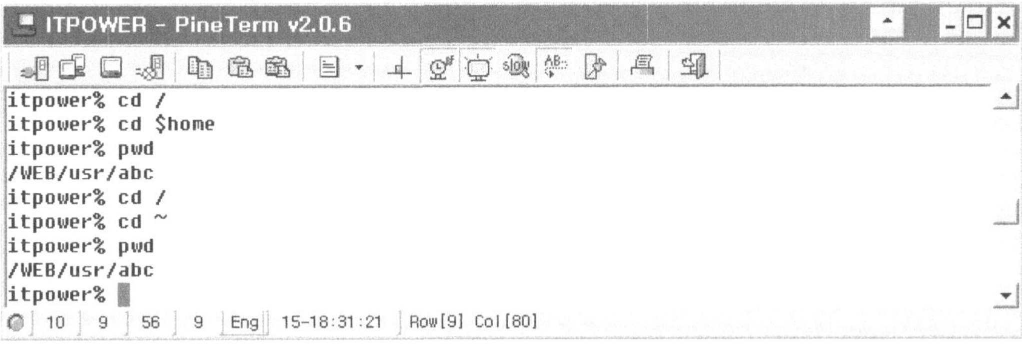
ITPOWER - PineTerm v2.0.6
itpower% cd /
itpower% cd $home
itpower% pwd
/WEB/usr/abc
itpower% cd /
itpower% cd ~
itpower% pwd
/WEB/usr/abc
itpower%
10 9 56 9 Eng 15-18:31:21 Row[9] Col[80]

우리가 cd 명령 뒤에 지정해 주는 경로에는 크게 두 가지 종류가 있다. 하나는 절대 경로이고, 또 다른 하나는 상대 경로이다.

절대 경로는 첫머리가 / 기호로 부터 시작하는 완전한 형태의 경로를 말한다. 이 경로 표시는 유닉스 파일 시스템의 최상위 루트(/) 디렉토리에서부터 목적 디렉토리까지의 경로를 전부 지정하는 방식이다. 이 절대 경로를 이용하면 현재 작업 디렉토리가 어디이든지 무관하게 특정한 디렉토리를 항상 동일하게 표현하게 된다.

상대 경로는 절대 경로와는 달리 현재 작업 디렉토리를 기준으로 해서 목적 디렉토리까지의 경로를 지정하는 방식이다. 이 경로 지정 방식을 이용하면 현재 위치한 디렉토리가 어디인가에 따라 목적 디렉토리의 경로 지정이 상대적으로 달라진다.

일반적으로 디렉토리 구조가 복잡해지면 일일이 절대경로를 기입하는 것은 매우 번거로우므로 이러한 상대경로를 많이 사용하게 된다. 상대 경로 표시를 위해서는 현재 작업 중인 디렉토리를 점(.) 기호로 표시하며, 현재 작업 디렉토리보다 한 단계 위의 부모 디렉토리를 점점(..) 기호로 표시한다. 경로명을 표시할 때 디렉토리명과 디렉토리명 사이에는 슬래쉬(/) 기호가 들어간다는 점을 알고 있으면 모든 상대 경로를 표시할 수 있다. 슬래쉬(/) 기호는 절대 경로에서도 마찬가지로 사용되며, 경로명의 처음부터 슬래쉬 기호로 시작하는 것을 절대 경로 표기 방법이다.

아래 그림은 절대 경로를 이용해 특정한 디렉토리로 이동하는 모습을 보여준다.

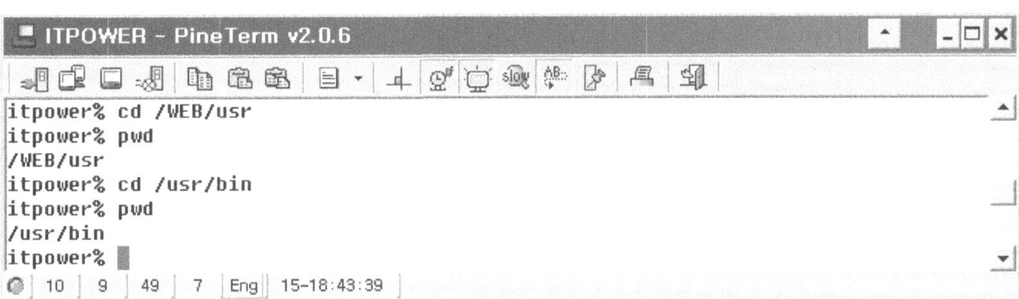
ITPOWER - PineTerm v2.0.6
itpower% cd /WEB/usr
itpower% pwd
/WEB/usr
itpower% cd /usr/bin
itpower% pwd
/usr/bin
itpower%
10 9 49 7 Eng 15-18:43:39

반면 아래 그림은 상대 경로를 이용해 특정 디렉토리로 이동하는 모습을 보여준다.

ITPOWER - PineTerm v2.0.6
itpower% pwd
/WEB/usr/abc
itpower% cd ..
itpower% pwd
/WEB/usr
itpower% cd ./abc
itpower%
10 7 78 6 Eng 15-18:47:12

상대 경로 표기 방법에서 현재 작업 디렉토리를 의미하는 점(.) 기호는 생략이 가능하다. 점(.) 기호가 생략되면 그 뒤에 따르는 슬래쉬(/) 기호도 빠져야 한다는 것은 알 수 있을 것이다. 그렇지 않으면 절대 경로 표기 방법이 되어 버릴 것이다.

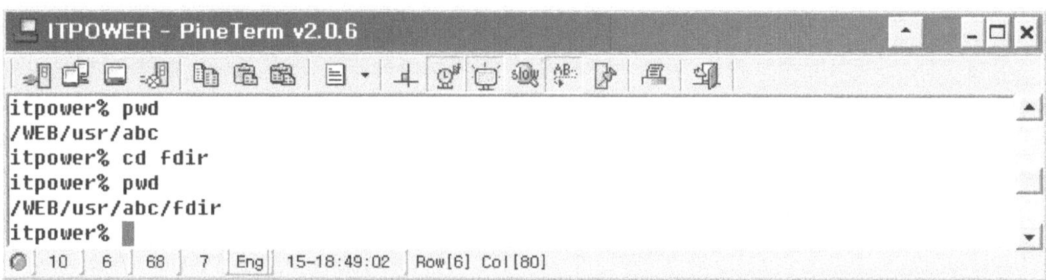
ITPOWER - PineTerm v2.0.6
itpower% pwd
/WEB/usr/abc
itpower% cd fdir
itpower% pwd
/WEB/usr/abc/fdir
itpower%
10 6 68 7 Eng 15-18:49:02 Row[6] Col[80]

앞서 어느 작업 디렉토리에서든 자신의 홈 디렉토리로 이동하는 세 가지 방법을 제시하였는데, 여기에다 추가해 cd 명령 뒤에 자신의 홈 디렉토리에 대한 절대 경로를 지정하는 방법도 알고 있으면 도움이 될 것이다.

아래 그림은 특정 디렉토리에서 자신의 홈 디렉토리로 이동하기 위해 절대 경로를 이용하는 방법을 보여주고 있다.

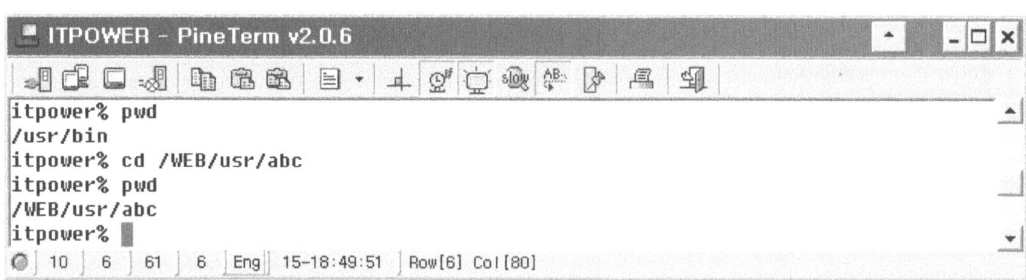
ITPOWER - PineTerm v2.0.6
itpower% pwd
/usr/bin
itpower% cd /WEB/usr/abc
itpower% pwd
/WEB/usr/abc
itpower%
10 6 61 6 Eng 15-18:49:51 Row[6] Col[80]

앞서 상대 경로에 대한 설명에서 간단히 언급한 점(.) 기호와 점점(..) 기호에 대해 부연 설명을 하고자 한다. 유닉스 파일 시스템 상의 모든 디렉토리는 점(.)과 점점(..)의 이름을 가진 특별한 디렉토리를 포함하고 있다. 아래 그림처럼 ls 명령 뒤에 −a 옵션을 줘서 명령을 내려 보면 알 수 있다.

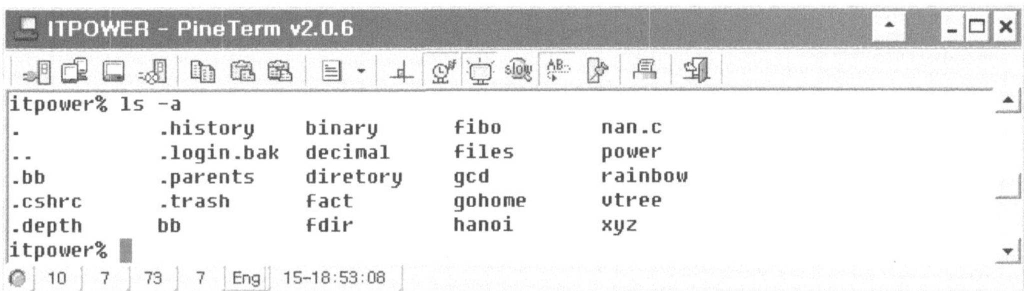
ITPOWER - PineTerm v2.0.6
itpower% ls -a
. .history binary fibo nan.c
.. .login.bak decimal files power
.bb .parents diretory gcd rainbow
.cshrc .trash fact gohome vtree
.depth bb fdir hanoi xyz
itpower%
10 7 73 7 Eng 15-18:53:08

이 디렉토리들은 사용자가 지우거나 변경할 수 없는데, 이들은 경로를 일일이 적어야 하는 번거로움을 피하기 위한 상대적인 디렉토리 경로 참조의 축약어 역할을 한다.

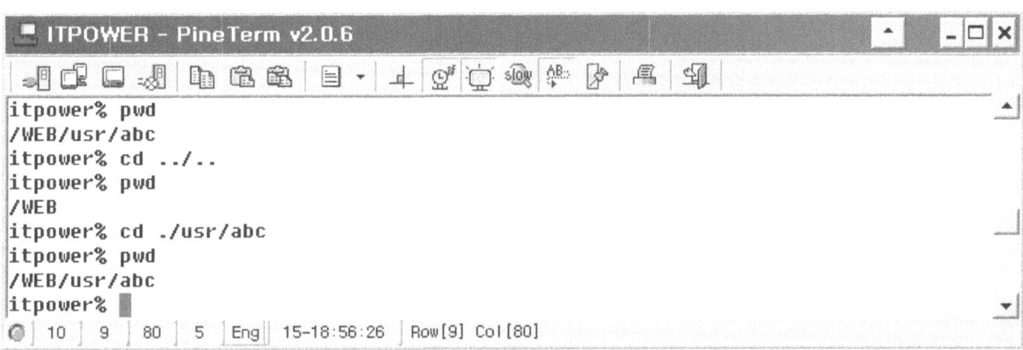
ITPOWER - PineTerm v2.0.6
itpower% pwd
/WEB/usr/abc
itpower% cd ../..
itpower% pwd
/WEB
itpower% cd ./usr/abc
itpower% pwd
/WEB/usr/abc
itpower%
10 9 80 5 Eng 15-18:56:26 Row[9] Col[80]

점(.) 기호는 현재 디렉토리 그 자체를 의미하며, 점점(..) 기호는 현재 디렉토리의 부모 디렉토리를 의미한다. 이 점점(..) 기호를 사용하지 않으면 부모 디렉토리의 경로명을 알아내거나 부모 디렉토리로 이동하는 일은 매우 번거로운 일이 된다.

앞서 살펴 본 상대 경로 및 절대 경로를 이용해 디렉토리를 자유롭게 이동할 수 있도록 연습을 많이 하도록 하자.

4) mkdir

사용자는 mkdir 명령을 이용하여 새로운 디렉토리를 생성할 수 있다.

mkdir 명령어	
문법	mkdir [-p] 디렉토리명...
기능	디렉토리를 만듬
옵션	-p : 지정한 경로에서 없는 상위 디렉토리들도 모두 생성 -m : 새로운 디렉토리의 허가 모드를 지정된 모드로 설정

mkdir 명령 뒤에 단일 디렉토리명을 입력하면 하나의 빈 디렉토리가 생긴다. mkdir 명령 뒤에 여러 개의 디렉토리를 지정하게 해줄 수 있다. 공백 문자로 구분해 디렉토리명을 여러 개 적어 나가면 된다.

```
itpower% ls
bb        decimal   fact      fibo      gcd       hanoi     power     vtree
binary    diretory  fdir      files     gohome    nan.c     rainbow   xyz
itpower% mkdir first
itpower% mkdir second third fourth fifth
itpower% ls
bb        diretory  fibo      first     gohome    power     third
binary    fact      fifth     fourth    hanoi     rainbow   vtree
decimal   fdir      files     gcd       nan.c     second    xyz
itpower%
```

유닉스 파일 시스템에서는 공백 문자를 가진 디렉토리 이름을 가질 수 있다. 만일 공백 문자를 디렉토리 이름에 끼워 넣고 싶다면, 디렉토리 이름을 쌍따옴표로 묶어주면 된다. 이는 공통적으로 다른 명령어들 사용할 때에도 적용되는 사항이다.

아래 그림은 Hello World 라는 공백을 포함한 디렉토리를 생성하고 있는 모습을 보여주고 있다.

```
itpower% ls
bb        diretory  fibo      fourth    hanoi     rainbow   vtree
binary    fact      files     gcd       nan.c     second    xyz
decimal   fdir      first     gohome    power     third
itpower% mkdir "Hello World"
itpower% ls
Hello World  diretory     files        gohome       rainbow      xyz
bb           fact         first        hanoi        second
binary       fdir         fourth       nan.c        third
decimal      fibo         gcd          power        vtree
itpower%
```

mkdir 명령에서 -p 옵션은 상위 디렉토리가 존재하지 않는 경우에 상위 디렉토리까지 포함해서 디렉토리를 만드는 기능을 제공한다.

개인 사용자의 경우 루트 디렉토리에서부터 새로운 디렉토리를 생성할 수 있는 권한이 없으므로 자신의 홈 디렉토리를 기준으로 해서 -p 옵션을 사용해 볼 수가 있다.

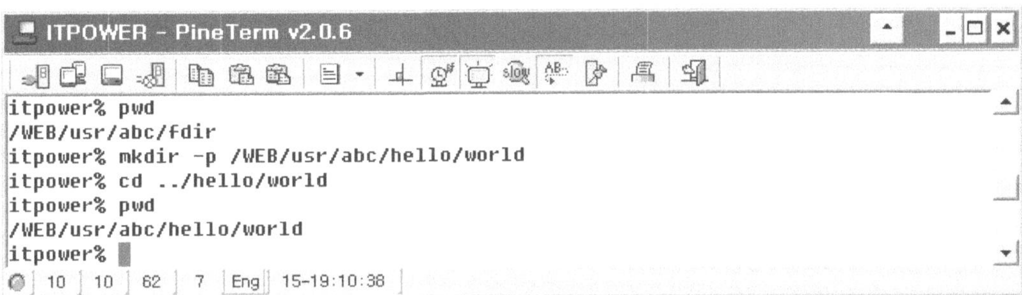
ITPOWER - PineTerm v2.0.6
itpower% pwd
/WEB/usr/abc/fdir
itpower% mkdir -p /WEB/usr/abc/hello/world
itpower% cd ../hello/world
itpower% pwd
/WEB/usr/abc/hello/world
itpower%
10 10 62 7 Eng 15-19:10:38

상기 그림에서 절대 경로 표기 방식으로 개인 사용자의 홈 디렉토리 내에 hello 디렉토리와 그 안에 world 디렉토리를 -p 옵션을 사용해 만들고 있는 모습을 보여준다. 현재 mkdir 명령을 내리고 있는 곳은 사용자의 홈 디렉토리 내에 있는 fdir 이라는 디렉토리 내임을 알 수 있다.

유닉스 파일 시스템에서 파일 및 디렉토리의 이름에 사용할 수 없는 문자는 루트 디렉토리를 의미하기도 하고, 경로명 표기에서 디렉토리 및 파일 이름의 구분에 사용되는 중요한 문자인 슬래스(/) 기호뿐이라는 점을 알아두자.

그리고 앞서 배운 바와 같이 파일명이나 디렉토리명 앞에 점(.) 기호가 먼저 오게 되면 숨은 파일이나 디렉토리가 된다는 점도 알아두도록 하자. 따라서 일부러 숨김 파일을 만들고자 하는 의도가 없다면 가급적 점(.) 기호로 시작하는 파일명이나 디렉토리명은 가급적이면 배제하는 것이 좋다. 그리고 마이크로소프트 윈도우와 달리 유닉스 시스템은 파일 및 디렉토리 이름에서 대문자와 소문자를 별도로 구분하므로 이 점도 유의한다.

ITPOWER - PineTerm v2.0.6
itpower% mkdir abc ABC aBc
itpower% ls
ABC aBc abc
itpower%
10 7 46 4 Eng 15-19:19:06

5) rmdir

mkdir이 디렉토리를 생성할 수 있다면, rmdir 명령은 반대로 디렉토리를 지우는 역할을 한다.

rmdir 명령어	
문법	rmdir [-p] 경로명...
기능	빈 디렉토리를 제거함
옵션	-p : 지정한 경로명에서 명시된 하위 디렉토리를 지울 경우 빈 상태가 되는 상위 디렉토리도 모두 삭제한다. -s : 화면에 메시지가 표시되는 것을 막는다.

rmdir은 반드시 디렉토리가 빈 상태여야 한다는 점에 유의한다. 또한 지워야 할 디렉토리가 여러 개일 경우 공백문자로 구분해 여러 개를 동시에 지정할 수도 있다. 이때에는 적어준 대로 순차적으로 처리하므로, 만일 주어진 디렉토리들 중 2개가 서로 하위/상위 디렉토리 관계인 경우 반드시 하위 디렉토리가 앞에 먼저 와야 한다.

또한 rmdir은 현재 작업 디렉토리와 그 현재 작업 디렉토리를 포함하는 상위 디렉토리들은 지울 수 없다. 어떤 디렉토리를 지우기 위해서는 반드시 그 디렉토리의 밖에서 작업을 수행해야 한다. 이는 디렉토리를 지울 수 있는 mv, rm 등의 모든 명령어에 적용된다.

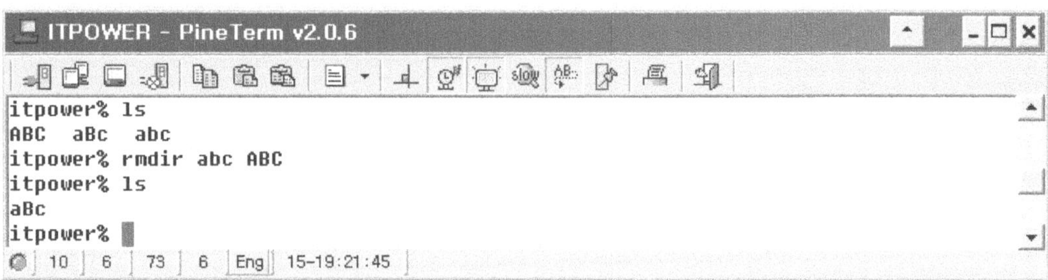
ITPOWER - PineTerm v2.0.6
itpower% ls
ABC aBc abc
itpower% rmdir abc ABC
itpower% ls
aBc
itpower%
10 6 73 6 Eng 15-19:21:45

6) touch

mkdir이 빈 디렉토리를 만든다면, touch 명령어는 빈 파일을 만들어내는 기능을 한다. 만일 지정한 파일이 이미 존재한다면 접근 시간이나 수정 시간을 갱신할 수 있다.

touch 명령어	
문법	touch [-acm] [-r 참조파일 | -t 시각] 파일... touch [-acm] [날짜_시각] 파일...
기능	빈 파일 생성 혹은 최종 접근/수정 시각의 변경
옵션	-a : 명시한 파일의 최종 접근 시각을 변경. -c : 만일 명시한 파일이 없다면 빈 파일을 생성하지 않음. -m : 명시한 파일의 최종 수정 시각을 변경. -r : -a, -m 옵션 사용 시 최종 접근/수정 시각을 참고할 다른 파일 지정. 생략시 시스템의 현재 시각을 사용함. -t : -a, -m 옵션 사용 시 원하는 시각을 설정 가능. 생략시 시스템의 현재 시각을 사용함.

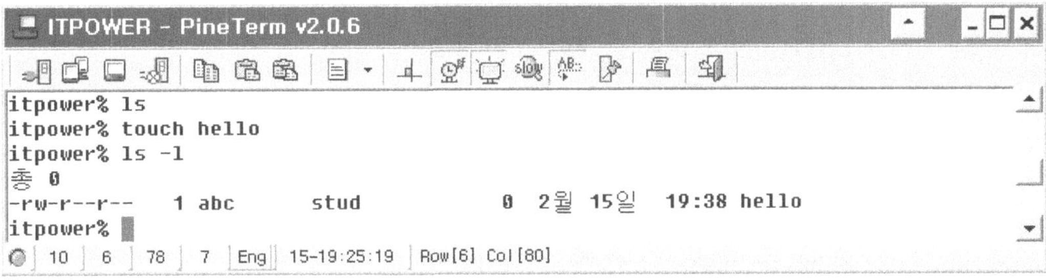
ITPOWER - PineTerm v2.0.6
itpower% ls
itpower% touch hello
itpower% ls -l
총 0
-rw-r--r--   1 abc   stud   0 2월 15일   19:38 hello
itpower%
10 6 78 7 Eng 15-19:25:19 Row[6] Col[80]

touch 명령에 의해 생성되는 파일은 빈 파일이므로 그림에서 보는 바와 같이 파일 크기가 0임을 알 수 있다.

touch 명령 뒤에 여러 개의 파일명을 입력함으로써 동시에 여러 개의 파일을 생성하도록 지정할 수 있다.

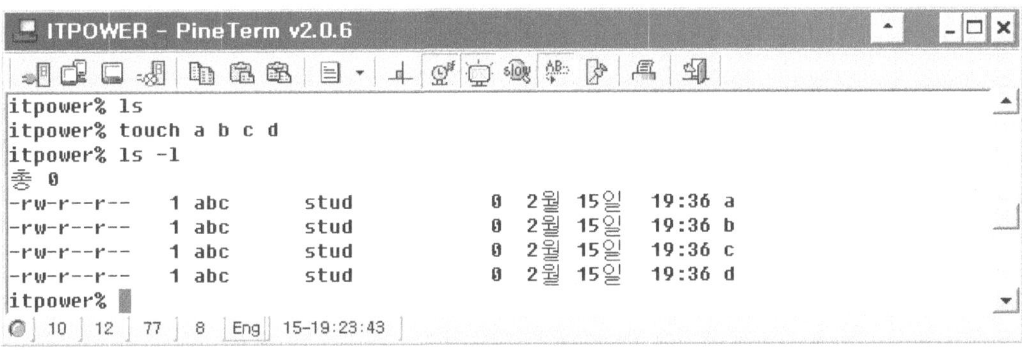
ITPOWER - PineTerm v2.0.6
itpower% ls
itpower% touch a b c d
itpower% ls -l
총 0
-rw-r--r--   1 abc   stud   0 2월 15일   19:36 a
-rw-r--r--   1 abc   stud   0 2월 15일   19:36 b
-rw-r--r--   1 abc   stud   0 2월 15일   19:36 c
-rw-r--r--   1 abc   stud   0 2월 15일   19:36 d
itpower%
10 12 77 8 Eng 15-19:23:43

7) mv

mv 명령어는 파일이나 디렉토리를 옮기고 이름을 변경하는 명령어이다. mv 명령어 사용법은 다음과 같다.

mv 명령어	
문법	mv [-fi] 원본_파일(또는 디렉토리) 목표_파일(또는 디렉토리) mv [-fi] 원본_파일(또는 디렉토리)... 목표_파일(또는 디렉토리)
기능	파일 및 디렉토리를 이동
옵션	-f : 이미 지정한 목표 파일이 존재해도 확인 절차를 걸치지 않고 겹쳐쓰기를 진행함. 표준 입력이 터미널이 아닌 경우 기본적으로 켜져 있음. -i : 목표_경로명의 개체가 이미 존재하는지의 여부와 상관없이 확인 메시지를 띄운다.

mv 명령어는 원본이 파일이냐 디렉토리이냐 따라 결과의 차이를 보여준다. 만일 원본이

파일이고 목표가 이미 존재하는 파일이라면 원본 파일이 이동해 목표 파일을 덮어쓰게 된다. 만약 목표가 디렉토리라면 원본 파일을 이곳 디렉토리 내로 옮겨준다.

아래 그림을 통해 이해하도록 하자. 여기서 cat 명령은 아직 배우지 않았지만 텍스트 파일의 내용이 mv 명령 전후에 어떻게 변화되었는지를 확인하기 위해 사용한 것이다.

```
itpower% cat a.c
hello
itpower% cat b.c
world
itpower% mv a.c b.c
itpower% ls
b.c
itpower% cat b.c
hello
itpower%
```

상기 그림에서 a.c 파일에는 hello 라는 텍스트가 담겨있고, b.c 파일에는 world 라는 텍스트가 담겨있다. b.c 파일이 이미 존재하는 파일인 경우 a.c 파일이 이동해 b.c 파일에다 내용을 덮어 쓴 결과를 가져왔음을 알 수 있다.

아래 그림은 목표가 디렉토리인 경우의 예를 보여주고 있다. 비어있는 testdir 디렉토리를 만든 다음 mv 명령을 내릴 때 원본 b.c 파일이 목표 디렉토리인 testdir 내로 이동했음을 확인할 수 있다.

```
itpower% mkdir testdir
itpower% ls
b.c      testdir
itpower% mv b.c testdir
itpower% ls
testdir
itpower% ls testdir
b.c
itpower%
```

만약 원본이 디렉토리이고 목표가 존재하는 디렉토리라면 원본 디렉토리를 존재하는 디렉토리 내로 이동시켜 준다. 목표가 존재하지 않는 디렉토리라면 원본 디렉토리는 사라지고 대신에 원본 디렉토리의 내용과 동일한 목표 디렉토리가 생겨나는 결과를 보여주게 된다.

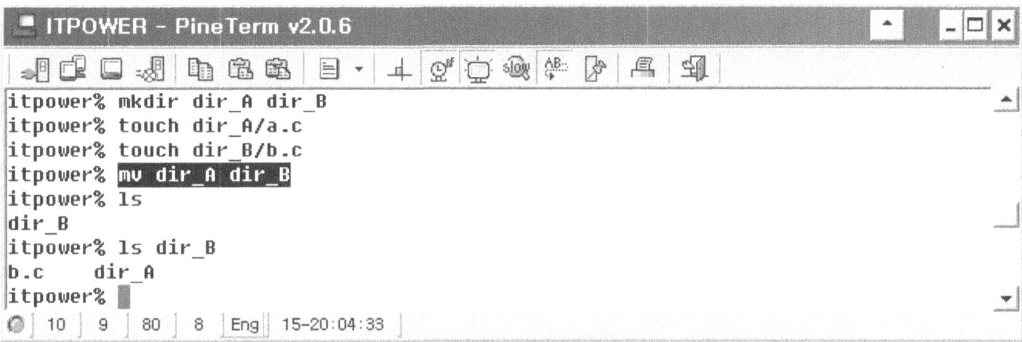
ITPOWER - PineTerm v2.0.6
itpower% mkdir dir_A dir_B
itpower% touch dir_A/a.c
itpower% touch dir_B/b.c
itpower% mv dir_A dir_B
itpower% ls
dir_B
itpower% ls dir_B
b.c   dir_A
itpower%
10 9 80 8 Eng 15-20:04:33

ITPOWER - PineTerm v2.0.6
itpower% ls
itpower% mkdir dir_A
itpower% touch dir_A/a.c
itpower% mv dir_A dir_B
itpower% ls
dir_B
itpower% ls dir_B
a.c
itpower%
10 9 56 9 Eng 15-20:08:56

만약 원본이 디렉토리이고 목표가 파일인 경우에는 mv 명령어는 에러 메시지를 띄우고 작업을 수행하지 않는다. 디렉토리를 파일로 이동할 수는 없기 때문이다.

그리고 mv 명령어는 원본 파일이나 디렉토리를 다수 열거하게 되는 경우에도 기능 동작이 가능하다. 이 경우에는 맨 마지막에 오는 게 목표 파일이나 목표 디렉토리가 되어 다수의 파일이나 디렉토리를 목표 파일이나 디렉토리로 이동하는 동일한 기능을 수행하게 된다.

8) cp

유닉스에서 파일이나 디렉토리를 복사하는 명령이 바로 cp 명령어이다. cp 명령어 사용법을 정리하면 아래와 같다.

cp 명령어	
문법	cp [-rip] 원본_파일(또는 디렉토리) 목표_파일(또는 디렉토리) cp [-rip] 원본_파일(또는 디렉토리)... 목표_파일(또는 디렉토리)
기능	파일 및 디렉토리를 복사
옵션	-r : 재귀 모드. 원본이 디렉토리인 경우 그 디렉토리 내의 모든 디렉토리 구조와 파일들을 복사한다. -i : 겹쳐쓰기의 발생 여부와 상관없이 확인 메시지를 띄운다. -@ : 복사 시 파일의 확장된 속성을 모두 보존한다. -p : 단순히 파일을 복사할 뿐만 아니라 소유자, 소유 그룹, 권한 설정, 수정/액세스 시간 등의 모든 속성을 함께 보존한다.

아래 그림은 가장 기본적인 cp 명령의 사용 결과 모습이다. 원본 파일과 동일한 목표 파일을 복사 생성하는 결과임을 쉽게 알 수 있다.

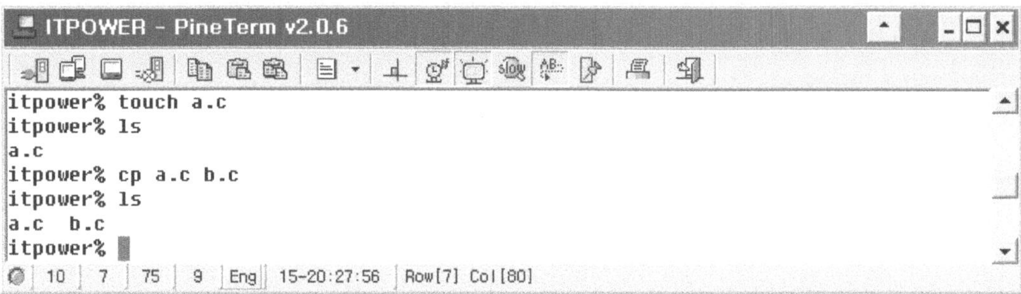
ITPOWER - PineTerm v2.0.6
itpower% touch a.c
itpower% ls
a.c
itpower% cp a.c b.c
itpower% ls
a.c b.c
itpower%
10 7 75 9 Eng 15-20:27:56 Row[7] Col[80]

상기 그림에서는 원본과 목표가 모두 파일인 경우이나, 아래 그림과 같이 목표가 디렉토리인 경우에는 원본 파일이 목표 디렉토리 내에 복사된다. 아울러 이 경우에는 원본 파일이 다수 존재하더라도 원본 파일들을 목표 디렉토리 내로 모두 복사하는 결과를 제공한다.

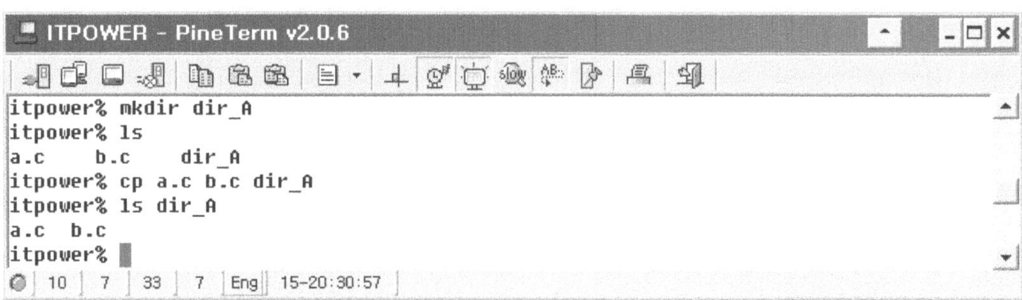
ITPOWER - PineTerm v2.0.6
itpower% mkdir dir_A
itpower% ls
a.c b.c dir_A
itpower% cp a.c b.c dir_A
itpower% ls dir_A
a.c b.c
itpower%
10 7 33 7 Eng 15-20:30:57

앞서 살펴 본 바와 같이 cp 명령어 뒤에 별도의 옵션 없이 사용하게 되는 경우에는 파일에 대한 복사 명령을 수행한다. 만약 디렉토리에 대한 복사 명령을 원한다면 −r 옵션을 써야 한다.

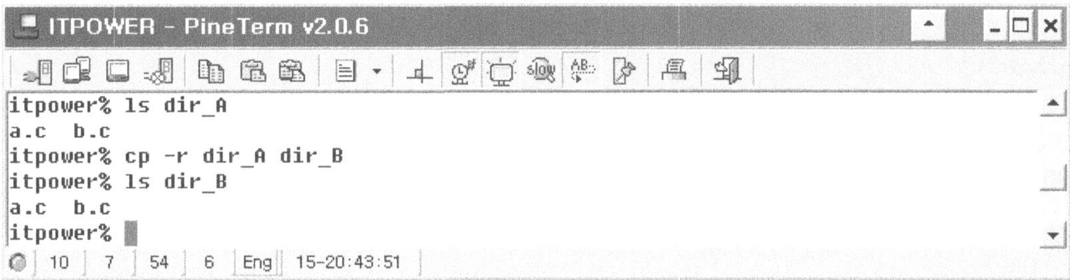
ITPOWER - PineTerm v2.0.6
itpower% ls dir_A
a.c b.c
itpower% cp -r dir_A dir_B
itpower% ls dir_B
a.c b.c
itpower%
10 7 54 6 Eng 15-20:43:51

−r 옵션을 사용해 디렉토리를 복사할 경우에 목표 디렉토리가 지정한 원본 디렉토리에 포함되는 관계여서는 안 된다. 그렇게 되면 일단 유닉스는 원본 디렉토리에 포함된 파일과 디렉토리들을 차례로 지정한 목표 디렉토리로 복사하는 과정을 진행하다가 원본 디렉토리 내에 포함된 목표 디렉토리를 만나게 될 것이므로 이 때 목표 디렉토리를 다시 자기 자신에게 복사하는 상황이 되어버려 무한 반복 과정에 직면하게 되고 이 과정을 반복 시도하다가 파일 이름 길이 초과 에러가 발생해 복사 작업을 멈추게 된다.

9) rm

rm 명령어는 파일을 지우는 기능을 제공한다. 그러나 단순히 파일만 지우는 것이 아니라, −r 옵션을 사용하면 디렉토리까지도 지울 수 있다. 앞서 디렉토리를 삭제하는 명령인 rmdir 명령어에 대해 배웠지만 이 명령어는 디렉토리가 비어있는 경우에만 삭제가 가능했다. 하지만 rm −r 옵션을 사용하게 되는 경우에는 파일이나 디렉토리를 포함하고 있는 디렉토리까지도 삭제할 수 있는 강력한 기능을 제공한다.

rm 명령어의 사용법은 다음과 같다.

rm 명령어	
문법	rm [−f] [i] 파일명... mv −rR [−f] [−i] 디렉토리명...
기능	파일 및 디렉토리를 삭제
옵션	−r : 삭제할 대상이 디렉토리인 경우 그 디렉토리와 그 내의 모든 디렉토리 구조와 파일들을 삭제한다. −i : 지정한 대상 하나하나를 삭제할 때마다 사용자의 확인 작업을 거친다. −f : 사용자의 확인작업 없이 쓰기 보호된 파일이나 디렉토리도 삭제한다. 실패해도 메시지를 출력하지 않는다.

아래 그림은 rm 명령어의 간단한 사용 예를 보여주고 있다. 단일 파일명뿐만 아니라 다수의 파일명을 열거하더라도 사용자의 확인 작업 없이 삭제해 버린다.

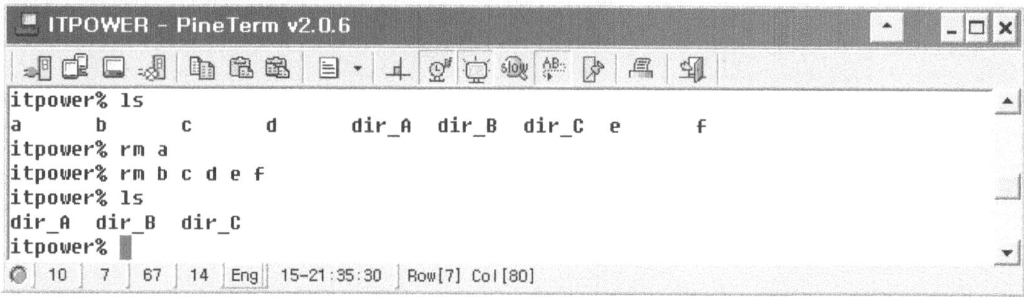
ITPOWER - PineTerm v2.0.6
itpower% ls
a b c d dir_A dir_B dir_C e f
itpower% rm a
itpower% rm b c d e f
itpower% ls
dir_A dir_B dir_C
itpower%
10 7 67 14 Eng 15-21:35:30 Row[7] Col[80]

따라서 rm 명령어를 사용할 때는 매우 조심해야 한다. 한번 삭제된 파일은 다시 복구살 수 없기 때문이다. 윈도우 환경에서는 휴지통이 있어 복구할 수 있지만 유닉스 파일 시스템에서는 삭제된 파일에 대한 복구 기능이 없다. 따라서 rm 명령을 내릴 때에는 습관적으로 -i 옵션을 사용하도록 한다.

아래 그림은 rm 명령을 내릴 때 -i 옵션을 사용하고 있는 모습을 보여주고 있다.

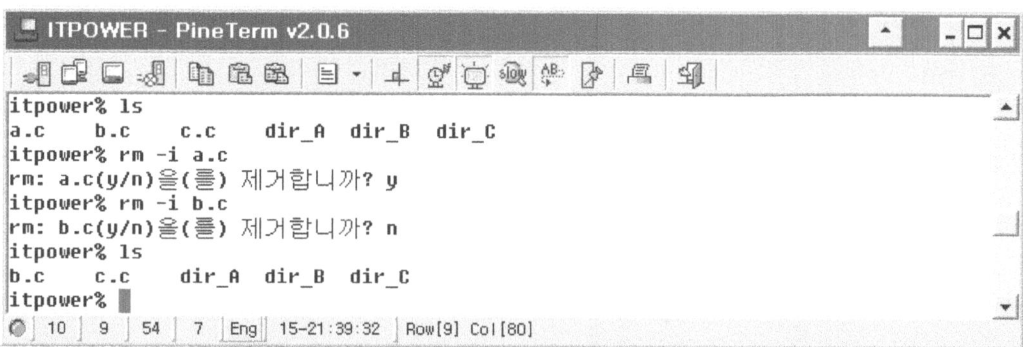
ITPOWER - PineTerm v2.0.6
itpower% ls
a.c b.c c.c dir_A dir_B dir_C
itpower% rm -i a.c
rm: a.c(y/n)을(를) 제거합니까? y
itpower% rm -i b.c
rm: b.c(y/n)을(를) 제거합니까? n
itpower% ls
b.c c.c dir_A dir_B dir_C
itpower%
10 9 54 7 Eng 15-21:39:32 Row[9] Col[80]

이제 -r 옵션을 사용해 디렉토리에 대한 rm 명령의 사용 예제를 살펴보도록 하자.

아래 그림은 디렉토리 내에 파일들이 포함되어 있을지라도 -r 옵션에 의해 디렉토리가 삭제되는 모습을 보여주고 있다.

```
ITPOWER - PineTerm v2.0.6
itpower% ls
b.c     c.c     dir_B   dir_C
itpower% ls dir_B
b.c   e.c   f.c
itpower% rm -r dir_B
itpower%
10  6  57  18  Eng  15-21:42:48  Row[6] Col[80]
```

아래 그림은 디렉토리 내에 파일들뿐만 아니라 디렉토리들도 포함되어 있을지라도 -r옵션에 의해 모두 삭제되는 모습을 보여준다.

```
ITPOWER - PineTerm v2.0.6
itpower% ls
b.c     c.c     dir_C
itpower% ls dir_C
a.c         b.c         c.c         subdir_1   subdir_2
itpower% rm -r dir_C
itpower% ls
b.c   c.c
itpower%
10  8  69  15  Eng  15-21:44:21  Row[8] Col[80]
```

rm 명령으로 디렉토리를 삭제하는 경우에 -i 옵션과 -r 옵션이 함께 사용될 수 있다.

```
ITPOWER - PineTerm v2.0.6
itpower% ls
b.c     c.c     dir_A
itpower% rm -ri dir_A
rm: dir_A (y/n) 디렉토리의 파일을 검사합니까? y
rm: dir_A/a.c(y/n)을(를) 제거합니까? y
rm: dir_A/b.c(y/n)을(를) 제거합니까? y
rm: dir_A/c.c(y/n)을(를) 제거합니까? y
rm: dir_A: (y/n)을(를) 제거합니까? y
itpower% ls
b.c   c.c
itpower%
10  11  39  9  Eng  15-21:48:26  Row[11] Col[80]
```

3. 접근 권한(Permission) 관리

마이크로소프트 윈도우즈 운영체제와는 달리 처음부터 서버용으로 제작된 유닉스는 파일이나 디렉토리 등의 객체에 대한 소유자의 구분이 매우 엄격하고, 거기에 대한 권한 관리 또한 엄격하다. 기본적으로 모든 파일과 디렉토리는 소유자와 소속된 그룹이 있으며, 접근할 수 있는 권한 조절은 chmod 명령어를 통해 가능하다.

chmod 명령어에 대한 사용법은 다음 표와 같이 정리될 수 있다.

chmod 명령어	
문법	chmod [옵션] 모드[, 모드] 파일1 [파일2 ...]
기능	파일 및 디렉토리의 권한설정 변경
옵션	-f : 강제 모드. 권한 변경 실패시 오류 출력 없음. -R : 재귀모드, 디렉토리 권한 변경시 해당 디렉토리 내의 파일/디렉토리에 대해서도 권한 변경을 가함.
모드 설정방법 1	(설정대상)(연산자)(권한)
설정대상	u : 파일의 소유자 (user) g : 파일의 그룹 소속 인원 (group) o : 그 외의 모든 사람 (others) a : 위의 세 부류를 모두 포함 (all)
연산자	+ : 지정한 권한을 설정대상에 더함 - : 설정대상에서 지정한 권한을 제거 = : 설정대상의 권한을 지정한 모드로 대입
권한	r : 읽기 권한 (Read) w : 쓰기 권한 (Write) x : 실행 권한 (eXecute)
모드 설정방법 2	(소유자 권한)(그룹 권한)(그 외 권한)
각 설정대상의 권한 옵션의 구조	이진수로 표현한 권한 값의 10진수 값 4의 자리 : 읽기 권한 2의 자리 : 쓰기 권한 1의 자리 : 실행 권한 ex) 권한값 750 = 111 101 000 소유자 권한 : 이진수 111 = 7. 읽기, 쓰기, 실행이 모두 가능 그룹 권한 : 이진수 101 = 5. 읽기, 실행이 가능 그 외 권한 : 이진수 000 = 0. 모든 권한 없음.

복잡해 보이는 기능이지만 규칙을 발견하고 나면 아주 쉬운 명령어라는 것을 이해할 수 있을 것이다.

현재 디렉토리 내의 파일이나 디렉토리에 대한 접근 권한이 어떻게 부여되어 있는지를 확인하려면 ls 명령어에 -l 옵션을 주면 된다. 아래 그림과 같이 각 파일이나 디렉토리에 현재 설정되어 있는 권한을 볼 수 있을 것이다.

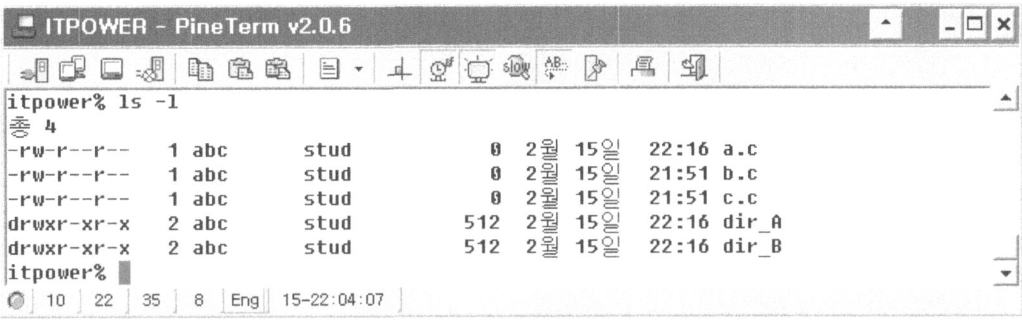
ITPOWER - PineTerm v2.0.6
itpower% ls -l
총 4
-rw-r--r-- 1 abc stud 0 2월 15일 22:16 a.c
-rw-r--r-- 1 abc stud 0 2월 15일 21:51 b.c
-rw-r--r-- 1 abc stud 0 2월 15일 21:51 c.c
drwxr-xr-x 2 abc stud 512 2월 15일 22:16 dir_A
drwxr-xr-x 2 abc stud 512 2월 15일 22:16 dir_B
itpower%
10 22 35 8 Eng 15-22:04:07

여기서 파일이나 디렉토리의 구분은 각 라인의 첫 글자가 – 인가 d 인가로 구분된다는 것을 이미 배웠다. 이 첫 글자를 제외한 나머지 아홉 개의 글자나 기호가 바로 접근 권한을 보여주는 것이다. 이 중에서 처음 세 개는 소유자의 권한, 다음 세 개는 그룹의 권한, 그리고 나머지 세 개는 소유자도 아니고 그룹에도 속하지 않는 나머지 사용자들의 권한인 것이다.

예를 들어 상기 그림에서 a.c 파일을 보면 -rw-r--r-- 로 표시된 접근 권한을 가지고 있는데, 여기서 첫 번째 – 기호를 제외하고 그 다음에 오는 rw- 부분은 소유자 abc의 접근 권한이고, 다음에 오는 r-- 부분은 stud 그룹에 속한 사용자들이 가지는 접근 권한이다. 그리고 마지막에 있는 r-- 부분은 나머지 사용자들을 위한 접근 권한이 되는 것이다.

접근 권한에서 r은 읽기(Read) 권한을 말하며, w는 쓰기(Write) 권한을 말하며, x는 실행(eXecute) 권한을 말한다. r 이나 w나 x 글자가 적혀있으면 해당 권한을 가진다는 의미이며, – 기호는 해당 권한이 없다는 것을 뜻한다.

그리고 상기 그림에 나타난 모든 파일과 디렉토리의 소유자는 abc 이며, 소유자가 속한 그룹 이름은 stud 이라는 것을 알아두도록 한다.

이제 접근 권한에 대한 이해는 충분히 되었으리라 생각한다. 이러한 접근 권한을 변경하려면 chmod 명령을 내려야 한다. chmod 명령 뒤에 올 수 있는 두 가지 타입의 옵션을 사용한 모드 설정 방법이 있음을 앞서 제시한 표에서 살펴볼 수가 있다.

한 가지 타입은 u(User), g(Group), o(Others) 및 a(All) 글자, 권한의 추가 삭제를 의미하는 +, – 기호 그리고 읽기(r), 쓰기(w) 및 실행(x)의 세 가지 접근권한을 조합한 옵션을 사용하는 방법이다.

예를 들자면 ug+rw 옵션은 소유자와 그룹의 접근 권한에다 읽기와 쓰기 권한을 추가한다는 뜻이며, a-x 옵션은 소유자, 그룹 그리고 나머지 사용자 모두에 대해 실행 권한을 제거한다는 의미이다.

아래 그림은 chmod 명령에다 이러한 옵션을 사용한 결과를 보여주고 있다.

```
ITPOWER - PineTerm v2.0.6
itpower% ls -l a.c
-rw-r--r--    1 abc      stud           0  2월 15일   22:16 a.c
itpower% chmod go+w a.c
itpower% ls -l a.c
-rw-rw-rw-    1 abc      stud           0  2월 15일   22:16 a.c
itpower% chmod ugo-r a.c
itpower% ls -l a.c
--w--w--w-    1 abc      stud           0  2월 15일   22:16 a.c
itpower% chmod u+rx a.c
itpower% ls -l a.c
-rwx-w--w-    1 abc      stud           0  2월 15일   22:16 a.c
itpower%
10 | 12 | 56 | 15 | Eng | 15-22:24:21 | Row[12] Col[80]
```

다른 한 가지 타입은 십진수 숫자와 이진수 숫자를 이용한 옵션을 사용해 모드를 설정하는 방법이다.

0부터 7까지의 십진수 숫자를 이진수로 표현할 때 $000_{(2)}$ 부터 $111_{(2)}$ 까지로 표현된다. 세 비트의 위치를 기준으로 해서 첫 번째 비트는 읽기(r), 두 번째 비트는 쓰기(w) 그리고 세 번째 비트는 실행(x) 권한으로 매핑을 시키는 방법이다.

즉, 상기 표에서 예로 든 십진수 7, 5, 0을 살펴보면 각각의 숫자는 이진수로 111, 101 및 000 으로 변환되므로 rwx, r-x 및 --- 형태의 접근 권한으로 매핑이 가능해 진다. 비트 1에 대해서는 권한이 있는 것이고, 비트 0에 대해서는 권한이 없다는 것을 의미한다.

아래 그림은 이러한 방식을 chmod 명령이 옵션으로 사용해 접근 권한을 관리하는 예를 보여주고 있다.

```
ITPOWER - PineTerm v2.0.6
itpower% ls -l a.c
-rwx-w--w-    1 abc      stud           0  2월 15일   22:16 a.c
itpower% chmod 644 a.c
itpower% ls -l a.c
-rw-r--r--    1 abc      stud           0  2월 15일   22:16 a.c
itpower% chmod 755 a.c
itpower% ls -l a.c
-rwxr-xr-x    1 abc      stud           0  2월 15일   22:16 a.c
itpower% chmod 700 a.c
itpower% ls -l a.c
-rwx------    1 abc      stud           0  2월 15일   22:16 a.c
itpower%
10 | 12 | 72 | 12 | Eng | 15-22:37:33 | Row[12] Col[80]
```

지금까지 두 가지 타입의 옵션을 이용해 파일의 접근 권한을 변경하는 방법에 대해 살펴보았다. 이는 디렉토리에 대해서도 동일한 방법으로 접근 권한의 변경이 가능하다.

디렉토리에 대한 접근 권한 변경 시에 -R 옵션을 사용하게 되면 디렉토리 내에 존재하는 파일이나 또 다른 디렉토리에 대해 재귀적(Recursive)으로 접근 권한을 변경하게 된다. 이에 대한 결과는 각자 확인해 보도록 한다.

개인 사용자는 자신이 보유한 파일이나 디렉토리에 대해서는 접근 권한의 변경이 가능하며. 만약 다른 사용자의 접근 권한 허용 여부에 따라 다른 사용자의 파일이나 디렉토리에 대한 접근이 가능하다. 하지만 최고 관리자 권한인 root 사용자는 유닉스 시스템 내의 모든 파일이나 디렉토리에 대해 접근 가능 및 접근 권한의 변경도 가능하다.

단일 유닉스 서버에 다수의 사용자가 계정을 발급받아 사용하는 경우에는 다른 사용자가 나의 소중한 파일들을 삭제하거나 무단 복사해 가는 상황이 만들어 질 수가 있다. 이런 경우에 대비해 개별 파일이나 디렉토리에 대한 접근 권한의 관리 보다는 자신의 홈 디렉토리 자체에 대해 아래 그림과 같이 접근 권한을 변경하도록 한다. 아래 그림에서는 자신의 홈 디렉토리가 /WEB/usr/abc 인 경우이므로 cd .. 명령을 이용해 /WEB/usr 디렉토리로 한 단계 상위 디렉토리로 가서 명령을 내려야 한다.

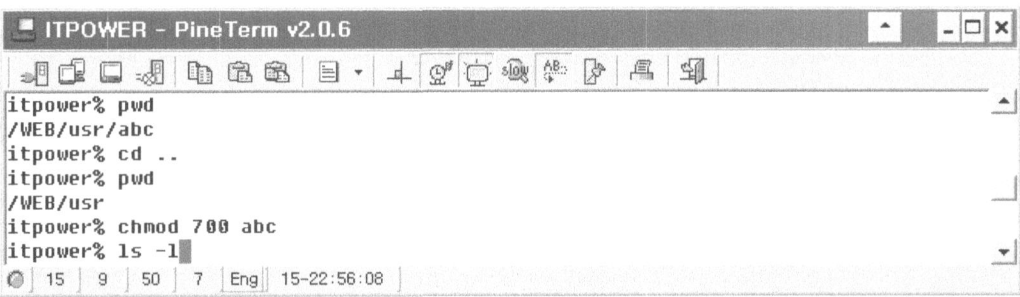
ITPOWER - PineTerm v2.0.6
itpower% pwd
/WEB/usr/abc
itpower% cd ..
itpower% pwd
/WEB/usr
itpower% chmod 700 abc
itpower% ls -l
15 9 50 7 Eng 15-22:56:08

그런 다음 ls -l 명령을 내려 보면 자신의 홈 디렉토리 abc의 접근 권한이 소유자인 자기 자신만이 모든 권한을 가지고 있고, 그룹에 속한 사용자나 다른 사용자에 대해서는 일체의 접근 권한도 주지 않는 상황이 된 것이다. 이제 자신의 홈 디렉토리에 대한 안전한 보호가 가능해 진 것이다.

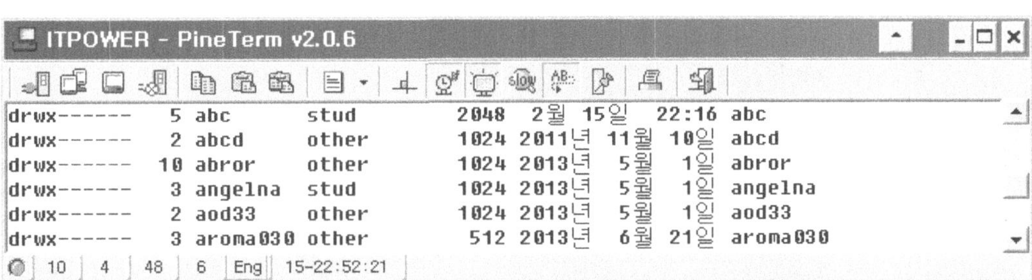
ITPOWER - PineTerm v2.0.6
drwx------ 5 abc stud 2048 2월 15일 22:16 abc
drwx------ 2 abcd other 1024 2011년 11월 10일 abcd
drwx------ 10 abror other 1024 2013년 5월 1일 abror
drwx------ 3 angelna stud 1024 2013년 5월 1일 angelna
drwx------ 2 aod33 other 1024 2013년 5월 1일 aod33
drwx------ 3 aroma030 other 512 2013년 6월 21일 aroma030
10 4 48 6 Eng 15-22:52:21

4. 텍스트 파일 화면 출력

유닉스에서는 텍스트 파일의 내용을 화면상에 출력하기 위해서 cat 이라는 명령어를 쓸 수 있다.

cat 명령어	
문법	cat [-nbsuvet] 파일
기능	문서 파일의 내용을 출력
옵션	-n : 출력되는 각 행마다 행 번호를 행의 앞에 출력한다. -b : -n과 동작이 같지만, 빈 행은 행 번호를 매기지 않는다. -u : 출력 내용이 버퍼에 저장되지 않는다. -s : 명시한 파일이 존재하지 않아도 에러를 출력하지 않는다. -v : 출력 불가능한 문자(개행문자, 폼피드, 탭 제외)들을 시각적으로 표시한다. -e : 행의 끝에 $를 표시 (-v 옵션과 함께 써야 함) -t : 탭 문자는 ^I, 폼피드는 ^L로 출력됨 (-v 옵션과 함께 써야 함)

cat 명령을 통해서 읽을 수 있는 파일은 텍스트 파일만이 가능하다. 이진 파일을 cat을 통해서 열게 되면 알아볼 수 없는 깨진 문자들만이 나열될 것이다.

아래 그림은 난수(Random Number)를 발생시키는 간단한 C 프로그램 소스 코드를 cat 명령을 이용해 화면상에 출력해 본 모습이다.

```
ITPOWER - PineTerm v2.0.6
itpower% cat nan.c
#include <stdio.h>
#include <time.h>
#include <stdlib.h>

int main() {
        int i;

        srand((unsigned)time(NULL));

        i = rand() % 10 + 1;
        printf("%d₩n", i);
}


itpower% 
10 | 17 | 62 | 16 | Eng | 15-23:53:47
```

텍스트 파일의 내용을 출력하는 cat 명령어를 사용하더라도 파일의 내용이 한 화면을 훌쩍 넘길 정도로 길 경우에는 텍스트 파일의 앞부분이 밀려나 화면상에서 사라지고 뒷부분만을 볼 수 있게 된다. 이런 경우에는 more 명령어를 사용한다면 한 페이지씩 파일의 내용을 넘겨서 볼 수 있다.

다음은 more 명령어의 사용법과 옵션들을 보여주고 있다.

more 명령어	
문법	more [−cdflrsuw] 파일
기능	문서 파일의 내용을 페이지 단위로 출력
옵션	−c : 매 페이지를 넘길 때마다 화면을 스크롤해 다음 페이지로 넘어가는 대신, 이전 페이지의 화면의 내용을 지운 후 다음 페이지 내용을 출력. −d : 잘못된 명령 사용시 소리를 내는 대신 화면으로 메시지를 표시함. −s : 여러 행의 연속된 빈 라인이 있다면 한 줄의 빈 라인으로 대체함. −f : 긴 행을 다음 행으로 넘겨 출력하지 않음. 즉 화면의 폭을 벗어나는 글자들은 잘림.

아래 그림은 more 명령을 이용해 텍스트 파일을 출력하고 있는 모습이다. 전체 텍스트의 일부만 화면상에 보여준 다음 사용자의 입력을 기다리고 있음을 알 수 있다.

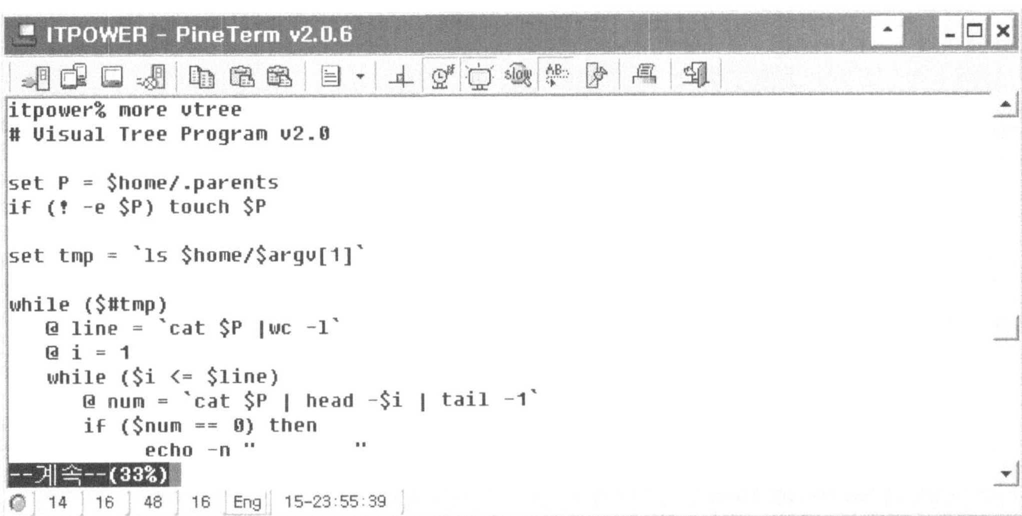
ITPOWER - PineTerm v2.0.6
itpower% more vtree
Visual Tree Program v2.0
set P = $home/.parents
if (! -e $P) touch $P
set tmp = `ls $home/$argv[1]`
while ($#tmp)
@ line = `cat $P |wc -l`
@ i = 1
while ($i <= $line)
@ num = `cat $P | head -$i | tail -1`
if ($num == 0) then
echo -n "   "
--계속--(33%)
14 16 48 16 Eng 15-23:55:39

여기서 스페이스 바를 누르면 다음 페이지로 넘어가며, 엔터키를 누를 경우 한 행씩 아래로 내려간다. 그리고 q 버튼을 누르면 more 명령이 종료된다.

날짜만 보여주는 cal 명령과는 달리 date 명령은 오늘 날짜와 현재 시각을 화면상에 출력한다.

date 명령어	
문법	date [-u] [형식] date [-a] [보정시간]
기능	컴퓨터의 시각을 설정하거나 현재 시각을 출력
옵션	-u : 그리니치 천문대 시각(GMT +0)으로 출력 -a : 컴퓨터의 시각을 보정함

대한민국의 시간은 그리니치 천문대 시간에 9시간을 더한 것(GMT+9)이므로, 대한민국에서는 현재의 시간보다 9시간 늦은 시간이 출력된다.

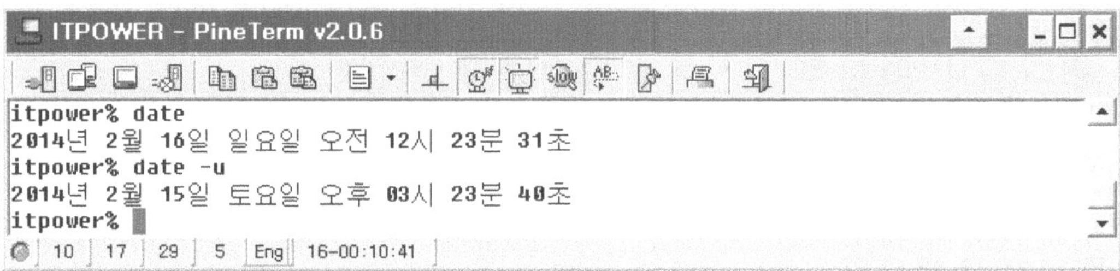
ITPOWER - PineTerm v2.0.6
itpower% date
2014년 2월 16일 일요일 오전 12시 23분 31초
itpower% date -u
2014년 2월 15일 토요일 오후 03시 23분 40초
itpower%
10 17 29 5 Eng 16-00:10:41

6. 사용자 계정 관리

마이크로소프트 윈도우즈 운영체제와는 달리 유닉스 시스템의 사용자 계정에는 반드시 암호가 지정되어 있어야 하고, 이러한 사용자 아이디와 암호를 로그인 과정에서 정상적으로 입력해야 유닉스를 사용할 수가 있다. 유닉스 시스템에서는 사용자가 자신의 암호를 변경할 수 있는 passwd 라는 명령어를 제공하고 있다.

passwd 명령어	
문법	passwd [사용자]
기능	사용자의 계정 암호를 변경하거나 그 속성을 변경
옵션	인수 미사용 시 : 명령어를 호출한 사용자 자신의 암호를 변경함 사용자 명시 시 : 명시한 사용자의 암호를 변경함

아래 그림은 개인 사용자가 자신의 암호를 변경하는 과정을 보여주고 있다. 기존 암호와는 적어도 첫 8 글자 중에서 3 글자는 달라야 함을 알려주고 있다.

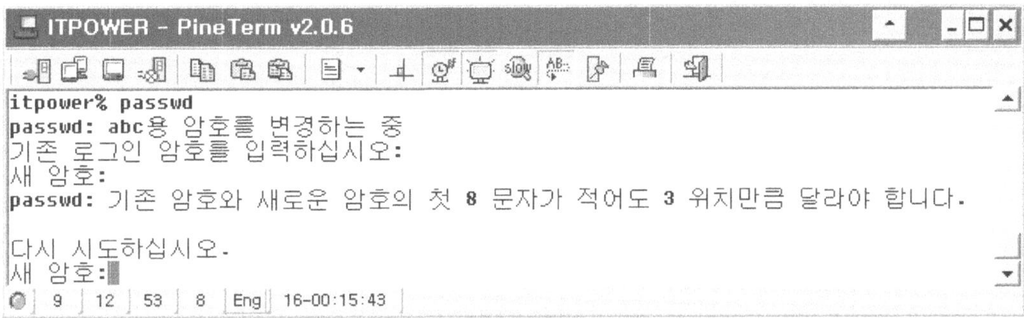
ITPOWER - PineTerm v2.0.6
itpower% passwd
passwd: abc용 암호를 변경하는 중
기존 로그인 암호를 입력하십시오:
새 암호:
passwd: 기존 암호와 새로운 암호의 첫 8 문자가 적어도 3 위치만큼 달라야 합니다.
다시 시도하십시오.
새 암호:
9 12 53 8 Eng 16-00:15:43

아래 그림은 정상적으로 개인 사용자의 암호 변경이 이루어진 모습이다. 이제 로그인 시에 새로이 변경한 암호를 입력해야 할 것이다.

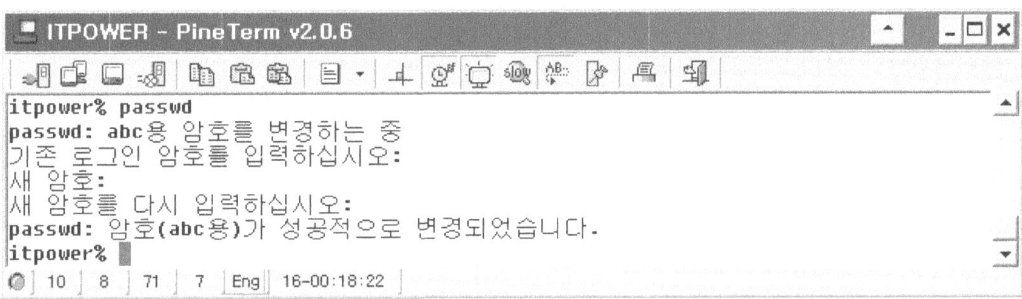
ITPOWER - PineTerm v2.0.6
itpower% passwd
passwd: abc용 암호를 변경하는 중
기존 로그인 암호를 입력하십시오:
새 암호:
새 암호를 다시 입력하십시오:
passwd: 암호(abc용)가 성공적으로 변경되었습니다.
itpower%
10 8 71 7 Eng 16-00:18:22

당연한 말이지만 일반 사용자가 다른 사용자의 암호까지 변경할 수는 없다. 이러한 일은 오로지 최상위 권한을 가진 root 관리자만이 다른 사용자의 암호를 변경하고, 계정을 잠그거나 해제하는 등의 조작이 가능하다.

아래 그림은 관리자가 일반 사용자의 암호를 변경하는 모습을 보여주고 있다.

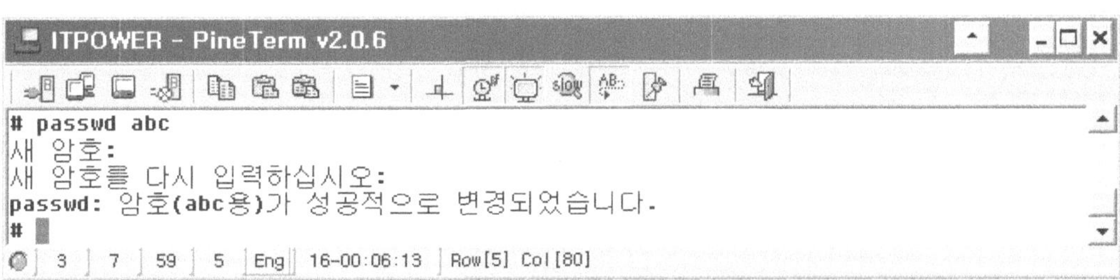
ITPOWER - PineTerm v2.0.6
passwd abc
새 암호:
새 암호를 다시 입력하십시오:
passwd: 암호(abc용)가 성공적으로 변경되었습니다.
#
3 7 59 5 Eng 16-00:06:13 Row[5] Col[80]

개인 사용자의 계정을 보호하기 위해 자신의 암호를 주기적으로 변경하는 과정과 더불어 앞 절에서 언급한 바와 같이 자신의 홈 디렉토리의 접근 권한을 강화하는 것도 필요하다.

7. 단축 키워드

기본적으로 유닉스는 명령어 라인 인터페이스를 가진 운영체제이기 때문에 사용자가 명령 라인에서 키보드 입력을 통해 많은 작업을 해야 한다. 유닉스 시스템에서는 키보드만으로 작업이 용이하게 만들고 또 번거로운 단순 반복 입력을 줄이기 위한 차원에서 아래와 같은 몇 가지 유용한 단축 키워드가 제공된다.

단축 키워드	
!!	바로 이전 실행 명령 반복
!(문자열)	주어진 문자열로 시작하는, 가장 최근 명령 반복
^(이전 문자열)^(새 문자열)	바로 이전에 실행한 명령에서 이전 문자열을 주어진 새 문자열로 교체한 후 그 명령을 실행

다음 그림은 상기 키워드에 대한 사용 예를 보여주고 있다.

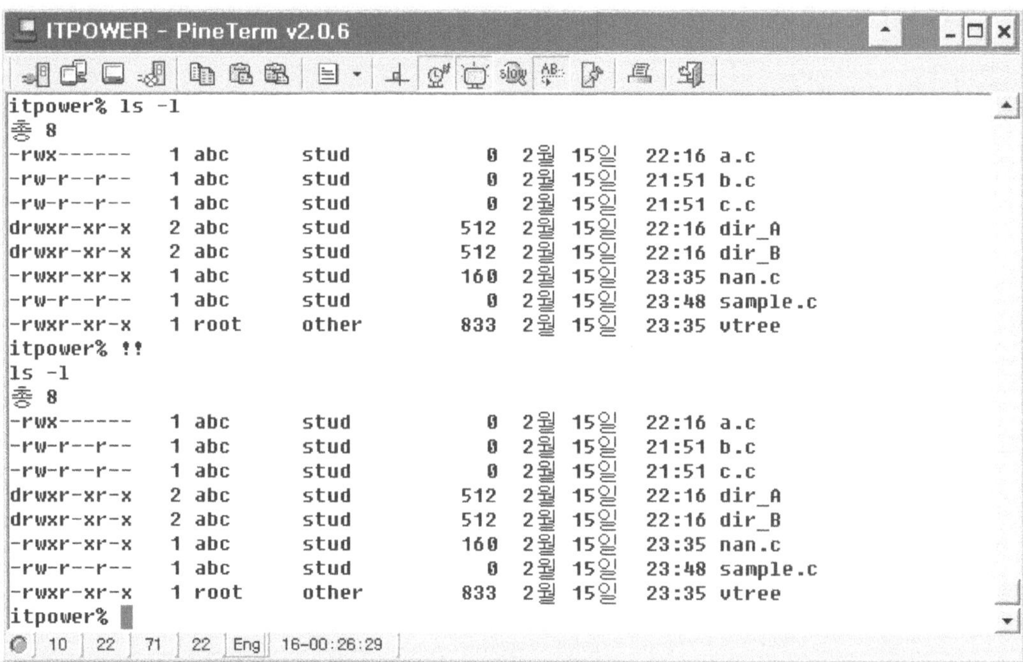
ITPOWER - PineTerm v2.0.6
itpower% ls -l
총 8
-rwx------ 1 abc stud 0 2월 15일 22:16 a.c
-rw-r--r-- 1 abc stud 0 2월 15일 21:51 b.c
-rw-r--r-- 1 abc stud 0 2월 15일 21:51 c.c
drwxr-xr-x 2 abc stud 512 2월 15일 22:16 dir_A
drwxr-xr-x 2 abc stud 512 2월 15일 22:16 dir_B
-rwxr-xr-x 1 abc stud 160 2월 15일 23:35 nan.c
-rw-r--r-- 1 abc stud 0 2월 15일 23:48 sample.c
-rwxr-xr-x 1 root other 833 2월 15일 23:35 vtree
itpower% !!
ls -l
총 8
-rwx------ 1 abc stud 0 2월 15일 22:16 a.c
-rw-r--r-- 1 abc stud 0 2월 15일 21:51 b.c
-rw-r--r-- 1 abc stud 0 2월 15일 21:51 c.c
drwxr-xr-x 2 abc stud 512 2월 15일 22:16 dir_A
drwxr-xr-x 2 abc stud 512 2월 15일 22:16 dir_B
-rwxr-xr-x 1 abc stud 160 2월 15일 23:35 nan.c
-rw-r--r-- 1 abc stud 0 2월 15일 23:48 sample.c
-rwxr-xr-x 1 root other 833 2월 15일 23:35 vtree
itpower%
10 22 71 22 Eng 16-00:26:29

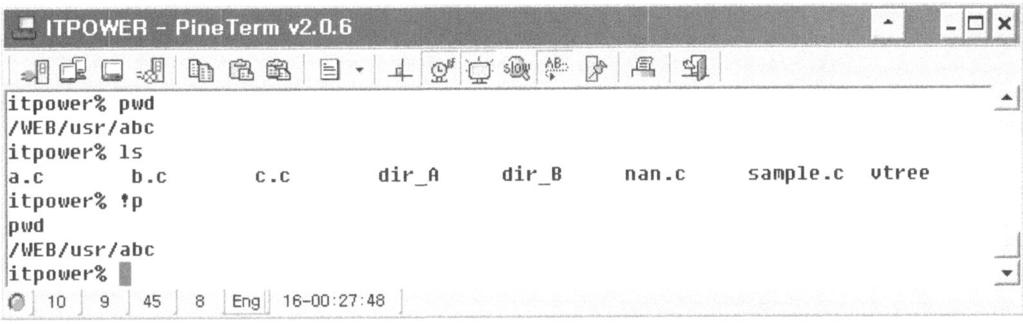
ITPOWER - PineTerm v2.0.6
itpower% pwd
/WEB/usr/abc
itpower% ls
a.c b.c c.c dir_A dir_B nan.c sample.c vtree
itpower% !p
pwd
/WEB/usr/abc
itpower%
10 9 45 8 Eng 16-00:27:48

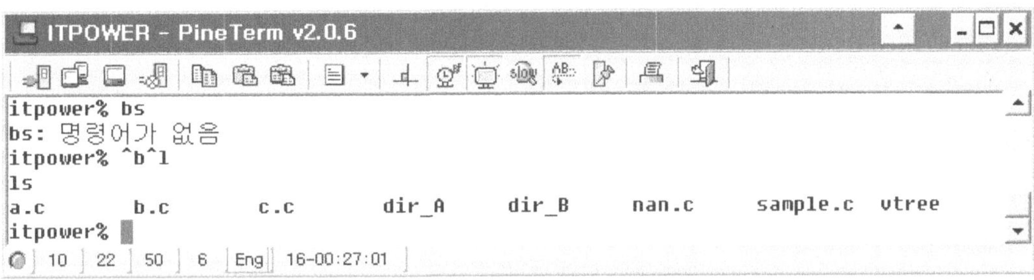
ITPOWER - PineTerm v2.0.6
itpower% bs
bs: 명령어가 없음
itpower% ^b^l
ls
a.c b.c c.c dir_A dir_B nan.c sample.c vtree
itpower%
10 22 50 6 Eng 16-00:27:01

앞서 내린 명령어 리스트를 보여주는 history 명령이 있다. 이 명령은 사용자가 최근에 내린 명령어를 아래 그림과 같이 보여주는 기능을 제공한다.

ITPOWER - PineTerm v2.0.6
itpower% history
1 pwd
2 ls
3 ls -l
4 cat vtree
5 history
6 cd /
7 cd $home
8 history
itpower%
10 20 70 10 Eng 16-00:29:15

화면상에 보여줄 수 있는 가장 최근의 명령 리스트 개수는 아래 그림에서 살펴보는 바와 같이 set history=숫자 형태로 지정 가능하다. 아래 그림에서는 set history=5 라고 지정했으므로 history 명령을 내리면 가장 최근에 내린 다섯 개의 명령을 화면상에 보여주고 있다.

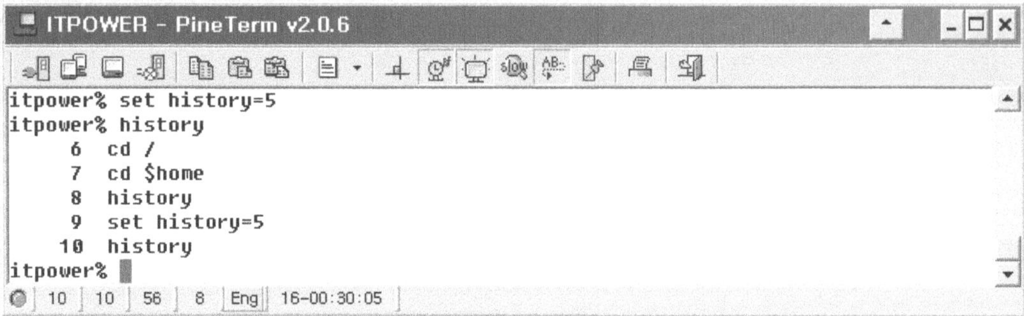
ITPOWER - PineTerm v2.0.6
itpower% set history=5
itpower% history
6 cd /
7 cd $home
8 history
9 set history=5
10 history
itpower%
10 10 56 8 Eng 16-00:30:05

history 명령어 실행 결과를 살펴보면 명령어 리스트 앞에 순차적으로 숫자가 적혀있음을 알 수 있다. 앞서 내린 명령어를 반복하고 싶은 경우에 !(숫자) 형태로도 단축 키워드 사용이 가능함을 알도록 하자.

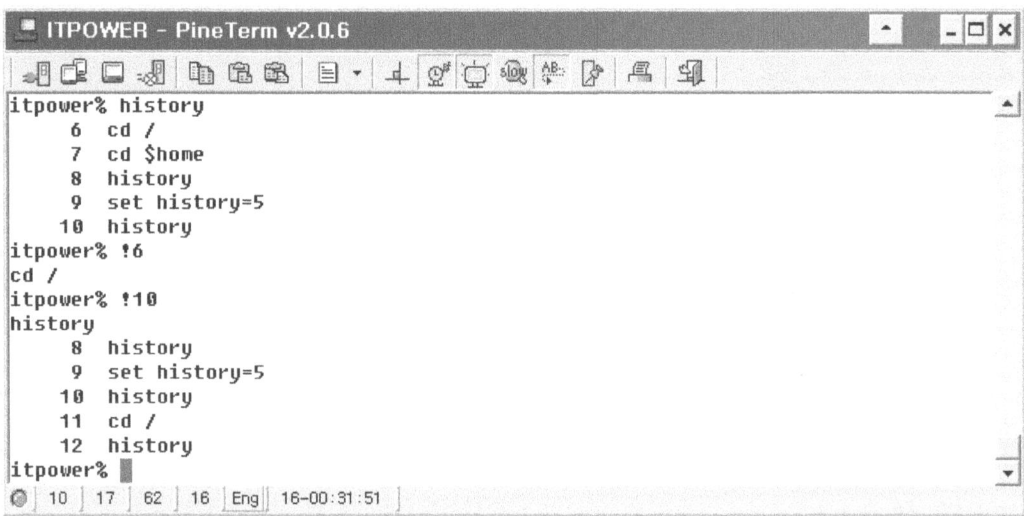
ITPOWER - PineTerm v2.0.6
itpower% history
6 cd /
7 cd $home
8 history
9 set history=5
10 history
itpower% !6
cd /
itpower% !10
history
8 history
9 set history=5
10 history
11 cd /
12 history
itpower%
10 17 62 16 Eng 16-00:31:51

8. 명령어 나열

유닉스 명령 라인에서 하나의 명령 뒤에 세미콜론(;) 기호를 붙인 다음 그 뒤에 다른 명령어를 입력하는 형식으로 다수의 명령어를 나열할 수가 있다. 나열한 명령어들은 순차적으로 실행된다.

특수문자 ;	
기능	명령어의 끝을 표시

아래 그림은 하나의 명령 라인에 두 개의 명령을 나열하고 있는 모습을 보여주고 있다. 명령을 나열해 준 순서대로 차례로 실행되었음을 알 수 있다.

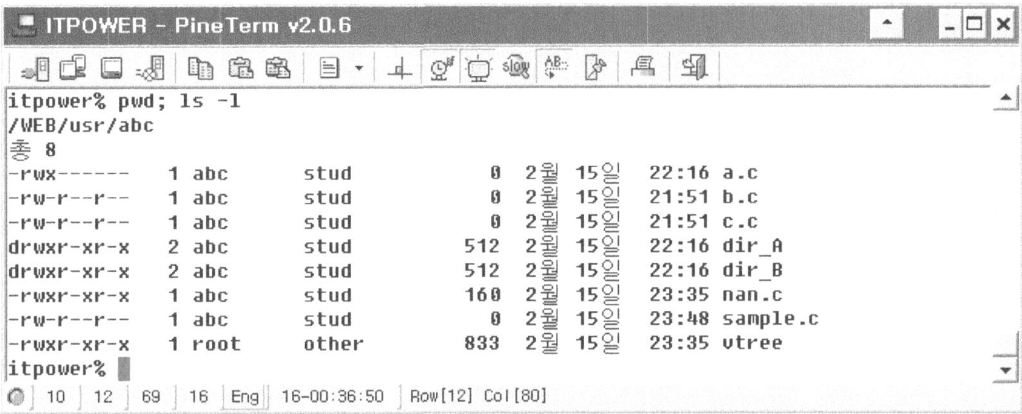
ITPOWER - PineTerm v2.0.6
itpower% pwd; ls -l
/WEB/usr/abc
총 8
-rwx------   1 abc   stud   0 2월 15일 22:16 a.c
-rw-r--r--   1 abc   stud   0 2월 15일 21:51 b.c
-rw-r--r--   1 abc   stud   0 2월 15일 21:51 c.c
drwxr-xr-x   2 abc   stud   512 2월 15일 22:16 dir_A
drwxr-xr-x   2 abc   stud   512 2월 15일 22:16 dir_B
-rwxr-xr-x   1 abc   stud   160 2월 15일 23:35 nan.c
-rw-r--r--   1 abc   stud   0 2월 15일 23:48 sample.c
-rwxr-xr-x   1 root   other   833 2월 15일 23:35 vtree
itpower%
10 12 69 16 Eng 16-00:36:50 Row[12] Col[80]

9. 와일드 카드

touch나 mkdir 명령과 같이 파일이나 디렉토리를 직접 생성하지 않는 명령어인 cp나 mv 등의 명령어를 쓸 때에는 이름을 정확하게 명시할 필요 없이 패턴을 이용한 원본의 지정이 가능하다. 이 때 쓰이는 패턴 문자로는 *, ? 등이 있다. 이들을 와일드 카드(Wild Card) 문자라고 한다.

와일드 카드 문자	
기능	특정한 패턴을 명시
종류	* : 0 이상의 모든 문자열 ? : 한 글자 길이의 모든 문자 [abc] : a 또는 b 또는 c인 한 글자 [a-z] : a부터 z까지의 알파벳인 한 글자

아래 그림은 와일드 카드 문자를 이용해 ls 명령을 내리고 있는 결과 모습이다.

```
ITPOWER - PineTerm v2.0.6
itpower% ls
a     a.c   b     b.c   c     c.c   d     d.c   e     e.c   f     f.c
itpower% ls [a-d].c
a.c  b.c  c.c  d.c
itpower% ls [ef].c
e.c  f.c
itpower% ls *.c
a.c  b.c  c.c  d.c  e.c  f.c
itpower%
10 | 9 | 67 | 13 | Eng | 15-21:25:50 | Row[9] Col[80]
```

cp 및 mv 명령에 대해 와일드 카드 문자를 적용하고 있는 예를 살펴보면 아래 그림과 같다.

```
ITPOWER - PineTerm v2.0.6
itpower% ls
a      b      c      d      dir_A  dir_C  e.c    f.c
a.c    b.c    c.c    d.c    dir_B  e      f
itpower% ls dir_A
itpower% cp [a-d].c dir_A
itpower% ls dir_A
a.c  b.c  c.c  d.c
itpower% ls dir_B
itpower% mv *.c dir_B
itpower% ls *.c
찾지 못함
itpower% ls dir_B
a.c  b.c  c.c  d.c  e.c  f.c
itpower%
10 | 14 | 47 | 15 | Eng | 15-21:28:50 | Row[14] Col[80]
```

10. 온라인 매뉴얼

유닉스에서도 마이크로소프트 윈도우즈와 같이 각각의 명령어에 대한 설명을 제공받을 수 있다. 마이크로소프트 윈도우즈에서 각각의 명령어에 대한 설명을 보고 싶을 때에는 명령어 뒤에 "/?" 옵션을 사용하게 되나, 유닉스에서는 이러한 도움말을 제공하는 man 이라는 명령어가 따로 존재한다. 온라인 매뉴얼을 제공해 주는 기능 명령어인 것이다.

man 명령어의 사용 방법은 다음과 같다.

man 명령어	
문법	man [대상 명령어]
기능	대상 명령어의 자세한 도움말을 출력함

아래 그림은 man 명령어 뒤에 파일과 디렉토리의 이동 명령인 mv 라는 명령어를 입력한 경우의 결과 모습을 보여주고 있다.

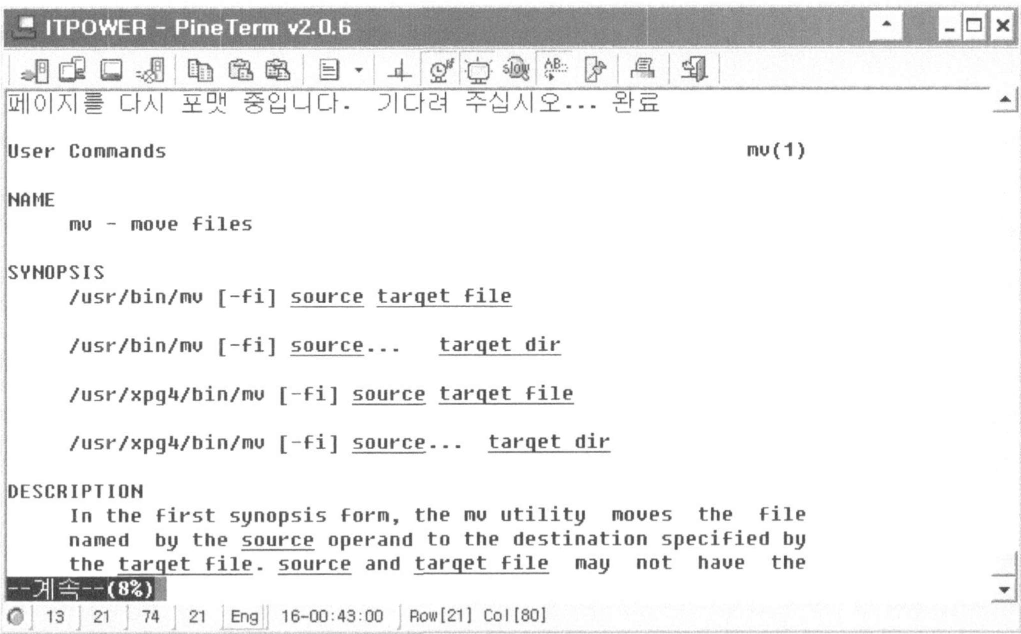
ITPOWER - PineTerm v2.0.6
페이지를 다시 포맷 중입니다. 기다려 주십시오... 완료
User Commands mv(1)
NAME
mv - move files
SYNOPSIS
/usr/bin/mv [-fi] source target file
/usr/bin/mv [-fi] source... target dir
/usr/xpg4/bin/mv [-fi] source target file
/usr/xpg4/bin/mv [-fi] source... target dir
DESCRIPTION
In the first synopsis form, the mv utility moves the file
named by the source operand to the destination specified by
the target file. source and target file may not have the
--계속--(8%)
13 21 74 21 Eng 16-00:43:00 Row[21] Col[80]

man 명령어에서 제공하는 도움말은 매우 전문적이고 자세하게 적혀있어 그 내용을 이해할 만한 지식을 갖추고 있다면 매우 큰 도움이 된다. 안타깝게도, man 명령어로 제공되는 자체 설명은 모두가 영어로 적혀있다.

11. 별명(Alias)

C쉘(C-Shell)은 이미 존재하는 명령어들을 조합해 새로운 명령어를 만들어내는 내부 명령어가 있다. 바로 alias 명령어이다. 이 명령어를 이용하면 복잡한 명령을 간단한 축약어로 지정해 반복 사용 시 번거로움을 피할 수 있게 된다.

alias 명령어	
문법	alias [축약어 [축약할 명령]]
기능	명령의 축약어를 생성
옵션	인수 미사용 시 : 현재 정해진 축약어 목록을 전부 출력 축약어만 사용 시 : 그 축약어에 할당된 명령을 출력 축약어, 축약할 명령 사용 시 : 명령을 축약어에 할당

이렇게 선언한 축약어는 평범한 명령어처럼 사용할 수 있다. 자주 사용하는 명령을 이렇게 지정하면 작업 능률을 향상시키는데 유용하다.

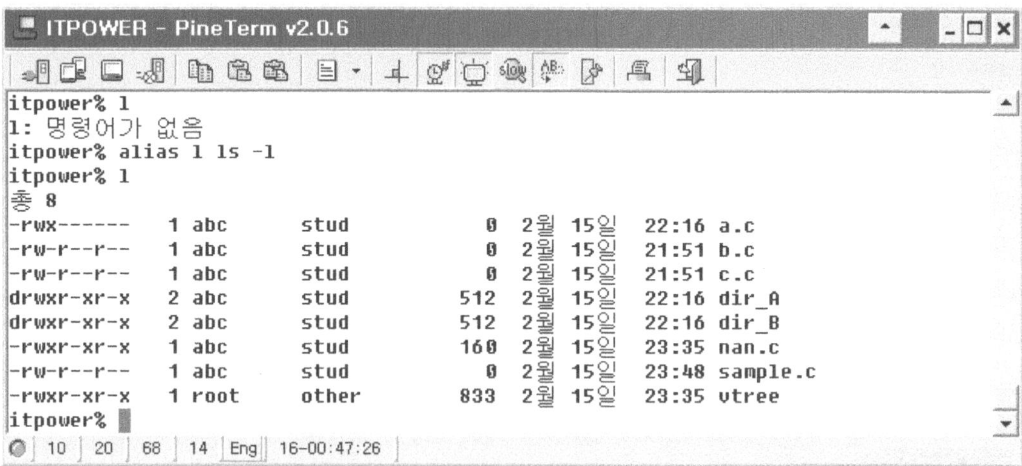
ITPOWER - PineTerm v2.0.6
itpower% l
l: 명령어가 없음
itpower% alias l ls -l
itpower% l
총 8
-rwx------ 1 abc stud 0 2월 15일 22:16 a.c
-rw-r--r-- 1 abc stud 0 2월 15일 21:51 b.c
-rw-r--r-- 1 abc stud 0 2월 15일 21:51 c.c
drwxr-xr-x 2 abc stud 512 2월 15일 22:16 dir_A
drwxr-xr-x 2 abc stud 512 2월 15일 22:16 dir_B
-rwxr-xr-x 1 abc stud 160 2월 15일 23:35 nan.c
-rw-r--r-- 1 abc stud 0 2월 15일 23:48 sample.c
-rwxr-xr-x 1 root other 833 2월 15일 23:35 vtree
itpower%
10 20 68 14 Eng 16-00:47:26

alias 명령은 한 행의 명령어만을 축약어로 만들 수 있다. 여러 행의 명령을 축약해야 할 때에는 쉘 프로그래밍을 이용해 스크립트 파일을 만들어줘야 한다. 또한 이렇게 명령 라인에서 설정한 alias 기능은 로그아웃 하게 되면 기능이 사라지게 된다.

12. 터미널 설정

유닉스 서버 시스템의 사용자는 기본적으로 터미널(Terminal)을 이용해 운영체제에 접근을 하는 구조이다. 유닉스가 개발되었던 당시에는 거대한 컴퓨터 본체가 있고, 사용자가 이 컴퓨터를 쓸 수 있도록 입출력 장치가 별도로 외부에 나와 있었다. 이를 터미널이라고 한다.

요즈음에는 컴퓨터 기술이 워낙 발달해 유닉스 서버 시스템의 크기는 충분히 작아졌으며 성능은 월등히 높아지고 있으며, 개인용 컴퓨터처럼 콘솔(Console)이라는 입출력 장치가 본체 가까이에 붙어있게 된다. 이러한 콘솔에서는 관리자가 서버의 하드웨어 작업이나 소프트웨어 설치 작업 등의 관리용 작업을 주로 하게 된다.

그렇다면 유닉스 시스템의 개인 사용자들은 어떤 방법으로 유닉스 서버 시스템을 사용할 수 있을까 생각해 보자. 개인 사용자들은 앞서 언급한 바와 같이 예전의 터미널 연결처럼 본체에서 떨어진 공간에서 통신 케이블 연결을 이용해 입출력 장치를 사용할 수밖에 없다. 인터넷을 비롯한 통신 기술의 발전으로 지금은 개인 사용자가 원격지에서 개인용 컴퓨터에 설치된 터미널 에뮬레이터(Terminal Emulator) 라는 소프트웨어 도구를 이용해 유닉스 서버 시스템에 접속해 사용할 수 있게 되었다.

터미널 에뮬레이터는 말 그대로 에뮬레이터이기 때문에 가상의 터미널 기능을 제공하며, 우리는 이러한 가상의 터미널을 통해 유닉스와 입출력을 주고받게 된다. 이러한 가상의 터미널 또한 그 종류나 설정이 다양하기 때문에 유닉스 시스템에서는 그에 따른 터미널의 설정 작업을 수행할 수 있는 명령어가 제공된다.

stty 명령어	
기능	터미널 환경의 옵션을 설정

가상의 터미널 환경을 설정하는 stty 명령에서 사용할 수 있는 옵션은 여러 가지가 있으나 이 책에서는 stty 명령의 옵션 중에서 가상 터미널 안에서 키보드의 특정 키가 하는 역할을 바꾸는 기능에 대해서만 살펴보도록 한다. 이 기능은 자주 사용되는 편이므로 알아두면 편리할 것이다.

아래 그림은 이 책에서 사용하고 있는 터미널 에뮬레이터인 PineTerm v2.0.6을 이용해 유닉스 서버 시스템에 접속하고 있는 모습을 보여준다.

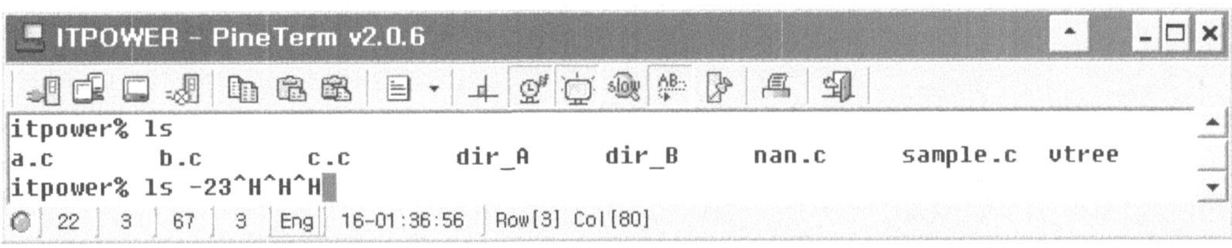
ITPOWER - PineTerm v2.0.6
itpower% ls
a.c b.c c.c dir_A dir_B nan.c sample.c vtree
itpower% ls -23^H^H^H
22 3 67 3 Eng 16-01:36:56 Row[3] Col[80]

여기서 명령을 내리다가 잘못 입력한 경우에는 습관적으로 백스페이스 키를 이용해 글자를 지우려고 시도하게 된다. 그런데 글자가 지워지지 않고 ^H 글자가 나타나고 있음을 알 수 있다. 사용자의 개인용 컴퓨터에서는 백스페이스 키가 한 글자를 지우는 기능이지만 이 터미널 에뮬레이터에서는 이상한 제어용으로 사용되고 있는 것이다. 실제 이 터미널 화면에서 한 글자를 지우려면 Ctrl 키를 누른 상태에서 백스페이스 키를 눌러야 한다.

터미널 에뮬레이터를 사용하는 환경에서 한 글자를 지우는 기능으로 백스페이스 키를 지정하고 싶다면 아래 그림과 같이 stty erase 뒤에 백스페이스 키를 눌러주면 된다. 이 때 백스페이스 키를 누르게 되면 그 자리에 ^H 글자가 자동적으로 표시된다.

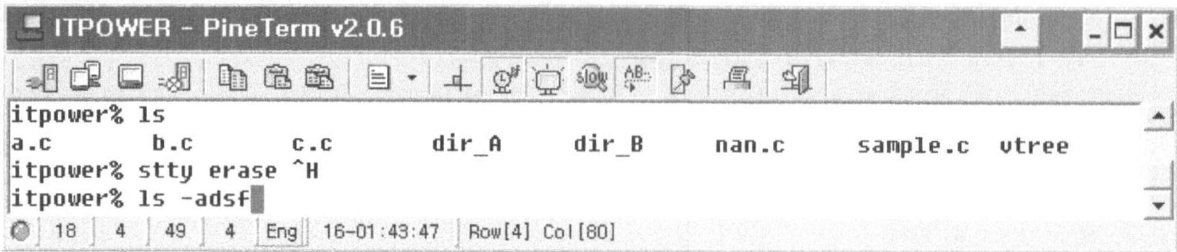
ITPOWER - PineTerm v2.0.6
itpower% ls
a.c b.c c.c dir_A dir_B nan.c sample.c vtree
itpower% stty erase ^H
itpower% ls -adsf
18 4 49 4 Eng 16-01:43:47 Row[4] Col[80]

이제 명령 라인에서 글자를 입력한 다음에 키보드 상의 백스페이스 키를 눌러보자. 누를 때 마다 앞으로 한 글자씩 지워지고 있음을 알 수 있다.

예를 들어 한 글자를 지우는 키로 @ 글자를 사용하고 싶다면 stty erase @ 라고 입력하면 된다.

단, 이렇게 명령 라인에서 stty 명령으로 변경한 설정은 로그아웃 이전까지만 유지된다. 이러한 설정을 항상 유지시키기 위해서는 자신의 홈 디렉토리에 있는 .login 파일을 수정해 그 안에 이 명령을 넣어두어야 한다.

아래 그림은 필자가 사용하는 계정의 홈 디렉토리에 존재하는 .login 파일의 내용을 보여주고 있다.

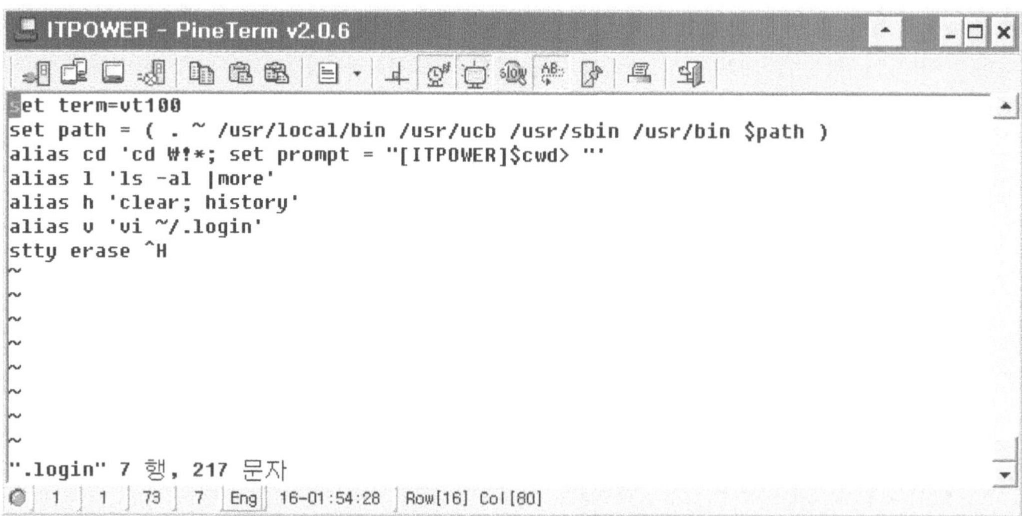
ITPOWER - PineTerm v2.0.6
set term=vt100
set path = (. ~ /usr/local/bin /usr/ucb /usr/sbin /usr/bin $path)
alias cd 'cd ₩!*; set prompt = "[ITPOWER]$cwd> "'
alias l 'ls -al |more'
alias h 'clear; history'
alias v 'vi ~/.login'
stty erase ^H
".login" 7 행, 217 문자
1 1 73 7 Eng 16-01:54:28 Row[16] Col[80]

보시다 시피 맨 마지막 라인에 stty erase ^H 형태로 등록되어 있음을 알 수 있다. 아울러 앞서 살펴 본 alias 기능을 이용해 몇 가지 축약어를 지정해 놓은 부분도 살펴볼 수 있다. 이러한 .login 파일은 사용자가 로그인 시에 자동적으로 실행되어 환경을 갖추어 주는 파일이다.

사용자의 작업 환경 설정을 로그인 시에 만들어 주는 또 다른 파일로서 .cshrc 파일이 있다. 아래 그림은 필자의 사용자 계정에 존재하는 .cshrc 파일의 모습을 보여준다.

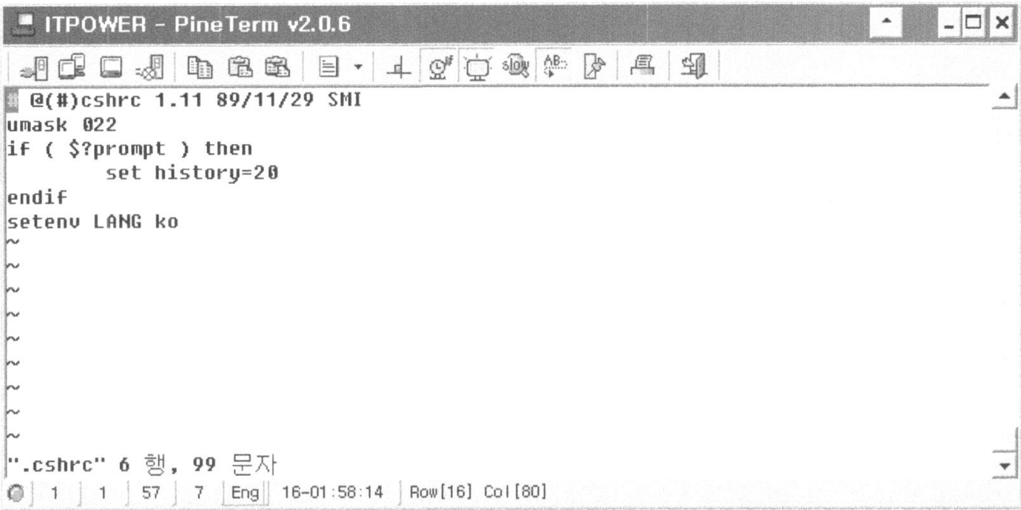
ITPOWER - PineTerm v2.0.6
@(#)cshrc 1.11 89/11/29 SMI
umask 022
if ($?prompt) then
set history=20
endif
setenv LANG ko
".cshrc" 6 행, 99 문자
1 1 57 7 Eng 16-01:58:14 Row[16] Col[80]

그 내용을 간단히 살펴보면 unmask 022 부분은 새로운 파일이나 디렉토리를 만들게 될 때 자동적으로 가지게 되는 접근 권한을 설정하는 것이다. 파일의 경우에는 666에서 022 부분을 뺀 644(110 100 100), 다시 말해 rw-r--r-- 접근 권한을 기본적으로 가지며, 디렉토리의 경우에는 777에서 022 부분을 뺀 755(111 101 101), 다시 말해 rwxr-xr-x 접근 권한을 기본적으로 가지도록 하는 것이다. unmask 뒤에 적힌 숫자를 변경함으로써 파일이나 디렉토리가 새로이 만들어 질 때 기본적으로 가지게 되는 접근 권한을 바꿔줄 수가 있다.

그 외에 history 명령 이용 시에 최대 20개까지 보여줄 수 있도록 설정되어 있으며, 한글 사용이 가능하도록 하는 설정이 담겨 있다.

여러분들도 자신의 홈 디렉토리에 다음 장에서 배우게 될 vi 텍스트 편집기를 이용해 .login 파일과 .cshrc 파일을 만들어 사용해 보기 바란다.

12. 명령어 위치

유닉스에서는 모든 명령어들은 실행 가능한 파일로 존재하고 있다. 보통 실행 파일을 실행하기 위해서는 현재 작업 디렉토리에 그 파일이 존재해야 한다. 그러나 이러한 명령어 파일들은 그 파일이 현재 작업 디렉토리에 존재하고 있지 않음에도 호출이 가능하다. 이러한 이유는 특정한 경로에서의 파일을 검색하도록 시스템에서 이미 설정되어 있기 때문이다.

앞 절에서 살펴 본 필자의 사용자 계정에 존재하는 .login 파일의 내용을 다시 한 번 살펴보도록 하자. 아래와 같은 부분이 보일 것이다.

```
set path = ( . ~ /usr/local/bin /usr/ucb /usr/sbin /usr/bin $path )
```

사용자 계정으로 로그인하면 자동적으로 실행되어 경로 설정이 되므로 현재 작업 디렉토리에 존재하지 않는 명령을 입력하더라도 이들 경로에 존재하기만 하면 명령어 실행이 가능하게 되는 것이다.

그러나 동일한 실행 파일이 여러 경로에 존재 하는 경우 내가 내린 명령이 어느 경로에 있는 실행 파일이 실행된 것인지를 알아야 할 필요가 있다. 이러한 경우에 which 명령어를 사용하게 된다.

which 명령어	
문법	which 파일명
기능	주어진 명령어 파일의 경로명과 그 축약어를 출력한다.

아래 그림에 우리가 살펴봤던 명령어들이 어느 경로에 실행 파일로서 존재하고 있는지를 보여주고 있다.

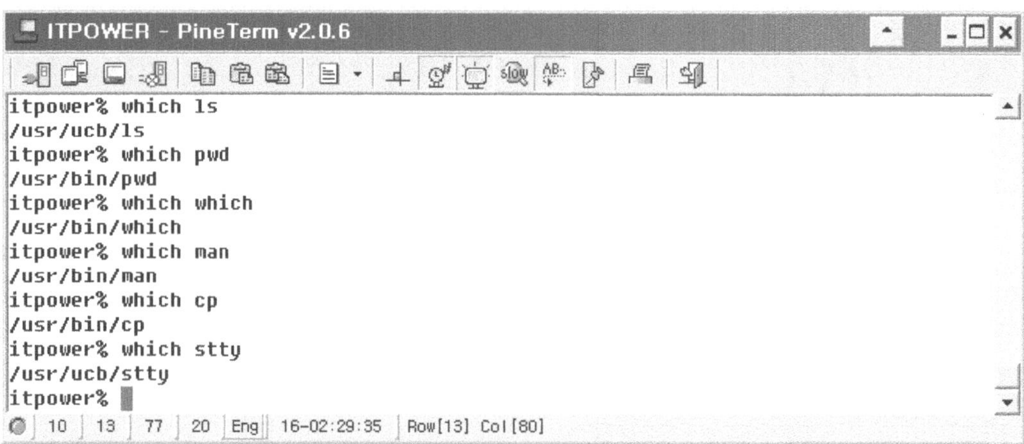
ITPOWER - PineTerm v2.0.6
itpower% which ls
/usr/ucb/ls
itpower% which pwd
/usr/bin/pwd
itpower% which which
/usr/bin/which
itpower% which man
/usr/bin/man
itpower% which cp
/usr/bin/cp
itpower% which stty
/usr/ucb/stty
itpower%
10 13 77 20 Eng 16-02:29:35 Row[13] Col[80]

앞서 살펴 본 which 명령어와 유사한 whereis 명령어가 있다.

whereis 명령어	
문법	whereis 명령어
기능	주어진 명령어가 존재하는 경로명과 매뉴얼 파일의 위치를 보여준다

아래 그림은 whereis 명령의 사용 예를 보여주고 있다.

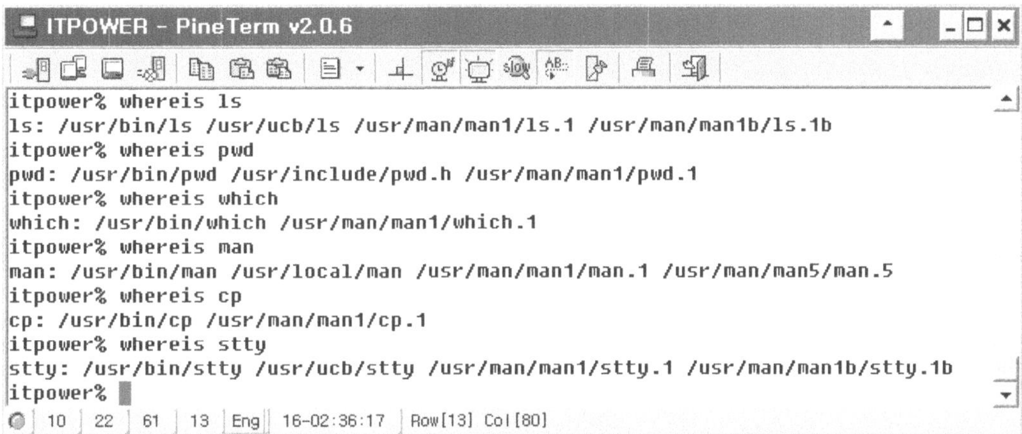
ITPOWER - PineTerm v2.0.6
itpower% whereis ls
ls: /usr/bin/ls /usr/ucb/ls /usr/man/man1/ls.1 /usr/man/man1b/ls.1b
itpower% whereis pwd
pwd: /usr/bin/pwd /usr/include/pwd.h /usr/man/man1/pwd.1
itpower% whereis which
which: /usr/bin/which /usr/man/man1/which.1
itpower% whereis man
man: /usr/bin/man /usr/local/man /usr/man/man1/man.1 /usr/man/man5/man.5
itpower% whereis cp
cp: /usr/bin/cp /usr/man/man1/cp.1
itpower% whereis stty
stty: /usr/bin/stty /usr/ucb/stty /usr/man/man1/stty.1 /usr/man/man1b/stty.1b
itpower%
10 22 61 13 Eng 16-02:36:17 Row[13] Col[80]

which 명령어와는 달리 해당 명령어와 동일한 실행 파일이 존재하는 모든 경로명을 보여주며, 동시에 해당 명령어에 대한 온라인 매뉴얼 파일의 존재 경로 정보도 보여주고 있다.

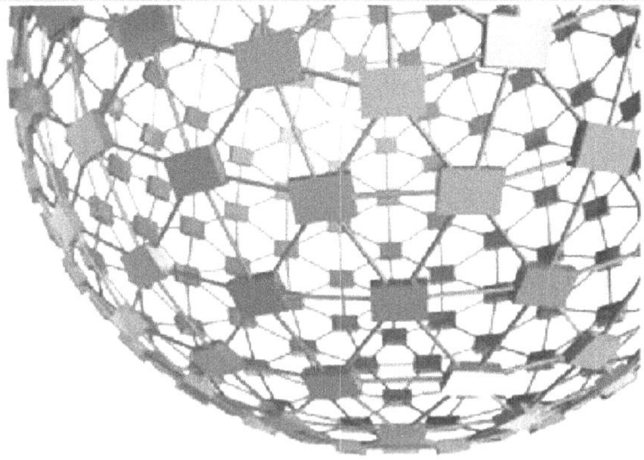

3 텍스트 편집기

앞서 유닉스에서 다루는 파일에는 텍스트(Text) 파일(혹은 아스키(ASCII) 파일)과 이진(Binary) 파일의 두 가지 종류가 있음을 배웠다. 여기서 텍스트 파일은 사용자가 그 내용을 읽어보고 편집할 수도 있으나, 이진 파일은 단지 컴퓨터가 다루는 파일 형태이기에 사용자가 내용을 읽어보거나 편집할 수가 없다.

이 책에서 다루게 될 다양한 쉘 스크립트와 유닉스의 설정 파일들, 그리고 온라인 매뉴얼 파일 등 다수의 파일들이 이 텍스트 파일 범주에 속한다. 따라서 이러한 텍스트 파일을 만들고 수정하는 일은 C쉘 프로그래밍을 다루거나 유닉스의 설정 파일을 수정하기 위해 필수적으로 알아둬야 할 일이다.

유닉스 시스템에서 텍스트 파일을 다루기 위해서 제공되는 프로그램은 여러 가지가 있지만, 이 책에서는 vi 텍스트 편집기를 사용하도록 한다. vi 텍스트 편집기는 유닉스의 텍스트 파일 편집기에 있어서 사실상의 표준(De Facto Standard)이었으며, 1984년 이후부터는 Emacs와 함께 텍스트 편집기 환경의 점유율을 양분하고 있다.

1. vi 텍스트 편집기 실행

vi 텍스트 편집기의 실행 방법은 간단하다. 단순히 명령 라인에서 vi 라고만 입력하더라도 실행된다. 이 경우에는 빈 파일을 띄우게 되고 사용자의 편집 이후에 vi 내부에서 저장 명령을 내리면 새로운 텍스트 파일로서 저장된다.

만일 vi 편집기 실행 시에 명시한 파일이 실제로 존재한다면 그 파일을 열어 그 내용을 보여주게 되며, 파일이 존재하지 않는 경우에는 해당 파일명으로 비어있는 파일을 편집할 수 있게 한다.

vi 명령어	
문법	vi [파일명]
기능	명시된 파일을 수정하거나 생성, 편집
옵션	옵션 미사용 시 : 비어있는 새 파일을 편집 명시한 파일이 존재할 시 : 명시된 파일을 수정 명시된 파일이 없을 시 : 명시된 이름의 비어있는 새 파일을 편집.

처음 vi 텍스트 편집기를 실행하면 아래 그림과 같은 화면이 나온다.

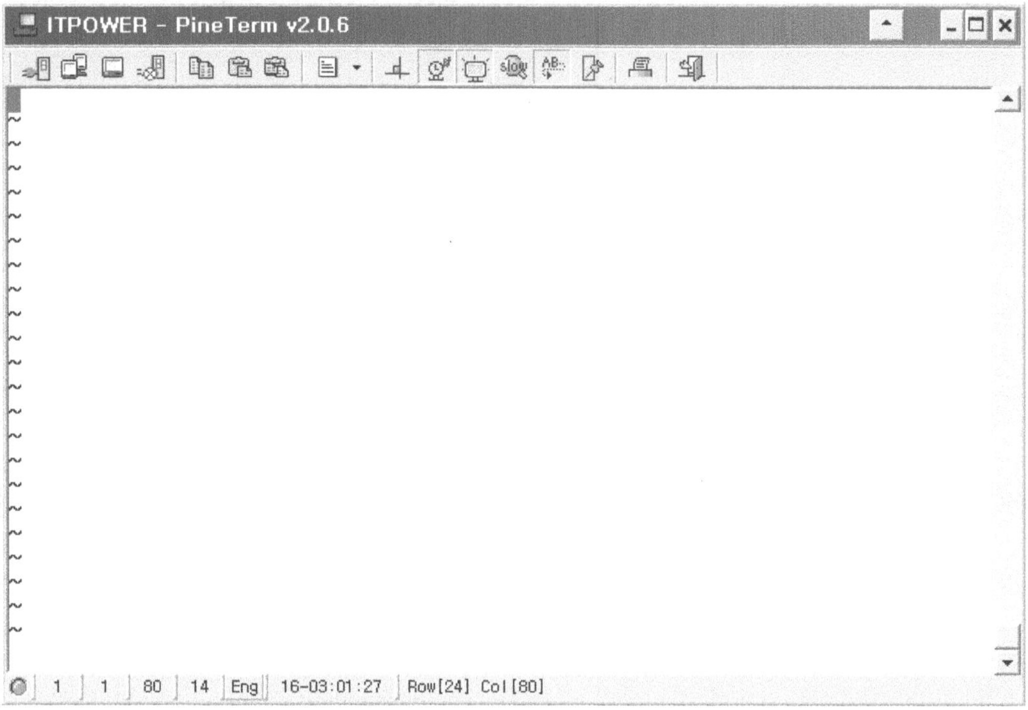

여기서 ~ 표시가 되어 있는 부분은 텍스트가 입력되지 않은 빈 행을 표시하고 있는 것이다. 만약 화면에 출력할 텍스트가 있는 경우에는 해당 텍스트 부분을 제외한 부분에만 ~ 표시가 나타나 있을 것이다.

2. 명령 모드와 편집 모드

vi 텍스트 편집기는 기본적으로 마우스를 사용하지 않고 키보드만을 사용해 텍스트를 만들어 낸다. 따라서 팝업 메뉴나 상단 메뉴 바 등 마우스를 이용하는 윈도우 사용자에게 익숙한 인터페이스는 없다. 대신에 vi 편집기는 명령 모드(Command Mode)와 편집 모드(Edit Mode) 모드의 두 가지 모드를 제공한다.

편집 모드는 텍스트를 입력하거나 이미 기록된 텍스트를 수정하는 작업을 할 수 있는 모드이다. 특정 키들을 제외한 모든 키 입력은 그대로 텍스트 내용으로 화면에 기록된다. 반면, 명령 모드는 이름 그대로 명령을 내리는 모드로서 키 입력이 텍스트로 화면상에 입력되는 것이 아니라 각각의 키 입력에 대응하는 명령이 수행된다. 참고로 커서를 이동시키거나 텍스트 내용을 앞뒤로 스크롤하는 것도 명령 모드에서 관할하는 내용이다.

명령 모드에서 편집 모드의 전환은 모두 아래의 키보드 입력으로 이루어진다. 대소문자의 구별이 있음에 주의한다.

명령 모드 → 편집 모드 변경 명령키	
키	기능
i	커서 위치부터 문자 입력. (insert)
I	커서가 위치한 줄의 맨 앞부터 문자 입력. (Insert)
a	커서의 다음위치부터 문자 입력 (append)
A	커서가 위치한 줄의 맨 끝부터 문자 입력 (Append)
o	커서가 위치한 현재 줄 아래에 빈 줄을 만들고 그 줄에 문자 입력 (open line)
O	커서가 위치한 현재 줄 위에 빈 줄을 만들고 그 줄에 문자 입력 (Open line)

소문자 i 키를 기본적으로 자주 사용하게 된다. 처음 vi 편집기를 실행하게 되면 아무런 텍스트도 없는 빈 파일이므로 현재 커서 위치에 텍스트를 삽입하는 소문자 i 키를 눌러야 할 것이다.

나머지 다섯 개의 키는 이미 텍스트가 담겨있는 파일을 편집하고자 하는 경우에 현재 커서가 있는 곳을 기준으로 해서 어느 위치에 텍스트를 삽입할 것인가에 따라 구분 사용된다. 대문자 I 키는 현재 커서가 위치한 줄의 맨 앞에 입력하며, a는 커서 위치 바로 다음 위치에 글자 삽입을 하는 기능을 한다.

대문자 A는 대문자 I와 반대로 커서가 위치한 줄의 맨 끝에 글자를 추가하는 기능을 하며, 소문자 o와 대문자 O는 각각 현재 커서가 위치한 줄의 뒤와 앞에 새로운 줄을 만들어 입력하는 기능을 제공한다.

아래 그림은 한 줄의 텍스트 라인 상에 임의의 위치에 커서가 위치해 있을 때 대문자 O를 누른 모습이다. 바로 앞줄에 새로운 라인이 생겨 글자를 입력할 수 있도록 한다.

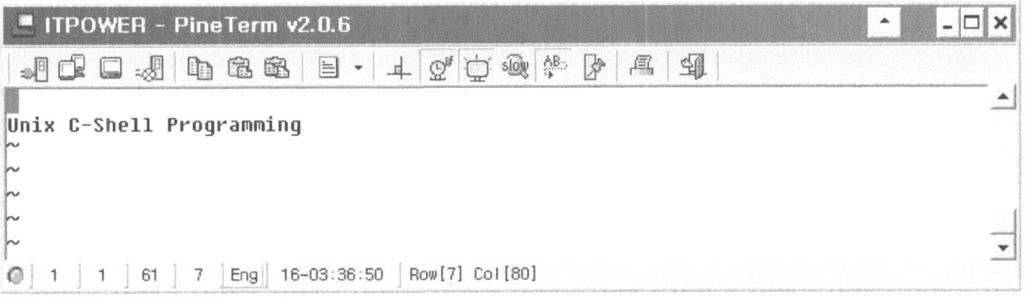

반면, 편집 모드에서 명령 모드로의 전환 시에는 그냥 ESC 키를 누르면 된다. 작업 도중에 자신이 지금 명령 모드에 있는지 편집 모드에 있는지 모를 경우가 있다. 이럴 때는 그냥 ESC 키를 눌러 명령 모드로 확실히 변경하도록 한다. ESC 키를 여러 번 눌러도 입력된 텍스트에 문제가 발생하거나 명령 모드에서 다른 모드로 변경되지 않으므로 걱정하지 말도록 한다.

3. 커서 이동

vi 편집기에서는 커서의 이동 또한 마우스를 쓰지 않으므로 키보드 입력을 통해서만 가능하다. 또한 앞서 언급한 바와 같이 커서 이동은 텍스트 입력 과정이 아니므로 명령 모드에서만 가능하다. 커서의 이동에 관련된 키(Key)에는 여러 가지가 있으나 가장 기초에 해당하는 상하좌우 4가지 방향의 이동 키에 대해 먼저 살펴보면 다음과 같다.

키	기능
h, ←, Backspace	커서를 한 칸씩 왼쪽으로 이동.
j, ↓	커서를 한 칸씩 아래쪽으로 이동.
k, ↑	커서를 한 칸씩 위쪽으로 이동.
l, →, Space	커서를 한 칸씩 오른쪽으로 이동.

명령 모드에서 알파벳 h, j, k 그리고 l 키가 방향 이동 기능을 제공한다는 점은 잘 이해되지 않을 것 같다. 유닉스 서버 관리자가 되고자 한다면 이 알파벳 키를 이용한 방향 이동에 익숙해지는 게 좋다.

터미널 에뮬레이터를 사용하는 개인 사용자의 경우에는 키보드에 있는 상하좌우 네 가지 방향의 화살표 키를 그대로 vi 편집기 내에서의 이동에 사용 가능하다. 이는 터미널 에뮬레이터 프로그램이 이를 지원하도록 만들어 놓아 사용할 수 있는 것에 불과하다.

만약 관리자가 터미널 에뮬레이터가 아닌 콘솔에서 직접 작업을 하는 경우에는 화살표 키가 vi 텍스트 편집기에서 방향 이동 키로 작동되지 않는 경우가 많다. 따라서 이 경우에는 네 개의 알파벳 키를 이용할 수밖에 없다.

네 개의 알파벳 키를 익히는 방법은 엄지를 제외한 오른쪽 손가락 네 개를 차례대로 이들 키에 올린 후에 가장 바깥에 있는 두 개의 키를 각각 좌측과 우측 이동이라 생각하면 쉽게 익숙해진다. 그리고 중간에 있는 두 개의 키 중에서 j 키는 아래로, 그리고 k 키는 위로 이동하는 키이므로 익숙해 질 때 까지 연습을 하기 바란다.

스페이스 키와 백스페이스 키가 vi 텍스트 편집기 내에서 좌우 이동 키로 사용될 수 있다는 점도 알아두면 좋다.

커서를 한 글자씩 상하좌우로 이동하는 방향 이동은 어디까지나 가장 기초적인 이동 방법에 불과하다. 만일 작성한 텍스트 파일의 내용이 수백 줄을 넘어가고, 한 행이 길게 늘어져 있다면 한 글자씩 이동하는 것은 너무 비능률적이고 시간이 오래 걸린다. 다행히도

vi 텍스트 편집기는 이에 대한 해결책으로 아래와 같은 다양한 이동 키를 만들어 놓았다.

키	기능
w	커서가 현재 위치한 단어의 다음 단어 첫머리로 이동.
b	커서가 현재 위치한 단어의 이전 단어 첫머리로 이동.
W	커서가 현재 위치한 단어의 공백으로 구분되는 다음 단어의 첫머리로 이동.
B	커서가 현재 위치한 단어의 공백으로 구분되는 이전 단어의 첫머리로 이동.
0	커서를 현재 위치한 행의 맨 앞으로 이동.
$	커서를 현재 위치한 행의 맨 끝으로 이동.
^F (Ctrl+F)	한 화면 크기만큼 아래로 이동.
^B (Ctrl+B)	한 화면 크기만큼 위로 이동.

소문자 w 키와 대문자 W 키의 기능 구분이 쉽지 않을 것 같다. 이 두 가지 키의 기능 구분이 된다면 소문자 b 키와 대문자 B 키의 구분도 당연히 될 것이다.

아래 그림을 보면 현재 C 글자 위에 커서가 존재하고 있다. 여기서 소문자 w 키를 누르게 되면 - 기호로 커서가 이동한다. C-Shell 전체가 하나의 단어가 아니라 C와 - 기호와 Shell의 세 가지가 단어가 합쳐진 것이기 때문에 다음 단어 위치인 - 기호로 이동한 것이다. 그러나 대문자 W 키를 누르면 공백으로 구분되는 다음 단어의 첫머리로 이동하므로 P 글자로 이동하게 된다.

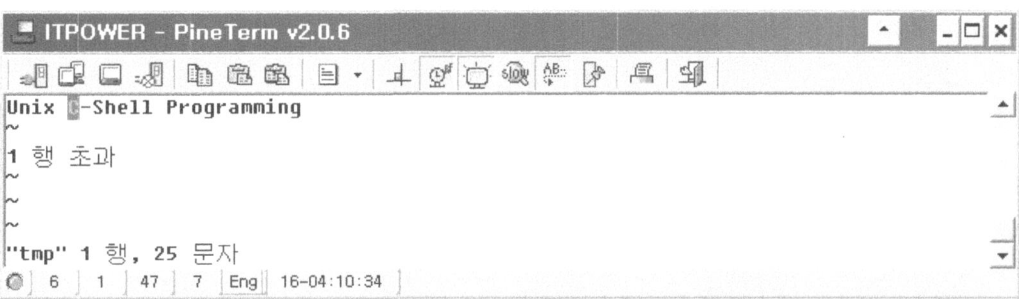
ITPOWER - PineTerm v2.0.6
Unix C-Shell Programming
1 행 초과
"tmp" 1 행, 25 문자
6 1 47 7 Eng 16-04:10:34

명령 모드에서 숫자 0과 $ 기호를 입력하면 각각 현재 커서가 위치한 행의 가장 처음과 가장 마지막 글자 위치로 커서가 이동된다. 단지 커서의 이동 기능만 제공할 뿐 모드는 여전히 명령 모드 그대로가 유지된다.

그리고 Ctrl 키를 누르고서 F(Forward) 키와 B(Backward) 키는 화면 크기만큼 다음 페이지와 이전 페이지 위치로 이동하는 기능을 제공한다. 이 때 F와 B는 대문자를 입력해야 하는 것이 아니라 그냥 f 키와 b 키를 의미한다는 것을 이해하기 바란다.

이 정도 키 사용법만 익히더라도 vi 편집기 사용 시에 커서의 이동에 있어서는 큰 문제는 없다. 그러나 조금 더 vi 편집기에 관심이 있다면 다음 이동 키도 참고용으로 알아두자.

키	기능
e	커서를 현재 위치한 단어의 끝으로 이동. 이미 그 단어의 끝에 커서가 위치하고 있으면 다음 단어의 끝으로 이동한다.
E	커서를 공백으로 구분되는 현재 위치한 단어의 끝으로 이동. 이미 그 단어의 끝에 커서가 위치하고 있으면 다음 단어의 끝으로 이동한다.
H	커서를 현재 스크린의 처음으로 이동.
M	커서를 현재 스크린의 중간으로 이동.
L	커서를 현재 스크린의 마지막으로 이동.
–	커서를 이전 라인의 처음으로 이동.
+, Enter	커서를 다음 라인의 처음으로 이동.
^	커서를 공백으로 구분되는 현재 라인의 첫 글자로 이동.
)	커서를 다음 문장의 처음으로 이동.
(	커서를 이전 문장의 처음으로 이동.
}	커서를 다음 문단의 처음으로 이동.
{	커서를 이전 문단의 처음으로 이동.
^D (Ctrl+D)	반 화면 크기만큼 아래로 이동.
^U (Ctrl+U)	반 화면 크기만큼 위로 이동.
]]	커서를 텍스트의 맨 처음 행으로 이동.
[[	커서를 텍스트 파일의 맨 끝 행으로 이동.

4. 텍스트 수정

vi 편집기의 편집 모드에서는 텍스트를 순차적으로 계속 입력하는 작업 밖에 할 수가 없다. 입력한 텍스트에 대한 수정 작업은 일단 ESC 키를 눌러 명령 모드에 들어간 다음 선별적으로 아래 키를 이용해 텍스트를 수정할 수 있는 기능을 제공하고 있다.

키	기능
(n)cw	현재 커서의 위치부터 n개의 단어 변경. n 미지정 시 1단어만 변경함.
(n)r	현재 커서의 위치부터 n개의 글자를 입력한 한 개의 문자로 일괄변경. n 미지정 시 1글자만 변경함.
r+Enter	현재 커서의 위치한 행에서 커서 위치 뒤의 모든 내용을 바로 다음 행을 새로 만들어 모두 넘긴다.
J	현재 커서가 위치한 행과 그 바로 아래의 행을 결합한다.
>>, <<	>>는 우측, <<는 좌측으로 정해진 칸만큼 행의 내용을 이동시킨다.

여기서 cw(Change Word) 명령은 현재 커서 위치부터 단어를 바꾸는 명령이다. 현재 커서 위치에서 cw 키를 누르면 아래 그림과 같이 커서가 위치한 단어의 끝 부분에 위치한 글자가 $ 기호로 바뀌는 것을 볼 수 있다.

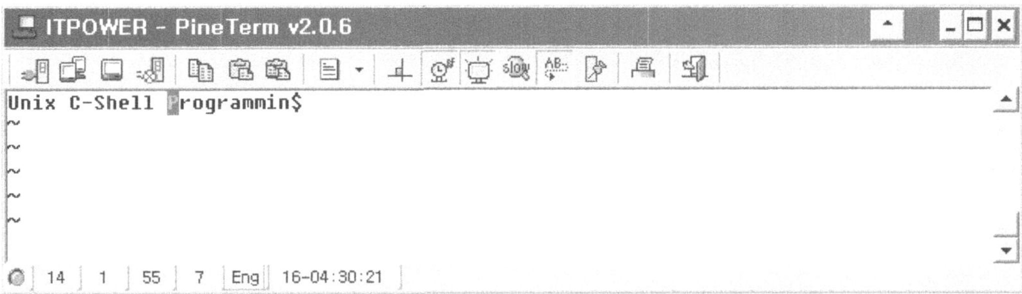
ITPOWER - PineTerm v2.0.6
Unix C-Shell Programmin$
14 1 55 7 Eng 16-04:30:21

이는 커서 위치부터 $ 위치까지 글자까지 바꾼다는 의미이다. 만약 cw 명령 앞에 숫자를 적게 되면 현재 커서 위치에서 부터 숫자 개수만큼의 단어를 바꾼다는 의미가 된다. 여기서 cw 명령은 반영할 내용의 입력이 끝난 뒤 ESC 키를 누르면 cw의 변경사항 입력이 종료된다.

아래 그림은 숫자 3을 누른 다음 cw 명령을 내린 결과를 보여준다. 현재 커서가 Unix의 n 위치에 있으므로 이 단어와 다음 단어, 그리고 그 다음 단어 이렇게 3개의 단어를 바꾸게 되므로 - 기호 위치에 $ 표시가 붙음을 알 수 있다.

ITPOWER - PineTerm v2.0.6
Unix C$Shell Programming
"tmp" 1 행, 19 문자
2 1 74 6 Eng 16-04:39:51

커서 위치의 단일 글자 변경은 r 키를 누른 다음 대체할 알파벳 한 글자를 입력하면 된다. 이 명령의 장점은 대체 글자를 입력하고 난 뒤에 별도로 ESC 키를 누를 필요가 없이 명령 모드로 자동 복귀된다는 점이다.

r 키를 누르고서 엔터키를 입력하는 줄 나눔 기능은 커서가 위치한 부분의 글자를 삭제하고서 이를 기준으로 줄 나눔을 하게 되므로 반드시 공백 상에 커서를 올려놓고 작업해야 할 것이다. 이 기능은 i 키를 눌러 편집 모드로 바꾼 다음 엔터키를 치는 경우와 유사하나 그 차이점은 커서가 위치한 글자의 삭제 여부이므로 각자 확인해 보기 바란다.

r 키를 누르고서 엔터키를 입력하는 줄 나눔 기능 역시 명령 모드로 자동 복귀되므로 별도로 ESC 키를 누를 필요가 없다.

대문자 J 키는 현재 커서가 있는 라인과 그 뒤에 있는 라인을 하나로 합치는 기능을 제공한다. 이 때 커서 위치는 해당 라인에서 어디에 있어도 상관없다.

마지막으로 >> 키는 현재 커서가 위치한 라인 전체를 탭(Tab) 키를 눌렀을 때 이동하는 일정한 폭 만큼 우측으로 이동시키며, 반대로 << 키는 좌측으로 이동시키는 기능을 제공한다. 이 기능 역시 커서가 해당 라인의 어디에 있는 전체 라인에 대해 동작하게 된다.

아래 그림은 >> 명령을 이용해 전체 라인을 일정한 폭 만큼 우측으로 이동시킨 결과 모습을 보여주고 있다.

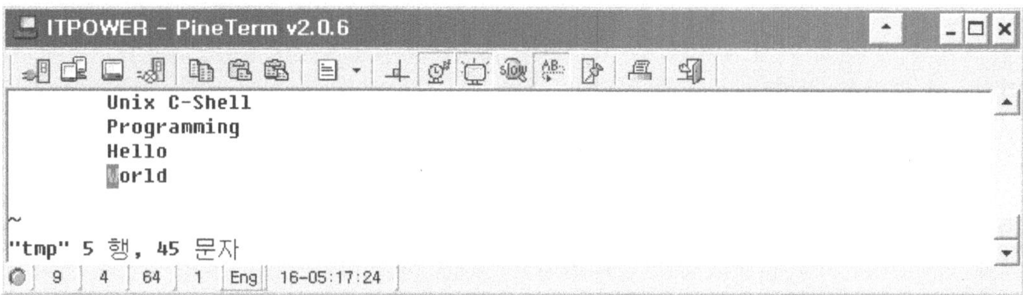
ITPOWER - PineTerm v2.0.6
Unix C-Shell
Programming
Hello
World
~
"tmp" 5 행, 45 문자
9 4 64 1 Eng 16-05:17:24

5. 텍스트 삭제

vi 편집기의 명령 모드에서 텍스트의 삭제 기능은 아래 명령을 이용해 가능하다.

키	기능
(n)dw	현재 커서의 위치의 단어 삭제.
(n)x	현재 커서의 위치의 글자를 삭제
(n)X	현재 커서의 위치의 왼쪽의 글자를 삭제.
(n)dd	현재 커서가 위치한 행을 삭제한다.

dw 명령키는 한 단어를 삭제하는 명령이다. 커서를 단어의 첫 글자에 위치한 경우에 한해 전체 단어가 삭제되며, 커서가 단어의 중간에 위치한 경우에는 커서 위치부터 단어의 끝까지가 삭제된다.

그리고 소문자 x 명령키는 커서 위치의 한 글자를 삭제하며, 대문자 X 명령키는 커서 위치의 왼쪽에 있는 글자를 삭제하게 된다. 마지막으로 dd 명령기는 거시가 있는 한 라인을 삭제하게 된다.

이들 명령키 역시 숫자와 함께 사용하면 해당 숫자만큼을 대상으로 명령이 실행되며, 명령 모드는 그대로 유지됨을 알 수 있다.

아래 두 개의 그림은 현재 커서 위치에서 3dw 명령을 실행한 전후의 모습을 비교해 보여주고 있다. 참고하기 바란다.

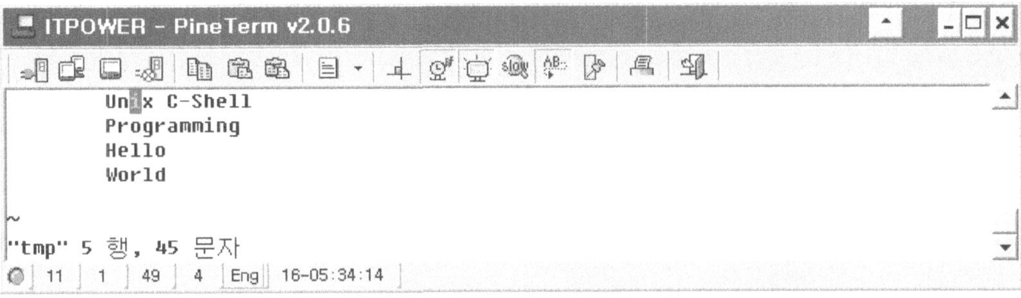
ITPOWER - PineTerm v2.0.6
Unix C-Shell
Programming
Hello
World
"tmp" 5 행, 45 문자
11 1 49 4 Eng 16-05:34:14

ITPOWER - PineTerm v2.0.6
Unshell
Programming
Hello
World
"tmp" 5 행, 45 문자
11 1 39 7 Eng 16-05:34:27

참고로 이렇게 삭제된 내용들은 버퍼 공간으로 옮겨져 임시 보관되므로, 다음 절에서 배우게 될 붙여넣기 기능을 통해 다른 위치에서 반복적으로 재사용이 가능하다. 이 곳 버퍼 공간에서는 다른 새로운 내용이 들어오게 되면 이전 내용은 사라지게 된다는 점을 알도록 하자.

6. 텍스트 복사

윈도우 상에서 복사-붙여넣기 기능이 있듯이 vi 편집기에서도 아래 표에서 보는 바와 같이 텍스트의 복사-붙여넣기 기능을 지원한다.

키	기능
(n)yy, (n)Y	현재 커서가 위치한 행으로부터 n개의 행을 버퍼에 복사한다. n 미지정 시 1행만을 복사한다.
p	버퍼의 내용을 커서가 위치한 곳 다음에 붙여넣는다. 행단위 버퍼의 경우 현재 행 바로 뒤에 새로운 행으로 끼워넣어진다.
P	버퍼의 내용을 커서가 위치한 곳 이전에 붙여넣는다. 행단위 버퍼의 경우 현재 행 바로 앞에 새로운 행으로 끼워넣어진다.
(n)yw	현재 커서가 있는 곳부터 n개의 단어 복사. n 미지정 시 1개의 단어만 복사한다.
u	직전 수행 명령 취소. 버퍼에 있던 내용을 그대로 복원한다. 파일의 저장과 같이 버퍼에 데이터가 남지 않는 작업은 복원하지 못한다.

yy 명령키는 현재 커서가 위치한 행을 복사해 버퍼에 저장하는 기능을 수행하는데, 대문자 Y 명령키를 사용하는 것과 동일하다. 반면 yw 명령키는 현재 커서가 위치한 단어를 복사해 버퍼에 저장하는 기능을 한다. 커서가 단어의 중간에 위치한 경우에 yw 명령키는 해당 위치에서부터 단어의 끝까지를 버퍼에 저장하게 된다. 따라서 단어 전체를 버퍼에 저장하려면 단어의 첫 글자 위치에 커서를 이동시킨 후에 yw 명령키를 사용해야 할 것이다.

이렇게 버퍼에 담은 내용은 커서를 이동시켜 소문자 p 키나 대문자 P 키를 눌러 붙여넣기를 할 수 있다.

앞서 배운 바와 같이 dd 명령에 의해 삭제된 행은 버퍼에 저장되고, 이는 p 키를 이용하면 붙여넣기를 할 수 있기에 궁극적으로 텍스트 내의 행을 잘라서 다른 위치에 붙여넣기를 하는 기능이 된다.

마지막으로 상기 표에서 u 명령키는 직전에 내린 명령 취소 기능을 제공한다. u 명령키를 반복해서 내리면 계속 실행과 취소를 반복하는 결과만을 가져오게 된다. u 명령키는 버퍼에 담긴 내용을 그대로 복원하는 기능을 제공하기에 버퍼에 내용이 저장되지 않는 명령(예: 파일 저장, 단어 찾기 등)은 복원하지 못한다.

7. 명령어 라인

vi 텍스트 편집기는 기본적으로 앞서 배운 바와 같은 여러 가지 명령키를 이용하지만 그 밖에도 명령어 라인(Command Line)을 사용해 확장된 명령을 제공한다. vi 편집기 화면의 가장 아랫부분은 항상 비워져 있으며, 이곳은 확장 명령을 입력할 때에만 사용된다.

명령 모드에서 콜론(:) 키를 누르면 화면의 맨 아래쪽 라인에 해당 문자가 나타나는 것을 볼 수 있다. 여기에다 확장 명령을 입력한 후 엔터키를 누르면 명령을 수행하고, 커서는 다시 원래 있던 자리로 돌아간다.

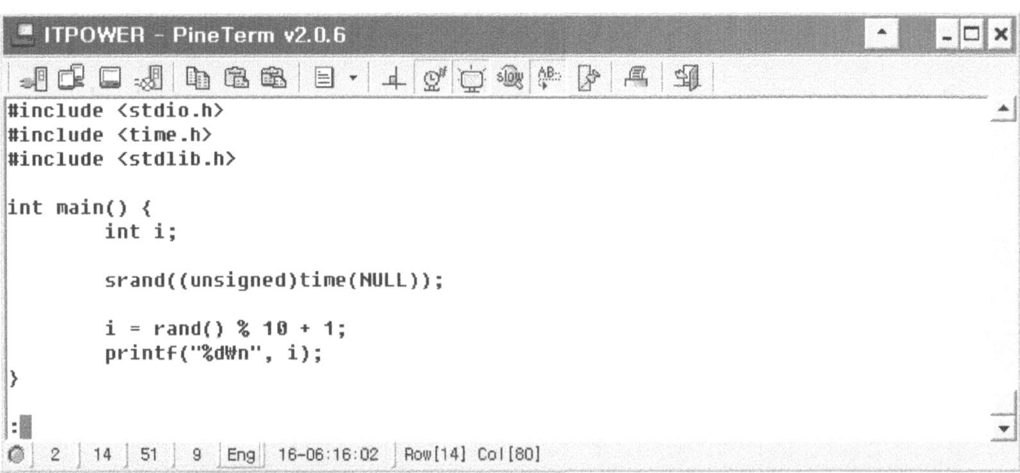
ITPOWER - PineTerm v2.0.6
#include <stdio.h>
#include <time.h>
#include <stdlib.h>
int main() {
int i;
srand((unsigned)time(NULL));
i = rand() % 10 + 1;
printf("%d₩n", i);
}
:
2 14 51 9 Eng 16-06:16:02 Row[14] Col[80]

vi 편집기 사용자가 텍스트 파일을 편집하는 하는 작업 내용은 사용자가 필요할 때 작업 저장 명령을 내려야만 변경된 내용이 파일에 기록된다. 작업 내용의 파일 저장 명령과 파일 불러오기 명령, 그리고 vi 편집기의 종료 명령은 모두 이 명령어 라인에다 명령을 입력해 처리하게 된다.

파일 쓰기/불러오기, vi 편집기 종료	
명령어	**기능**
w (파일명)	현재 작업 내용을 (파일명)으로 저장한다.
wq (파일명)	현재 작업 내용을 (파일명)으로 저장한 후에 vi 편집기를 종료한다. ZZ (파일명) 형태로 사용해도 동일한 기능을 제공한다
r 파일명	지정한 파일명을 불러온다.
q	vi 편집기를 종료한다. 만일 파일의 변경사항이 있다면 종료되지 않는다.
q!	vi 편집기를 종료한다. 파일의 변경사항을 저장하지 않는다.

아래 그림은 파일명을 입력하지 않고 vi 편집기를 실행한 다음 작업한 내용을 텍스트 파일을 저장하는 모습을 보여준다. 명령어 라인에서 w 명령 뒤에 파일명을 적어주게 되면 해당 파일명으로 텍스트 파일이 저장된다.

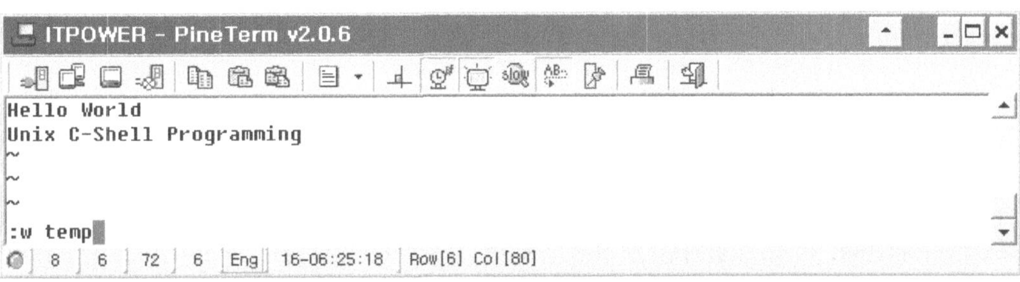
ITPOWER - PineTerm v2.0.6
Hello World
Unix C-Shell Programming
~
~
~
:w temp
8 6 72 6 Eng 16-06:25:18 Row[6] Col[80]

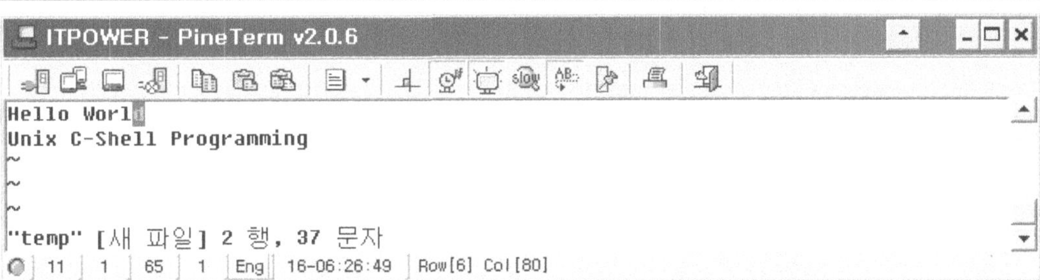
ITPOWER - PineTerm v2.0.6
Hello World
Unix C-Shell Programming
~
~
~
"temp" [새 파일] 2 행, 37 문자
11 1 65 1 Eng 16-06:26:49 Row[6] Col[80]

이제 텍스트 파일에 대한 파일명이 부여되었으므로 이후 편집하는 내용은 아래 그림과 같이 명령어 라인에서 그냥 w 명령만 내리면 저장된다. 저장 후에는 본래 커서 위치로 돌아가게 된다.

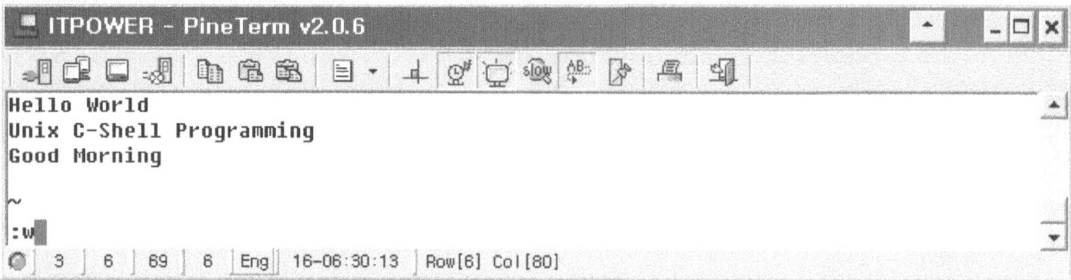
ITPOWER - PineTerm v2.0.6
Hello World
Unix C-Shell Programming
Good Morning
~
:w
3 6 69 6 Eng 16-06:30:13 Row[6] Col[80]

만약 작업 내용을 저장한 후에 vi 편집기를 종료하고 싶다면 아래 그림과 같이 명령어 라인에서 wq 명령을 내리면 된다.

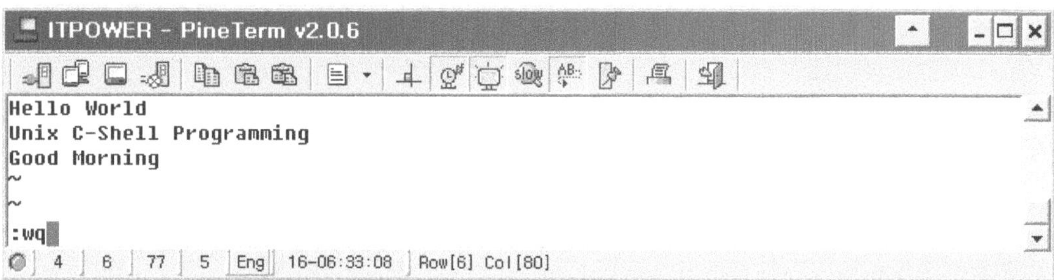
ITPOWER - PineTerm v2.0.6
Hello World
Unix C-Shell Programming
Good Morning
~
~
:wq
4 6 77 5 Eng 16-06:33:08 Row[6] Col[80]

vi 편집기 실 행시에 이미 존재하는 텍스트 파일을 열어 작업하는 경우에도 마찬가지로 작업 도중에 w 명령으로 저장하거나 wq 명령으로 저장 후에 vi 편집기를 종료하면 된다.

만약 작업한 내용을 저장하지 않았는데도 명령어 라인에서 q 명령으로 종료하려고 하면 종료되지 않는다. 아래 그림처럼 변경된 부분이 보관되지 않았다는 메시지를 보여주고 커서 위치로 되돌아간다.

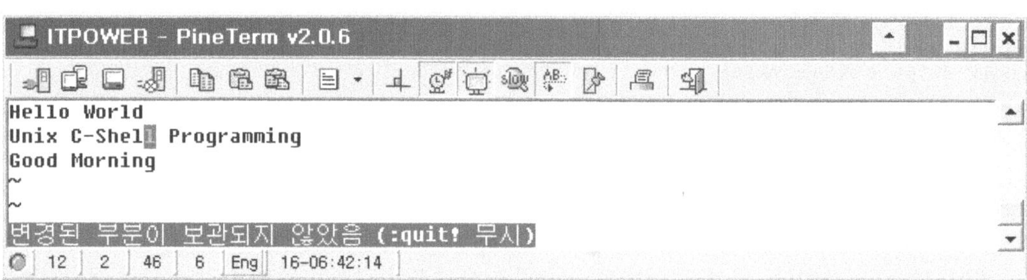
ITPOWER - PineTerm v2.0.6
Hello World
Unix C-Shell Programming
Good Morning
~
~
변경된 부분이 보관되지 않았음 (:quit! 무시)
12 2 46 6 Eng 16-06:42:14

만약 변경된 작업 내용을 포기하려면 느낌표 기호를 붙여 q! 라고 명령어 라인에 입력하면 변경 내용의 저장 없이 vi 편집기는 종료된다.

마지막으로 명령어 라인에서 r 파일명 형태로 입력하면 현재 커서 위치에 텍스트 파일을 불러오게 된다.

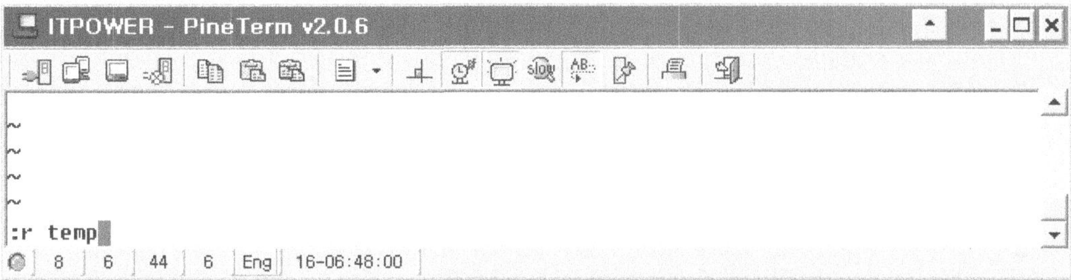
ITPOWER - PineTerm v2.0.6
:r temp
8 6 44 6 Eng 16-06:48:00

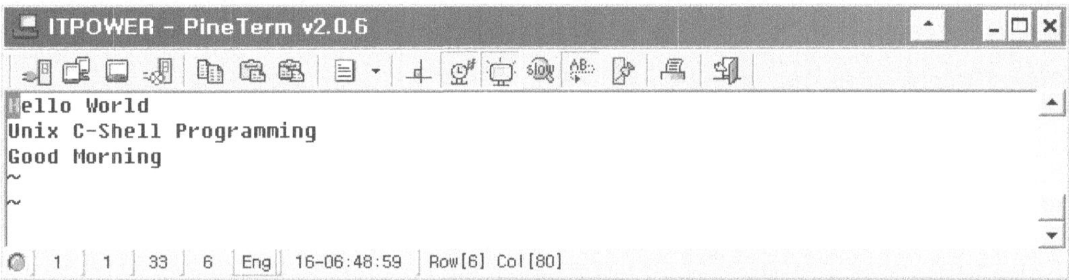
ITPOWER - PineTerm v2.0.6
Hello World
Unix C-Shell Programming
Good Morning
1 1 33 6 Eng 16-06:48:59 Row[6] Col[80]

8. 문자열 찾기/바꾸기

텍스트 파일에서 특정한 단어를 찾아서 모두 다른 단어로 변경하고자 하는 경우에 텍스트 내용이 적다면 직접 찾아서 바꾸면 되지만 그 내용이 많아지게 되면 이러한 변경 작업은 매우 불편해 진다. vi 편집기는 손쉬운 문자열의 검색과 바꾸기 기능을 제공한다.

명령 모드에서 슬래쉬(/) 기호를 입력하게 되면 화면 하단에 / 기호가 나타나게 되는데 여기서 아래와 같은 내용을 입력하면 된다.

문자열 찾기/바꾸기	
명령어	기능
/내용	현재 커서가 위치한 곳부터 시작해서 주어진 내용과 일치하는 곳을 문서에서 찾는다.
?내용	현재 커서가 위치한 곳부터 시작해서 역방향으로 주어진 내용과 일치하는 곳을 문서에서 찾는다.
n	/내용, ?내용 명령 수행 중일 때 n키를 누르면 주어진 조건과 일치하는 그 다음 위치를 찾는다.

명령 모드에서 / 기호를 입력한 다음 찾고자 하는 문자열을 입력하면 된다. 그러면 현재

커서 위치에서 정방향으로 문자열을 포함한 가장 첫 번째 단어를 찾아주게 된다. 만약 다음 단어를 계속 찾고 싶으면 n 키를 반복해서 누르면 된다.

만약 현재 커서 위치에서 역방향으로 문자열을 포함한 단어를 찾고 싶으면 명령 모드에서 / 기호 대신에 ? 기호를 입력한 다음 찾고자 하는 단어를 입력하면 된다.

문자열을 포함하는 단어를 찾게 되었을 때 이 단어를 다른 단어로 바꾸고 싶다면 앞서 배운 cw 명령을 이용하면 된다. 한 단어의 변경이 완료되면 계속 n 키를 눌러 찾기 작업을 계속할 수 있다. 이 때 다시 찾은 단어를 동일하게 변경하려면 역시 cw 명령을 내릴 수도 있으나 불편하다.

아래 표에서 보는 바와 같이 앞서 실행한 명령을 반복하는 점(.) 키를 입력하면 찾은 단어가 새로운 단어로 바뀌는 것을 확인할 수 있을 것이다. 즉, n 키와 점(.) 키를 반복함으로써 찾고자 하는 단어들을 찾아 바꾸고자 하는 단어로 바꿀 수가 있을 것이다. 만약 바꾸고 싶지 않은 곳에서는 점(.)을 누르지 않고 n 키를 눌러 패스하면 된다.

명령어 반복	
명령어	**기능**
.	앞서 실행한 명령을 반복함.

명령어 반복 기능을 제공하는 점(.) 기호는 이처럼 단어의 바꾸기 기능을 반복하는 것 뿐만 아니라 다른 기능들에 대한 반복 기능을 이용할 때에도 마찬가지이다.

예를 들어 >> 명령어로 커서가 위치한 행을 일정한 폭만큼 우측으로 이동시켰으면, 다른 행에서 점(.) 키를 누르면 동일한 작업이 반복된다. 마찬가지로 다섯 행을 삭제하는 5dd 명령을 내렸다면 다른 행에서 점(.) 키를 누르면 역서 다섯 행이 삭제된다.

만약 텍스트 문서 내에 있는 특정 단어를 다른 단어로 한꺼번에 바꾸고 싶다면 아래 표에서와 같이 명령 모드에서 콜론(:) 키를 눌러 명령어 라인을 연 다음 %s/찾을단어/바꿀단어 형식으로 입력하면 된다.

문자열 한꺼번에 바꾸기	
명령어	**기능**
%s/old/new	명령 모드에서 콜론(:) 키를 입력해 명령어를 실행해야 함. 편집 중인 문서의 전체에서 old를 찾아 new로 대체한다.

아래 그림은 텍스트 문서에서 Hello 단어를 찾아 World 단어로 한꺼번에 바꾸고 있는 과정을 보여준다.

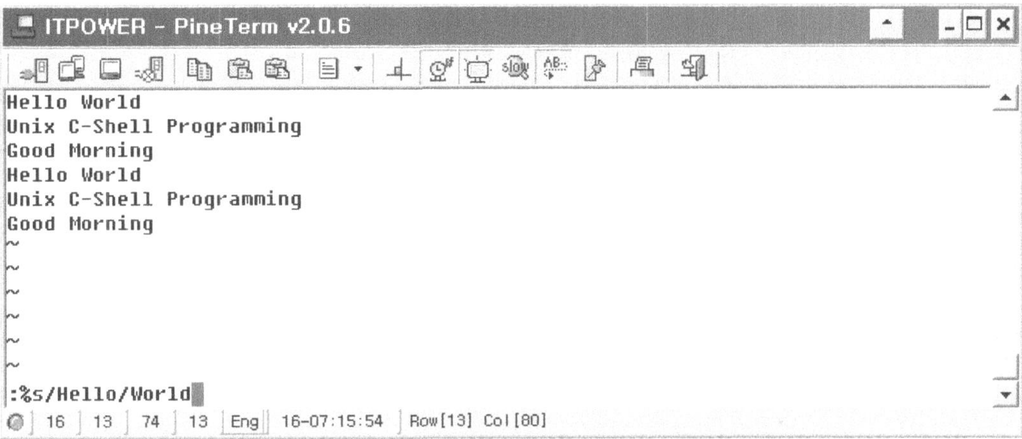
ITPOWER - PineTerm v2.0.6
Hello World
Unix C-Shell Programming
Good Morning
Hello World
Unix C-Shell Programming
Good Morning
:%s/Hello/World
16 13 74 13 Eng 16-07:15:54 Row[13] Col[80]

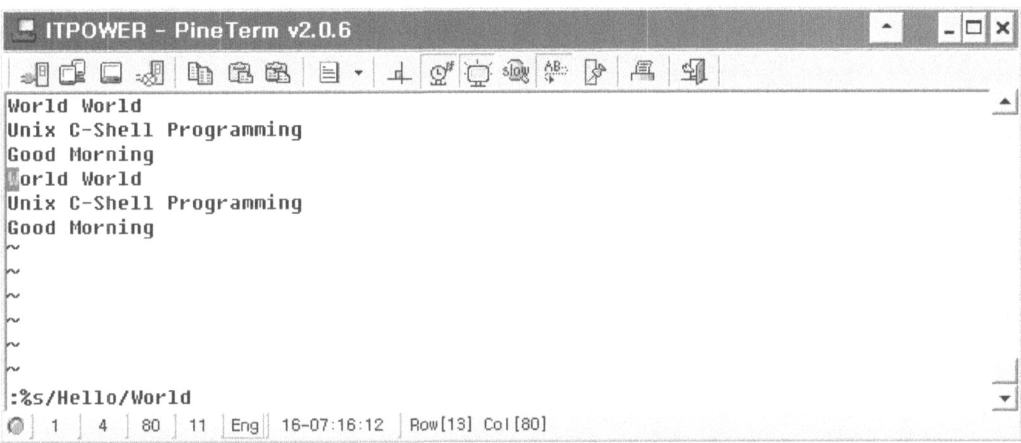
ITPOWER - PineTerm v2.0.6
World World
Unix C-Shell Programming
Good Morning
World World
Unix C-Shell Programming
Good Morning
:%s/Hello/World
1 4 80 11 Eng 16-07:16:12 Row[13] Col[80]

9. 블록 지정 및 파일 저장

vi 편집기에서는 텍스트 파일의 일부를 블록으로 지정해 새로운 파일 이름으로 저장하는 기능을 제공한다.

키	기능
m + (블록시작문자)	현재 커서가 위치한 행을 블록의 시작 행으로 블록시작문자로 마크한다.
m + (블록끝문자)	현재 커서가 위치한 행을 블록의 시작 행으로 블록끝문자로 마크한다.
: ' (블록시작문자), ' (블록끝문자) w(!) (파일명)	블록시작문자로 마크한 행부터 블록끝문자로 마크한 행까지 파일명으로 기록한다. 만약 기존의 파일이 존재하면 ! 기호를 추가해 강제 덮어쓰기를 한다.

먼저 vi 편집기 내에 열어놓은 텍스트 파일에서 블록의 시작 위치를 마크한다. 명령 모드에서 커서를 블록의 시작이 될 행의 임의의 위치로 이동시킨 다음 m 키를 누른 다음 이 위치를 가리킬 알파벳을 하나 할당한다. 예를 들자면 m 키를 누르고 블록의 시작 위치를 a 문자로 지정하는 것이다.

그런 다음 커서를 블록의 끝이 될 행에 이동시킨 다음 다시 m 키를 누르고서 다른 알파벳을 하나 할당한다. 예를 들자면 m 키를 누르고 이어 블록의 끝 위치를 b 문자로 지정하는 것이다.

블록의 시작 행에서 m키 + a키, 블록의 끝 행에서 m키 + b키를 눌러 블록을 지정했으면 콜론(:) 키를 눌러 나타나는 명령어 라인에서 아래 그림과 같이 파일로 저장하면 된다.

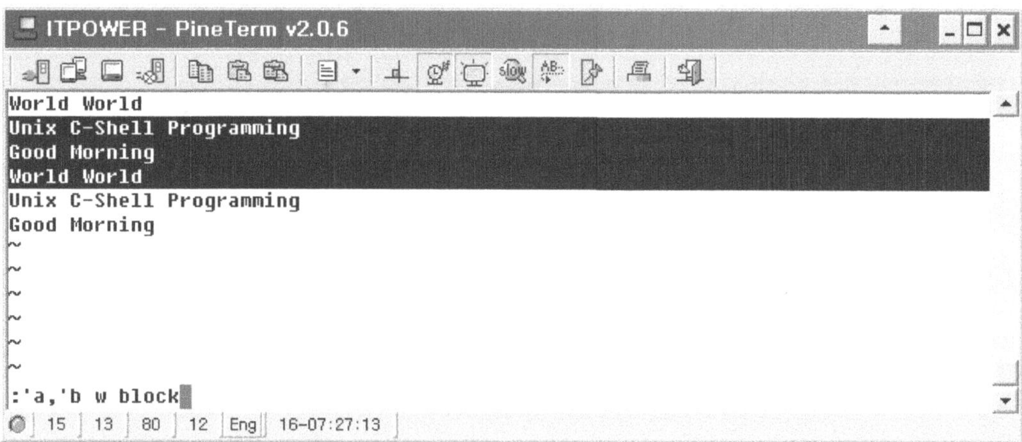
ITPOWER - PineTerm v2.0.6
World World
Unix C-Shell Programming
Good Morning
World World
Unix C-Shell Programming
Good Morning
:'a,'b w block
15 13 80 12 Eng 16-07:27:13

그림에서 음영으로 처리된 부분은 블록의 시작과 끝을 가리키도록 마크한 부분이다. 실제 vi 편집기 화면에서 블록 마크를 하게 되면 그림에서 보는 바와는 달리 화면상에서는 아무런 변화가 없다. 이해를 돕기 위해 음영 처리를 한 것에 불과하다.

상기 그림에서는 마크 a 부터 마크 b 까지 block 이라는 파일명으로 저장하고 있음을 알 수 있다. 만약 이미 block 이라는 파일이 존재하고 덮어쓰기를 바란다면 w! 형태로 사용하면 된다.

아래 그림은 저장된 파일의 내용을 확인하기 위해 cat 명령을 통해 살펴 본 모습이다.

ITPOWER - PineTerm v2.0.6
itpower% cat block
Unix C-Shell Programming
Good Morning
World World
itpower%
10 13 45 5 Eng 16-07:30:03

vi 편집기 내에서 콜론(:) 키를 누른 다음 나타나는 명령어 라인에서 r 명령 뒤에 이렇게 저장된 블록 파일명을 입력함으로써 커서 위치에 불러올 수 있다. 블록 지정해 파일로 저장한 다음 이를 적절한 곳에서 불러 사용하는 기능은 향후 C쉘 프로그래밍 시에 요긴하게 사용되므로 꼭 기억해 놓도록 하자. 활용도가 높은 소스 코드 부분을 별도의 파일로 저장해 두는 테크닉인 셈이다.

10. vi 편집기 작업 환경 설정

명령어 라인에서의 중요한 기능 중 하나는 vi 편집기의 작업 환경을 사용자의 입맛에 맞게 커스터마이징하는 옵션을 제공한다는 점이다.

예를 들자면, C쉘 프로그래밍 시에 키보드 상의 Tab 키를 눌렀을 때 몇 칸을 띄우게 할지를 지정한다거나, 소스 코드 상에서 오류 발생 위치를 쉽게 확인하기 위해 각 행의 번호를 보여주거나 혹은 보이지 않게 설정할 수 있다.

이러한 vi 편집기의 설정 변경은 바로 명령어 라인에서 set (옵션) 형태의 명령어 실행을 통해 수행할 수 있다. 일반적으로 많이 쓰이는 옵션들은 아래 표와 같다.

set 명령어의 옵션	
명령어	**기능**
all	모든 옵션과 그 옵션들의 현재 설정값을 보여준다.
ts=n	Tabstop=n Tab 키로 띄워지는 칸의 폭을 n으로 결정한다. 기본 설정값은 8이다.
ai	autoindent, 엔터키를 눌러 새로운 다음 행을 만들 때, 현재 행으로부터 인덴트값을 가져와 들여쓰기가 보존된다.
shiftwidth=n	'>>', '<<' 명령으로 띄워지는 칸의 폭을 n으로 정한다. 기본 설정값은 8이다.
(no)number	행번호들을 화면 좌측에 보이게 한다. 접두어 no를 붙이면 반대로 행번호를 보이지 않게 한다. 기본값은 nonumber 상태이다.

먼저 set all 기능은 모든 옵션들과 현재 설정 값을 보여준다. 상기 표에서 언급한 옵션 이외에도 다양한 옵션들이 존재한다는 것을 알 수 있을 것이다.

그리고 ts=n 옵션은 Tab 키를 눌렀을 때 n 칸만큼 띄우게 설정하는 것이며, ai 옵션은 줄바꿈시에 자동으로 들여쓰기 기능을 제공하는 옵션이다. shiftwidth=n 옵션은 >> 명령어나 << 명령어를 입력했을 때 좌우로 이동하는 폭을 지정하는 옵션이다. 마지막으로 (no)number 옵션은 vi 편집기 화면에 라인 번호를 보여주거나 제거하는 기능을 제공한다.

이러한 옵션의 활용 예를 그림을 통해 살펴보도록 하자.

아래 그림은 vi 편집기에서 명령 모드일 때 콜론(:)을 눌러 명령어 라인을 띄운 다음 여기서 set all 이라고 입력하고 엔터를 친 경우에 나타나는 화면 모습이다.

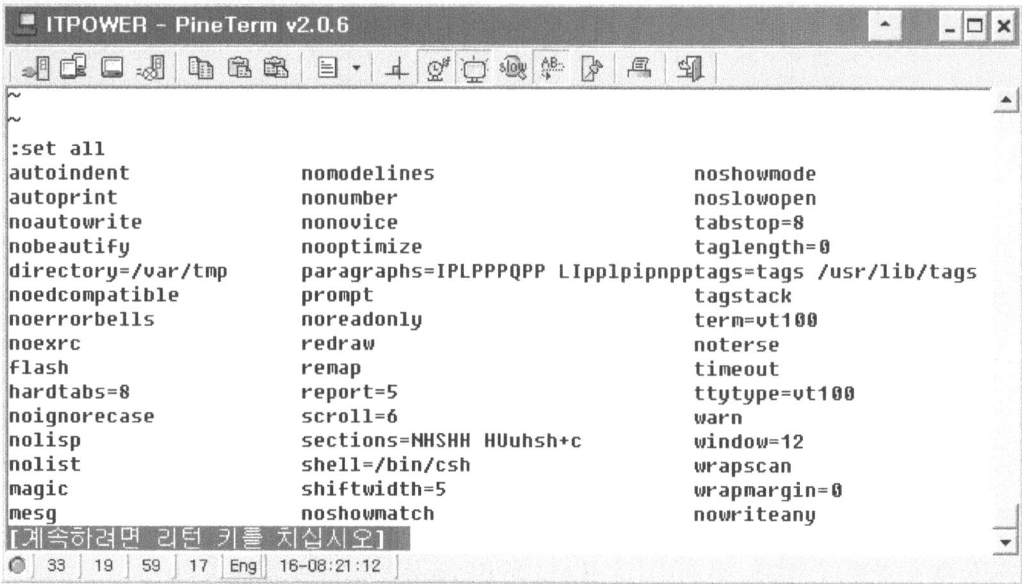
ITPOWER - PineTerm v2.0.6
:set all
autoindent
autoprint
noautowrite
nobeautify
directory=/var/tmp
noedcompatible
noerrorbells
noexrc
flash
hardtabs=8
noignorecase
nolisp
nolist
magic
mesg
nomodelines
nonumber
nonovice
nooptimize
paragraphs=IPLPPPQPP LIpplpipnpptags=tags /usr/lib/tags
prompt
noreadonly
redraw
remap
report=5
scroll=6
sections=NHSHH HUuhsh+c
shell=/bin/csh
shiftwidth=5
noshowmatch
noshowmode
noslowopen
tabstop=8
taglength=0
tagstack
term=vt100
noterse
timeout
ttytype=vt100
warn
window=12
wrapscan
wrapmargin=0
nowriteany
[계속하려면 리턴 키를 치십시오]
33 19 59 17 Eng 16-08:21:12

아래 그림은 명령어 라인에서 set ts=3 이라고 옵션을 설정한 다음 그 효과를 확인하기 위해 새로운 라인에서 탭 키를 눌러본 모습이다. 보통 ts(Tapstop) 값이 8인데 이 설정 이후에 탭 키를 한 번 누르면 세 칸만큼 이동함을 알 수 있다.

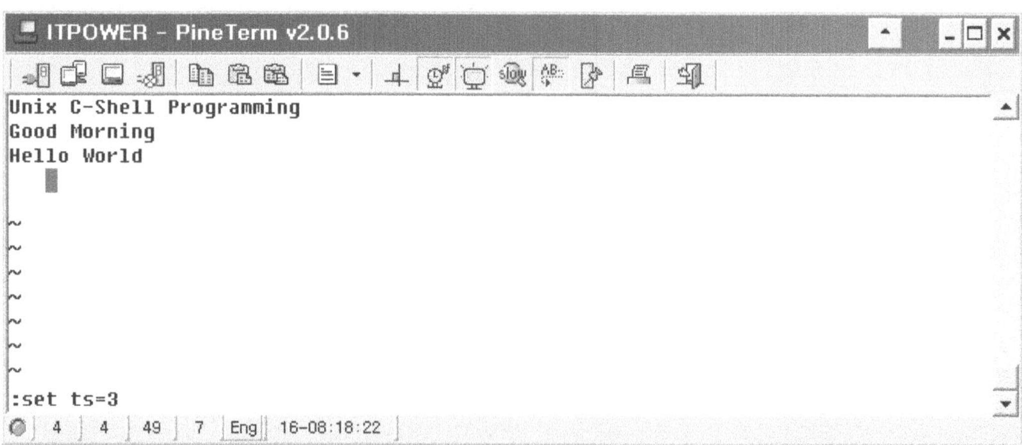
ITPOWER - PineTerm v2.0.6
Unix C-Shell Programming
Good Morning
Hello World
:set ts=3
4 4 49 7 Eng 16-08:18:22

아래 그림은 명령어 라인에서 set ai 라고 옵션을 설정한 다음 새로운 라인을 입력하고 있는 모습이다. 앞선 라인에서 탭 키를 눌러 적당한 폭 만큼 들여쓰기를 한 후 다음 라인으로 넘어가기 위해 엔터키를 치게 되면 자동으로 앞선 라인의 들여쓰기 폭 만큼 들여쓰기가 되고 있는 모습을 보여준다.

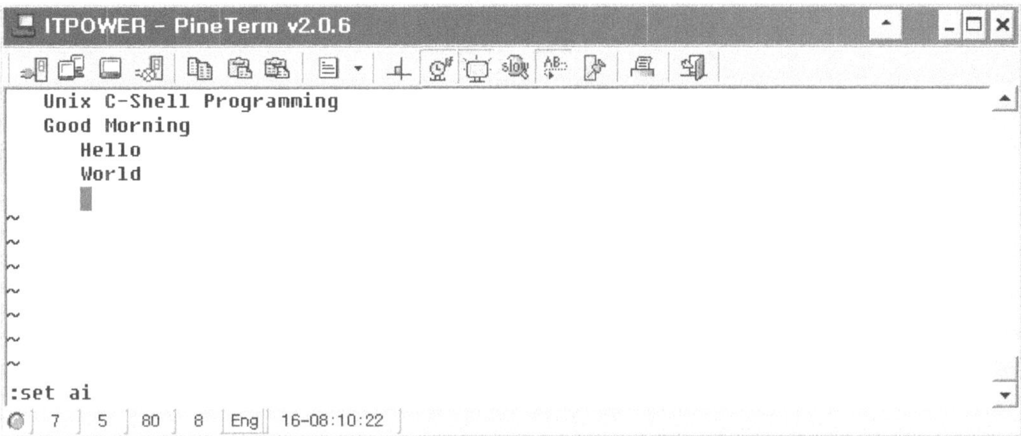
ITPOWER - PineTerm v2.0.6
Unix C-Shell Programming
Good Morning
Hello
World
:set ai
7 5 80 8 Eng 16-08:10:22

아래 그림은 set shiftwidth=5로 지정한 다음 첫 번째 라인에서 >> 기호를 입력해 본 모습이다. 첫 번째 텍스트 라인의 전체 내용이 5칸 우측으로 이동했음을 알 수 있다.

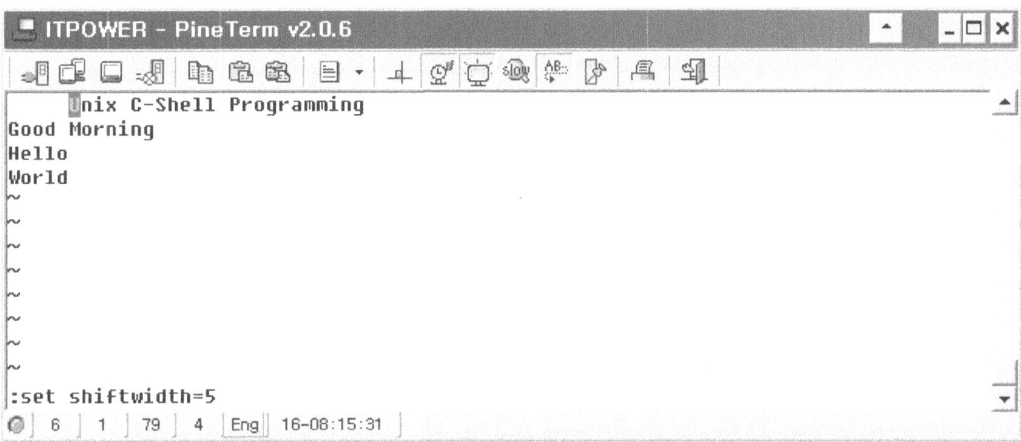
ITPOWER - PineTerm v2.0.6
Unix C-Shell Programming
Good Morning
Hello
World
:set shiftwidth=5
6 1 79 4 Eng 16-08:15:31

아래 그림은 명령어 라인에서 set number 옵션을 설정한 결과 모습이다.

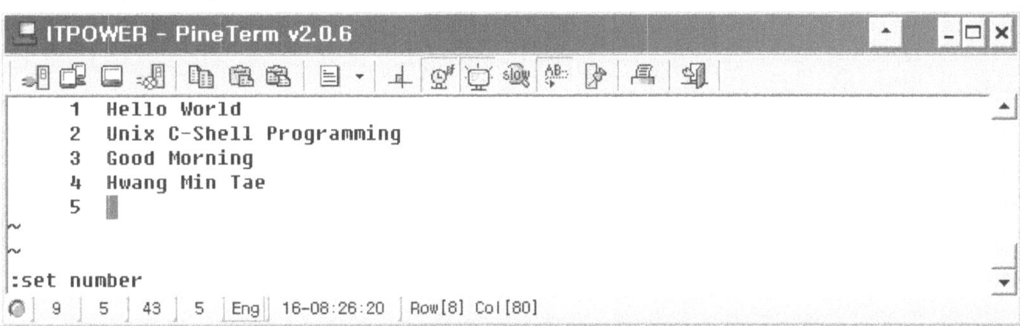
ITPOWER - PineTerm v2.0.6
1 Hello World
2 Unix C-Shell Programming
3 Good Morning
4 Hwang Min Tae
5
:set number
9 5 43 5 Eng 16-08:26:20 Row[8] Col[80]

각 라인에 표시되는 번호는 텍스트 입력 내용과 함께 저장되는 것은 아니다. 단지 편의를 제공하기 위함이다. 만약 상기 그림에서 각 라인에 표시되는 번호를 없애고 싶다면 명령어 라인에서 set nonumber 라고 입력하면 된다.

앞서 살펴 본 vi 편집기의 환경 설정 옵션들은 설정 이후에 vi 편집기를 종료하고 나면 모두 사라지게 된다. 다시 vi 편집기를 실행해 보면 이전에 설정했던 옵션들이 모두 디폴트값으로 변경되었음을 알 수 있다.

따라서 vi 편집기의 설정 내용들을 모아놓은 설정 파일을 만들어서 그 안에 이 설정 명령어들을 적어주면 vi 편집기를 재실행 하더라도 설정 내용이 소실되지 않는다. vi 편집기의 환경 설정 파일은 사용자의 홈 디렉토리에 .exrc 라는 이름의 텍스트 파일을 만들어 저장하면 된다.

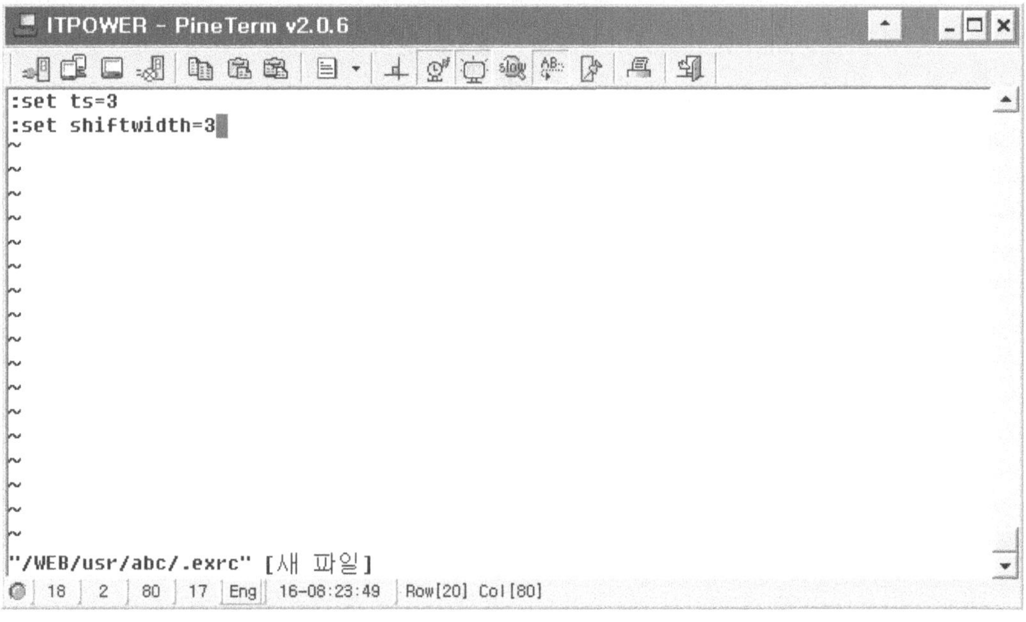
ITPOWER - PineTerm v2.0.6
:set ts=3
:set shiftwidth=3
"/WEB/usr/abc/.exrc" [새 파일]
18 2 80 17 Eng 16-08:23:49 Row[20] Col[80]

상기 그림과 같이 편집하여 홈 디렉토리에 .exrc 파일로 저장하게 되면 vi 편집기를 실행할 때 마다 tab 키와 >> 및 << 명령에 의해 옮겨지는 폭은 항상 3으로 고정된다.

이 장에서 마지막으로 살펴 볼 내용은 명령어 라인이 단순히 vi 편집기의 내부 명령어들만을 사용할 수 있는 게 아니라 vi 편집기에서 다시 유닉스 쉘을 호출하여 쉘을 사용하다가 다시 vi 편집기로 돌아오거나, vi 편집기 상에서 쉘 명령어를 1회만 쓰는 것도 가능하다는 점이다.

쉘 호출 명령어	
명령어	기능
shell	쉘을 호출한다. exit를 눌러 쉘을 종료하면 다시 vi로 돌아온다.
! (쉘 명령어)	주어진 쉘 명령어를 수행한다. 명령어 수행이 끝나면 다시 vi로 돌아온다.

아래 그림은 vi 편집기의 명령어 라인에서 shell 이라고 입력한 경우에 유닉스 쉘로 빠져나간 모습을 보여준다. 여기서 유닉스 명령을 내리며 작업을 할 수가 있다. 다시 vi 편집기로 돌아오고 싶을 때에는 exit 이라고 입력하면 된다.

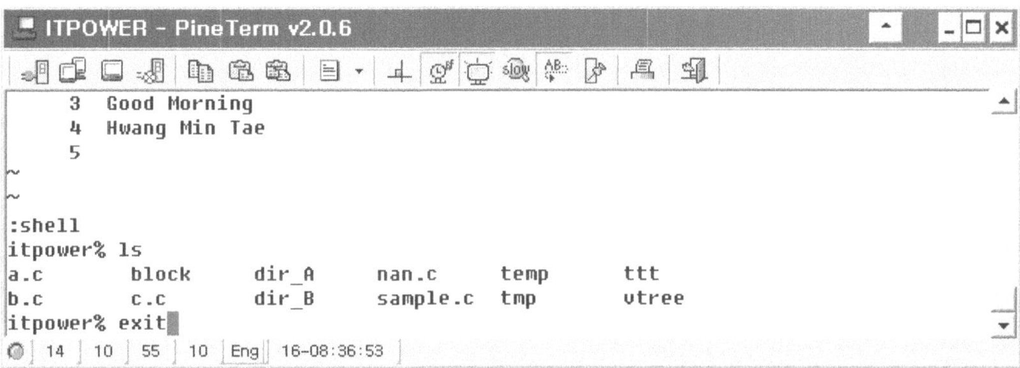
ITPOWER - PineTerm v2.0.6
3 Good Morning
4 Hwang Min Tae
5
:shell
itpower% ls
a.c block dir_A nan.c temp ttt
b.c c.c dir_B sample.c tmp vtree
itpower% exit
14 10 55 10 Eng 16-08:36:53

그리고 아래 그림은 일회성 유닉스 쉘 명령을 vi 편집기의 명령어 라인에서 내리고 있는 모습이다. ! 기호 뒤에 붙여서 유닉스 명령을 내리면 된다. 다시 vi 편집기를 사용하려면 엔터키를 치면 된다.

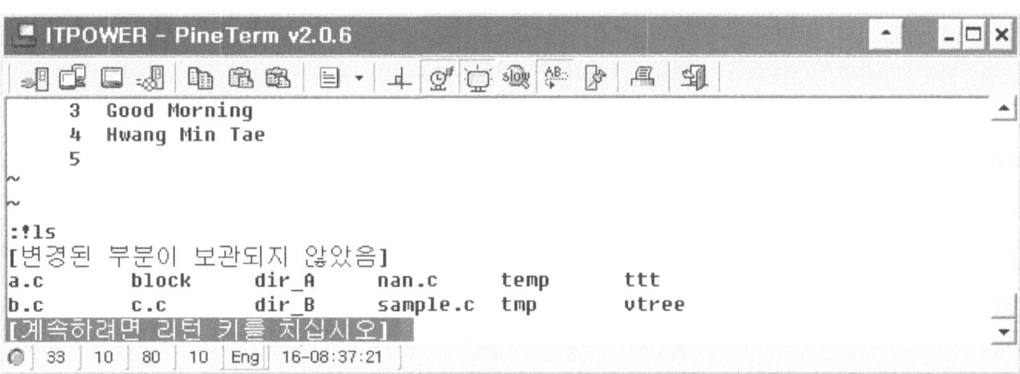
ITPOWER - PineTerm v2.0.6
3 Good Morning
4 Hwang Min Tae
5
:!ls
[변경된 부분이 보관되지 않았음]
a.c block dir_A nan.c temp ttt
b.c c.c dir_B sample.c tmp vtree
[계속하려면 리턴 키를 치십시오]
33 10 80 10 Eng 16-08:37:21

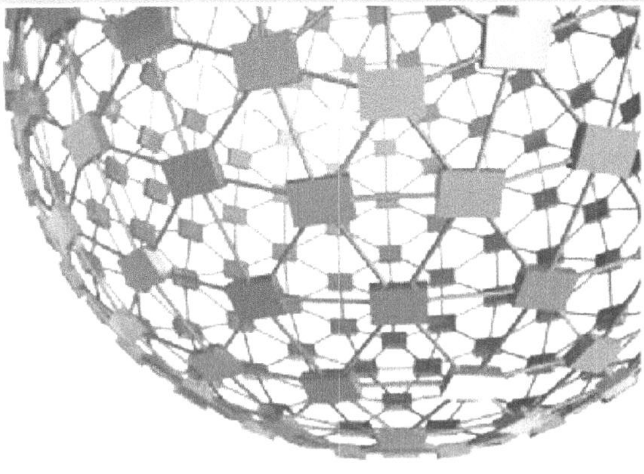

4 C쉘 프로그래밍 문법 기초

기본적으로 쉘 프로그래밍은 앞서 배웠던 명령어들을 활용하는 것으로, 쉘에 입력할 명령어들의 모음이 담긴 쉘 스크립트 파일을 만드는 것이다. 그리고 그 쉘 스크립트 파일을 실행하게 되면, 쉘은 그 파일 내의 명령어들을 순차적으로 실행하게 된다. 즉, 이러한 쉘 스크립트의 본질은 그냥 사람이 차례차례 쉘에 그 명령어들을 입력하는 것과 큰 차이가 없다는 말이다.

단지 이 뿐이라면 쉘 프로그래밍은 프로그래밍이 아니라 단순한 매크로에 불과하겠지만, 단 한 가지 큰 장점을 가지고 있다. 바로 조건문을 이용해 명령 수행 단계를 달리하거나, 반복문을 통해 원하는 작업을 원하는 만큼 반복시킬 수 있다.

만약 수천 번을 반복해야 하는 일이 있는데 조건에 따라 작업 내용이 달라진다면 사용자가 이 작업을 컴퓨터 앞에서 일일이 명령을 내려야 한다면 여러 가지 측면에서 매우 비효율적이다. 이때 쉘 프로그래밍을 이용한다면 쉘 스크립트 파일을 작성한 후 이를 수행하기만 하면 쉘이 반복문에 맞춰 수천 번의 작업을 반복하면서 주어진 조건문에 맞춰 수행해야 할 작업을 선택하는 형태로 진행되므로 아주 효율적인 작업이 가능해진다.

바로 이러한 장점 때문에 현재의 마이크로소프트 윈도우즈와 같은 운영체제에서는 그래픽 사용자 인터페이스(GUI: Graphic User Interface)의 강점에도 불구하고 더불어 명령어 라인 인터페이스(CLI: Command Line Interface)를 그대로 유지 지원하고 있음을 알 수 있다. 윈도우즈의 시작 > 실행 창에서 cmd를 입력(Windows 95, 98, ME의 경우에는 command)하면 확인할 수 있다.

기본적으로 쉘은 한 행의 명령어를 입력하면 바로 그 명령어를 수행하고 그 결과를 사용자에게 보여준다. 반면 쉘 프로그래밍을 이용하면 이러한 명령어들을 반복문과 조건문 등을 합쳐 하나의 텍스트 파일로 만들어 준 다음 쉘이 일괄적으로 작업을 처리하도록 하는 것이 가능해 진다.

이 장에서는 앞서 살펴 본 vi 텍스트 편집기를 사용해 유닉스 기초 명령어들과 조건문 및 반복문을 활용해 C쉘 프로그램을 만들기 위한 기초 문법에 대해 살펴보고자 한다.

1. echo 구문

C쉘 프로그래밍에서 가장 많이 쓰이게 될 명령어 중 하나가 바로 echo이다. echo는 단순히 주어진 내용을 화면에 출력하는 기능을 가진다. 이는 주로 쉘 스크립트 내에서 특정한 텍스트를 출력하거나 변수에 담긴 값을 출력해야 할 때 사용된다.

echo 명령어	
문법	echo [-n] [내용]
기능	주어진 내용을 화면에 출력한 후 출력란에서 다음 행으로 넘어감
옵션	-n : 내용을 출력한 후 다음 행으로 넘어가지 않는다.

아래 그림은 쌍따옴표 내에 담긴 텍스트를 화면상에 출력하는 echo 명령어 실행 결과를 보여주고 있다.

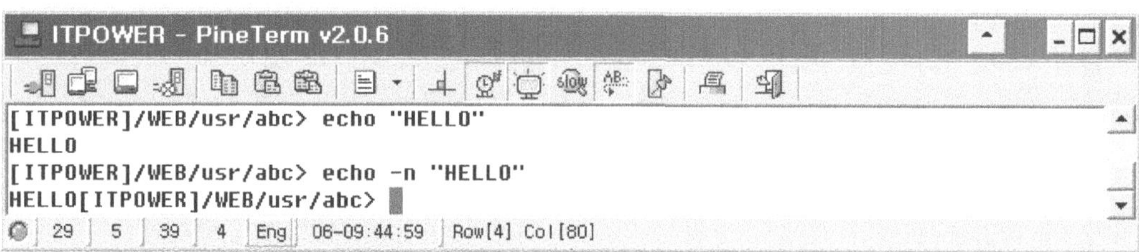
ITPOWER - PineTerm v2.0.6
[ITPOWER]/WEB/usr/abc> echo "HELLO"
HELLO
[ITPOWER]/WEB/usr/abc> echo -n "HELLO"
HELLO[ITPOWER]/WEB/usr/abc>
29 5 39 4 Eng 06-09:44:59 Row[4] Col[80]

-n 옵션의 사용 여부가 어떠한 영향을 미치는 지를 주목하도록 한다. 그리고 아래 그림은 쌍따옴표를 사용하지 않고 숫자나 문자열을 출력하는 모습을 보여준다. 이러한 방법으로 echo 명령을 사용할 수 있음을 이해하도록 하자.

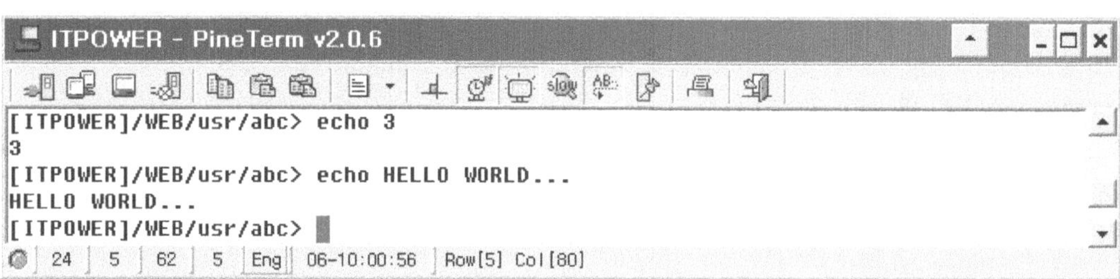
ITPOWER - PineTerm v2.0.6
[ITPOWER]/WEB/usr/abc> echo 3
3
[ITPOWER]/WEB/usr/abc> echo HELLO WORLD...
HELLO WORLD...
[ITPOWER]/WEB/usr/abc>
24 5 62 5 Eng 06-10:00:56 Row[5] Col[80]

만약, ccho 명령 뒤에 출력할 내용을 입력하지 않는다면 공백을 출력할 내용으로 인식하여 그 공백을 보인 후 다음 행으로 넘어가게 된다. 직접 확인해 보도록 하자.

2. 변수 선언 및 참조

C쉘 프로그래밍에서는 아래의 명령어로 문자나 숫자가 저장될 수 있는 변수를 선언할 수 있다.

변수 명령어	
명령어	**기능**
@ 변수=[값]	정수 변수의 할당 및 대입
set 변수=[값]	문자열 변수의 할당 및 대입
unset 변수	변수의 소거

이러한 변수 선언은 쉘 스크립트 내에서 뿐만 아니라 명령 라인에서도 직접 선언이 가능하다. 쉘 스크립트 내에서 변수를 선언한 경우에는 해당 쉘 스크립트 내에서만 유효하며, 그 실행 중인 쉘 스크립트가 종료되면 그 변수도 함께 사라지게 된다. 만약 쉘 명령 라인에서 사용자가 직접 이 변수들을 선언한다면 로그아웃을 통해 쉘이 종료될 때까지 변수가 유지된다.

이렇게 선언한 변수를 참조할 때는 아래와 같이 변수 이름 앞에 $ 기호를 붙이는 형태로 이용해야 한다.

변수 참조 특수문자	
특수문자	**기능**
$변수	변수에 담긴 값을 반환

아래 그림은 명령 라인에서 숫자 변수와 문자 변수를 각각 선언하고서 변수에 담긴 내용을 출력해 본 모습이다.

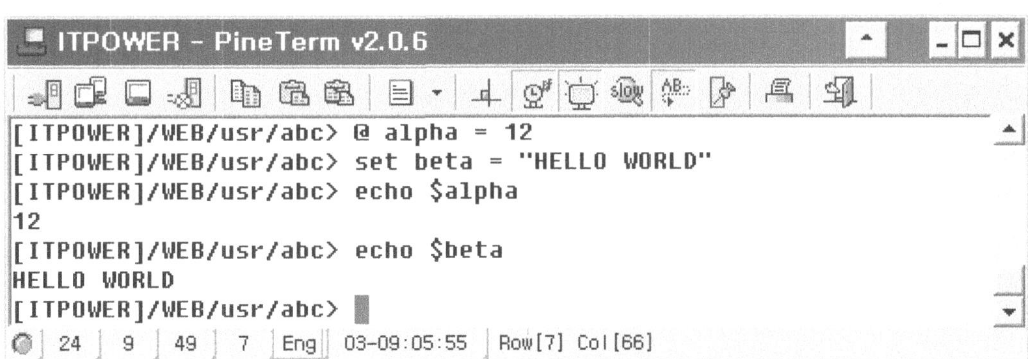
ITPOWER - PineTerm v2.0.6
[ITPOWER]/WEB/usr/abc> @ alpha = 12
[ITPOWER]/WEB/usr/abc> set beta = "HELLO WORLD"
[ITPOWER]/WEB/usr/abc> echo $alpha
12
[ITPOWER]/WEB/usr/abc> echo $beta
HELLO WORLD
[ITPOWER]/WEB/usr/abc>
24 9 49 7 Eng 03-09:05:55 Row[7] Col[66]

@ 변수 명령어는 숫자 변수 선언용이며, set 변수 명령어는 문자열 변수의 선언용이다.

@ 와 set 은 동급의 변수 명령어이므로 반드시 뒤에 공백을 두고서 변수 명을 적어야 한다. 많은 사용자들이 실수를 범하기 쉬운 부분이므로 유의하기 바란다.

선언한 변수에 담긴 내용을 화면상에 출력하기 위해 앞서 살펴 본 echo 구문을 사용하고 있으며, 변수 참조를 위해 변수명 앞에 $ 기호를 붙여 사용함을 이해하도록 하자.

아래 그림은 쉘 스크립트 내에서의 변수 선언 및 참조 방법 예로써 명령 라인에서와 동일하게 사용하면 된다. 여기서는 변수 선언 관련 쉘 스크립트의 작성 방법에 대해서만 참고용으로 제시하고자 하며, 작성한 쉘 스크립트의 실행 방법에 대해서는 차후에 살펴보고자 한다.

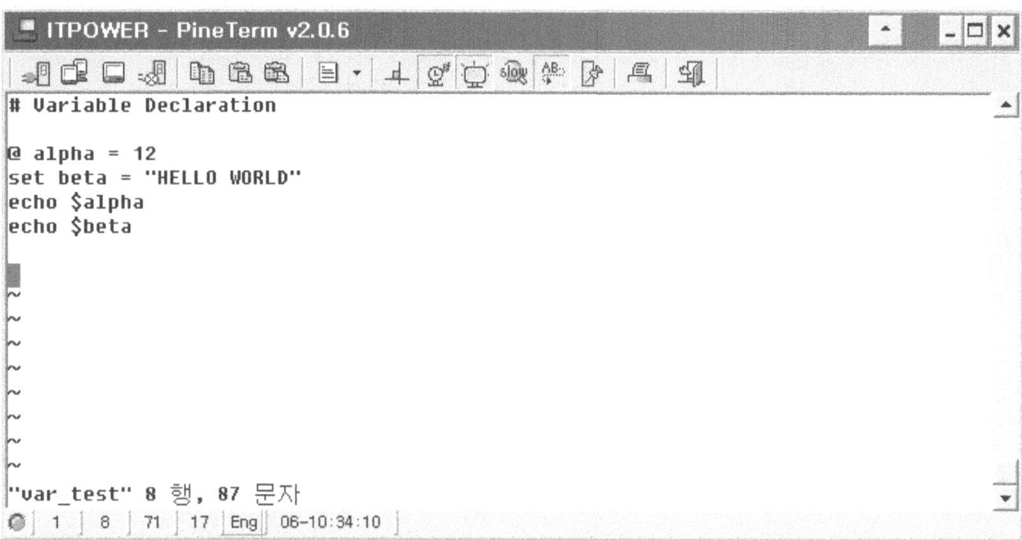
ITPOWER - PineTerm v2.0.6
Variable Declaration
@ alpha = 12
set beta = "HELLO WORLD"
echo $alpha
echo $beta
"var_test" 8 행, 87 문자
1 8 71 17 Eng 06-10:34:10

변수 선언 시에 @ 명령어로는 문자열 변수를 선언할 수 없다. 아래 그림은 숫자 변수에다 문자열을 대입하는 경우에 발생하는 오류 모습을 보여준다.

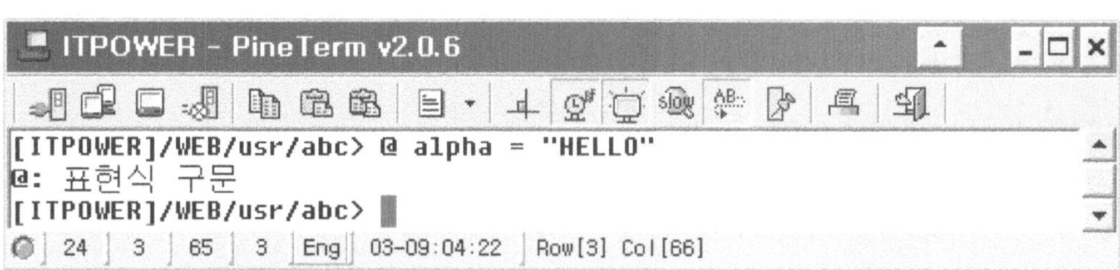
ITPOWER - PineTerm v2.0.6
[ITPOWER]/WEB/usr/abc> @ alpha = "HELLO"
@: 표현식 구문
[ITPOWER]/WEB/usr/abc>
24 3 65 3 Eng 03-09:04:22 Row[3] Col[66]

공백이 있는 문자열 변수 선언 시에는 쌍따옴표를 이용해서 시작과 끝을 알려줘야 한다.

그렇지 않다면 공백문자를 변수 내용의 끝으로 인식하여 첫 공백 문자 뒤의 내용은 참조할 수 없게 된다. 아래 그림을 참고하기 바란다.

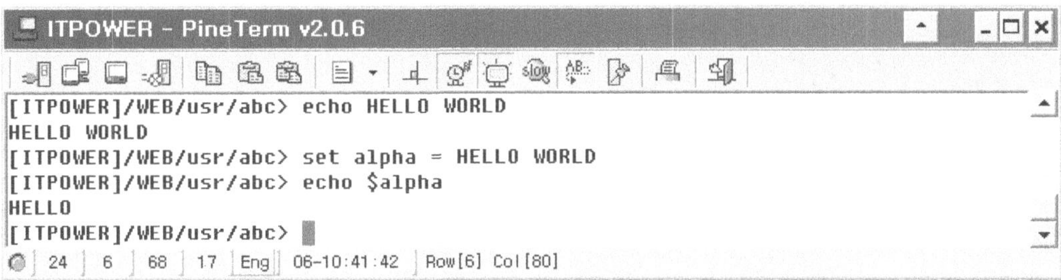
ITPOWER - PineTerm v2.0.6
[ITPOWER]/WEB/usr/abc> echo HELLO WORLD
HELLO WORLD
[ITPOWER]/WEB/usr/abc> set alpha = HELLO WORLD
[ITPOWER]/WEB/usr/abc> echo $alpha
HELLO
[ITPOWER]/WEB/usr/abc>
24 6 68 17 Eng 06-10:41:42 Row[6] Col[80]

문자열 변수를 참조하거나 값을 대입할 때 쌍따옴표는 매우 중요한 역할을 한다. 앞서 배웠듯이 와일드카드 * 나 ? 혹은 부정(not)을 나타내는 ! 등의 특수 문자는 각자 고유한 기능을 가지고 있다. 그래서 특수 문자를 변수의 값에 넣거나 특수문자가 담긴 문자열 변수를 참조할 때 쌍따옴표가 없을 경우에는 특수 문자에 의해 오류가 발생되거나 의도치 않은 동작을 할 수가 있다. 그러므로 반드시 쌍따옴표를 이용해서 변수 내용의 시작과 끝을 명확하게 표시하는 습관을 들이는 것이 중요하다.

명령 라인에서의 변수 선언 결과들은 아래 그림과 같이 그냥 set 이라고만 명령을 내리면 모든 변수명과 해당 변수에 할당된 값들을 살펴볼 수가 있다.

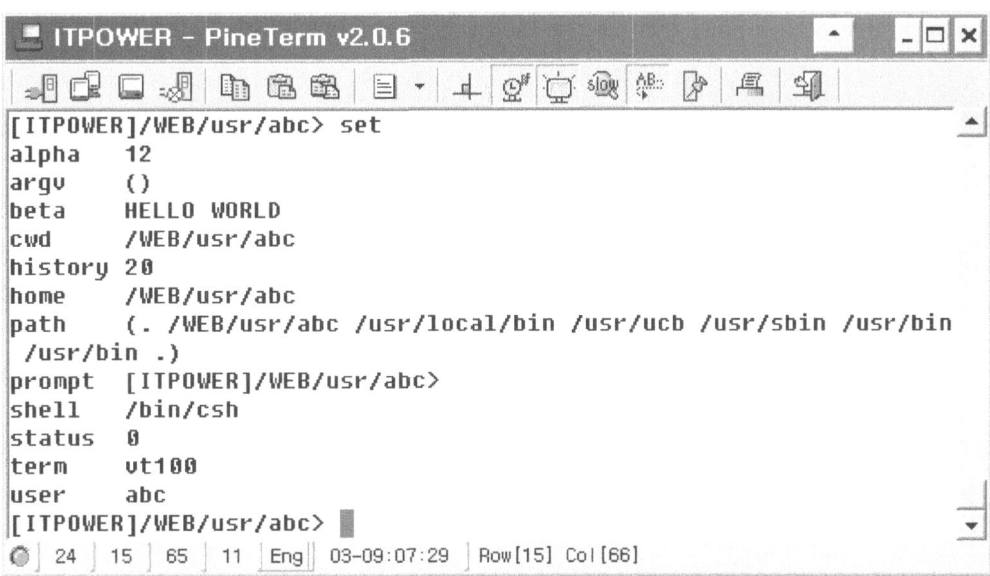
ITPOWER - PineTerm v2.0.6
[ITPOWER]/WEB/usr/abc> set
alpha 12
argv ()
beta HELLO WORLD
cwd /WEB/usr/abc
history 20
home /WEB/usr/abc
path (. /WEB/usr/abc /usr/local/bin /usr/ucb /usr/sbin /usr/bin /usr/bin .)
prompt [ITPOWER]/WEB/usr/abc>
shell /bin/csh
status 0
term vt100
user abc
[ITPOWER]/WEB/usr/abc>
24 15 65 11 Eng 03-09:07:29 Row[15] Col[66]

명령 라인에서 선언한 특정한 변수를 해제하고자 하는 경우에는 아래 그림과 같이 unset 이라는 명령을 사용하면 된다. 이러한 unset 명령은 반드시 인자로서 변수명을 필요로 하며, 선언된 변수의 값만 없애는 것이 아니라 변수 자체를 제거하는 기능을 갖는다.

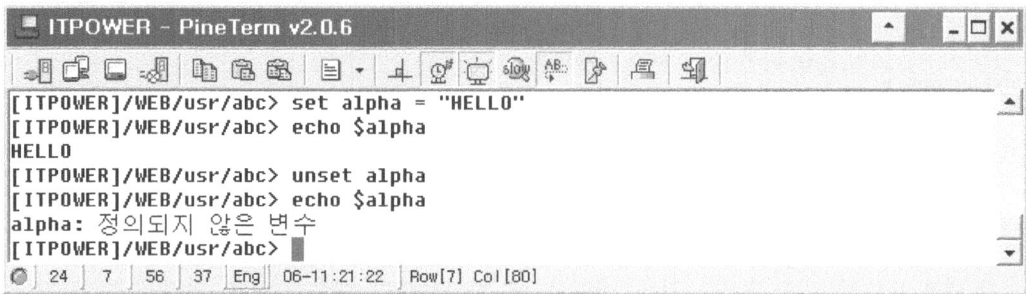
ITPOWER - PineTerm v2.0.6
[ITPOWER]/WEB/usr/abc> set alpha = "HELLO"
[ITPOWER]/WEB/usr/abc> echo $alpha
HELLO
[ITPOWER]/WEB/usr/abc> unset alpha
[ITPOWER]/WEB/usr/abc> echo $alpha
alpha: 정의되지 않은 변수
[ITPOWER]/WEB/usr/abc>
24 7 56 37 Eng 06-11:21:22 Row[7] Col[80]

여기서 유의해야 할 점은 unset 명령어 뒤에 변수의 참조 형태가 아니라 $가 없는 변수 이름만을 적어줘야 한다는 점이다.

1) 배열 변수

문자열이 담긴 변수를 선언하는 set 명령을 이용해 숫자나 문자 변수 뿐만 아니라 배열(Array)도 생성할 수 있다. 배열은 다수의 원소들이 포함되어 있는 집합이라 보면 된다. 배열 변수를 선언하는 방법은 간단하다. set 명령을 통해 변수 선언 시에 변수에 대입되는 값들을 괄호 속에 나열해주기만 하면 된다.

아래 그림은 배열 변수를 선언하는 예를 보여주고 있다.

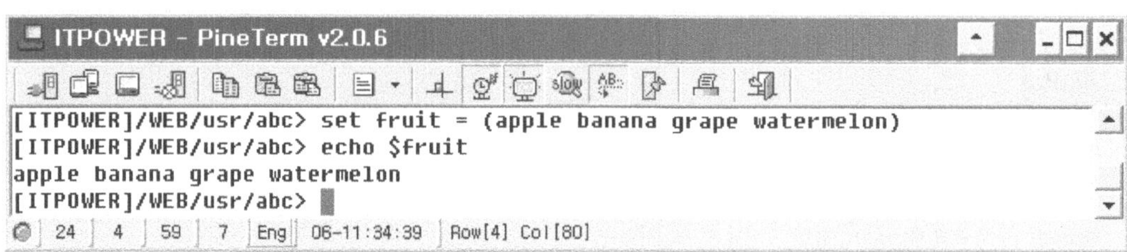
ITPOWER - PineTerm v2.0.6
[ITPOWER]/WEB/usr/abc> set fruit = (apple banana grape watermelon)
[ITPOWER]/WEB/usr/abc> echo $fruit
apple banana grape watermelon
[ITPOWER]/WEB/usr/abc>
24 4 59 7 Eng 06-11:34:39 Row[4] Col[80]

선언한 배열 변수의 각 원소에 접근하거나 원소의 개수를 알기 위해서는 아래와 같은 특수 문자들을 사용하면 된다.

배열 변수 참조 특수문자	
특수문자	기능
변수[인덱스]	지정한 변수의 지정한 인덱스에 있는 원소를 참조
$#변수	지정한 변수 배열의 원소 개수를 반환

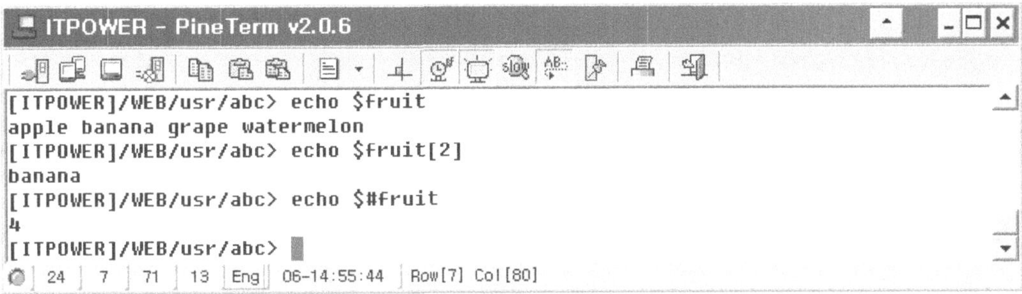
ITPOWER - PineTerm v2.0.6
[ITPOWER]/WEB/usr/abc> echo $fruit
apple banana grape watermelon
[ITPOWER]/WEB/usr/abc> echo $fruit[2]
banana
[ITPOWER]/WEB/usr/abc> echo $#fruit
4
[ITPOWER]/WEB/usr/abc>
24 7 71 13 Eng 06-14:55:44 Row[7] Col[80]

배열 변수를 선언할 때 원소의 일부가 공백을 포함하고 있는 경우에는 쌍따옴표를 이용하는 것이 좋다. 그렇지 않은 경우에는 공백을 중심으로 별개의 원소로 취급되기 때문이다. 또한, 쌍따옴표를 이용하면 변수 배열의 빈 원소를 만들 때에도 사용할 수 있다.

아래 그림은 배열 변수 선언 시에 공백 원소를 포함해 각 원소에다 쌍따옴표를 사용한 경우를 보여주고 있으므로 배열 변수 선언시 쌍따옴표 사용의 중요성을 살펴보도록 하자.

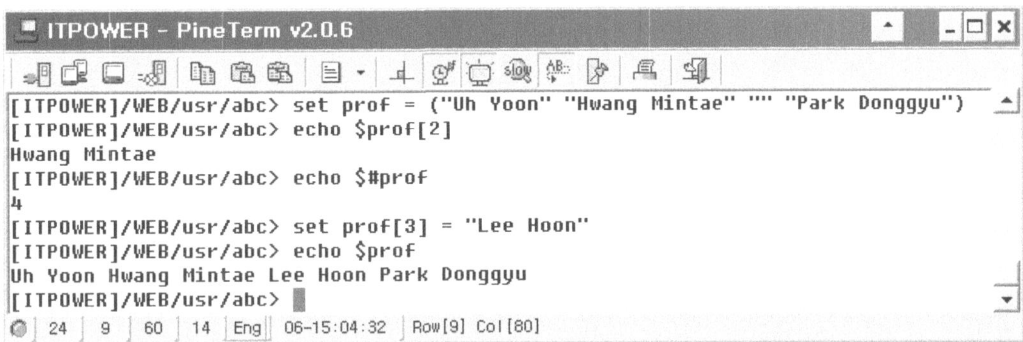
ITPOWER - PineTerm v2.0.6
[ITPOWER]/WEB/usr/abc> set prof = ("Uh Yoon" "Hwang Mintae" "" "Park Donggyu")
[ITPOWER]/WEB/usr/abc> echo $prof[2]
Hwang Mintae
[ITPOWER]/WEB/usr/abc> echo $#prof
4
[ITPOWER]/WEB/usr/abc> set prof[3] = "Lee Hoon"
[ITPOWER]/WEB/usr/abc> echo $prof
Uh Yoon Hwang Mintae Lee Hoon Park Donggyu
[ITPOWER]/WEB/usr/abc>
24 9 60 14 Eng 06-15:04:32 Row[9] Col[80]

2) 외부 입력 변수

변수 선언 시에 직접 값을 지정하지 않고 키보드 입력을 받아 값을 지정하는 기능이 있다. set 명령어 사용 시 변수 값 지정 부분에다 $< 를 입력하면 사용자의 키보드 입력을 받아 이를 변수 값으로 사용할 수 있다. 이러한 외부 입력 변수 선언은 쉘 스크립트 상에서도 동일한 방법으로 사용하게 되며, 프로그램 실행 시에 사용자의 키보드 입력을 기다리는 상태가 지속된다.

아래 그림에서 알 수 있듯이 처음에 tmp 변수는 정의되지 않은 변수인데, 키보드 입력 데이터를 변수 tmp에 지정하는 명령을 거치고 나면 tmp 변수에 해당 값이 지정되어 있음을 알 수 있다.

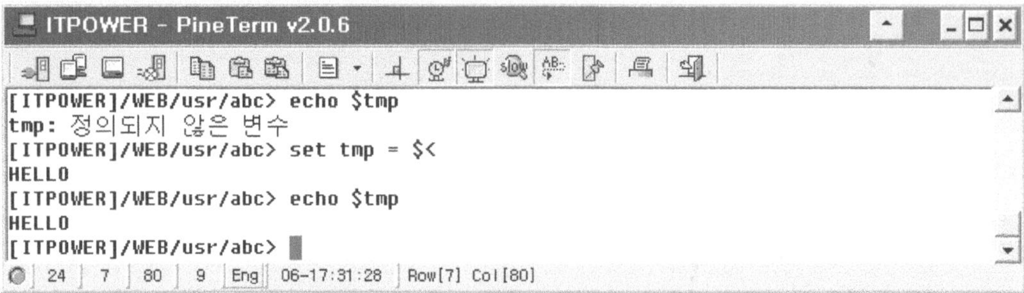
ITPOWER - PineTerm v2.0.6
[ITPOWER]/WEB/usr/abc> echo $tmp
tmp: 정의되지 않은 변수
[ITPOWER]/WEB/usr/abc> set tmp = $<
HELLO
[ITPOWER]/WEB/usr/abc> echo $tmp
HELLO
[ITPOWER]/WEB/usr/abc>
24 7 80 9 Eng 06-17:31:28 Row[7] Col[80]

3. 연산자

다른 프로그래밍 언어와 마찬가지로 C쉘 프로그래밍 시에 다양한 연산자 사용이 가능하다. 연산자는 쉘 스크립트 내에서 뿐만 아니라 명령 라인에서도 동일하게 적용이 가능하다.

연산자 사용을 위해서는 반드시 @를 사용해 숫자형 변수로 선언해야 한다. 아래 그림은 두 개의 숫자 변수를 선언하고서 덧셈 연산을 통해 결과를 출력하고 있는 모습이다.

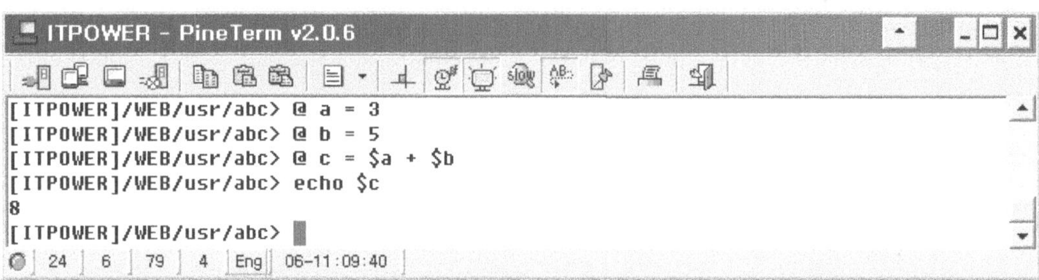
ITPOWER - PineTerm v2.0.6
[ITPOWER]/WEB/usr/abc> @ a = 3
[ITPOWER]/WEB/usr/abc> @ b = 5
[ITPOWER]/WEB/usr/abc> @ c = $a + $b
[ITPOWER]/WEB/usr/abc> echo $c
8
[ITPOWER]/WEB/usr/abc>
24 6 79 4 Eng 06-11:09:40

아래 그림은 set 명령을 이용해 변수를 선언한 다음 연산자를 적용한 경우인데 구문 오류가 발생하고 있음을 알 수 있다.

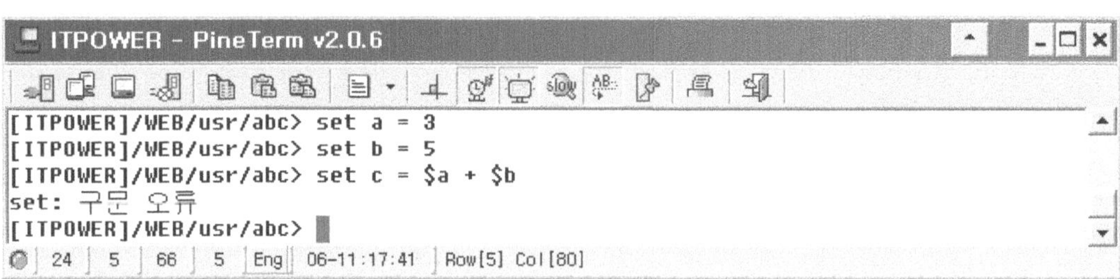
ITPOWER - PineTerm v2.0.6
[ITPOWER]/WEB/usr/abc> set a = 3
[ITPOWER]/WEB/usr/abc> set b = 5
[ITPOWER]/WEB/usr/abc> set c = $a + $b
set: 구문 오류
[ITPOWER]/WEB/usr/abc>
24 5 66 5 Eng 06-11:17:41 Row[5] Col[80]

연산자 사용 결과를 출력하고자 하는 경우에는 새로운 숫자형 변수에다 연산 결과를 저장한 다음 이를 출력하는 형태로 사용해야 한다. echo 구문에서 직접 연산을 수행하고자 하는 경우에는 다음과 같은 상황이 발생하게 되므로 유의 바란다.

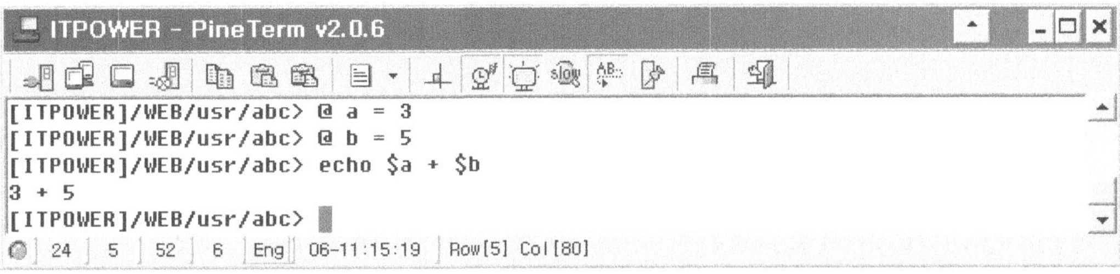
ITPOWER - PineTerm v2.0.6
[ITPOWER]/WEB/usr/abc> @ a = 3
[ITPOWER]/WEB/usr/abc> @ b = 5
[ITPOWER]/WEB/usr/abc> echo $a + $b
3 + 5
[ITPOWER]/WEB/usr/abc>
24 5 52 6 Eng 06-11:15:19 Row[5] Col[80]

C쉘 프로그래밍 시에 사용 가능한 연산자는 다음과 같다.

연산자	기능
a+b	a와 b를 더함
a−b	a에서 b를 뺌
a*b	a에 b를 곱함
a/b	a를 b로 나눈 몫 (정수값)
a%b	a를 b로 나눈 나머지
a^b	a와 b의 배타적 논리합
a==b	a와 b가 같은지에 대한 논리값 (거짓이면 0, 참이면 1)
a=1	a에 1을 대입
a++	a에 1을 더한 값을 a에 대입
a−−	a에서 1을 뺀 값을 a에 대입
a+=b	a에 b를 더한 값을 a에 대입
a−=b	a에서 b를 뺀 값을 a에 대입
a*=b	a에 b를 곱한 값을 a에 대입
a/=b	a를 b로 나눈 값을 a에 대입
a%=b	a에 a를 b로 나눈 나머지를 대입

4. 문자열 처리

유닉스 쉘 프로그래밍 시에 변수에 담긴 문자열을 처리하는 기능을 자주 이용하게 된다. 대표적인 문자열 처리 명령어로 cut과 wc가 있다.

1) cut

cut 명령은 문자열의 특정 위치에서 몇 개의 글자를 자르는 기능을 제공한다. 즉, 이는 부분 문자열을 추출하는 기능을 의미한다.

cut 명령은 -c 옵션을 주로 사용하게 되며, -c 옵션 뒤에 바로 붙어있는 숫자 위치의 단어를 한 개 혹은 여러 개를 추출하는 기능을 제공한다.

아래 예제는 사용자의 문자열 입력을 받아 두 번째 글자를 하나 출력하는 기능을 제공한다.

```
[ITPOWER]/WEB/usr/abc> cut -c2
UNIX
N
PROGRAMMING
R
[ITPOWER]/WEB/usr/abc>
```

여기서 -c 옵션 뒤에 바로 붙어있는 숫자는 입력하는 문자열에서의 위치를 가리키는 것이다. 사용자가 문자열을 입력한 후에 엔터키를 치면 바로 아래에 부분 문자열을 출력하는 방식으로 계속 동작한다. 사용자가 cut 명령을 종료하고 싶으면 CTRL+D 키를 입력하면 된다.

또 다른 예제로서 문자열의 특정 위치에서 임의의 개수만큼의 부분 문자열을 추출하는 방법을 살펴보도록 하자.

```
[ITPOWER]/WEB/usr/abc> cut -c2-4
Unix Shell Programming
nix
Comma Lab
omm
[ITPOWER]/WEB/usr/abc>
```

여기서 -c 옵션 뒤에 붙어있는 2-4 숫자의 의미는 문자열의 두 번째 글자부터 네 번째 글자까지를 지정함을 의미한다. 마찬가지로 명령 종료 시에는 CTRL+D 키를 누르면 된다.

cut 명령의 -c 옵션 뒤에 텍스트 파일명이 존재할 수 있다. 이 경우에는 파일의 각 라인별 부분 문자열이 출력된다.

아래 그림은 vi 텍스트 편집기로 tmp 라는 이름의 간단한 텍스트 파일을 만든 후에 cut 명령을 통해 텍스트 파일의 라인별로 부분 문자열을 출력하고 있는 예제를 보여주고 있다.

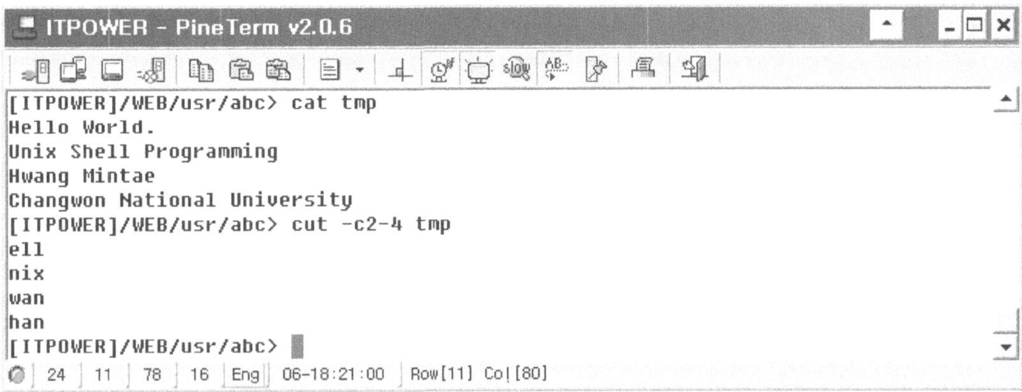
ITPOWER - PineTerm v2.0.6
[ITPOWER]/WEB/usr/abc> cat tmp
Hello World.
Unix Shell Programming
Hwang Mintae
Changwon National University
[ITPOWER]/WEB/usr/abc> cut -c2-4 tmp
ell
nix
wan
han
[ITPOWER]/WEB/usr/abc>
24 11 78 16 Eng 06-18:21:00 Row[11] Col[80]

지금까지 명령 라인에서 사용자의 입력 문자열에 대한 부분 문자열 출력이나 텍스트 파일에서의 라인별 부분 문자열 출력에 대해 살펴보았다. 하지만 쉘 스크립트 상에서는 임의의 변수에다 문자열을 저장한 다음 이 변수에서 부분 문자열을 추출하는 방식으로 주로 사용된다. 이 예제에 대해서는 본격적인 쉘 프로그래밍 실습 과정에서 살펴보도록 한다.

2) wc

문자열을 다루는 wc 명령어는 글자 수, 단어 수 및 라인 수를 출력하는 기능을 제공한다. wc 명령은 -c(Character), -w(Word) 및 -l(Line) 옵션을 가지며, 이들 옵션 뒤에 보통 파일명이 따라오게 된다. 파일명이 존재하지 않는 경우에는 사용자가 입력하는 문자열에서 글자, 단어 및 라인 수를 출력하게 된다.

아래 그림은 wc -c 명령을 사용하여 사용자가 입력한 문자열에 포함된 글자 수를 출력하는 기능을 제공한다.

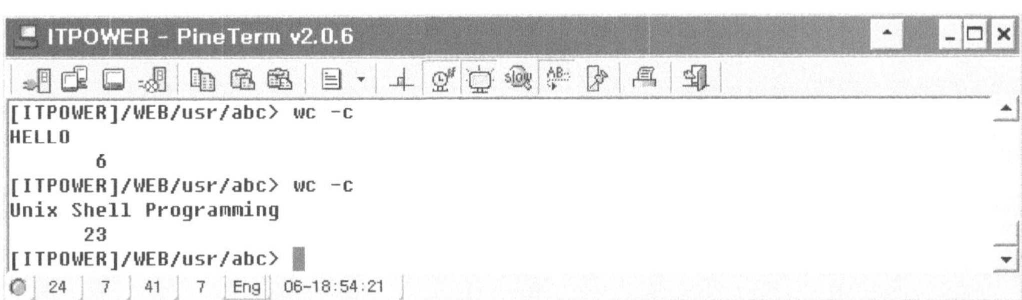
ITPOWER - PineTerm v2.0.6
[ITPOWER]/WEB/usr/abc> wc -c
HELLO
6
[ITPOWER]/WEB/usr/abc> wc -c
Unix Shell Programming
23
[ITPOWER]/WEB/usr/abc>
24 7 41 7 Eng 06-18:54:21

사용자가 문자열을 입력한 다음 엔터키를 치고서 CTRL+D 키를 누르면 결과를 보여주는데 자세히 세어보면 사용자가 입력한 글자 수 보다 하나가 많음을 알 수 있다. 이는 문자열의 끝에 사용자가 엔터키를 입력한 것까지 고려하고 있기 때문이다. 따라서 정확한 글자 수를 활용하고자 한다면 이를 고려해서 1을 빼줘야 함을 명심하기 바란다.

아래 그림은 -w 옵션을 사용해 사용자가 입력한 문자열에서 단어의 개수를 출력하는 모습을 보여주고 있다.

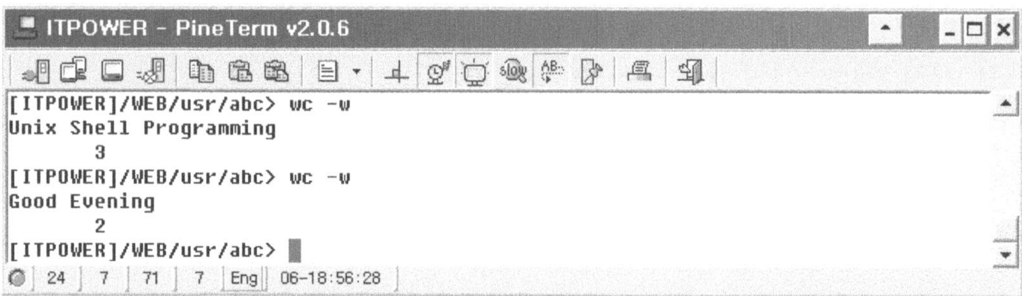
ITPOWER - PineTerm v2.0.6
[ITPOWER]/WEB/usr/abc> wc -w
Unix Shell Programming
3
[ITPOWER]/WEB/usr/abc> wc -w
Good Evening
2
[ITPOWER]/WEB/usr/abc>
24 7 71 7 Eng 06-18:56:28

아래 그림은 사용자가 입력한 문자열 리스트에서 라인의 개수를 출력하는 결과를 보여주고 있다. 다수의 라인에 걸쳐 문자열을 입력한 후에 CTRL+D 키를 입력하면 결과를 확인할 수 있다.

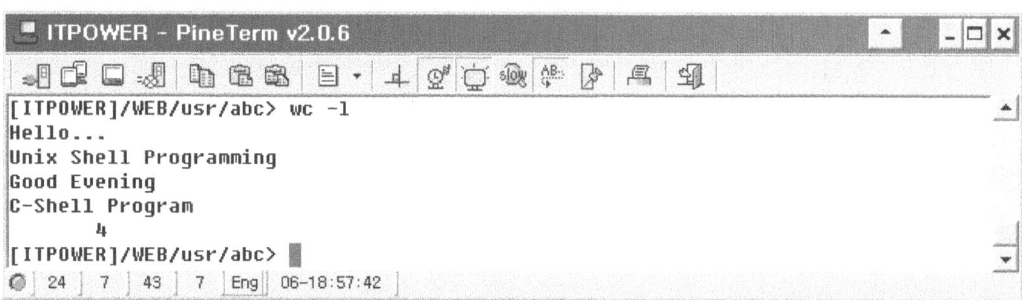
ITPOWER - PineTerm v2.0.6
[ITPOWER]/WEB/usr/abc> wc -l
Hello...
Unix Shell Programming
Good Evening
C-Shell Program
4
[ITPOWER]/WEB/usr/abc>
24 7 43 7 Eng 06-18:57:42

wc 명령은 앞서 살펴 본 cut 명령과 마찬가지로 쉘 스크립트 상에서는 보통 문자열 변수나 텍스트 파일의 글자, 단어 및 라인 수를 출력하는 방식으로 동작하게 된다.

5. 파이프(Pipe)

유닉스 C쉘 프로그래밍 시에 자주 사용되는 기능으로 파이프(Pipe)가 있다. 이는 한 명

령의 처리 결과를 다음 명령으로 전달하기 위해 사용되는 기능으로서 | 기호가 사용된다. 사용법은 명령어와 명령어 사이에 | 기호를 넣어주기만 하면 된다.

아래 그림은 echo 명령의 실행 결과를 화면상에 출력하지 않고 mail 명령을 이용해 mthwang 이라는 사용자에게 보내는 기능을 보여주고 있다.

```
ITPOWER - PineTerm v2.0.6
[ITPOWER]/WEB/usr/abc> echo "HELLO... UNIX SHELL PROGRAMMING" | mail mthwang
[ITPOWER]/WEB/usr/abc>
24 | 2 | 59 | 11 | Eng | 06-17:48:57 | Row[3] Col[80]
```

아래 그림은 echo 명령의 출력 결과를 파이프를 통해 전달받아 cut 명령으로 부분 문자열을 출력하거나 현재 디렉토리에 존재하는 파일의 개수를 wc -c 명령을 이용해 출력하는 모습을 보여주고 있다.

```
ITPOWER - PineTerm v2.0.6
[ITPOWER]/WEB/usr/abc> echo "Unix C Shell Programming" | cut -c8-12
Shell
[ITPOWER]/WEB/usr/abc> ls
aaa          dead.letter  gcd          nan          test         var_test
bb           display      hanoi        result       test.tar     vt
binary       fact         hanoi2       reverse      testfile
can          fibo         lotto        rock         tmp
[ITPOWER]/WEB/usr/abc> ls | wc -w
      22
[ITPOWER]/WEB/usr/abc>
24 | 10 | 75 | 14 | Eng | 06-19:00:42 | Row[10] Col[80]
```

아래 그림은 display 라는 텍스트 파일의 내용을 파이프를 이용해 more 명령으로 전달하여 페이지 단위로 출력하는 예제 실행 결과이다.

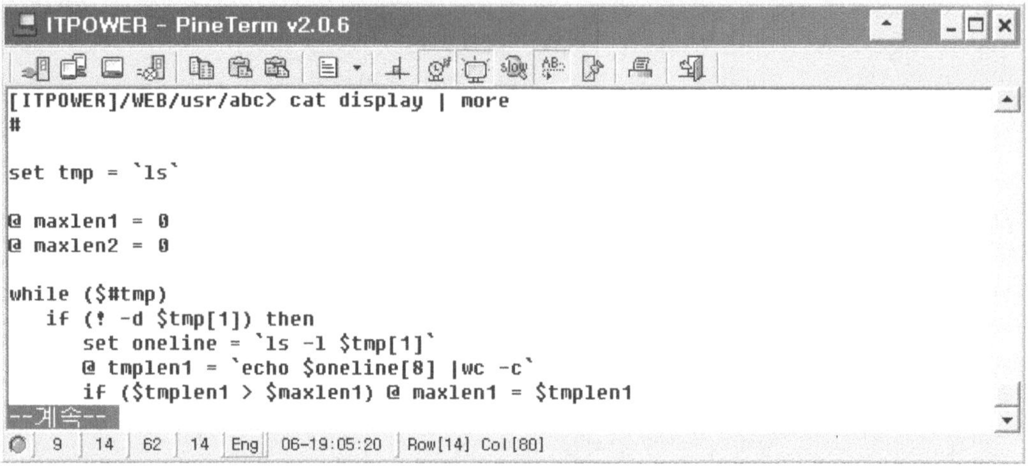
ITPOWER - PineTerm v2.0.6
[ITPOWER]/WEB/usr/abc> cat display | more
#
set tmp = `ls`
@ maxlen1 = 0
@ maxlen2 = 0
while ($#tmp)
if (! -d $tmp[1]) then
set oneline = `ls -l $tmp[1]`
@ tmplen1 = `echo $oneline[8] |wc -c`
if ($tmplen1 > $maxlen1) @ maxlen1 = $tmplen1
--계속--
9 14 62 14 Eng 06-19:05:20 Row[14] Col[80]

이러한 파이프 기능은 두 개의 명령어간 연결뿐만 아니라 다수의 명령어들 간에 여러 개의 파이프를 이용해서 연결시킬 수도 있다.

6. 출력 방향 지정

앞서 살펴 본 파이프 기능과 유사하게 출력 방향 지정 기능은 명령어 실행 결과를 담은 텍스트 파일을 만들어 내는 용도로 사용된다.

출력 방향 지정 기호에는 > 와 >> 가 있으며, "명령어 > 파일명" 또는 "명령어 >> 파일명" 형태로 사용하게 된다. 이 때 사용된 > 기호는 명령어 처리 결과를 담은 새로운 파일을 생성하라는 의미이며, >> 기호는 명령어 처리 결과를 담은 파일을 생성하되 파일명이 존재하면 해당 파일에다 결과를 추가하고 그렇지 않은 경우에는 새로운 파일을 만들어 내용을 추가하라는 의미이다. 따라서 현재 디렉토리 내에 파일명이 존재하지 않은 경우에는 > 기호와 >> 기호는 동일한 결과를 만들어 냄을 알 수 있다.

> 기호는 항상 새로운 파일을 생성하기 때문에 기존 파일이 존재한다 할지라도 동일한 이름의 새로운 파일을 생성하게 된다. 따라서 기존의 파일은 사라지게 되므로 유의하기 바란다.

아래 그림은 > 기호를 사용해 echo 구문의 실행 결과를 담은 새로운 파일 tmp를 생성하는 모습을 보여준다.

```
[ITPOWER]/WEB/usr/abc> echo "안녕하세요" > tmp
[ITPOWER]/WEB/usr/abc> cat tmp
안녕하세요
[ITPOWER]/WEB/usr/abc> echo "유닉스 C셸 프로그래밍" > tmp
[ITPOWER]/WEB/usr/abc> cat tmp
유닉스 C셸 프로그래밍
[ITPOWER]/WEB/usr/abc>
```

아래 그림은 >> 기호를 사용한 경우의 예를 보여주고 있는데, 앞서 살펴 본 > 기호의 사용 예와 비교해 보면 어떤 차이가 있는지를 쉽게 알 수 있다.

```
[ITPOWER]/WEB/usr/abc> echo "안녕하세요" >> tmp
[ITPOWER]/WEB/usr/abc> cat tmp
안녕하세요
[ITPOWER]/WEB/usr/abc> echo "유닉스 C셸 프로그래밍" >> tmp
[ITPOWER]/WEB/usr/abc> cat tmp
안녕하세요
유닉스 C셸 프로그래밍
[ITPOWER]/WEB/usr/abc>
```

상기 예에서는 echo 구문의 실행 결과에 대해서만 살펴봤으나 다양한 명령어가 > 기호와 >> 기호 앞에 존재할 수가 있다.

아래 그림은 앞서 배운 파이프 기호와 wc 및 cut 명령어를 사용하고서 출력 방향을 지정하는 > 기호와 >> 기호를 사용하는 모습을 보여주고 있다.

```
[ITPOWER]/WEB/usr/abc> ls | wc -w > tmp
[ITPOWER]/WEB/usr/abc> cat tmp
      22
[ITPOWER]/WEB/usr/abc> echo "HELLO WORLD" | cut -c2-8 >> tmp
[ITPOWER]/WEB/usr/abc> cat tmp
      22
ELLO WO
[ITPOWER]/WEB/usr/abc>
```

7. 라인 추출

유닉스 쉘 프로그래밍에서 텍스트 파일에 대한 접근과 조작을 위해 라인 추출 기능이 필요하다. head와 tail 명령어가 라인 추출 기능을 제공하는 대표적인 명령어이다.

head 명령어	
문법	head [-숫자] [파일]
기능	주어진 텍스트 파일의 처음에서부터 명시된 숫자만큼의 행을 출력
옵션	-숫자 : 몇 개의 행을 출력할지 명시. 미사용시 모든 행을 출력
tail 명령어	
문법	tail [-숫자] [파일]
기능	주어진 텍스트 파일의 끝에서부터 명시된 숫자만큼의 행을 출력
옵션	-숫자 : 몇 개의 행을 출력할지 명시. 미사용시 모든 행을 출력

head 명령어는 텍스트 파일의 앞에서 부터 몇 개의 라인을 잘라내는 기능만을 제공하고, 반대로 tail 명령어는 텍스트 파일의 뒤에서 부터 몇 개의 라인만을 잘라내는 기능을 제공함을 쉽게 알 수 있다.

아래 그림은 vi 텍스트 편집기로 만든 tmp 라는 이름의 텍스트 파일에 대해 head와 tail 명령어를 적용한 결과를 보여주고 있다.

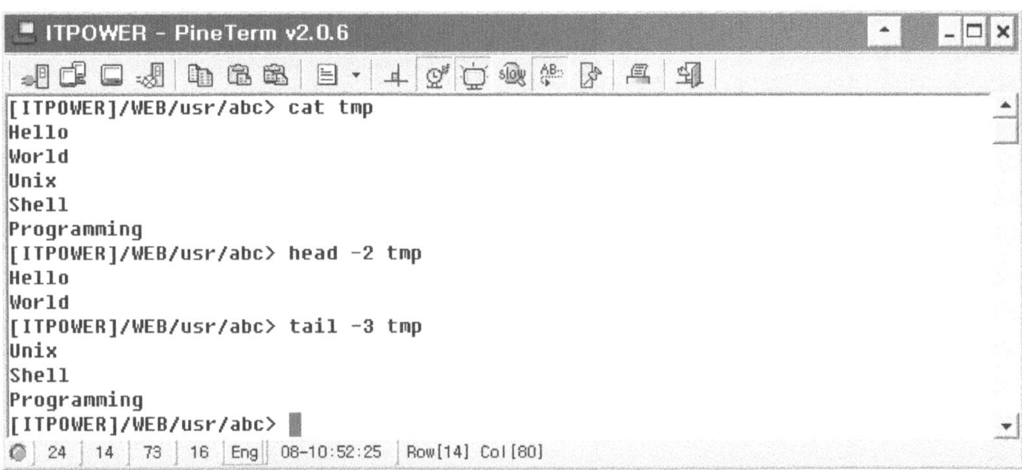
ITPOWER - PineTerm v2.0.6
[ITPOWER]/WEB/usr/abc> cat tmp
Hello
World
Unix
Shell
Programming
[ITPOWER]/WEB/usr/abc> head -2 tmp
Hello
World
[ITPOWER]/WEB/usr/abc> tail -3 tmp
Unix
Shell
Programming
[ITPOWER]/WEB/usr/abc>
24 14 73 16 Eng 08-10:52:25 Row[14] Col[80]

head와 tail 명령어는 텍스트 파일에 대한 라인 추출 기능을 제공할 뿐만 아니라 아래 그림과 같이 명령어 실행 결과에 대해서도 라인 추출 기능을 제공한다.

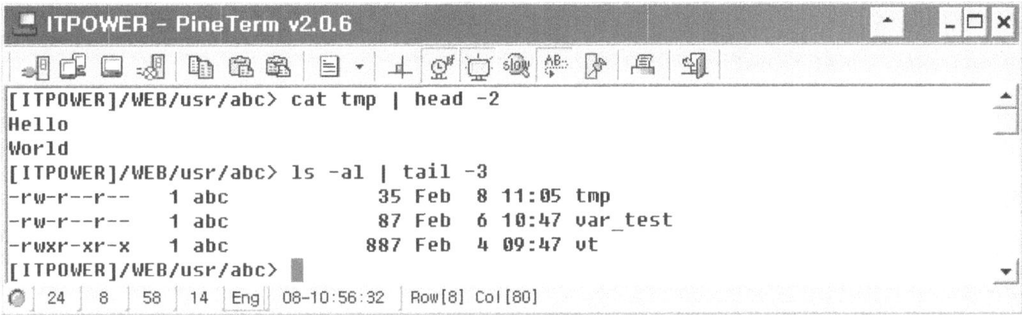
ITPOWER - PineTerm v2.0.6
[ITPOWER]/WEB/usr/abc> cat tmp | head -2
Hello
World
[ITPOWER]/WEB/usr/abc> ls -al | tail -3
-rw-r--r-- 1 abc 35 Feb 8 11:05 tmp
-rw-r--r-- 1 abc 87 Feb 6 10:47 var_test
-rwxr-xr-x 1 abc 887 Feb 4 09:47 vt
[ITPOWER]/WEB/usr/abc>
24 8 58 14 Eng 08-10:56:32 Row[8] Col[80]

이를 위해서는 파이프 기능을 사용해야 하며 앞선 명령어 실행 결과에서 라인을 추출하게 되므로 파일명은 필요하지 않음을 알 수 있다.

그리고 head와 tail 명령어를 파이프 기능을 이용해 적절히 조합해 사용한다면 텍스트 파일에서 원하는 특정 라인을 추출해 이용할 수 있다. 아래 그림을 살펴보도록 하자.

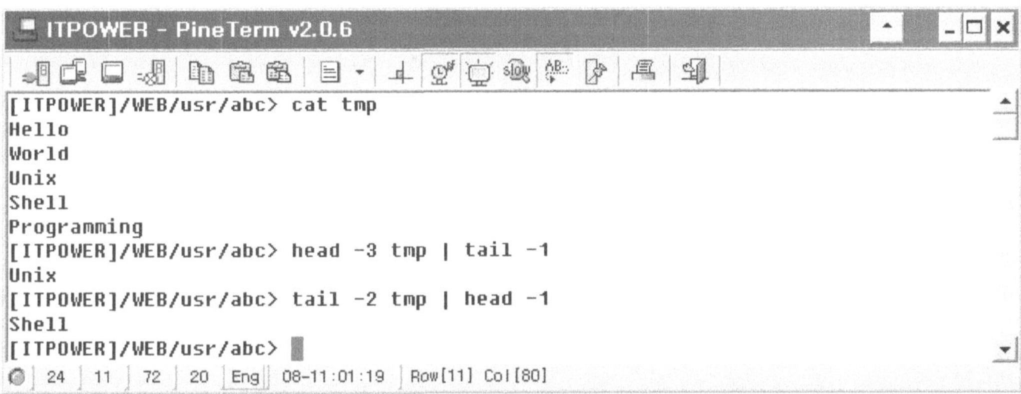
ITPOWER - PineTerm v2.0.6
[ITPOWER]/WEB/usr/abc> cat tmp
Hello
World
Unix
Shell
Programming
[ITPOWER]/WEB/usr/abc> head -3 tmp | tail -1
Unix
[ITPOWER]/WEB/usr/abc> tail -2 tmp | head -1
Shell
[ITPOWER]/WEB/usr/abc>
24 11 72 20 Eng 08-11:01:19 Row[11] Col[80]

다섯 개의 라인으로 구성된 tmp 텍스트 파일에서 세 번째 라인만을 추출하기 위해 앞부분 세 개의 라인을 head 명령으로 먼저 추출한 다음 그 결과를 파이프를 통해 tail 명령으로 전달해 뒷부분 한 개의 라인을 추출하는 방법으로 접근했음을 알 수 있다.

텍스트 파일에서 특정한 라인을 추출하기 위해 반드시 head 명령이 먼저 적용되어야 하는 것은 아님을 명심하라. 바로 뒤에 제시한 예제에서는 tail 명령을 먼저 사용하고서 그 결과를 파이프를 통해 전달받아 head 명령을 적용한 모습을 보여주고 있는데 동일하게 특정한 라인 하나만을 추출할 수 있음을 알 수 있다.

차후에 C쉘 프로그래밍 실습을 다루는 장에서 head와 tail 명령어에 대한 다양한 활용법을 살펴보도록 한다.

8. 패턴 검색

텍스트 파일 내에서 특정한 문자열을 포함한 라인을 출력하는 데 grep 명령어가 주로 사용된다. grep 명령어는 텍스트 파일들을 검색하면서 주어진 패턴과 일치하는 부분이 발견되면 그 라인 전체를 출력하며, 그렇지 않으면 아무것도 출력하지 않는 기능을 한다.

아래 표에서는 grep 명령어에서 사용 가능한 다양한 옵션들 중에서 주로 사용되는 옵션에 대해서만 소개하고 있다.

grep 명령어	
문법	grep [−vnclyw] [패턴] [파일명]...
기능	텍스트 파일들에서 주어진 패턴을 가진 라인들을 검색
주요 옵션	−v : 찾는 문자열과 일치하는 행을 제외한 모든 행 출력 −n : 패턴이 발견된 행의 행번호를 붙여 출력 −c : 패턴이 발견된 행의 행번호만 출력 −l : 행 대신 특정 패턴이 발견된 파일의 이름을 출력 −y : 대소문자 구별 없음 −w : 정확히 그 단어를 찾음. 이 옵션을 주면 패턴을 포함하고 있는 단어가 아닌, 패턴 그 자체를 찾음. ex) "rep" 검색 시 "republic"은 패턴 없음으로 간주.

아래 그림은 가장 간단한 grep 명령의 사용 예를 보여주고 있다.

```
[ITPOWER]/WEB/usr/abc> cat tmp
Hello
World
Unix
Shell
Programming
[ITPOWER]/WEB/usr/abc> grep ll tmp
Hello
Shell
[ITPOWER]/WEB/usr/abc>
```

텍스트 파일 tmp 내에 있는 라인들 중에서 ll 이라는 단어 패턴이 들어있는 라인들을 모두 출력하고 있음을 알 수 있다.

아래 그림은 cp 명령을 이용해 tmp 텍스트 파일을 복사해 동일한 내용을 가진 tmp2 텍스트 파일을 생성한 다음 앞서 살펴 본 grep 명령을 다시 내린 모습이다.

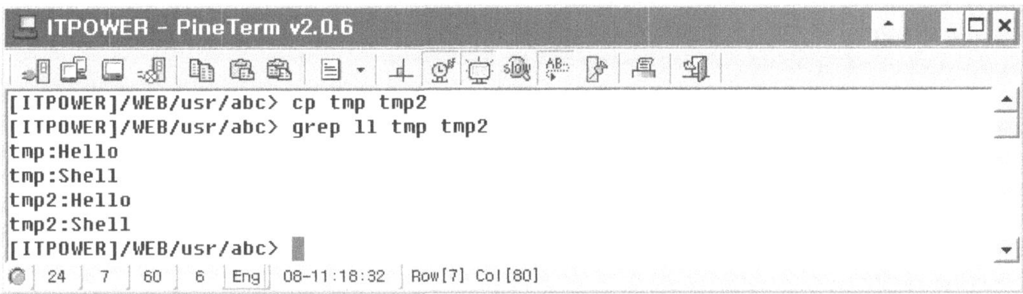
ITPOWER - PineTerm v2.0.6
[ITPOWER]/WEB/usr/abc> cp tmp tmp2
[ITPOWER]/WEB/usr/abc> grep ll tmp tmp2
tmp:Hello
tmp:Shell
tmp2:Hello
tmp2:Shell
[ITPOWER]/WEB/usr/abc>
24 7 60 6 Eng 08-11:18:32 Row[7] Col[80]

파일명은 패턴 뒤에 여러 개를 입력해도 됨을 알 수 있으며, 패턴을 포함하고 있어 검색된 라인들은 각각 파일 이름이 앞에 붙어 있으므로 쉽게 구분할 수가 있다.

아래 그림은 -v 옵션을 사용해 해당 패턴이 포함되지 않은 라인들을 출력하고 있는 모습니다. 다른 옵션에 대해서는 각자 살펴보도록 한다.

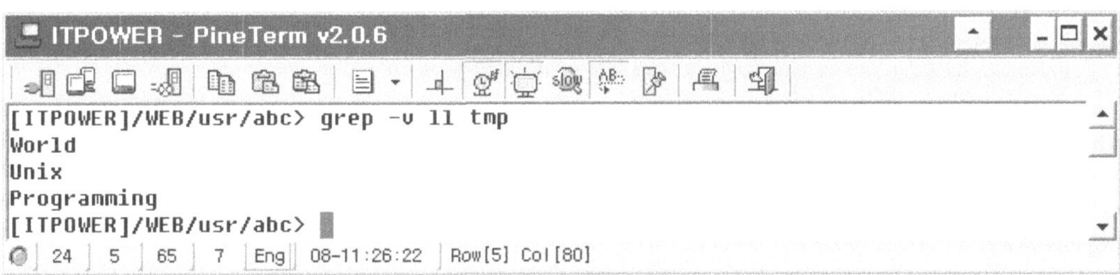
ITPOWER - PineTerm v2.0.6
[ITPOWER]/WEB/usr/abc> grep -v ll tmp
World
Unix
Programming
[ITPOWER]/WEB/usr/abc>
24 5 65 7 Eng 08-11:26:22 Row[5] Col[80]

지금까지 단순한 패턴을 사용해 grep 명령을 활용하는 방법에 살펴보았으나, 다음 표에서 제시하는 특수 문자를 사용하게 되는 경우에는 조금 더 다양한 패턴의 검색이 가능하다.

패턴 검색에 사용 가능한 특수문자
^ : 문자열의 시작
$: 문자열의 끝
. : 임의의 한 문자 (그냥 "."을 찾고 싶을 때는 \. 사용)

아래 그림은 이러한 특수문자를 이용해 패턴을 검색한 결과를 보여주고 있다. 여기서 ^U 부분은 단어의 시작이 U로 시작하는 부분을 검색하라는 의미이며, l$ 부분은 단어의 끝이 l로 끝나는 것을 검색하라는 의미이다.

```
[ITPOWER]/WEB/usr/abc> cat tmp
Hello
World
Unix
Shell
Programming
[ITPOWER]/WEB/usr/abc> grep ^U tmp
Unix
[ITPOWER]/WEB/usr/abc> grep l$ tmp
Shell
[ITPOWER]/WEB/usr/abc>
```

명령 라인에서 특수 문자를 사용해 grep 명령을 내리는 것은 별로 문제될 것이 없지만, 만약 C쉘 프로그래밍 시에 이러한 특수 문자를 포함한 grep 명령을 사용하게 되는 경우에는 특수 문자들이 다른 의미를 가지는 경우가 많으므로 혼동하는 일이 없도록 큰따옴표를 이용해 보호하는 편이 좋다.

9. shift 명령어

shift 명령어는 앞서 살펴 본 배열 변수를 다룰 때 요긴하게 쓰이는 명령어이다.

shift 명령어	
문법	shift 배열변수 (반드시 변수명 앞에 $가 없어야 함)
기능	주어진 배열변수의 첫 번째 원소를 제거함

shift 명령어를 사용하면 주어진 배열 변수의 맨 앞에 있는 원소는 사라지게 되며, 더불어 배열 변수의 원소 수는 1씩 감소하게 된다. 이러한 shift 명령어는 배열 변수의 모든 구성 원소에 대해 특정한 명령을 적용하고자 하는 경우에 주로 사용되며, 원소의 위치를 가리키는 인덱스를 매번 증가시키기 보다는 배열 변수의 첫 번째 원소에 대해서만 명령을 적용한 다음 shift 명령을 사용하는 식으로 반복하면 되므로 일관성을 유지할 수 있다는 장점이 있다.

아래 그림은 fruit 이라는 배열 변수를 선언한 다음 shift 명령 전후의 원소 내용과 숫자의 변화를 확인하고 있는 모습이다.

```
ITPOWER - PineTerm v2.0.6
[ITPOWER]/WEB/usr/abc> set fruit = (apple banana grape kiwi mango melon)
[ITPOWER]/WEB/usr/abc> echo $fruit
apple banana grape kiwi mango melon
[ITPOWER]/WEB/usr/abc> echo $#fruit
6
[ITPOWER]/WEB/usr/abc> shift fruit
[ITPOWER]/WEB/usr/abc> echo $fruit
banana grape kiwi mango melon
[ITPOWER]/WEB/usr/abc> echo $#fruit
5
[ITPOWER]/WEB/usr/abc>
24 | 11 | 55 | 11 | Eng | 08-11:47:11 | Row[11] Col[80]
```

shift 명령에 따라 배열 변수의 첫 번째 원소가 사라졌으며, 더불어 원소 숫자도 하나 감소했음을 알 수 있다. 보통의 변수 참조 시에는 변수명 앞에 $ 기호를 붙여서 사용하지만 shift 명령을 내릴 때에는 배열 변수명 앞에 $ 기호가 없다는 점에 유의해야 할 것이다.

10. 조건분기문과 반복문

쉘 프로그래밍을 하는 가장 핵심적인 이유는 바로 이 조건분기문과 반복문을 활용하기 위해서이다. 이 조건 분기와 반복을 통해 상황에 대한 판단 기능을 스크립트에 부여할 수 있고, 이를 통해 쉘 프로그래밍은 단순한 명령어 나열에서 벗어나 훨씬 복잡하고 다양한 기능을 수행하는 "프로그래밍"이라는 이름에 걸맞은 작업을 할 수 있게 된다.

이 절에서 조건분기문과 반복문은 다른 프로그래밍 언어에서 사용하는 구문과 크게 다를 바가 없으므로 이 절에서는 자세한 설명은 생략하고자 한다. 아울러 조건분기문과 반복문은 모두 명령 라인에서는 사용할 수가 없고, 다음 장에서 소개하게 될 C쉘 프로그래밍 방법을 통해서만 적용 가능하므로, 이 절에서는 문법에 대한 이해를 돕기 위한 정도의 활용 예만 간단히 소개하고 넘어가도록 한다.

1) if 구문

가장 기본적인 조건분기문으로 if 구문이 있다. 이 구문은 if 뒤의 논리식을 판별한 후, 참이냐 거짓이냐에 따라 수행하는 블록을 고르게 된다.

가장 기본적인 if 구문의 사용법은 아래와 같다.

```
# 기본적인 if 구문
if (논리식) then
   (논리식이 참일 때 수행할 내용)
endif
```

일반적으로 if 구문은 아래와 같이 if ~ else ~ endif 형태로 주로 사용하게 된다.

```
# 일반적인 if 구문
if (논리식) then
   (논리식이 참일 때 수행할 내용)
else
   (논리식이 거짓일 때 수행할 내용)
endif
```

다음은 중첩된 if 구문의 사용법이다.

```
# 중첩된 if 구문
if (논리식) then
   (논리식이 참일 때 수행할 내용)
else if (논리식이 거짓일 때 재판별 논리식) then
   (재판별 논리식이 참일 때 수행할 내용)
else
   (모든 논리식이 거짓일 때 수행할 내용)
endif
```

여기서 else if 부분은 여러 번 반복해서 끼워 넣을 수 있다. 그리고 이렇게 모든 논리식이 틀렸을 경우에는 마지막에 else를 써서 그 때 수행할 명령어들을 넣어주면 된다.

아래 그림은 앞서 살펴 본 세 가지 유형의 if 구문 활용 예를 차례로 보여주고 있다.

```
[ITPOWER]/WEB/usr/abc> cat if_test_1
# if_test_1

@ num = 7

if ($num > 5) then
   echo "5보다 큽니다"
endif

[ITPOWER]/WEB/usr/abc> if_test_1
5보다 큽니다
[ITPOWER]/WEB/usr/abc>
```

```
[ITPOWER]/WEB/usr/abc> cat if_test_2
# if_test_2

@ num = 7

if ($num < 5) then
   echo "5보다 작아요"
else
   echo "5보다 큽니다"
endif

[ITPOWER]/WEB/usr/abc> if_test_2
5보다 큽니다
[ITPOWER]/WEB/usr/abc>
```

```
[ITPOWER]/WEB/usr/abc> cat if_test_3
# if_test_3

@ num = 7

if ($num < 5) then
   echo "5보다 작아요"
else if ($num > 10) then
   echo "10보다 큽니다"
else
   echo "5와 10사이 숫자입니다"
endif

[ITPOWER]/WEB/usr/abc> if_test_3
5와 10사이 숫자입니다
[ITPOWER]/WEB/usr/abc>
```

만약 앞서 살펴 본 if 구문 활용 예제를 직접 실습해 보고자 한다면 vi 텍스트 편집기를 사용해 예제 코드를 입력한 다음 적절한 파일명으로 저장한 후에 명령 라인에서 아래 그림과 같이 해당 파일에다 실행 권한을 추가해 주면 된다.

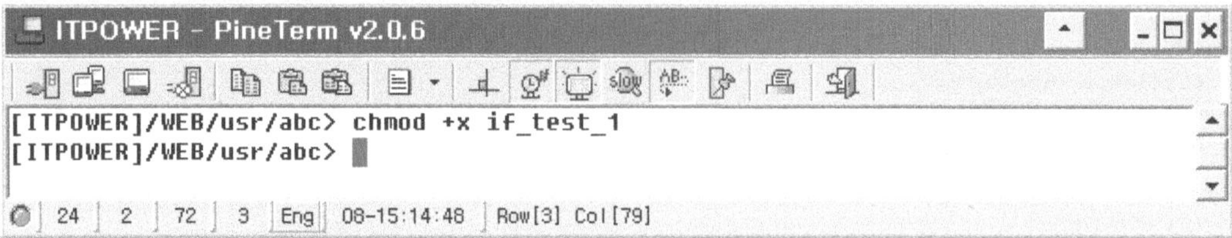
ITPOWER - PineTerm v2.0.6
[ITPOWER]/WEB/usr/abc> chmod +x if_test_1
[ITPOWER]/WEB/usr/abc>
24 2 72 3 Eng 08-15:14:48 Row[3] Col[79]

이는 새로이 만들어지는 파일에 대해서만 실행 권한을 한 번 주기만 하면 된다. 이미 실행 권한을 가진 파일에 대해서는 몇 번이고 수정 작업을 하더라도 그냥 명령 라인에서 파일명만 입력하면 실행 결과를 얻을 수 있을 것이다.

2) switch 구문

기본적으로 if 구문만으로 필요한 조건분기문을 거의 완성할 수 있지만, 분기가 꽤 많아질 경우에 else if 구문을 계속 삽입해 중첩하는 건 꽤 번거로운 작업이 된다.

만일 if 구문에 사용될 논리식이 한 변수값에 대해서만 여러 경우로 판별하는 거라면 다음과 같이 switch 구문을 사용하는 것이 좋다.

```
# switch 구문
switch (변수명)
   case (값1) :
          (값1과 일치할 때 수행할 내용)
          breaksw
   case (값2):
          (값2와 일치할 때 수행할 내용)
          breaksw
                      :
                      :
   default:
           (앞서 case에 제시한 값이 존재하지 않을 때 수행할 내용)
           breaksw
endsw
```

switch 구문은 endsw 구문으로 끝나게 되며, 그 사이에 case 구문이 존재하게 된다. case 구문은 변수가 가질 수 있는 모든 경우에 대해 사용하나 일부의 경우만 고려하고 나머지는 디폴트로 처리하고자 하는 경우에 default 구문이 마지막으로 위치하게 된다.

각 case 구문의 끝에는 breaksw 구문이 사용됨을 알 수 있다. switch 구문은 단계별로 실행하다 breaksw 구문을 만나게 되는 경우 endsw로 이동해 switch 구문이 종료하게 된다. 만약 breaksw 구문을 생략하는 경우에는 특정한 경우에 만족해 case 구문을 실행했음에도 불구하고 불필요하게 다른 case 구문을 실행하거나 default 구문을 실행하게 되어 원치 않는 결과를 출력하게 될 수도 있다.

앞서 살펴 본 if 구문과 마찬가지로 switch 구문도 다른 프로그래밍 언어에서와 거의 유사한 문법 구조를 가지고 있음을 알 수 있다. 따라서 자세한 설명은 생략하도록 하고, 아래 그림과 같이 간단한 활용 예를 통해서만 기능을 이해하도록 하자.

ITPOWER - PineTerm v2.0.6

```
[ITPOWER]/WEB/usr/abc> cat sw_test
# Switch Test

@ number = 2

switch ($number)
   case 1:
       echo "숫자1 입니다"
       breaksw
   case 2:
       echo "숫자2 입니다"
       breaksw
   default:
       echo "숫자3 이상입니다"
       breaksw
endsw

[ITPOWER]/WEB/usr/abc> sw_test
숫자2 입니다
[ITPOWER]/WEB/usr/abc>
```

24 | 20 | 78 | 15 | Eng | 08-14:35:43 | Row[20] Col[80]

switch 구문에 문자 변수를 사용하게 되는 경우에는 case 구문에 값을 표시할 때 반드시 쌍따옴표를 이용하도록 해야 구문 오류를 미연에 방지할 수 있다.

```
[ITPOWER]/WEB/usr/abc> cat sw_test
# Switch Test

set fruit = "banana"

switch ($fruit)
   case "apple":
       echo "사과 입니다"
       breaksw
   case "banana":
       echo "바나나 입니다"
       breaksw
   default:
       echo "모르겠습니다"
       breaksw
endsw

[ITPOWER]/WEB/usr/abc> sw_test
바나나 입니다
[ITPOWER]/WEB/usr/abc>
```

만약 switch 구문에서 각 case에 대해 breaksw 명령을 넣지 않으면 어떠한 결과가 초래될 수 있는지를 아래 그림을 통해 살펴보도록 하라.

```
[ITPOWER]/WEB/usr/abc> cat sw_test
# Switch Test

set fruit = "banana"

switch ($fruit)
   case "apple":
       echo "사과 입니다"
   case "banana":
       echo "바나나 입니다"
   default:
       echo "모르겠습니다"
endsw

[ITPOWER]/WEB/usr/abc> sw_test
바나나 입니다
모르겠습니다
[ITPOWER]/WEB/usr/abc>
```

여기서 첫 번째 case 구문에서는 값이 일치하지 않으므로 통과하고, 두 번째 case 구문에서는 값이 일치하여 echo 구문을 실행하고서 결과를 출력하게 된다. 그러나 breaksw 명령이 없으므로 다음의 default 구문을 처리하게 되므로 이런 결과를 초래하게 된 것이다. 따라서 switch 구문 사용 시는 반드시 각 case 별로 breaksw 명령을 넣어주는 습관을 들이도록 하자.

3) foreach

foreach 구문은 주어진 집합에 속한 각 원소들을 대상으로 명령을 실행할 때 사용되는 구문이다. foreach의 구문은 다음과 같이 사용되며 반드시 end 구문으로 끝나게 된다.

```
# foreach 구문
foreach 변수명 (변수에 속하는 원소 리스트)
    (각 원소에 적용하게 될 내용)
end
```

아래 그림은 foreach 구문을 이용한 간단한 예제를 작성한 후 이를 실행한 모습니다.

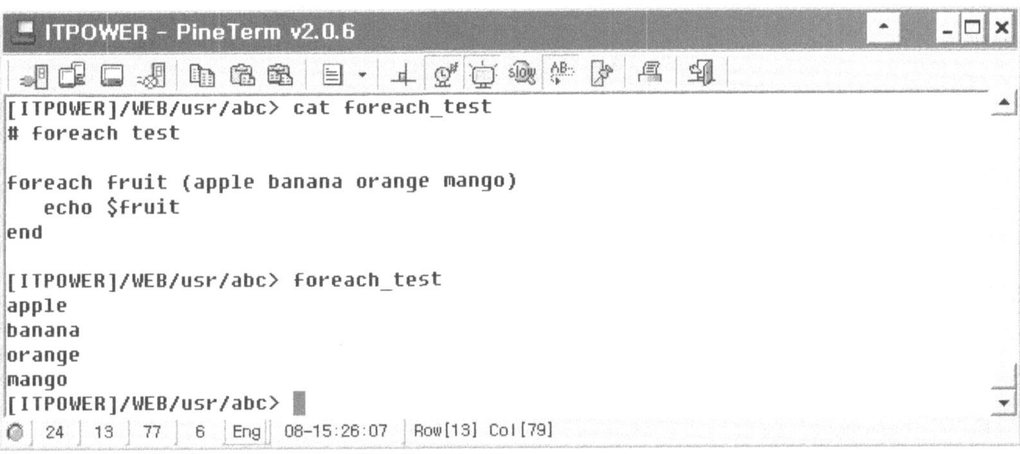
ITPOWER - PineTerm v2.0.6
[ITPOWER]/WEB/usr/abc> cat foreach_test
foreach test
foreach fruit (apple banana orange mango)
echo $fruit
end
[ITPOWER]/WEB/usr/abc> foreach_test
apple
banana
orange
mango
[ITPOWER]/WEB/usr/abc>
24 13 77 6 Eng 08-15:26:07 Row[13] Col[79]

여기서 foreach는 변수명 뒤에 지정한 원소들을 순차적으로 불러내 명령 실행에 활용하게 되며, 배열의 모든 원소가 처리되었을 때 foreach 구문은 종료하게 된다.

4) while 구문

while 구문은 조건문이 참인 동안에 반복 실행하다 조건문이 거짓이 될 때 종료되는 단순한 형태의 반복 구문이다. while 구문의 사용 방법은 다음과 같다.

```
# while 구문
while (반복조건문)
    (반복조건문이 참인 경우 적용하게 될 내용)
end
```

아래 그림은 while 구문을 이용해 1부터 5까지 출력하는 예제 프로그램이다.

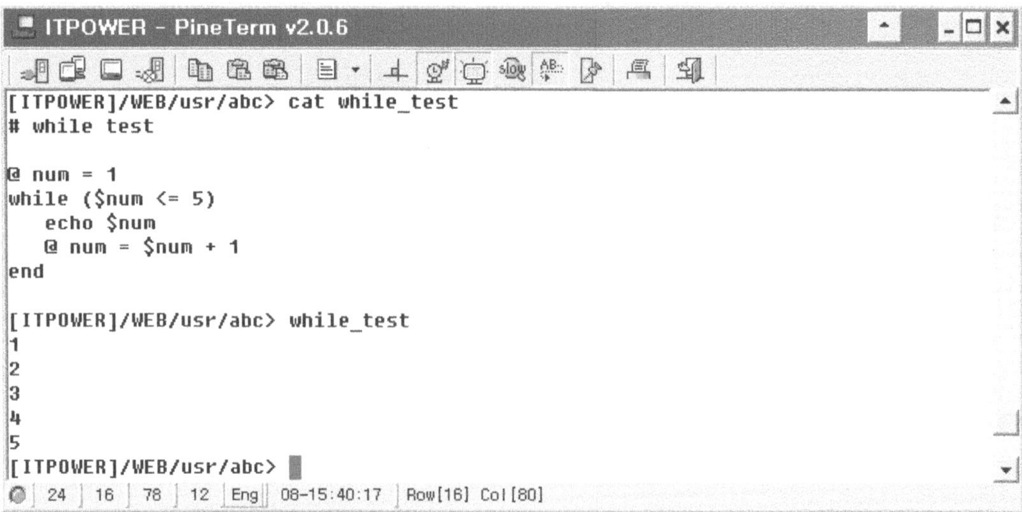
ITPOWER - PineTerm v2.0.6
[ITPOWER]/WEB/usr/abc> cat while_test
while test
@ num = 1
while ($num <= 5)
echo $num
@ num = $num + 1
end
[ITPOWER]/WEB/usr/abc> while_test
1
2
3
4
5
[ITPOWER]/WEB/usr/abc>
24 16 78 12 Eng 08-15:40:17 Row[16] Col[80]

while 구문 내에서 숫자 변수 num에 담긴 숫자를 출력한 후에 이를 1씩 증가시키므로 num 변수값이 6이 되면 반복조건문 비교 단계에서 거짓이 되어 while 구문은 종료하게 된다.

이처럼 while 구문을 사용할 때는 어느 순간에 반드시 반복조건문이 거짓이 되는 상황을 만들어 주거나 혹은 그 외의 방법으로 반복이 중단될 수 있도록 해주어야 한다. while 구문이 무한 반복하게 되는 상황이 되면 시스템에 큰 부하를 주게 되어 본인 혹은 다른 사용자의 작업에 큰 불편을 끼치게 된다.

만약 본인이 작성한 쉘 프로그램 내에 사용된 while 구문이 종료되지 못하고 무한 반복하게 되는 경우에는 CTRL+C 키를 눌러 프로그램을 강제 종료를 시키도록 한다.

아래 그림은 while 구문 내에서 숫자 변수의 값이 증가하지 않아 항상 반복조건문이 참이 되는 경우만 발생하게 되어 화면상에는 숫자 1만 무한히 출력되는 예기치 않은 상황이 만들어질 것이다.

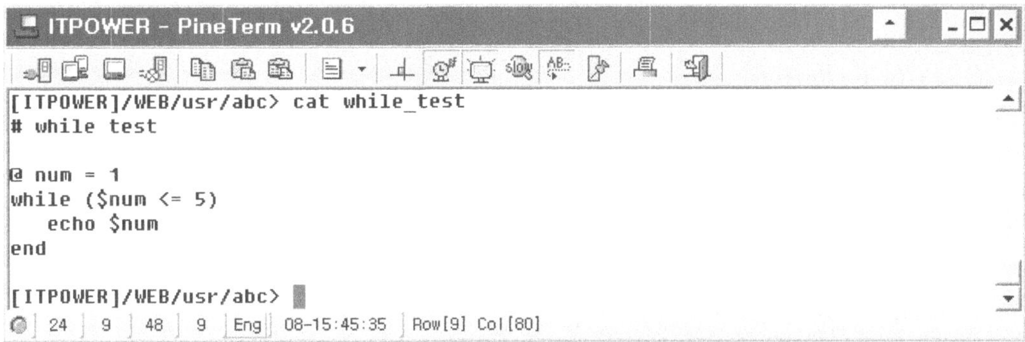
ITPOWER - PineTerm v2.0.6
[ITPOWER]/WEB/usr/abc> cat while_test
while test

@ num = 1
while ($num <= 5)
   echo $num
end

[ITPOWER]/WEB/usr/abc>
24 9 48 9 Eng 08-15:45:35 Row[9] Col[80]

따라서 C쉘 프로그램 개발 시에 본인이 숙련자가 아니라면 순차적으로 실행 코드들을 나열하기 보다는 아래 그림과 같이 while 구문의 골격을 먼저 작성한 후에 반복조건문이 거짓이 될 수 있는 상황을 만들어 주는 부분(아래 그림에서는 num 숫자 변수를 1씩 증가시키는 부분)을 먼저 입력하는 습관을 들이는 것이 좋을 것이다.

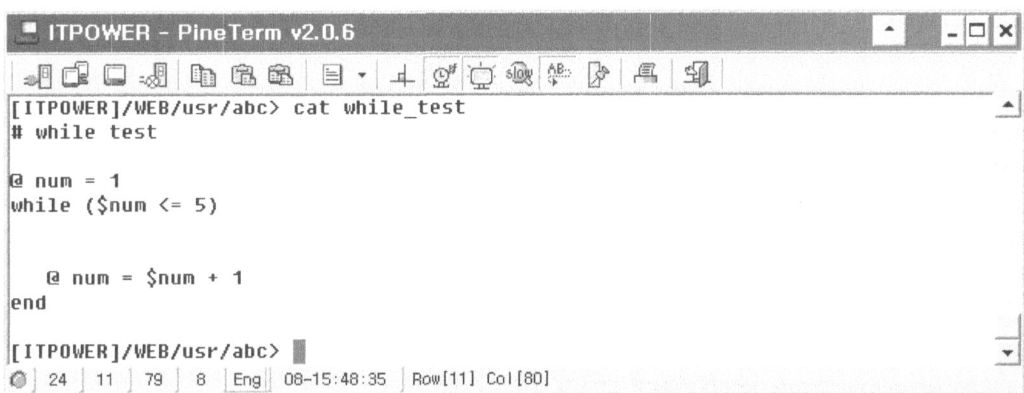
ITPOWER - PineTerm v2.0.6
[ITPOWER]/WEB/usr/abc> cat while_test
while test

@ num = 1
while ($num <= 5)

   @ num = $num + 1
end

[ITPOWER]/WEB/usr/abc>
24 11 79 8 Eng 08-15:48:35 Row[11] Col[80]

숫자 변수에다 숫자 1을 더하는 경우에는 @ num = $num + 1 과 같이 덧셈 기호 전후에 반드시 공백을 두도록 해야 한다. 예를 들어 @ num = $num +1 과 같은 식으로 적게 되면 구문 오류나 예기치 않은 결과를 초래할 수 있기 때문이다.

아울러 C쉘 프로그래밍에서 숫자 변수를 1씩 증가시키는 방법은 @ num = $num + 1 식으로 사용해도 되나 보통 다른 프로그래밍 언어에서 사용하는 바와 같이 @ num++ 형식으로 사용해도 된다.

여기서 @ 기호는 문자 변수 선언에 사용되는 set 과 동등한 기능을 수행하므로 반드시 @ 뒤에 한 칸을 띄운 다음 변수명을 적어줘야 한다는 점도 명심하도록 하자.

5) break, continue

앞서 살펴 본 foreach 구문은 마지막 원소가 처리될 때까지 구간 내의 명령 코드가 순차적으로 실행되며, 그리고 while 구문은 조건문이 거짓이 되는 시점까지 구간 내에 있는 명령 코드가 순차적으로 실행된다. break나 continue 명령은 이렇게 순차적으로 실행되는 프로그램 실행 흐름을 변경하는 기능을 제공한다.

반복 구문 내에서 사용되는 break 명령은 자신이 제시하는 조건이 만족되기만 하면 반복문 자체의 반복 조건과 무관하게 현재 진행 중인 반복 구문에서 완전히 빠져나오는 기능을 제공한다.

foreach 구문에서 break 명령의 사용법은 다음과 같다.

```
# break 구문
foreach 변수명 (변수에 속하는 원소 리스트)
    if (조건문) break
    (각 원소에 적용하게 될 내용)
end
```

아래 그림은 foreach 구문 내에서 break 명령을 활용하는 예를 보여주고 있다.

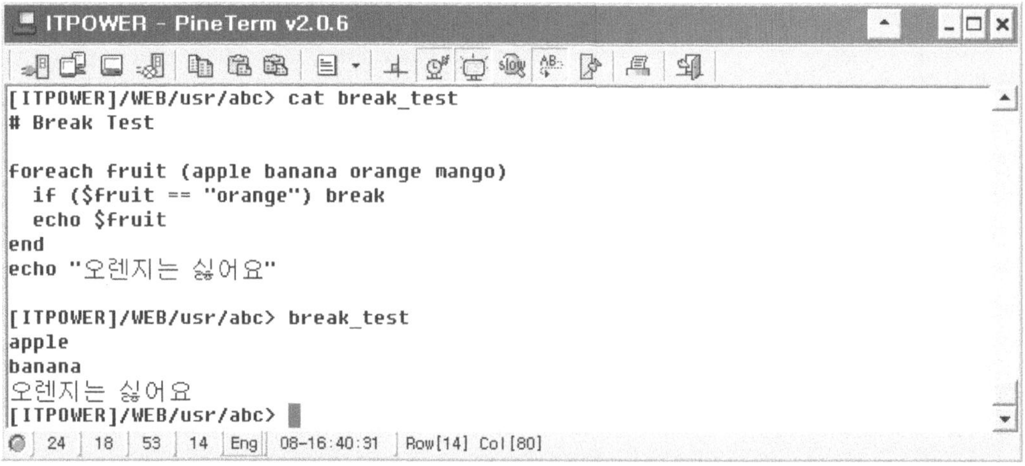
ITPOWER - PineTerm v2.0.6
[ITPOWER]/WEB/usr/abc> cat break_test
Break Test

foreach fruit (apple banana orange mango)
  if ($fruit == "orange") break
  echo $fruit
end
echo "오렌지는 싫어요"

[ITPOWER]/WEB/usr/abc> break_test
apple
banana
오렌지는 싫어요
[ITPOWER]/WEB/usr/abc>
24 18 53 14 Eng 08-16:40:31 Row[14] Col[80]

배열 변수 fruit에 담긴 과일 이름을 순차적으로 출력하다가 orange를 만났을 때 break 명령이 실행되어 foreach 구문을 완전히 벗어나 end 다음에 있는 echo 구문을 실행하고 있음을 알 수 있다.

while 구문에서 break 명령이 사용되는 방법은 앞서 살펴 본 foreach 구문에서와 유사하므로 참고하기 바란다.

```
# break 구문
while (반복조건문)
    if (조건문) break
    (반복조건문이 참인 경우 적용하게 될 내용)
end
```

아래 그림은 while 구문 내에서 break 명령이 사용되는 예를 보여주고 있다.

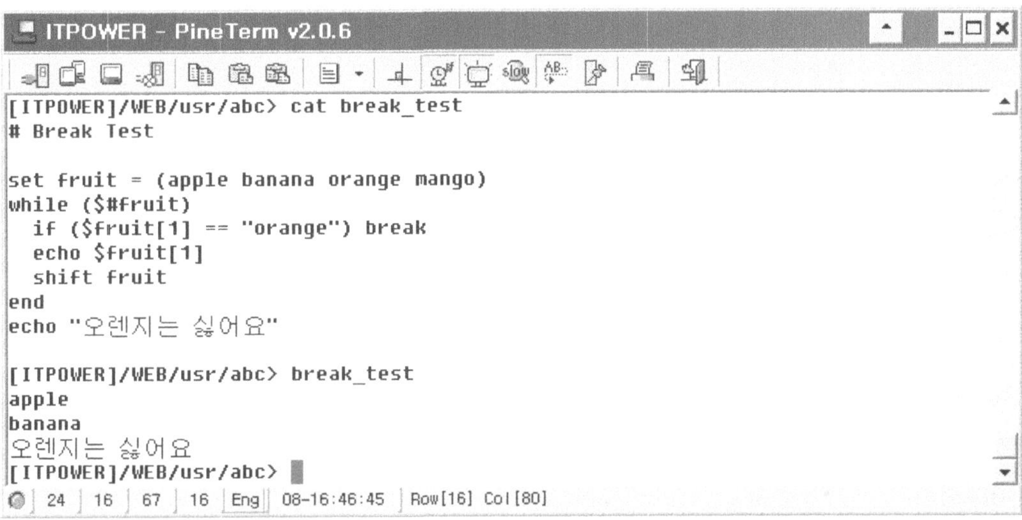
ITPOWER - PineTerm v2.0.6
[ITPOWER]/WEB/usr/abc> cat break_test
Break Test
set fruit = (apple banana orange mango)
while ($#fruit)
if ($fruit[1] == "orange") break
echo $fruit[1]
shift fruit
end
echo "오렌지는 싫어요"
[ITPOWER]/WEB/usr/abc> break_test
apple
banana
오렌지는 싫어요
[ITPOWER]/WEB/usr/abc>
24 16 67 16 Eng 08-16:46:45 Row[16] Col[80]

과일 이름을 담고 있는 배열 변수를 선언한 다음 이 변수의 원소 개수가 0이 아니면 while 구문을 반복하도록 작성한 프로그램이다. 앞서 배운 shift 명령을 사용해 배열 변수의 첫 번째 원소들을 출력해 나가다 첫 번째 원소가 orange 인 경우에 break 명령이 실행되어 while 반복문을 완전히 벗어나고 있음을 알 수 있는 예제이다.

continue 명령은 break 명령과는 달리 반복문에서 완전히 빠져나오는 것이 아니라 반복문 실행 단계를 다음 단계로 넘어가도록 하는 기능을 제공한다. 따라서 continue 명령은 반복문 내에서 특정 조건을 만족시키는 경우에 대해서는 실행하고 싶지 않을 때 주로 사용하게 되는 것이다.

foreach 구문과 while 구문 내에서 continue 명령의 사용 방법은 각각 아래와 같다.

```
# continue 구문
foreach 변수명 (변수에 속하는 원소 리스트)
    if (조건문) continue
    (각 원소에 적용하게 될 내용)
end
```

```
# continue 구문
while (반복조건문)
    if (조건문) continue
    (반복조건문이 참인 경우 적용하게 될 내용)
end
```

아래 그림은 foreach 구문 내에서 continue 명령의 활용 예를 보여주고 있다.

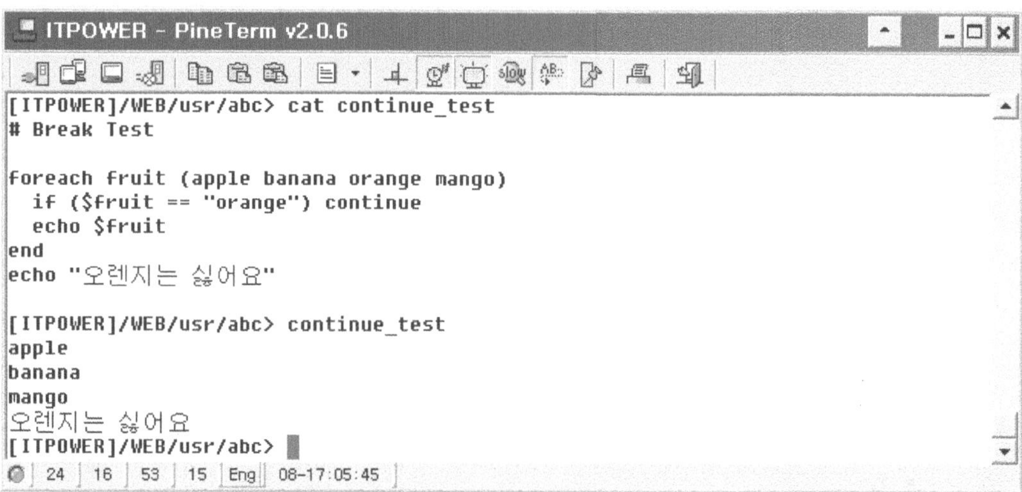
ITPOWER - PineTerm v2.0.6
[ITPOWER]/WEB/usr/abc> cat continue_test
Break Test
foreach fruit (apple banana orange mango)
  if ($fruit == "orange") continue
  echo $fruit
end
echo "오렌지는 싫어요"
[ITPOWER]/WEB/usr/abc> continue_test
apple
banana
mango
오렌지는 싫어요
[ITPOWER]/WEB/usr/abc>
24 16 53 15 Eng 08-17:05:45

foreach 반복문에 의해 배열 변수 fruit의 원소들을 차례로 출력하다가 orange를 만나게 되면 continue 명령이 실행되므로 이 경우에만 echo 구문은 실행되지 않고 다음 원소인 mango로 차례가 넘어가게 된다. 따라서 orange만을 빼고 다른 과일 이름들을 모두 출력한 다음 foreach 구문이 끝나게 되고, 코드의 마지막 부분에 있는 echo 구문을 실행하는 것으로 전체 프로그램이 종료된다. continue 구문을 이해하기 쉬운 예제일 거라 생각한다.

아래 그림은 continue 명령을 while 반복문 내에서 사용하는 예제이다.

```
ITPOWER - PineTerm v2.0.6
[ITPOWER]/WEB/usr/abc> cat continue_test
# Continue Test

@ num = 0
while ($num < 5)
  @ num++
  if ($num == 3) continue
  echo $num
end

[ITPOWER]/WEB/usr/abc> continue_test
1
2
4
5
[ITPOWER]/WEB/usr/abc>
24 | 16 | 58 | 18 | Eng | 08-17:03:01 | Row[16] Col[80]
```

숫자 변수 num을 1씩 증가시키면서 출력을 하다가 num 값이 3인 경우에는 continue 명령이 실행되므로 이 경우에만 echo 구문이 실행되지 않고 다음 단계로 넘어가게 된다. 숫자 5를 출력하고 나면 while 구문의 반복조건이 거짓이 되므로 전체 while 구문은 종료하게 되는 것이다.

6) goto

goto 명령 역시 break 명령이나 continue 명령과 같이 프로그램 흐름을 변경하는 기능을 제공하나 foreach 구문이나 while 구문에 국한되지 않고 프로그램 내에서 어느 위치에서든 사용이 가능하다.

프로그램 흐름 제어를 위해 goto 명령을 사용하려면 이동해야 할 위치를 라벨로 명시해야 한다. 이 라벨은 하나의 라인을 차지하는 하나의 단어여야 하고, 라벨 뒤에는 반드시 콜론 (:)이 붙어야 한다. 쉘 프로그래밍 시에 goto 명령의 사용법은 다음과 같다.

```
# goto 구문

라벨:
      (실행 코드들)
       if (조건문) goto 라벨
      (실행 코드들)
end
```

아래 그림은 goto 명령의 쉬운 활용 예를 보여주고 있다.

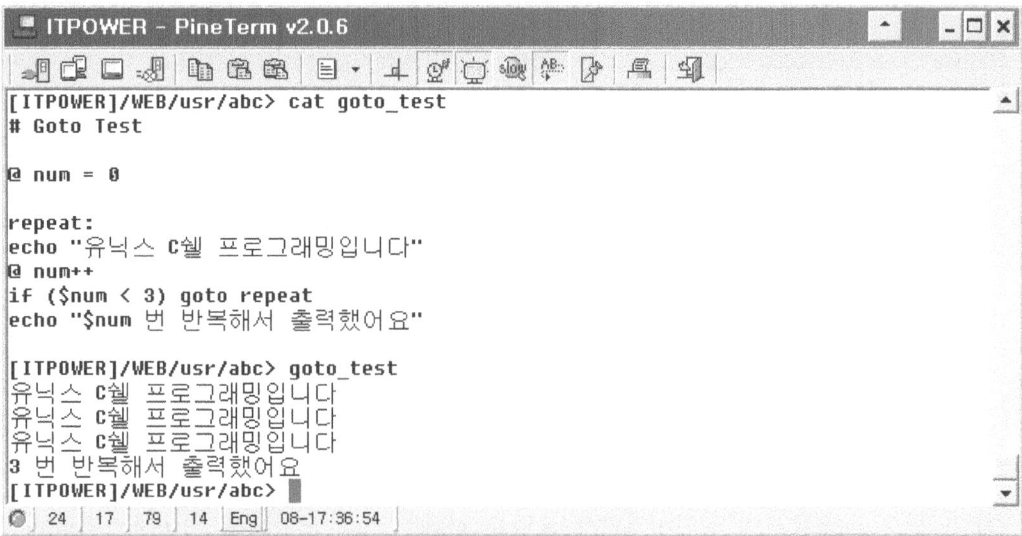
ITPOWER - PineTerm v2.0.6
[ITPOWER]/WEB/usr/abc> cat goto_test
Goto Test
@ num = 0
repeat:
echo "유닉스 C쉘 프로그래밍입니다"
@ num++
if ($num < 3) goto repeat
echo "$num 번 반복해서 출력했어요"
[ITPOWER]/WEB/usr/abc> goto_test
유닉스 C쉘 프로그래밍입니다
유닉스 C쉘 프로그래밍입니다
유닉스 C쉘 프로그래밍입니다
3 번 반복해서 출력했어요
[ITPOWER]/WEB/usr/abc>
24 17 79 14 Eng 08-17:36:54

이는 숫자 변수 num의 값이 3보다 작은 동안에는 goto 명령에 의해 repeat 라는 라벨이 붙은 곳으로 되돌아가는 반복을 거치면서 그 사이에 존재하는 echo 구문과 num 값을 1씩 증가시키는 구문을 반복 실행하다가 num 값이 3이 되면 비로소 코드 마지막에 있는 echo 구문이 실행되는 간단한 예제 프로그램이다.

11. 백틱(Backtick 또는 Backquote)

명령 라인이나 C쉘 프로그래밍 코드에 백틱(`, Tab키 위의 키) 문자를 사용하게 되면, 그 부분을 명령어로 인식해 명령 실행 결과 값으로 대체하게 된다.

사용법: `(명령어)`

아래 그림은 명령 라인에서 백틱을 사용하는 간단한 예를 보여주고 있다.

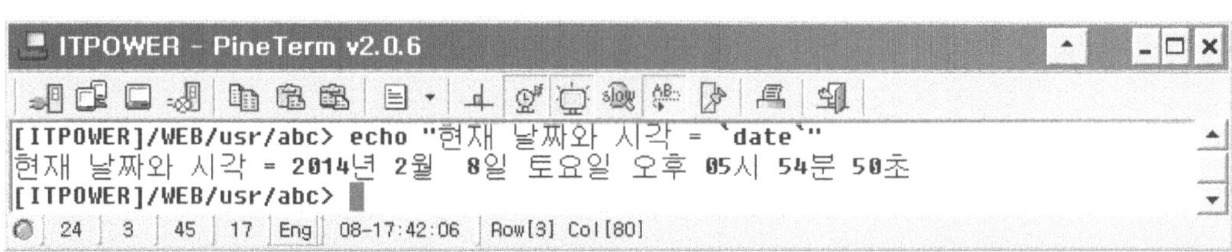
ITPOWER - PineTerm v2.0.6
[ITPOWER]/WEB/usr/abc> echo "현재 날짜와 시각 = `date`"
현재 날짜와 시각 = 2014년 2월 8일 토요일 오후 05시 54분 50초
[ITPOWER]/WEB/usr/abc>
24 3 45 17 Eng 08-17:42:06 Row[3] Col[80]

echo 구문 내에 텍스트 출력 내용에 백틱 문자가 사용되어 백틱 기호 사이에 있는 명령어 실행 결과로 대체되어 출력되는 것이다.

아래 그림은 동일한 기능을 C쉘 프로그래밍을 통해 확인하는 예제이다.

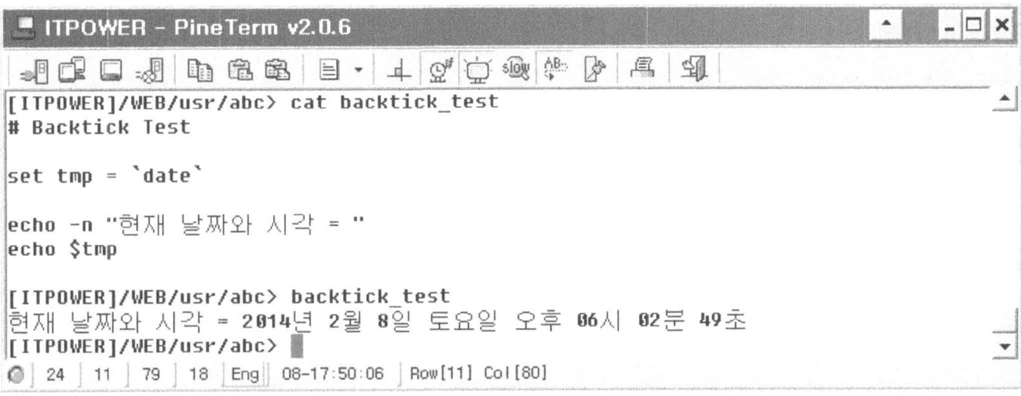
ITPOWER - PineTerm v2.0.6
[ITPOWER]/WEB/usr/abc> cat backtick_test
Backtick Test
set tmp = `date`
echo -n "현재 날짜와 시각 = "
echo $tmp
[ITPOWER]/WEB/usr/abc> backtick_test
현재 날짜와 시각 = 2014년 2월 8일 토요일 오후 06시 02분 49초
[ITPOWER]/WEB/usr/abc>
24 11 79 18 Eng 08-17:50:06 Row[11] Col[80]

백틱 기호 사이에 있는 명령이 실행되어 tmp 라는 변수에 저장이 되며, 이를 echo 구문으로 텍스트와 tmp 변수에 담긴 내용을 함께 출력하고 있는 모습이다. echo 명령 뒤에 -n 옵션은 앞서 배운 바와 같이 뒤에 나오는 텍스트를 출력한 후에도 줄바꿈을 하지 말라는 기능으로 사용된다.

12. 환경 변수

환경 변수는 유닉스 쉘이 여러분들에게 작업 환경을 갖추어주기 위해 사용하는 변수를 말하며, 사용자 계정으로 로그인하면 기본적으로 제공되는 몇 가지 환경 변수들이 적절한 변수값들을 가지게 된다.

이러한 환경 변수를 확인하려면 명령어 라인에서 env 혹은 printenv 명령을 내리면 된다. 아래 그림과 같이 현재 사용 중인 쉘이 가지는 환경 변수 리스트와 지정되어 있는 변수값들을 살펴볼 수가 있다.

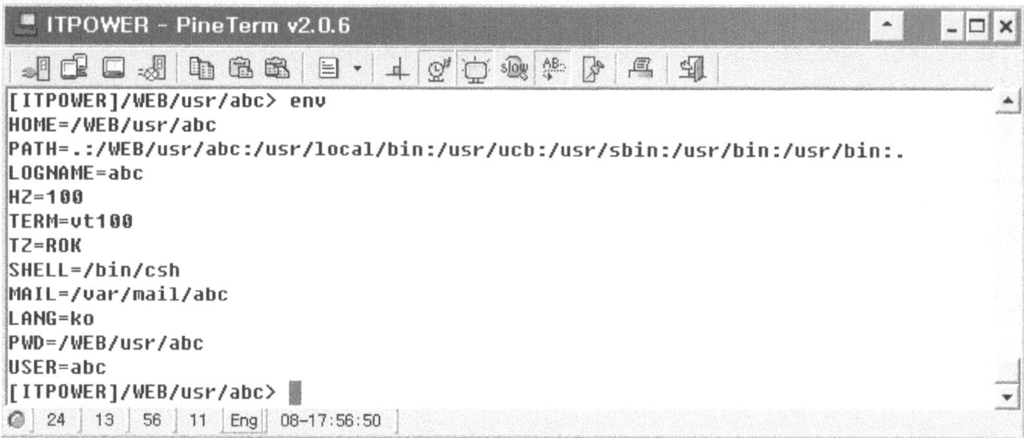
ITPOWER - PineTerm v2.0.6
[ITPOWER]/WEB/usr/abc> env
HOME=/WEB/usr/abc
PATH=.:/WEB/usr/abc:/usr/local/bin:/usr/ucb:/usr/sbin:/usr/bin:/usr/bin:.
LOGNAME=abc
HZ=100
TERM=vt100
TZ=ROK
SHELL=/bin/csh
MAIL=/var/mail/abc
LANG=ko
PWD=/WEB/usr/abc
USER=abc
[ITPOWER]/WEB/usr/abc>
24 13 56 11 Eng 08-17:56:50

HOME 환경 변수는 자신의 홈 디렉토리를 말하며, PATH는 자신이 내리는 유닉스 명령을 쉘이 어디서 찾아서 실행해야 하는지 경로를 알려주는 것이다. 유닉스 명령들은 각기 파일로 존재하며 시스템 내의 중요 디렉토리에 위치해 있는데, 이 경로가 PATH 환경변수에 지정되어 있지 않으면 자신의 작업 디렉토리에서 내리는 일반적인 유닉스 명령들이 실행되지 않는다.

LOGNAME은 사용자 계정 로그인시에 입력하는 사용자 ID를 말하며, HZ는 자신이 내리는 명령들을 최대 몇 개까지 저장해서 history 명령을 통해 살펴보게 할 건지를 지정하는데 기본값으로 100을 가진다. TERM은 자신의 터미널 타입을 의미하며 보통 vt-100을 사용하며, TZ는 타임존을 의미하는데 한국의 경우 ROK를 사용한다.

SHELL은 자신이 사용하는 쉘을 의미하는 데 여러분들은 사용자 계정 발급 시에 C-Shell을 사용하도록 하였으므로 /bin/csh 값을 가진다. 그리고 유닉스 서버 시스템이 sendmail 이나 mailx 와 같은 전자우편 유틸리티 프로그램을 지원하는 경우 사용자 계정을 발급과 동시에 메일 계정이 자동으로 생성되며, 자신에게 온 메일이 저장되는 경로를 MAIL 환경변수가 가지고 있다.

LANG 환경변수는 사용 언어와 관련되며 한국어는 ko 값을 가진다. PWD는 현재 작업 디렉토리를 가리키는데 env나 printenv 명령을 어느 디렉토리에서 내리는가에 따라 PWD 환경 변수값은 달라진다. 마지막으로 USER는 사용자 ID를 가리키는데, 보통 LOGNAME 환경 변수와 같은 값을 가진다.

아래 그림은 환경 변수에 저장된 값을 명령 라인에서 echo 명령을 이용해 출력해 보는 예를 보여주고 있다. 환경 변수 이름 앞에 $ 기호를 붙이기만 하면 echo 구문으로 액세스 할 수가 있는 것이다.

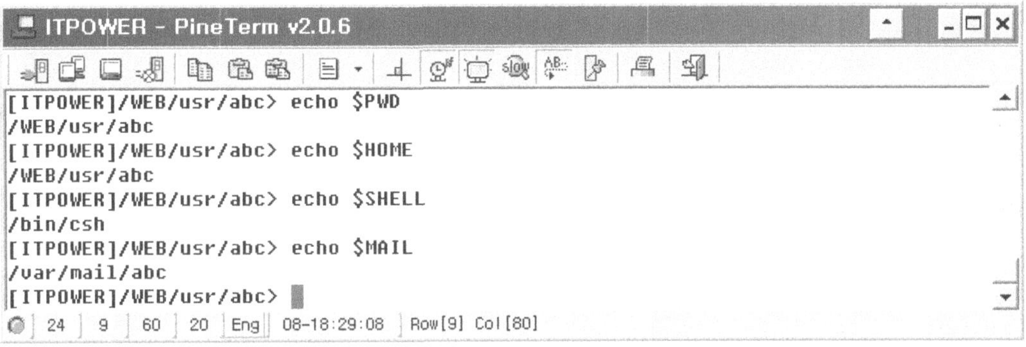
ITPOWER - PineTerm v2.0.6
[ITPOWER]/WEB/usr/abc> echo $PWD
/WEB/usr/abc
[ITPOWER]/WEB/usr/abc> echo $HOME
/WEB/usr/abc
[ITPOWER]/WEB/usr/abc> echo $SHELL
/bin/csh
[ITPOWER]/WEB/usr/abc> echo $MAIL
/var/mail/abc
[ITPOWER]/WEB/usr/abc>
24 9 60 20 Eng 08-18:29:08 Row[9] Col[80]

이러한 환경 변수는 쉘 프로그래밍 시에도 동일한 방법으로 사용할 수가 있다. 아래 그림은 쉘 프로그램 내에서 환경 변수값을 출력하고 있는 모습이다.

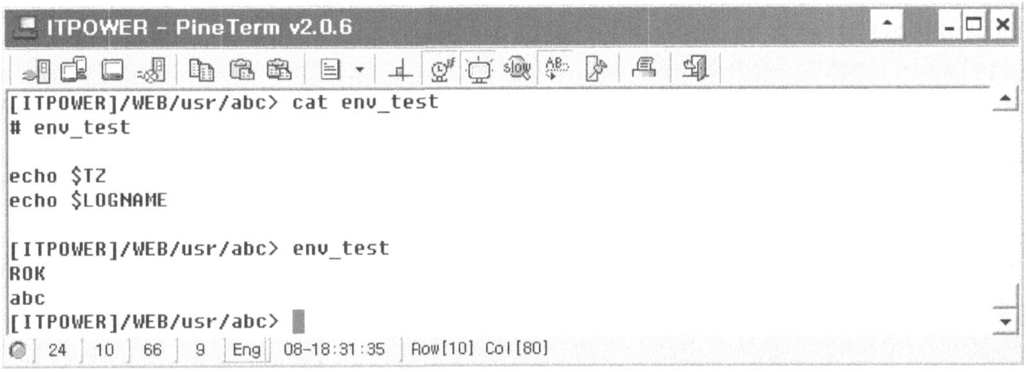
ITPOWER - PineTerm v2.0.6
[ITPOWER]/WEB/usr/abc> cat env_test
env_test
echo $TZ
echo $LOGNAME
[ITPOWER]/WEB/usr/abc> env_test
ROK
abc
[ITPOWER]/WEB/usr/abc>
24 10 66 9 Eng 08-18:31:35 Row[10] Col[80]

기존의 환경 변수에다 새로운 변수값을 설정하거나 새로운 환경 변수를 추가하기 위해서는 다음과 같이 setenv 명령을 사용한다.

사용법: setenv 환경변수명 환경변수값

반대로 기존의 환경 변수나 새로이 추가한 환경 변수를 삭제하려면 다음과 같이 unsetenv 명령을 이용하게 된다.

사용법: unsetenv 환경변수명

아래 그림은 setenv 명령을 이용해 기존의 환경 변수의 값을 변경하거나 새로운 환경 변수를 추가하는 예를 보여주고 있다.

```
ITPOWER - PineTerm v2.0.6
[ITPOWER]/WEB/usr/abc> setenv HZ 200
[ITPOWER]/WEB/usr/abc> setenv ALIAS comma
[ITPOWER]/WEB/usr/abc> env
HOME=/WEB/usr/abc
PATH=.:/WEB/usr/abc:/usr/local/bin:/usr/ucb:/usr/sbin:/usr/bin:/usr/bin:.
LOGNAME=abc
HZ=200
TERM=vt100
TZ=ROK
SHELL=/bin/csh
MAIL=/var/mail/abc
LANG=ko
PWD=/WEB/usr/abc
USER=abc
ALIAS=comma
[ITPOWER]/WEB/usr/abc>
24 | 16 | 78 | 15 | Eng | 08-18:50:50 | Row[16] Col[80]
```

이 예제에서는 환경 변수 HZ 값을 기본값 100에서 200으로 변경하고, comma 라는 값을 가지는 새로운 환경 변수 ALIAS를 추가하고 있는 모습을 보여준다. 이러한 환경 변수에 새로이 설정한 값이 유닉스 쉘에 어떠한 영향을 미치게 되는지를 고민하지 말도록 하자. 단지 환경변수의 값을 setenv 명령을 통해 변경하거나 추가할 수 있다는 점만 보여주기 위한 것임을 이해하도록 하자.

아래 그림은 unsetenv 명령의 사용법을 보여주고 있다. ALIAS 환경 변수와 TERM 환경 변수가 사라졌음을 알 수 있다.

```
ITPOWER - PineTerm v2.0.6
[ITPOWER]/WEB/usr/abc> unsetenv ALIAS
[ITPOWER]/WEB/usr/abc> unsetenv TERM
[ITPOWER]/WEB/usr/abc> env
HOME=/WEB/usr/abc
PATH=.:/WEB/usr/abc:/usr/local/bin:/usr/ucb:/usr/sbin:/usr/bin:/usr/bin:.
LOGNAME=abc
HZ=200
TZ=ROK
SHELL=/bin/csh
MAIL=/var/mail/abc
LANG=ko
PWD=/WEB/usr/abc
USER=abc
[ITPOWER]/WEB/usr/abc>
24 | 16 | 61 | 14 | Eng | 08-18:52:56
```

13. 프롬프트

유닉스 시스템에 사용자 계정을 발급받은 경우 사용자가 자신의 계정으로 처음 로그인 하게 되면 프롬프트는 % 기호나 $ 기호만 나와 있는 상태이다. 아래 그림은 서버 시스템의 이름과 % 기호가 프롬프트로 사용되고 있는 모습을 보여주고 있다.

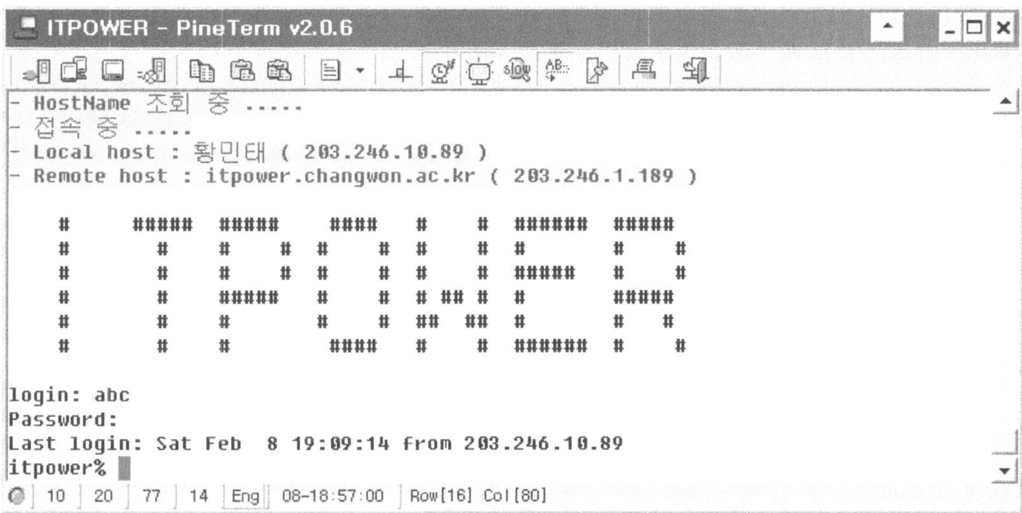
ITPOWER - PineTerm v2.0.6
- HostName 조회 중 .....
- 접속 중 .....
- Local host : 황민태 (203.246.10.89)
- Remote host : itpower.changwon.ac.kr (203.246.1.189)
login: abc
Password:
Last login: Sat Feb 8 19:09:14 from 203.246.10.89
itpower%
10 20 77 14 Eng 08-18:57:00 Row[16] Col[80]

사용자는 자신의 명령 라인에 보이는 프롬프트를 변경할 수가 있다. 이때 사용되는 명령은 다음과 같다.

사용법: set prompt = "새로운 프롬프트"

아래 그림은 새로이 프롬프트를 변경하는 예를 보여준다.

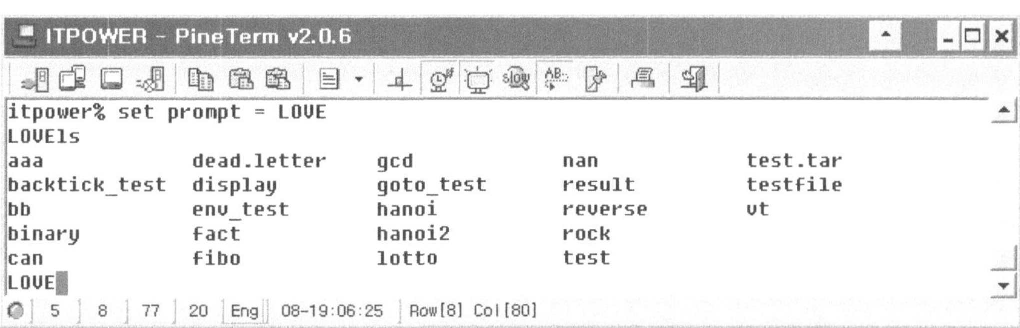
ITPOWER - PineTerm v2.0.6
itpower% set prompt = LOVE
LOVEls
aaa dead.letter gcd nan test.tar
backtick_test display goto_test result testfile
bb env_test hanoi reverse vt
binary fact hanoi2 rock
can fibo lotto test
LOVE
5 8 77 20 Eng 08-19:06:25 Row[8] Col[80]

프롬프트가 LOVE 라는 단어로 변경이 됨을 알 수 있다. 만약 프롬프트에 특수문자나 공백을 포함시키고 싶은 경우에는 반드시 쌍따옴표로 묶어줘야 한다. 다음 예를 통해 살펴보도록 하자.

```
itpower% set prompt = [LOVE]
set: 찾지 못함
itpower% set prompt = "[LOVE]"
[LOVE]
```

프롬프트 변경 시에 [] 기호를 사용하고 있어 오류가 발생하고 있다. 따라서 쌍따옴표를 사용해 특수 문자가 포함된 프롬프트로 변경할 수 있음을 알 수 있다.

아래 그림은 사용자가 명령과 프롬프트를 구분하기 용이하도록 한 칸의 공백을 포함하는 프롬프트를 만들어 사용하는 모습을 보여주고 있다.

```
itpower% set prompt = "[ITPOWER] "
[ITPOWER] ls
aaa            dead.letter   gcd          nan          test.tar
backtick_test  display       goto_test    result       testfile
bb             env_test      hanoi        reverse      vt
binary         fact          hanoi2       rock
can            fibo          lotto        test
[ITPOWER]
```

이러한 명령 라인에서의 프롬프트 변경은 사용자가 로그아웃을 하게 되면 프롬프트 설정 내용이 모두 사라지게 된다. 만약 C쉘 사용자가 로그인할 때마다 자신이 원하는 프롬프트가 계속 사용되도록 하려면, 아래 그림과 같이 vi 텍스트 편집기를 이용해 자신의 홈 디렉토리 내에 .login 파일을 만들어 주면 된다. login 이라는 글자 앞에 숨은 파일을 의미하는 점(.)이 붙어 있음에 유의하기 바란다.

```
ITPOWER - PineTerm v2.0.6
# .login

set prompt = "[ITPOWER] "

~
~
~
~
~
~
~
~
".login" 4 행, 37 문자
1 | 4 | 55 | 13 | Eng | 18-09:21:06
```

이렇게 .login 파일을 만든 경우 이를 실행시켜 환경 설정 결과를 확인하도록 하자. 환경을 설정해 주는 파일에 대해서는 다른 C셸 프로그램과는 달리 실행 권한을 준 다음 명령 라인에서 파일명을 입력하는 방법을 사용해서는 안 된다.

직접 확인해 보면 알겠지만 아래 그림과 같이 화면상에 프롬프트의 변화가 없음을 알 수 있다.

```
ITPOWER - PineTerm v2.0.6
itpower% ls -al .login
-rw-r--r--    1 abc      itpower       37  2월 18일  09:35 .login
itpower% chmod +x .login
itpower% .login
itpower%
10 | 5 | 33 | 13 | Eng | 18-09:22:10 | Row[5] Col[80]
```

이러한 환경 설정 파일(.login 파일과 .cshrc 파일 등)에 대해서는 아래 그림과 같이 source 라는 명령을 이용해 실행하면 된다. source 명령은 파일 내에 담긴 명령들을 쉘이 순차적으로 한 번 실행하도록 지시하는 명령이다.

```
ITPOWER - PineTerm v2.0.6
itpower% source .login
[ITPOWER] ls
a.c        block      dir_A      nan.c      temp       ttt
b.c        c.c        dir_B      sample.c   tmp        vtree
[ITPOWER]
11 | 5 | 46 | 5 | Eng | 18-09:24:26 | Row[5] Col[80]
```

source 명령은 다른 C쉘 프로그램에 대해서도 동작하는 명령어이긴 하지만 일회성의 실행 결과만을 보여준다. 따라서 개발한 C쉘 프로그램에 대해 지속적으로 실행 권한을 주고자 한다면 chmod +x 파일명 형태로 사용해야 할 것이다.

앞서 만든 프롬프트를 바꿔주는 .login 파일의 실행 결과를 확인하는 다른 방법이 있다. 환경 설정 파일들은 사용자가 로그인 시에 쉘에 의해 자동적으로 실행되어 그 내용에 따른 작업 환경을 갖추어 주므로 다시 로그인 과정을 거치면 된다.

아래 그림은 다시 로그인 한 경우에 .login 파일의 설정 내용에 따라 프롬프트가 변경된 모습을 보여주고 있다.

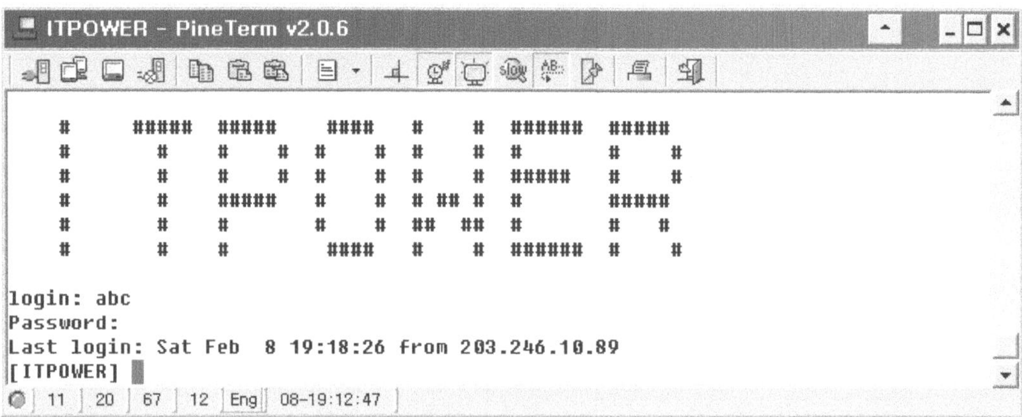
ITPOWER - PineTerm v2.0.6
login: abc
Password:
Last login: Sat Feb 8 19:18:26 from 203.246.10.89
[ITPOWER]

사용자 계정으로 다시 로그인하기 위해서는 현재 작업 계정에서 exit 명령으로 종료한 다음 다시 터미널 접속을 하는 방법도 있겠지만 다소 불편하다. 따라서 명령 라인에서 아래 그림과 같이 login 이라는 명령을 내리면 된다.

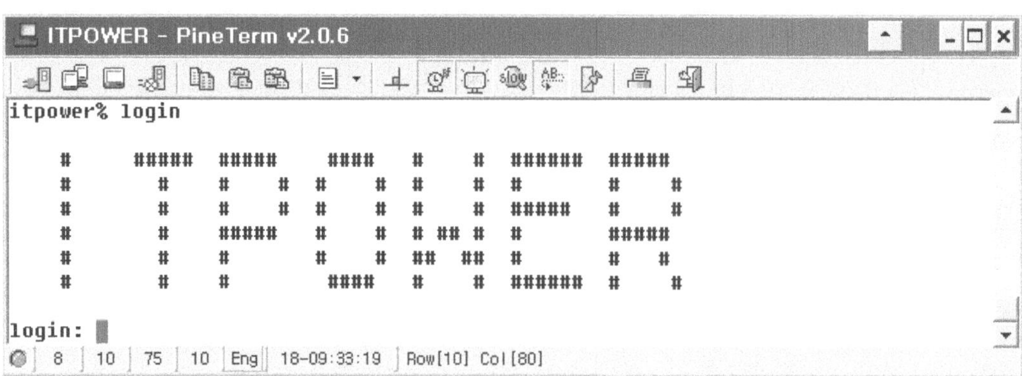
ITPOWER - PineTerm v2.0.6
itpower% login
login:

사용자 프롬프트에 현재 작업 경로가 표시되는 경우에는 현재 작업 경로를 확인하기 위해 매번 pwd 라는 명령을 내리지 않아도 되므로 작업에 큰 도움이 된다. 아래에 나타난 명령을 명령 라인에서 내려 보면 프롬프트가 어떻게 변경되는 지를 확인할 수 있다.

사용법: alias cd 'cd \!*; set prompt = "[서버이름]$cwd> "'

만약 사용자 계정으로 로그인 할 때마다 이러한 프롬프트를 사용하고자 한다면 앞서 설명한 바와 같이 vi 텍스트 편집기를 이용해 자신의 홈 디렉토리 내에 있는 .login 파일에다 넣어주도록 하라. 이 코드는 사용자가 cd(Change Directory) 명령을 이용해 디렉토리를 변경할 때마다 변경 디렉토리를 프롬프트에 보여주게 하는 기능을 제공한다.

아래 그림은 작업 경로를 프롬프트에 표시하는 한 줄 코드를 .login 파일에 넣어놓은 모습을 보여준다.

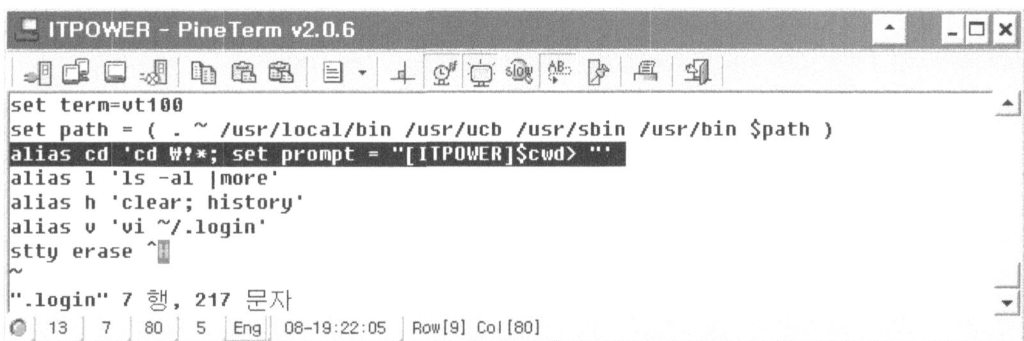
ITPOWER - PineTerm v2.0.6
set term=vt100
set path = (. ~ /usr/local/bin /usr/ucb /usr/sbin /usr/bin $path)
alias cd 'cd ₩!*; set prompt = "[ITPOWER]$cwd> "'
alias l 'ls -al |more'
alias h 'clear; history'
alias v 'vi ~/.login'
stty erase ^
".login" 7 행, 217 문자
13 7 80 5 Eng 08-19:22:05 Row[9] Col[80]

이렇게 .login 파일을 만들었다면 앞서 언급한 바와 같이 명령 라인에서 source 명령어를 이용해 .login 파일을 한 번 실행해 주면 된다. 그러면 아래 그림에서 보는 바와 같이 cd 명령을 내리기만 하면 프롬프트가 현재 디렉토리를 표시하게 되며, 사용자가 디렉토리를 변경하더라도 바뀐 디렉토리명이 프롬프트에 항상 보이고 있음을 알 수 있다.

ITPOWER - PineTerm v2.0.6
itpower% source .login
itpower% cd
[ITPOWER]/WEB/usr/abc> cd dir_A
[ITPOWER]/WEB/usr/abc/dir_A> cd ..
[ITPOWER]/WEB/usr/abc>
24 8 56 5 Eng 18-10:04:29

명령 라인에서 login 이라는 명령을 내리거나 exit 명령으로 계정 종료 후에 다시 접속해도 동일한 결과를 가져오게 된다.

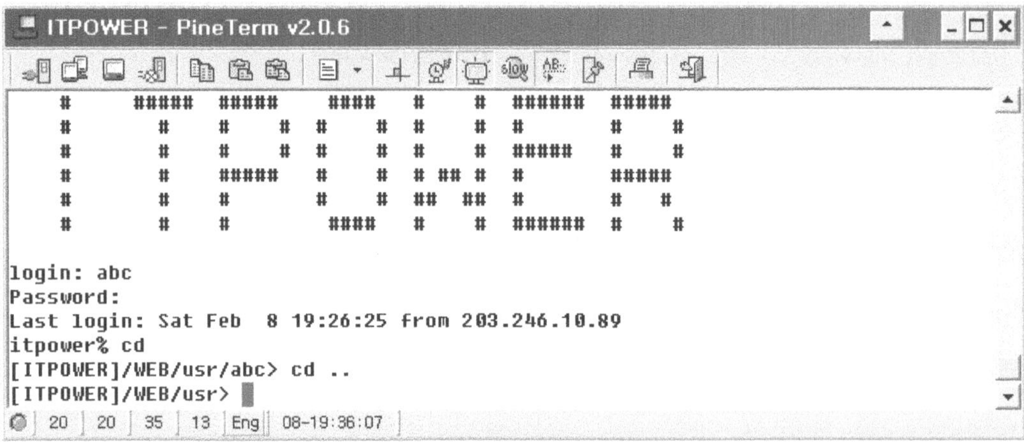
ITPOWER - PineTerm v2.0.6
login: abc
Password:
Last login: Sat Feb 8 19:26:25 from 203.246.10.89
itpower% cd
[ITPOWER]/WEB/usr/abc> cd ..
[ITPOWER]/WEB/usr>
20 20 35 13 Eng 08-19:36:07

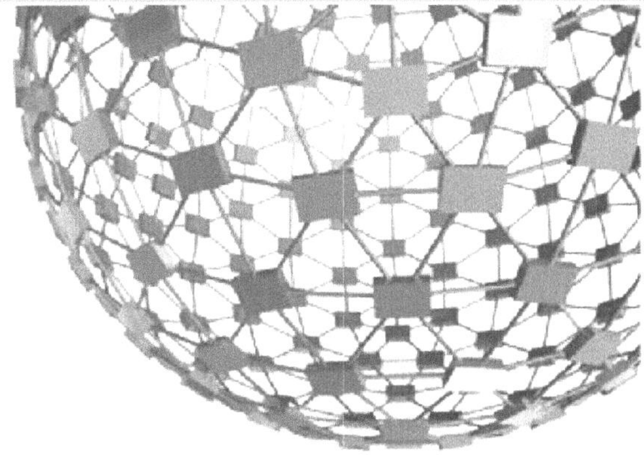

C쉘 프로그래밍 문법 활용 5

이 장에서는 앞서 배운 C쉘 프로그래밍 기초 문법들을 간단히 활용해 볼 수 있는 예제들을 다루어 보고자 한다. 앞서 기초 문법을 익히는 과정에서 해당 문법 자체의 간단한 사용 예를 살펴봤지만 이 장에서는 다양한 문법들을 서로 조합해서 새로운 기능을 만들어 내는 과정을 연습하게 될 것이다.

앞서 언급한 바와 같이 C쉘 프로그래밍은 vi 텍스트 편집기 상에서 유닉스 명령어들과 조건분기문, 반복문 등을 조합 사용해 코딩을 한 다음 이를 저장해 하나의 텍스트 파일을 만들어 내는 것이다.

아래 그림은 vi 텍스트 편집기를 이용해 간단한 C쉘 프로그램을 작성하고 있는 모습이다.

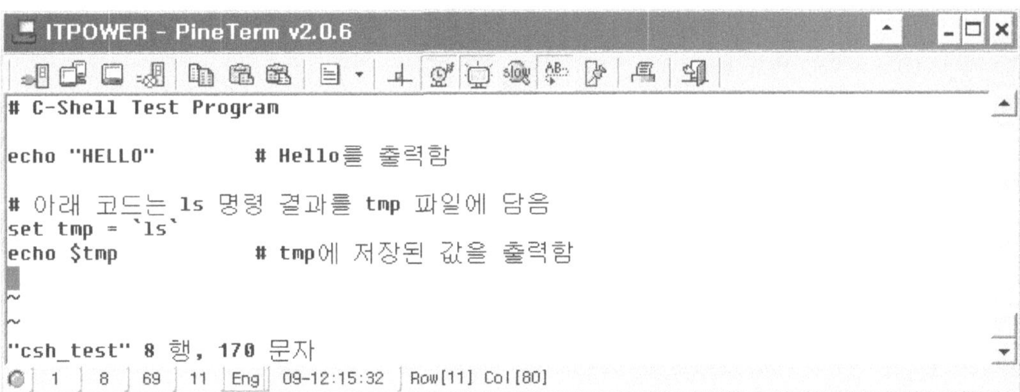
ITPOWER - PineTerm v2.0.6
C-Shell Test Program
echo "HELLO"   # Hello를 출력함
아래 코드는 ls 명령 결과를 tmp 파일에 담음
set tmp = `ls`
echo $tmp   # tmp에 저장된 값을 출력함
"csh_test" 8 행, 170 문자
1 8 69 11 Eng 09-12:15:32 Row[11] Col[80]

여기서 # 기호를 사용한 부분은 모두 코드에 대한 설명을 담고 있는 주석(Comment)에 해당한다. 주석은 그 표기를 # 기호로 시작하며, 주석 표기로 시작하는 라인 전체 혹은 해당 라인에서 주석 기호 이후의 부분은 쉘에 의해 실행되지 않는다. 적절한 위치에 주석을

사용한다면 쉘 스크립트의 이해도를 높이는 데에 중요하므로 주석을 다는 습관을 들이도록 하자.

이렇게 만들어진 텍스트 파일에다 실행 권한을 주게 되면 비로소 실행 가능한 파일이 된다. 실행 권한은 chmod +x 파일명 형태로 주게 되며, 한 번만 실행 권한을 주게 되면 수정 작업이 아무리 반복되더라도 실행 권한은 유지된다.

실행 예: chmod +x 파일명

C쉘 프로그램의 실행은 명령 라인에서 파일명을 입력하기만 하면 된다. 만약 별도의 인자가 필요한 경우에는 파일명 뒤에 인자들을 적어주면 된다.

실행 예: 파일명 (인자들)

아래 그림은 vi 편집기로 만든 C쉘 프로그램 파일에 대해 명령 라인에서 실행 권한을 주고서 실행하고 있는 모습이다.

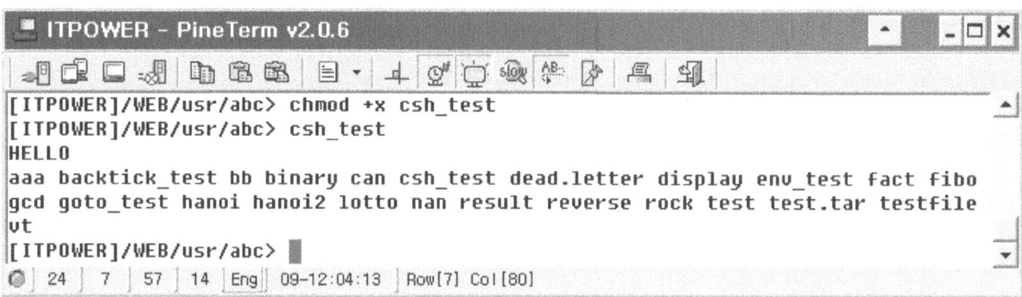
ITPOWER - PineTerm v2.0.6
[ITPOWER]/WEB/usr/abc> chmod +x csh_test
[ITPOWER]/WEB/usr/abc> csh_test
HELLO
aaa backtick_test bb binary can csh_test dead.letter display env_test fact fibo
gcd goto_test hanoi hanoi2 lotto nan result reverse rock test test.tar testfile
vt
[ITPOWER]/WEB/usr/abc>
24 7 57 14 Eng 09-12:04:13 Row[7] Col[80]

주석 처리한 부분은 모두 프로그램 실행에 영향을 미치지 않음을 알 수 있다. 여기서 중요한 것은 C쉘 프로그램의 첫 번째 라인에는 반드시 주석을 달아야 한다는 점이다.

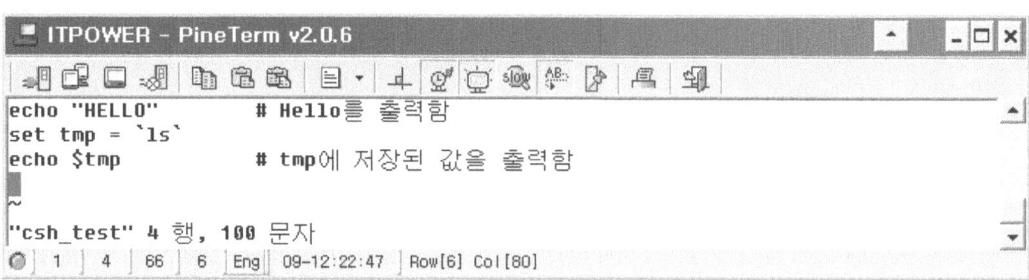
ITPOWER - PineTerm v2.0.6
echo "HELLO" # Hello를 출력함
set tmp = `ls`
echo $tmp # tmp에 저장된 값을 출력함
~
"csh_test" 4 행, 100 문자
1 4 66 6 Eng 09-12:22:47 Row[6] Col[80]

이처럼 첫 번째 라인에 주석 없이 바로 명령 코드가 오는 경우에는 아래 그림과 같이 원하지 않는 결과가 출력되거나 오류가 발생할 가능성이 높다.

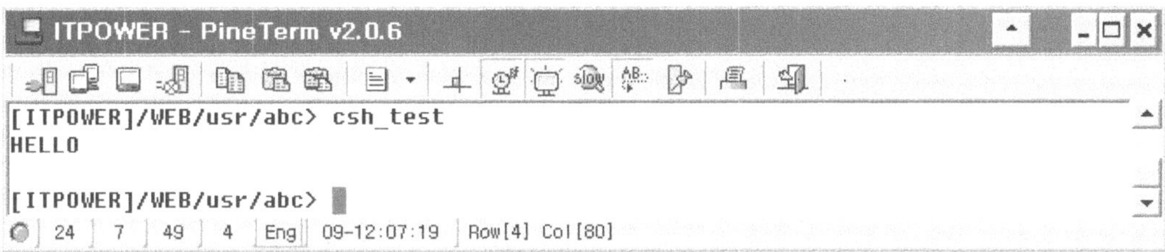
ITPOWER - PineTerm v2.0.6
[ITPOWER]/WEB/usr/abc> csh_test
HELLO
[ITPOWER]/WEB/usr/abc>
24 7 49 4 Eng 09-12:07:19 Row[4] Col[80]

특히 백틱 기호를 사용해 유닉스 명령어를 실행하는 부분이 정상 동작하지 않았음을 확인할 수가 있다. 이 점에 유의해 주기 바란다.

이제부터 본격적으로 유닉스 명령어들과 조건분기문과 반복문 등을 조합 활용해 간단한 C셸 프로그램을 개발하는 과정을 진행하도록 하자.

1. 합산(Sum) 구하기

1부터 특정한 숫자까지 연속된 숫자들의 합(Sum)을 계산하는 간단한 셸 프로그램을 만들어 보면 아래 코드와 같다.

```
# Sum Program
# Filename: test_1

echo -n "마지막 숫자 : "
@ endnum = $<

@ i = 1
@ sum = 0
while ($i <= $endnum)
   @ sum = $sum + $i
   @ i++
end
echo "1 부터 $endnum 까지 합은 $sum 입니다"
```

소스 코드의 첫 번째 라인에는 주석을 꼭 달아야 하므로 # 기호를 사용하고 있다. echo -n 옵션을 사용하였으므로 해당 내용을 출력한 후에 줄바꿈 없이 사용자의 입력을 기다리게 된다. 사용자가 입력한 숫자를 저장하기 위해 아래 코드가 사용되고 있다.

```
@ endnum = $<
```

숫자 변수 i와 합산 결과를 담게 될 숫자 변수 sum을 각각 초기화 한 다음 while 반복문을 통해 i 값을 1씩 순차적으로 증가시키면서 합산 결과에다 계속 더하고 있음을 알 수 있다.

아래 그림은 완성된 합산 프로그램의 실행 결과 모습이다. 임의의 숫자를 입력하더라도 1부터 해당 숫자까지의 연속된 숫자들의 합산 결과를 확인할 수가 있다.

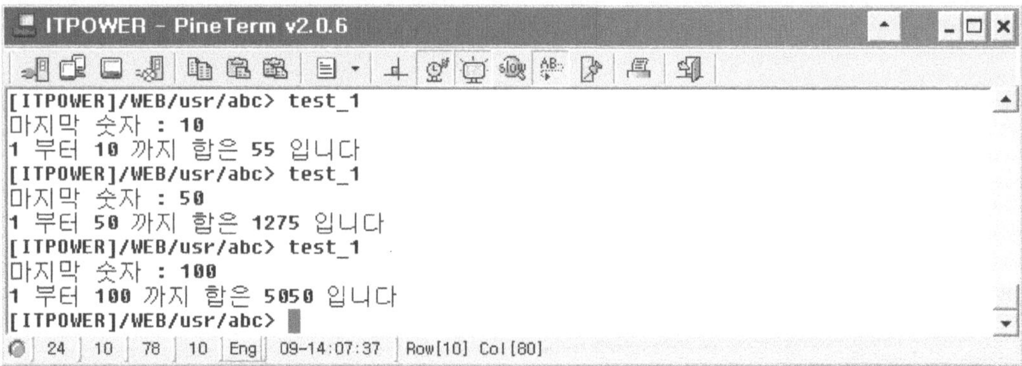
ITPOWER - PineTerm v2.0.6
[ITPOWER]/WEB/usr/abc> test_1
마지막 숫자 : 10
1 부터 10 까지 합은 55 입니다
[ITPOWER]/WEB/usr/abc> test_1
마지막 숫자 : 50
1 부터 50 까지 합은 1275 입니다
[ITPOWER]/WEB/usr/abc> test_1
마지막 숫자 : 100
1 부터 100 까지 합은 5050 입니다
[ITPOWER]/WEB/usr/abc>
24 10 78 10 Eng 09-14:07:37 Row[10] Col[80]

2. 짝수와 홀수

사용자로 부터 임의의 숫자를 입력받아 1부터 해당 숫자까지 순차적으로 증가시키면서 짝수인지 홀수인지를 출력하는 간단한 프로그램을 만들어 보자.

```
# Even and Odd Program
# Filename: test_2

echo -n "종료 숫자 입력 : "
@ endnum = $<

@ i = 1
while ($i <= $endnum)
  if (($i % 2) == 0) then
     echo "$i -> 짝수"
  else
     echo "$i -> 홀수"
  endif
  @ i++
end
```

종료 숫자를 입력받는 코드 부분은 앞서 합산 프로그램을 만들 때와 동일하다. 초기값 1을 가지는 숫자형 변수 i를 선언한 다음 이를 1씩 증가시키면서 종료 숫자가 담긴 $endnum 보다 작거나 같은 동안에 while 반복문을 실행하게 된다.

숫자를 2로 나눈 나머지가 0인 경우에는 짝수가 되고, 그렇지 않은 경우에는 홀수가 된다는 점을 이용해 짝수와 홀수를 구분하고 있음을 알 수 있다.

아래 그림은 완성된 짝수와 홀수 프로그램의 실행 결과 모습이다.

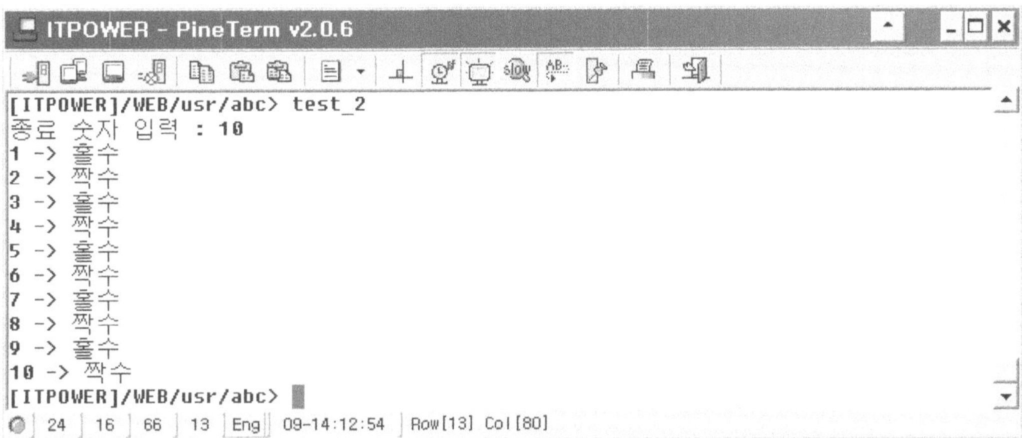
ITPOWER - PineTerm v2.0.6
[ITPOWER]/WEB/usr/abc> test_2
종료 숫자 입력 : 10
1 -> 홀수
2 -> 짝수
3 -> 홀수
4 -> 짝수
5 -> 홀수
6 -> 짝수
7 -> 홀수
8 -> 짝수
9 -> 홀수
10 -> 짝수
[ITPOWER]/WEB/usr/abc>
24 16 66 13 Eng 09-14:12:54 Row[13] Col[80]

3. 삼육구(3-6-9) 게임

앞서 살펴 본 합산 프로그램이나 짝수와 홀수를 출력하는 프로그램과 유사하나 새로운 명령어를 포함하고 있는 삼육구(3-6-9) 프로그램을 만들어 보도록 하자.

삼육구 게임의 규칙을 간소화하기 위해 숫자를 3으로 나누어 떨어지는 경우와 끝자리(일의 자리)가 3으로 끝나는 경우에 대해서만 박수 소리를 나타내는 "짝" 이라 출력하도록 한다.

```
# 3-6-9 Program
# Filename: test_3

echo -n "종료 숫자 입력 : "
@ endnum = $<

@ i = 1
while ($i <= $endnum)
  @ n = `echo $i | wc -c` - 1
  @ num = `echo $i | cut -c$n`
  if (($i % 3) == 0 || $num == 3) then
      echo -n "짝 "
  else
      echo -n "$i "
  endif
  @ i++
end
echo ""
```

상기 C셸 프로그램에서 아래 코드 부분은 출력하고자 하는 숫자의 자릿수를 세어 숫자 변수 n에 저장하는 기능을 한다.

```
@ n = `echo $i | wc -c` - 1
```

유닉스 C쉘 프로그래밍에서는 글자 수를 세는 단일 명령이 존재하지 않기 때문에 숫자를 echo 구문으로 출력하면서 그 결과를 파이프를 통해 wc 명령으로 전달하는 방법을 사용한 것이다. wc 명령에서 -c 옵션은 글자 수를 세는 기능을 한다. 이 때 화면상에 보이는 글자 수보다도 1이 큰 값을 만들어 내기 때문에 마지막 부분에 1을 빼주고 있다.

아래 예를 살펴보면 맨 마지막에 1을 빼주는 역할을 이해할 수 있을 것이다.

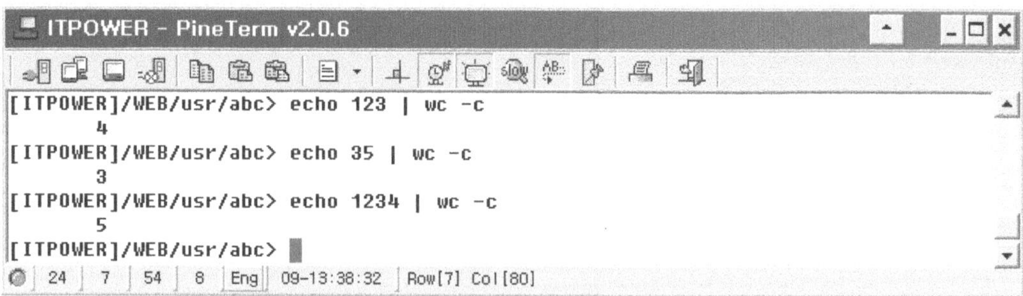
ITPOWER - PineTerm v2.0.6
[ITPOWER]/WEB/usr/abc> echo 123 | wc -c
4
[ITPOWER]/WEB/usr/abc> echo 35 | wc -c
3
[ITPOWER]/WEB/usr/abc> echo 1234 | wc -c
5
[ITPOWER]/WEB/usr/abc>
24 7 54 8 Eng 09-13:38:32 Row[7] Col[80]

그리고 아래 코드 부분은 숫자에서 일의 자리 숫자 하나만 잘라내는 기능을 한다.

```
@ num = `echo $i | cut -c$n`
```

앞서 살펴본 바와 같이 다루고자 하는 숫자의 자릿수가 변수 n에 담겨있으므로 숫자를 echo 구문으로 출력해 뒤따르는 cut 명령으로 전달하게 되면 숫자의 n 번째 위치의 글자를 하나 잘라내는 것이다. 이는 숫자가 아무리 증가하더라도 동일하게 적용될 것이다.

아래 그림은 이렇게 완성된 삼육구 게임 프로그램의 실행 결과를 보여주고 있다.

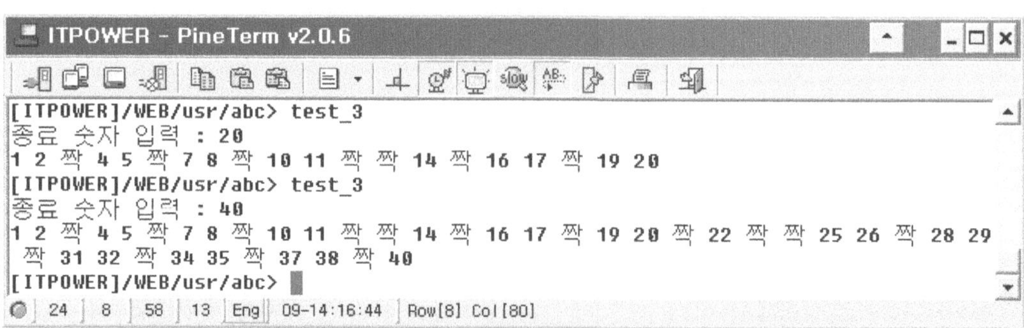
ITPOWER - PineTerm v2.0.6
[ITPOWER]/WEB/usr/abc> test_3
종료 숫자 입력 : 20
1 2 짝 4 5 짝 7 8 짝 10 11 짝 짝 14 짝 16 17 짝 19 20
[ITPOWER]/WEB/usr/abc> test_3
종료 숫자 입력 : 40
1 2 짝 4 5 짝 7 8 짝 10 11 짝 짝 14 짝 16 17 짝 19 20 짝 22 짝 짝 25 26 짝 28 29
짝 31 32 짝 34 35 짝 37 38 짝 40
[ITPOWER]/WEB/usr/abc>
24 8 58 13 Eng 09-14:16:44 Row[8] Col[80]

4. 소수(Prime Number) 구하기

1과 자기 자신 이외의 어떤 숫자로도 나누어지지 않는 1보다 큰 양의 정수들을 소수(Prime Number)라고 한다. 이 예제 프로그램에서는 소수를 출력하는 프로그램을 만들어 보도록 한다.

마찬가지로 숫자들을 다루는 C쉘 프로그램이기는 하나 while 반복문이 중첩되어 사용되는 원리를 이해하기 위해 필요한 예제이므로 꼭 이해하고 넘어가도록 하자.

```
# Prime Number Program
# Filename: test_4

echo -n "종료 숫자 입력 : "
@ endnum = $<

echo -n "1 부터 $endnum 까지 소수 : "
@ i = 2
while ($i <= $endnum)
   @ j = 2
   while ($j < $i)
      if (($i % $j) == 0) break
      @ j++
   end
   if ($j == $i) echo -n "$i "
   @ i++
end
echo ""
```

전체 코드는 몇 줄 되지 않지만 소수를 찾아내는 알고리즘을 이해하지 못한다면 쉽게 코드를 작성하기 어려울 거라 생각한다.

소수를 계산하는 알고리즘을 이해하기 위해 임의의 숫자를 생각해 보라. 예를 들어 숫자 14가 있다면 이는 당연히 1과 자기 자신인 14로 나누어 떨어질 것이다. 하지만 소수의 정의에서 보는 바와 같이 1과 자기 자신 이외의 숫자로 나누어지지 않아야만 한다. 이를 판별하기 위해서는 숫자 14를 2부터 13까지의 숫자들로 차례로 나누어 보는 방법을 사용해야 할 것이다. 만약 이 과정에서 나누어지는 경우가 발생해 버린다면 더 이상 진행할 필요 없이 소수가 아닌 것으로 판단하면 된다.

아래 코드에서 보는 바와 같이 숫자 1을 제외하고 숫자 2부터 종료 숫자까지 소수를 찾아 출력하기 위해 while 구문을 반복하게 된다.

```
@ i = 2
while ($i <= $endnum)
          :
   @ i++
end
```

임의의 숫자를 2 부터 자신보다 1이 작은 숫자까지 차례로 나누어 떨어지는지를 살펴보는 코드는 아래와 같다.

```
@ j = 2
while ($j < $i)
   if (($i % $j) == 0) break
   @ j++
end
```

숫자 변수 j를 2부터 i 보다 1이 적은 숫자까지 증가시키면서 i를 j로 나누는 과정을 진행하다 만약 나누어 떨어지는 경우가 발생하면 break 명령에 의해 while 구문을 벗어나게 된다. 나누어 떨어지는 경우가 한 번이라도 생기면 더 이상 나눗셈을 진행할 필요가 없이 소수가 아닌 것으로 판단할 수 있기 때문이다.

소수 여부를 판단하는 중요한 코드가 바로 아래에 나와 있다.

```
if ($j == $i) echo -n "$i "
```

만약 break 명령 실행에 의해 while 반복문을 벗어난 경우라면 변수 j에는 2부터 i보다 작은 숫자 중의 하나가 담겨있을 것이다. 그렇지 않고 정상적으로 while 구문이 종료되었다면 변수 j가 1씩 증가하다가 변수 i와 값이 같아지는 경우가 될 것이다. 따라서 변수 i와 변수 j가 같은 값을 가지는 경우에는 while 반복문 내에서 나누어 떨어지는 경우가 없었다는 것을 암시하게 된다. 그렇다면 변수 i에 담긴 숫자가 바로 소수라는 것을 알 수 있다.

아래 그림은 소수를 출력하는 프로그램의 실행 결과를 보여주고 있다.

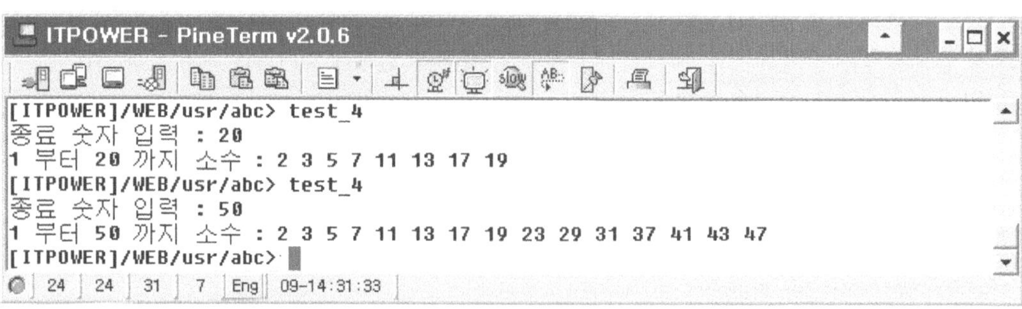
ITPOWER - PineTerm v2.0.6
[ITPOWER]/WEB/usr/abc> test_4
종료 숫자 입력 : 20
1 부터 20 까지 소수 : 2 3 5 7 11 13 17 19
[ITPOWER]/WEB/usr/abc> test_4
종료 숫자 입력 : 50
1 부터 50 까지 소수 : 2 3 5 7 11 13 17 19 23 29 31 37 41 43 47
[ITPOWER]/WEB/usr/abc>
24 24 31 7 Eng 09-14:31:33

5. 숫자를 문자로 변환

숫자를 입력받아 이를 문자로 바꾸어 주는 프로그램을 만들어 보도록 하자. C쉘 프로그래밍 문법 중에서 switch 구문과 case 구문을 익힐 수 있는 예제에 속한다.

```
# Number to Character Conversion
# Filename: test_5

echo -n "숫자입력 : "
set number = $<

@ n = `echo $number | wc -c` - 1
@ i = 1
while ($i <= $n)
   set char = `echo $number | cut -c$i`
   switch ($char)
      case "0":
            echo -n "영"
            breaksw
      case "1":
            echo -n "일"
            breaksw
      case "2":
            echo -n "이"
            breaksw
      case "3":
            echo -n "삼"
            breaksw
      case "4":
            echo -n "사"
            breaksw
      case "5":
            echo -n "오"
            breaksw
      case "6":
            echo -n "육"
            breaksw
      case "7":
            echo -n "칠"
            breaksw
      case "8":
            echo -n "팔"
            breaksw
      case "9":
            echo -n "구"
            breaksw
   endsw
   @ i++
end
echo ""
```

이 예제 프로그램은 특별한 기능을 가지고 있지는 않으므로 상세한 설명은 생략하고자 한다. 다만 입력받은 숫자의 자릿수를 계산한 다음 첫 번째 자리 숫자부터 마지막 자리 숫자까지를 각각 잘라내서 switch 구문을 통해 숫자를 한글로 출력해 주는 기능을 제공함을 알 수 있다.

이러한 코드를 활용한다면 반대로 문자를 입력받아 숫자로 바꾸어 주는 프로그램으로 쉽게 만들 수 있을 것이다.

아래 그림은 숫자를 문자로 변환하는 예제 프로그램의 실행 결과이다.

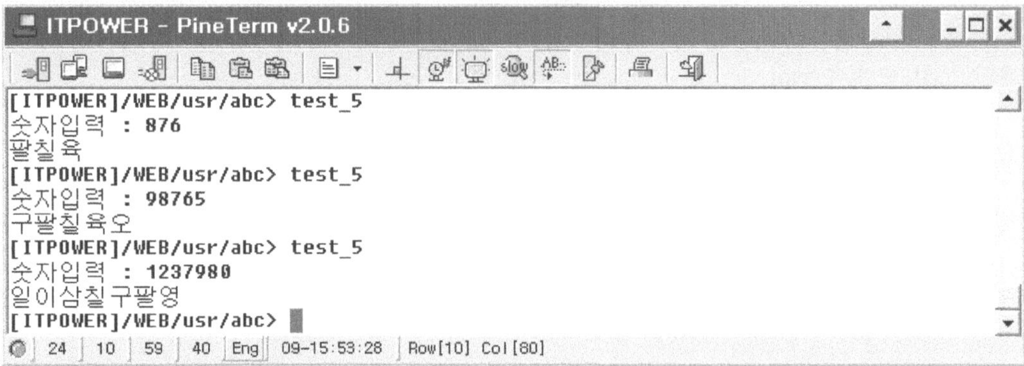
ITPOWER - PineTerm v2.0.6
[ITPOWER]/WEB/usr/abc> test_5
숫자입력 : 876
팔칠육
[ITPOWER]/WEB/usr/abc> test_5
숫자입력 : 98765
구팔칠육오
[ITPOWER]/WEB/usr/abc> test_5
숫자입력 : 1237980
일이삼칠구팔영
[ITPOWER]/WEB/usr/abc>
24 10 59 40 Eng 09-15:53:28 Row[10] Col[80]

6. 배열 변수 다루기

C쉘 프로그램 개발 시에 배열 변수를 다룰 경우가 많다. 배열 변수를 while 반복문과 shift 명령어를 이용해 다루는 간단한 예제를 먼저 살펴보도록 하자.

```
# Array Variable Program
# Filename: test_6

set rainbow = (빨강 주황 노랑 초록 파랑 남색 보라)

while ($#rainbow)
   echo $rainbow[1]
   shift rainbow
end
```

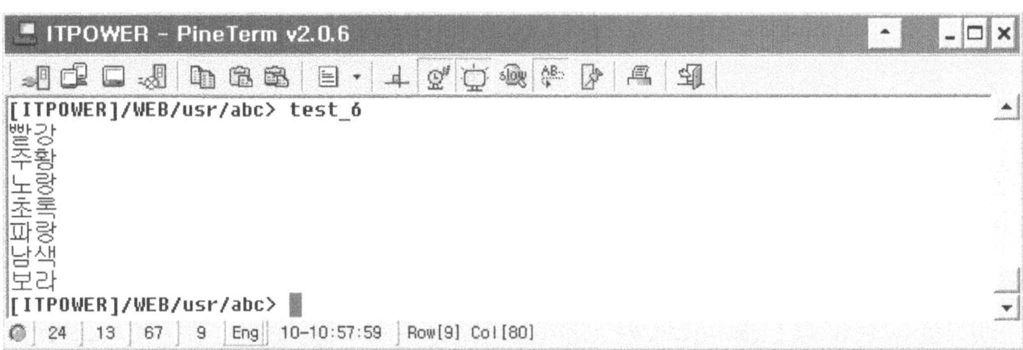
ITPOWER - PineTerm v2.0.6
[ITPOWER]/WEB/usr/abc> test_6
빨강
주황
노랑
초록
파랑
남색
보라
[ITPOWER]/WEB/usr/abc>
24 13 67 9 Eng 10-10:57:59 Row[9] Col[80]

소스 코드에 대한 별도의 설명이 없더라도 실행 결과물과 함께 비교해 보면 쉽게 이해할 수 있을 것이다. shift 명령 뒤에 사용된 배열 변수명 앞에 $ 기호가 사용되지 않음을 명심해야 할 것이다.

이제 배열 변수에 원소들을 담아두고서 사용자가 입력한 값이 배열 변수의 원소에 존재하는지를 확인하는 프로그램을 살펴보도록 하자. 아래 예제 프로그램에서는 무지개 색깔을 맞추는 기능을 제공한다.

```
# Rainbow Program
# Filename: test_6

set rainbow = (빨강 주황 노랑 초록 파랑 남색 보라)

again:
echo -n "색깔 입력(예: 빨강): "
set input = $<

@ i = 1
while ($i <= $#rainbow)
   if ($input == $rainbow[$i]) then
        echo "색깔을 맞추었어요"
        break
   endif
   @ i++
end
if ($i > $#rainbow) echo "그런 색깔 없어요"
echo -n "계속 하실래요?(y/n): "
set answer = $<
if ($answer == "y") goto again
```

배열 변수 rainbow에 일곱 가지 색깔을 원소로 저장하기 위해 set 명령을 사용하고 있다. 사용자가 입력하는 색깔이 배열 변수 내에 존재하는 지를 확인하기 위해 아래 코드와 같이 while 구문을 사용하고 있다.

```
@ i = 1
while ($i <= $#rainbow)
   if ($input == $rainbow[$i]) then
        echo "색깔을 맞추었어요"
        break
   endif
   @ i++
end
```

첫 번째 원소부터 마지막 원소($#rainbow)까지 while 반복문을 실행하면서 사용자의 입력 색깔($input)과 i 번째 무지개 색깔($rainbow[$i])이 같은지를 비교하고 있다. 만약 같은 경우에는 색깔을 맞추었다는 메시지를 출력하고서 break 명령을 통해 while 구문을 벗어나게 된다.

만약 7번의 비교를 거친 후에도 일치하는 색깔이 없었다면 숫자 변수 i는 8 값을 가진 상태가 되므로 아래 코드에서 보는 바와 같이 무지개 색깔 숫자($#rainbow) 보다 큰 상태가 되어 그런 색깔이 없다는 메시지를 출력하게 된다.

```
if ($i > $#rainbow) echo "그런 색깔 없어요"
```

아래 코드는 사용자의 y/n 문자를 입력받아 again 라벨이 붙은 위치까지 되돌아가는 goto 구문의 사용 방법을 보여주고 있다. y가 아닌 문자가 입력되면 프로그램은 종료한다.

```
echo -n "계속 하실래요?(y/n): "
set answer = $<
if ($answer == "y") goto again
```

아래 그림은 무지개 색깔 맞추는 프로그램의 실행 결과를 보여주고 있다.

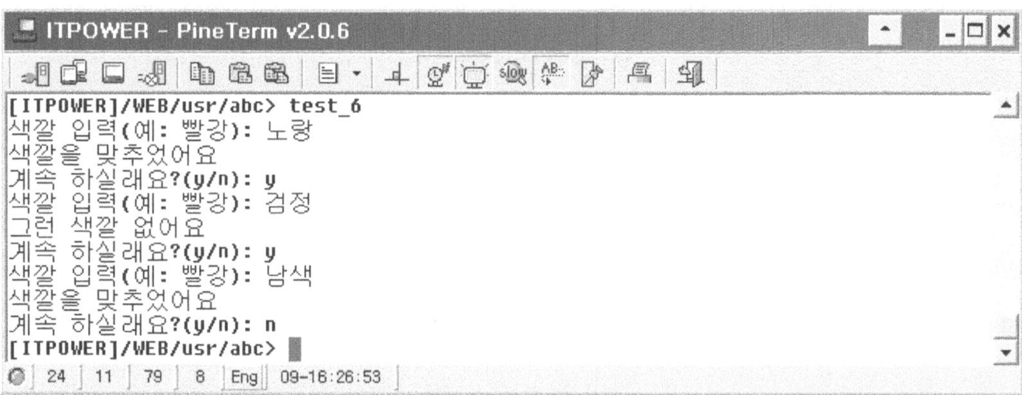
ITPOWER - PineTerm v2.0.6
[ITPOWER]/WEB/usr/abc> test_6
색깔 입력(예: 빨강): 노랑
색깔을 맞추었어요
계속 하실래요?(y/n): y
색깔 입력(예: 빨강): 검정
그런 색깔 없어요
계속 하실래요?(y/n): y
색깔 입력(예: 빨강): 남색
색깔을 맞추었어요
계속 하실래요?(y/n): n
[ITPOWER]/WEB/usr/abc>
24 11 79 8 Eng 09-16:26:53

7. 숫자 맞추기 게임

한 사용자가 입력한 숫자를 다른 사용자가 맞추는 간단한 프로그램을 만들어 보자. 맞춰야 할 숫자보다 입력하는 숫자가 큰지 작은지만 결과로 보여주게 되므로 이를 기초로 해서 숫자를 몇 번 만에 맞추는 가를 겨루는 프로그램이다.

```
# Big or Small Program
# Filename: test_7

echo -n "맞춰야 할 숫자 입력(1~100): "
@ guess = $<

clear                   # 화면을 클리어

@ counter = 1
while ($counter <= 10)
   echo -n "Guess Number : "
   @ input = $<
   if ($input > $guess) then
        echo "숫자가 커요"
   else if ($input < $guess) then
        echo "숫자가 작아요"
   else
        echo "$counter 번 만에 맞추었네요"
        break
   endif
   @ counter++
end
if ($counter > 10) echo "숫자를 맞추지 못했네요"
```

맞춰야 할 숫자를 한 사용자가 입력하고 나면 화면을 클리어 시킨 다음 다른 사용자가 맞추어 나가는 식으로 만들어 주고 있다.

아래 그림은 숫자 맞추기 프로그램을 실행하고서 맞춰야 할 숫자를 입력하는 모습이다.

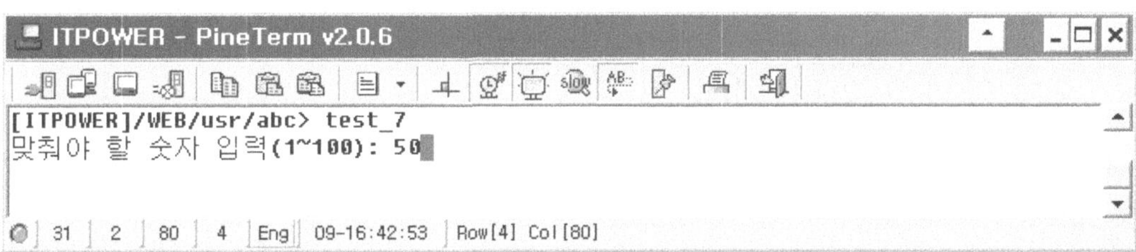
ITPOWER - PineTerm v2.0.6
[ITPOWER]/WEB/usr/abc> test_7
맞춰야 할 숫자 입력(1~100): 50
31 2 80 4 Eng 09-16:42:53 Row[4] Col[80]

상기 소스 코드에서는 중첩된 if 구문이 어떻게 사용되는 지를 살펴볼 수가 있다. 입력한 숫자가 맞춰야 할 숫자보다 큰 경우와 작은 경우 그리고 일치하는 경우의 세 가지가 존재하므로 이를 중첩된 if 구문을 통해 해결하고 있다.

```
if ($input > $guess) then
      echo "숫자가 커요"
else if ($input < $guess) then
      echo "숫자가 작아요"
else
      echo "$counter 번 만에 맞추었네요"
      break
endif
```

만약 10번 이내에 숫자를 맞춘 경우에는 break 명령을 통해 while 구문을 완전히 벗어나게 되며, 10번의 기회 동안에 문제를 맞히지 못한 경우에는 $counter 변수가 11 값을 가지게 된다는 점을 이용해 숫자를 맞히지 못했다는 메시지를 출력하게 된다.

아래 그림은 다른 사용자가 숫자를 맞히어 가는 과정을 보여주는 결과 모습이다.

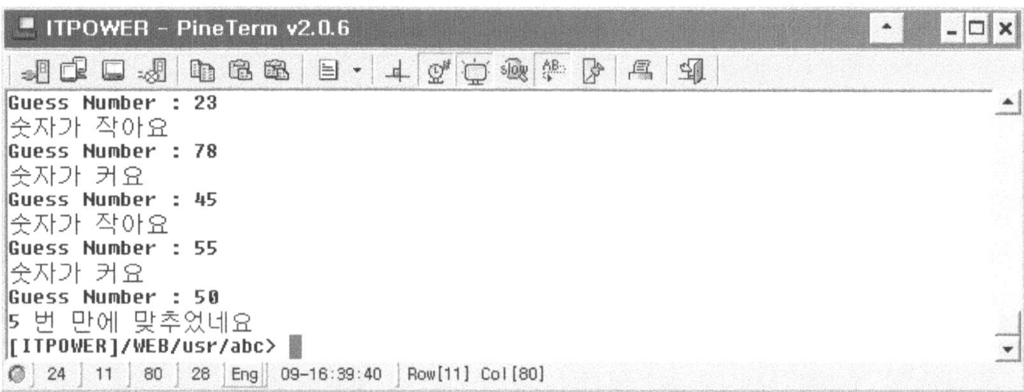
ITPOWER - PineTerm v2.0.6
Guess Number : 23
숫자가 작아요
Guess Number : 78
숫자가 커요
Guess Number : 45
숫자가 작아요
Guess Number : 55
숫자가 커요
Guess Number : 50
5 번 만에 맞추었네요
[ITPOWER]/WEB/usr/abc>
24 11 80 28 Eng 09-16:39:40 Row[11] Col[80]

10번의 기회 동안에 숫자를 맞히지 못한 경우에는 어떤 결과가 출력되는지 직접 확인해보기 바란다.

8. 숫자/알파벳 입력 예외 처리

사용자가 알파벳을 입력해야 하는데 숫자를 입력한다거나 아니면 숫자를 입력해야 하는데 알파벳이나 특수 문자를 입력하는 경우와 같이 사용자의 입력 오류를 예외 처리하기 위해 필요한 기능을 살펴보도록 하자.

아래 코드는 숫자를 입력받아 해당 숫자를 화면상에 출력하는 간단한 프로그램이다.

```
# Input Numbers
# Filename: test_8

echo -n "숫자를 입력하세요(0~9): "
@ num = $<

echo "숫자 $num 을 입력하셨네요"
```

이 프로그램은 @ 기호를 사용해 숫자 변수를 선언하고 있기 때문에 문자나 특수 기호를 입력하게 되는 경우에는 아래와 같이 자동적으로 오류가 발생하게 된다.

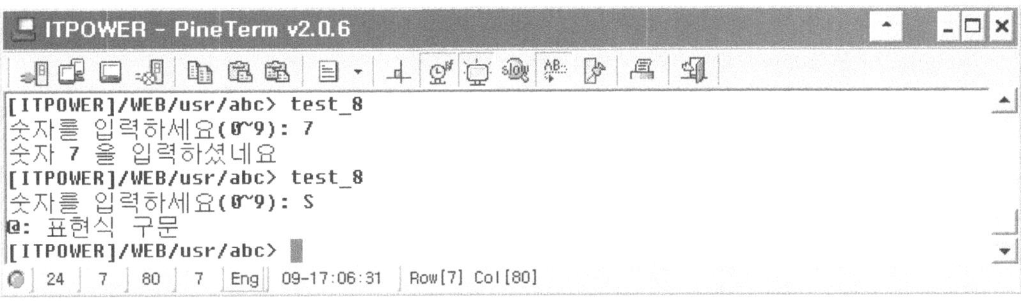
ITPOWER - PineTerm v2.0.6
[ITPOWER]/WEB/usr/abc> test_8
숫자를 입력하세요(0~9): 7
숫자 7 을 입력하셨네요
[ITPOWER]/WEB/usr/abc> test_8
숫자를 입력하세요(0~9): S
@: 표현식 구문
[ITPOWER]/WEB/usr/abc>
24 7 80 7 Eng 09-17:06:31 Row[7] Col[80]

프로그램 실행 과정에서 오류 발생으로 비정상 종료되기 보다는 사용자의 입력 숫자나 문자를 체크해 예외적인 데이터가 입력되는 경우에는 다시 입력을 받거나 다른 조치를 취하도록 하는 것이 바람직하다.

코드를 아래와 같이 약간 수정해 보도록 하자. 숫자 변수 대신에 문자를 입력 받을 수 있는 변수로 선언한 경우이다.

```
# Input Numbers
# Filename: test_8

echo -n "숫자를 입력하세요(0~9): "
set num = $<

if ($num !~ [0-9]) then
    echo "숫자가 아닙니다"
else
    echo "숫자 $num 을 입력하셨어요"
endif
```

if 구문의 괄호 속에 ($num !~ [0-9]) 형태로 사용 $num 값이 0에서 9사이에 속한 값이 아닌지를 구간 검사하고 있음을 알 수 있다.

이러한 형태로 코드를 사용하게 되면 비정상 데이터가 입력되더라도 프로그램이 종료되는 것을 막고 그에 따른 조치를 취할 수가 있게 된다.

아래 그림은 상기 코드를 실행한 결과를 보여주고 있다.

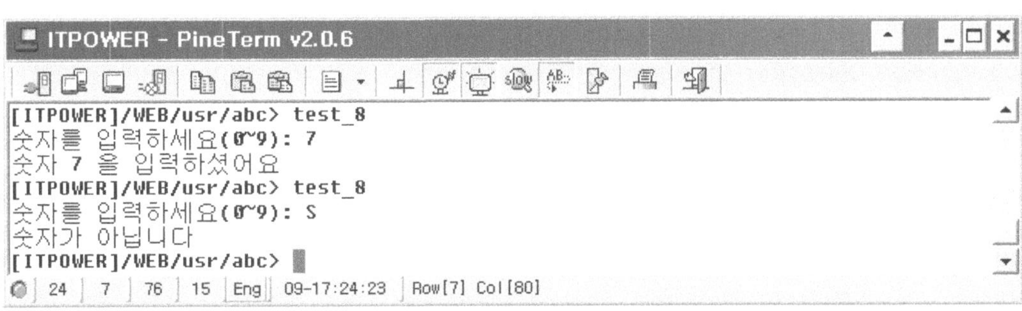
ITPOWER - PineTerm v2.0.6
[ITPOWER]/WEB/usr/abc> test_8
숫자를 입력하세요(0~9): 7
숫자 7 을 입력하셨어요
[ITPOWER]/WEB/usr/abc> test_8
숫자를 입력하세요(0~9): S
숫자가 아닙니다
[ITPOWER]/WEB/usr/abc>
24 7 76 15 Eng 09-17:24:23 Row[7] Col[80]

아래 코드는 다시 약간 수정해 사용자가 숫자를 입력하지 않은 경우에 goto 명령어를 이용해 다시 입력을 받도록 하는 예외처리 기능을 추가한 것이다.

```
# Input Numbers
# Filename: test_8

again:
echo -n "숫자를 입력하세요(0~9): "
set num = $<

if ($num !~ [0-9]) goto again

@ num = $num + 7

echo "입력한 숫자에다 7을 더하니 $num 이 되네요"
```

아래 그림은 상기 코드의 실행 결과를 보여주고 있다. 숫자가 아닌 경우에는 다시 입력을 받고 있음을 알 수 있다.

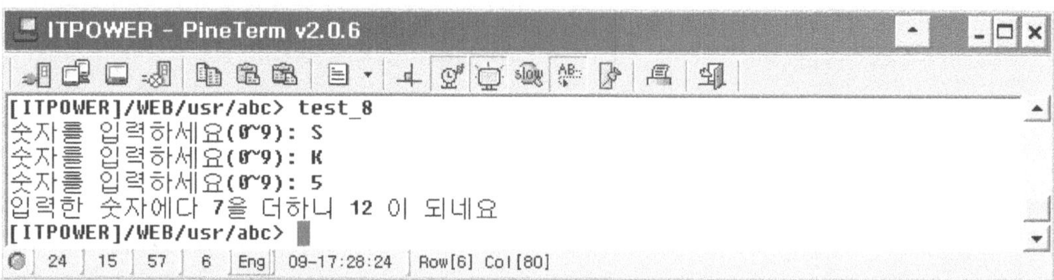
ITPOWER - PineTerm v2.0.6
[ITPOWER]/WEB/usr/abc> test_8
숫자를 입력하세요(0~9): S
숫자를 입력하세요(0~9): K
숫자를 입력하세요(0~9): 5
입력한 숫자에다 7을 더하니 12 이 되네요
[ITPOWER]/WEB/usr/abc>
24 15 57 6 Eng 09-17:28:24 Row[6] Col[80]

여기서 중요한 점은 사용자의 입력이 문자 변수에 저장되었다 할지라도 사용자가 숫자를 입력한 경우에는 숫자로 처리되어 각종 연산에 이용될 수 있음을 알 수 있다.

반대로 문자를 입력해야 하는데 숫자나 특수 기호를 입력하는 경우에 어떻게 예외 처리를 할 수 있는지를 다음 예제를 통해 살펴보도록 하자.

```
# Input Characters
# Filename: test_8

again:
echo -n "알파벳을 입력하세요(a~zA~Z): "
set char = $<

if ($char !~ [a-zA-Z]) goto again

echo "$char 알파벳을 입력했네요"
```

상기 코드는 소문자나 대문자 알파벳을 입력하지 않은 경우에는 무조건 다시 입력을 받도록 goto 명령이 실행된다. 알파벳을 입력한 경우에는 이 알파벳을 출력하고 프로그램은 종료된다.

아래 그림은 상기 코드의 실행 결과를 보여주고 있다.

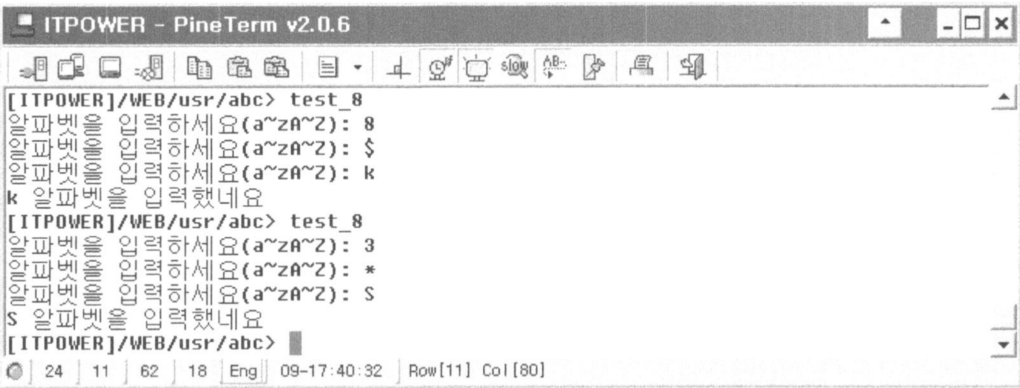
ITPOWER - PineTerm v2.0.6
[ITPOWER]/WEB/usr/abc> test_8
알파벳을 입력하세요(a~zA~Z): 8
알파벳을 입력하세요(a~zA~Z): $
알파벳을 입력하세요(a~zA~Z): k
k 알파벳을 입력했네요
[ITPOWER]/WEB/usr/abc> test_8
알파벳을 입력하세요(a~zA~Z): 3
알파벳을 입력하세요(a~zA~Z): *
알파벳을 입력하세요(a~zA~Z): S
S 알파벳을 입력했네요
[ITPOWER]/WEB/usr/abc>
24 11 62 18 Eng 09-17:40:32 Row[11] Col[80]

9. 인자(Arguments) 다루기

앞서 살펴본 예제 프로그램들은 프로그램 실행 도중에 사용자의 입력을 받는 경우가 대부분이었으나 파일명이나 문자열 등을 명령 라인에서 인자로 제공해야 하는 경우도 있다. C쉘 프로그램을 실행시킬 때 인자를 입력해야 하는 경우에는 다음과 같이 프로그램 이름 뒤에 인자들을 나열해 주면 된다.

사용 예: 프로그램명 (인자들)

이때 명령 라인에 입력되는 인자들은 $argv[] 라는 배열 변수에 자동적으로 저장이 된다. 그렇다면 인자의 개수를 구하는 방법은 $#argv 임을 알 수 있다.

아래 코드는 명령 실행 시에 인자를 입력받은 다음 이를 출력하는 간단한 예제 프로그램이다.

```
# Arguments Handling
# Filename: test_9

if ($#argv < 1) then
   echo "사용법: $0 인자들"
   exit
else
   echo "첫번째 인자는 $argv[1] 입니다"
   echo "인자의 갯수는 모두 $#argv 개입니다"
endif
```

아래 그림은 실행 결과를 보여준다.

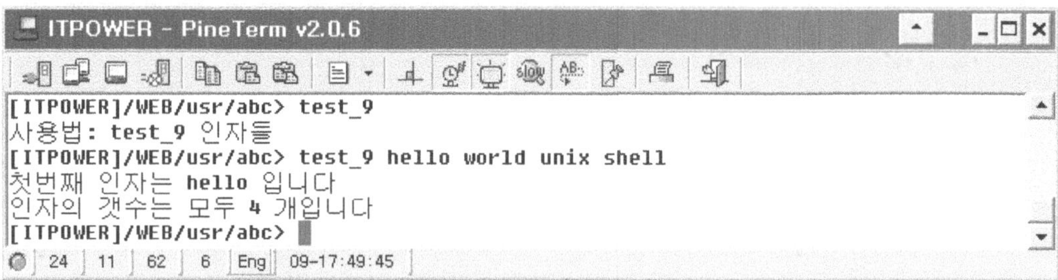
ITPOWER - PineTerm v2.0.6
[ITPOWER]/WEB/usr/abc> test_9
사용법: test_9 인자들
[ITPOWER]/WEB/usr/abc> test_9 hello world unix shell
첫번째 인자는 hello 입니다
인자의 갯수는 모두 4 개입니다
[ITPOWER]/WEB/usr/abc>
24
11
62
6
Eng
09-17:49:45

인자가 입력되지 않은 경우에는 사용법을 보여주고 exit 명령에 의해 프로그램은 더 이상 실행되지 않고 종료한다. 사용법을 출력하는 부분의 코드를 자세히 살펴보면 $0 라는 변수를 사용하고 있음을 알 수 있다. 결과와 비교해 보면 알 수 있듯이 명령 라인에 입력하는 프로그램명 자체를 담고 있는 변수는 $argv[0]가 아니라 $0 라는 것이다. 프로그램명을 제외한 인자들이 배열 변수 $argv[]에 차례대로 저장됨을 이해하도록 하자.

10. 문자열 다루기

방금 살펴본 인자를 다루는 기술을 활용하여 인자로 입력되는 문자열을 다루는 프로그램을 다루어보도록 하자.

첫 번째 다루어 볼 상황은 인자로 입력받은 문자열을 한 글자씩 잘라서 이를 화면상에 출력하는 간단한 기능이다. 이러한 기능은 앞으로 배우게 될 다양한 문자열을 다루는 기초가 되므로 꼭 이해하고 넘어가도록 하자.

```
# String Handling
# Filename: test_10

if ($#argv < 1) then
   echo "사용법: $0 문자열"
   exit
else
   @ num = `echo $argv[1] | wc -c` - 1
   @ i = 1
   while ($i <= $num)
      set char = `echo $argv[1] | cut -c$i`
      echo $char
      @ i++
   end
endif
```

소스 코드의 핵심은 인자로 입력받은 문자열의 글자 수를 세어 $num 변수에 저장한 다음 카운터를 1부터 $num 까지 1씩 증가시키면서 해당 위치의 문자를 cut 명령으로 잘라 이를 출력하는 것이다. 문자열의 글자 수를 셀 때 wc -c 명령을 사용하고 있으나, 이미 강조한 바와 같이 눈으로 확인할 수 있는 글자 수보다 1이 많은 값을 출력하기 때문에 1을 빼주는 부분이 항상 붙어 다님을 명심하도록 하자. 여기서 마이너스 기호와 숫자 1 사이에 공백을 두어야 한다는 점도 명심하라.

아래 그림은 프로그램 실행 결과이다. 어떠한 문자열을 입력하더라도 문자열을 구성하는 각 글자를 개별 출력하고 있음을 알 수 있다.

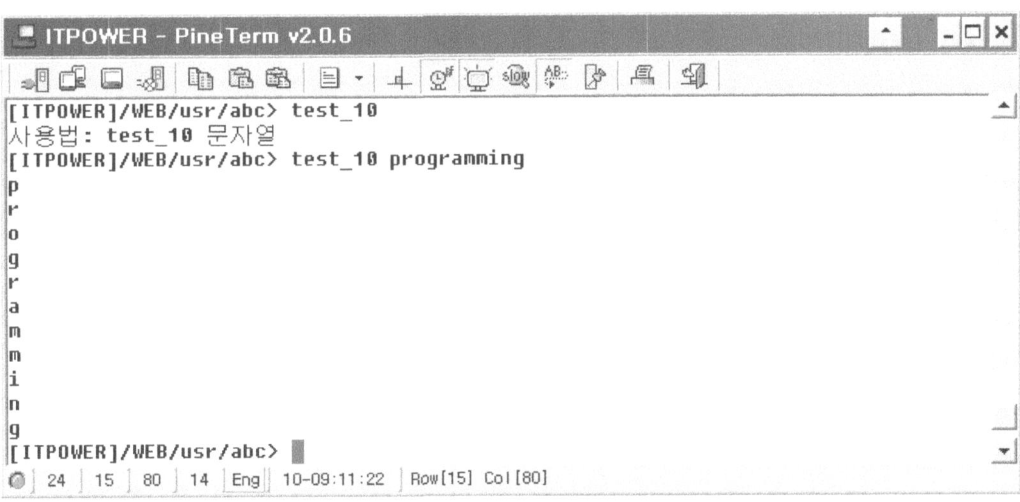
ITPOWER - PineTerm v2.0.6
[ITPOWER]/WEB/usr/abc> test_10
사용법: test_10 문자열
[ITPOWER]/WEB/usr/abc> test_10 programming
p
r
o
g
r
a
m
m
i
n
g
[ITPOWER]/WEB/usr/abc>
24 15 80 14 Eng 10-09:11:22 Row[15] Col[80]

방금 살펴 본 소스 코드를 아래와 같이 간단히 수정함으로써 인자로 입력받은 문자열을 구성하는 글자들을 거꾸로 출력할 수도 있다. 단지 인덱스 변수 i 의 초기값을 1이 아닌 $num 값으로 대체하였으며, while 구문의 조건식 부분만 수정한 것에 불과하다.

```
# String Handling
# Filename: test_10

if ($#argv < 1) then
   echo "사용법: $0 문자열"
   exit
else
   @ num = `echo $argv[1] | wc -c` - 1
   @ i = $num
   while ($i > 0)
      set char = `echo $argv[1] | cut -c$i`
      echo $char
      @ i--
   end
endif
```

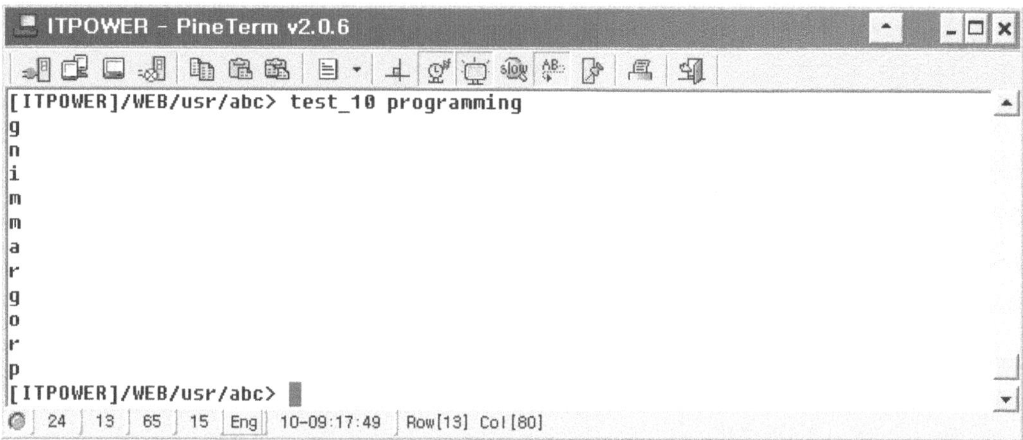
ITPOWER - PineTerm v2.0.6
[ITPOWER]/WEB/usr/abc> test_10 programming
g
n
i
m
m
a
r
g
o
r
p
[ITPOWER]/WEB/usr/abc>
24 13 65 15 Eng 10-09:17:49 Row[13] Col[80]

입력 문자열을 거꾸로 출력하는 소스 코드의 echo 구문에 -n 옵션을 추가함으로써 아래 그림과 같은 출력이 되도록 할 수 있다. 다양한 응용이 가능함을 알 수 있다.

```
# String Handling
# Filename: test_10

if ($#argv < 1) then
   echo "사용법: $0 문자열"
   exit
else
   @ num = `echo $argv[1] | wc -c` - 1
   @ i = $num
   while ($i > 0)
      set char = `echo $argv[1] | cut -c$i`
      echo -n $char
      @ i--
   end
endif
echo ""
```

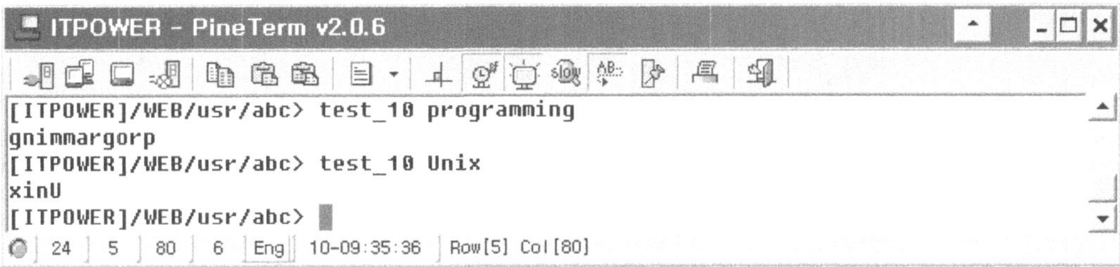
ITPOWER - PineTerm v2.0.6
[ITPOWER]/WEB/usr/abc> test_10 programming
gnimmargorp
[ITPOWER]/WEB/usr/abc> test_10 Unix
xinU
[ITPOWER]/WEB/usr/abc>
24 5 80 6 Eng 10-09:35:36 Row[5] Col[80]

11. 다중 문자열 다루기

이제 인자로 문자열을 여러 개 입력하는 경우에 이를 다루는 간단한 예제를 살펴보도록 하자.

아래 코드는 프로그램 실행 시에 문자열들을 입력받아 이들을 각각 화면상에 출력하는 기능을 제공한다. 소스 코드 상에 어려운 부분은 없으므로 실행 결과와 비교하여 이해를 하도록 노력하기 바란다.

마찬가지로 입력하는 문자열들을 맨 마지막 문자열부터 첫 번째 문자열 순으로 거꾸로 출력하는 코드도 만들 수 있을 거라 생각하므로 여기서는 생략하고자 한다.

```
# Multiple String Handling
# Filename: test_11

if ($#argv < 1) then
   echo "사용법: $0 문자열 문자열 ..."
   exit
else
   @ i = 1
   while ($i <= $#argv)
      echo $argv[$i]
      @ i++
   end
endif
```

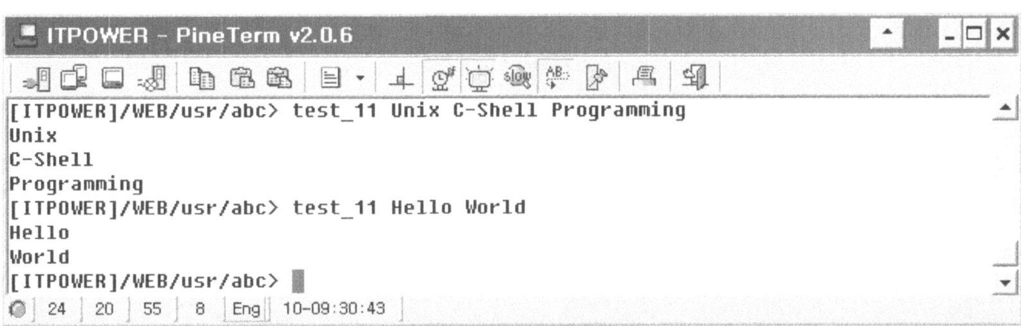
ITPOWER - PineTerm v2.0.6
[ITPOWER]/WEB/usr/abc> test_11 Unix C-Shell Programming
Unix
C-Shell
Programming
[ITPOWER]/WEB/usr/abc> test_11 Hello World
Hello
World
[ITPOWER]/WEB/usr/abc>
24 20 55 8 Eng 10-09:30:43

그렇다면 지금까지 배운 문자열을 다루는 기능을 활용해 다수의 문자열을 인자로 받아들여 앞서 다음과 같은 결과를 얻어내는 프로그램을 만들어 보도록 하자.

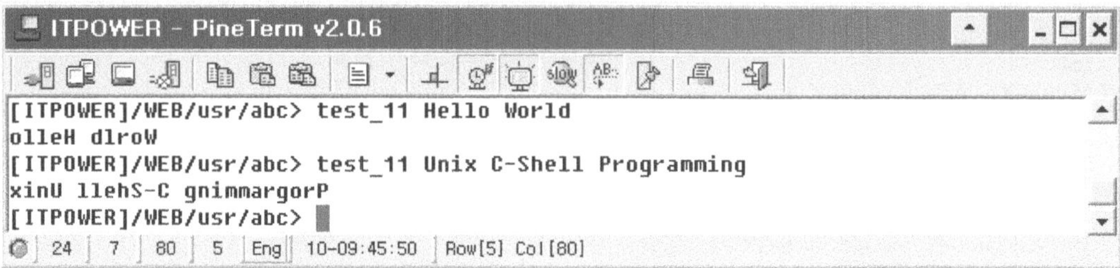
ITPOWER - PineTerm v2.0.6
[ITPOWER]/WEB/usr/abc> test_11 Hello World
olleH dlroW
[ITPOWER]/WEB/usr/abc> test_11 Unix C-Shell Programming
xinU llehS-C gnimmargorP
[ITPOWER]/WEB/usr/abc>
24 7 80 5 Eng 10-09:45:50 Row[5] Col[80]

상기 결과를 보여줄 수 있는 소스 코드는 아래와 같다. 참고용으로 알아두기 바라며, 소스 코드에 대한 설명은 생략하고자 한다.

```
# Multiple String Handling
# Filename: test_11

if ($#argv < 1) then
    echo "[사용법] $0 문자열 문자열 ..."
    exit
endif

@ i = 1
while ($i <= $#argv)
   @ num = `echo $argv[$i] |wc -c` - 1
   while ($num > 0)
      set char = `echo $argv[$i] |cut -c$num`
      echo -n $char
      @ num--
   end
   echo -n " "
   @ i++
end
echo ""
```

위 소스 코드가 이해된다면 아래와 같은 결과를 보여주는 프로그램을 스스로 만들 수 있을 것이다. 소스 코드는 별도로 제시하지 않으므로 각자 만들어 보기 바란다.

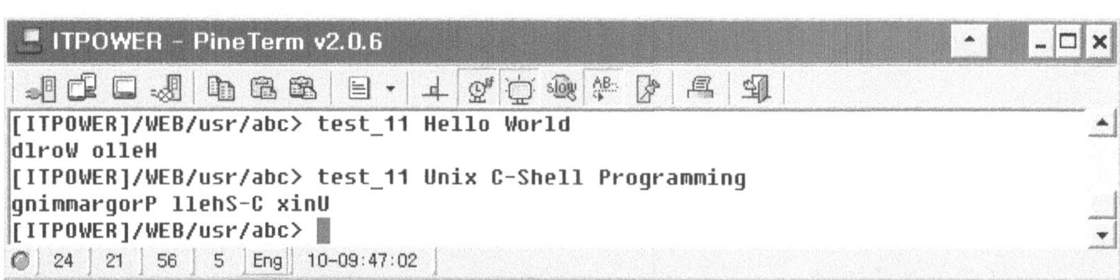
ITPOWER - PineTerm v2.0.6
[ITPOWER]/WEB/usr/abc> test_11 Hello World
dlroW olleH
[ITPOWER]/WEB/usr/abc> test_11 Unix C-Shell Programming
gnimmargorP llehS-C xinU
[ITPOWER]/WEB/usr/abc>
24 21 56 5 Eng 10-09:47:02

12. 텍스트 파일 다루기

여기서는 텍스트 파일에 저장된 문자열을 다루는 예제 프로그램을 살펴보도록 하자.

C셸 프로그램 개발 시에 실행 결과물을 화면상에 출력할 수도 있지만 출력 방향을 지정하는 > 기호나 >> 기호를 사용해 텍스트 파일에 저장할 수 있다. 반대로 텍스트 파일의 내용을 읽어 들이는 방법도 가능하다.

다음 예제 프로그램과 실행 결과를 비교해 보면서 C셸 프로그래밍 시에 > 기호와 >> 기호를 이용한 텍스트 파일 생성 과정을 이해하도록 하자.

```
# Text File Handling
# Filename: test_12

set tmp = `ls`
echo $tmp > newfile

@ i = 1
while ($i <= 10)
   echo $i >> numbers
   @ i++
end
```

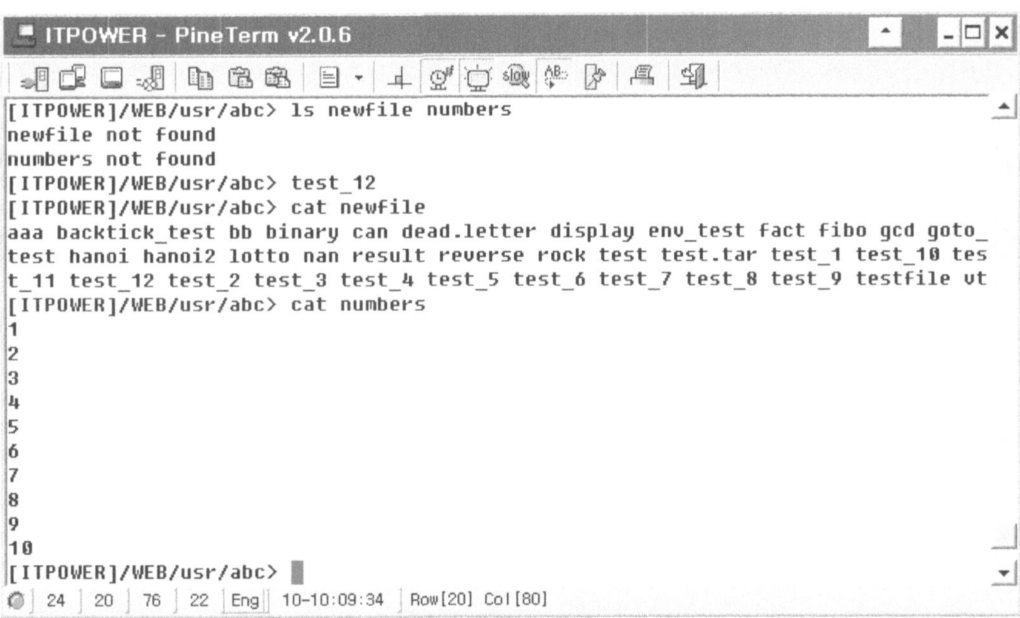
ITPOWER - PineTerm v2.0.6
[ITPOWER]/WEB/usr/abc> ls newfile numbers
newfile not found
numbers not found
[ITPOWER]/WEB/usr/abc> test_12
[ITPOWER]/WEB/usr/abc> cat newfile
aaa backtick_test bb binary can dead.letter display env_test fact fibo gcd goto_
test hanoi hanoi2 lotto nan result reverse rock test test.tar test_1 test_10 tes
t_11 test_12 test_2 test_3 test_4 test_5 test_6 test_7 test_8 test_9 testfile vt
[ITPOWER]/WEB/usr/abc> cat numbers
1
2
3
4
5
6
7
8
9
10
[ITPOWER]/WEB/usr/abc>
24 20 76 22 Eng 10-10:09:34 Row[20] Col[80]

소스 코드를 살펴보면 ls 명령 실행 결과를 화면상에 출력하지 않고 $tmp 변수에 저장한 다음 echo 명령과 > 기호를 이용해 newfile 이라는 새로운 텍스트 파일에 기록하는 것을 알 수 있다. 마찬가지로 while 반복문을 이용해 1부터 10까지의 숫자를 echo 명령과 >> 기호를 사용해 numbers 라는 텍스트 파일에 차례대로 기록하고 있음을 알 수 있다.

프로그램의 실행에 앞서 newfile 및 numbers 파일이 존재하지 않음을 확인하였으며, 프로그램 실행 후에는 두 개의 텍스트 파일이 생성되어 cat 명령에 의해 텍스트 파일의 내용이 출력되고 있음을 확인할 수 있다.

이제는 C셸 프로그래밍에서 텍스트 파일을 읽어 들여 활용하는 방법에 대해 간단한 예제를 통해 살펴보기로 한다. vi 텍스트 편집기로 몇 줄의 문자열을 입력한 텍스트 파일을 만들어 testfile 이라는 파일명으로 저장해 두고서 이를 활용할 예정이다.

아래 소스 코드는 C셸 프로그램 내에 단순히 텍스트 파일의 내용을 출력하는 cat 명령만을 담고 있다.

```
# Text File Handling
# Filename: test_12

cat testfile
```

실행 결과는 다음과 같으며, 이는 명령 라인에서 cat 명령을 내린 것과 동일하다는 것을 알 수 있다.

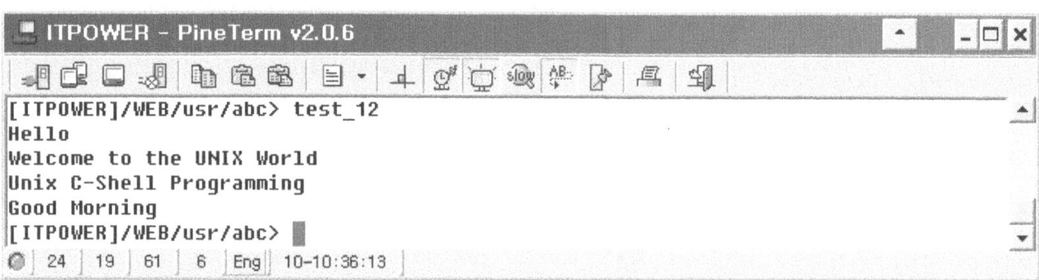
ITPOWER - PineTerm v2.0.6
[ITPOWER]/WEB/usr/abc> test_12
Hello
Welcome to the UNIX World
Unix C-Shell Programming
Good Morning
[ITPOWER]/WEB/usr/abc>
24 19 61 6 Eng 10-10:36:13

텍스트 파일에 담긴 내용을 순차적으로 출력하는 프로그램은 단순히 cat 명령만으로 가능함을 알았으니, 이제는 이 텍스트 파일명을 인자로 받아들여 맨 마지막 라인부터 첫 번째 라인 순으로 거꾸로 출력하는 간단한 쉘 프로그램을 만들어 보도록 하자.

이미 배운 바와 같이 텍스트 파일에서 라인을 추출하는 head 명령어나 tail 명령어를 사용해야 함을 직관적으로 알 수 있을 것이다. 아래 소스 코드를 참고하기 바란다.

```
# Text File Handling
# Filename: test_12

if ($#argv < 1) then
    echo "사용법: $0 파일명"
    exit
endif

@ n = `cat $argv[1] | wc -l`
@ i = 1
while ($i <= $n)
   set line = `cat $argv[1] | tail -$i | head -1`
   echo $line
   @ i++
end
```

소스 코드에서 다음 부분은 텍스트 파일의 라인 수를 계산하는 부분이다.

```
@ n = `cat $argv[1] | wc -l`
```

라인 수가 계산되었으면 while 반복문을 라인 수만큼 반복 실행하면서 맨 마지막 라인부터 첫 번째 라인까지 역순으로 라인을 추출해 출력하게 된다. 아래 코드를 자세히 살펴보기 바란다.

```
@ i = 1
while ($i <= $n)
   set line = `cat $argv[1] | tail -$i | head -1`
   echo $line
   @ i++
end
```

tail 명령을 통해 텍스트 파일의 하단에서 부터 한 라인, 두 라인, 세 라인... 식으로 먼저 추출하고서 그 결과를 파이프를 통해 전달해 상단 한 줄을 추출하는 head -1 명령을 적용하고 있음을 알 수 있다. 이는 다음과 같이 상단 라인을 먼저 추출하는 방법을 사용하려면 앞서 살펴 본 소스 코드 부분을 통째로 다음과 같이 수정하면 될 것이다.

```
while ($n > 0)
   set line = `cat $argv[1] | head -$n | tail -1`
   echo $line
   @ n--
end
```

아래 그림은 텍스트 파일의 맨 하단 라인부터 첫 번째 라인까지 역순으로 출력하는 프로그램의 실행 결과이다.

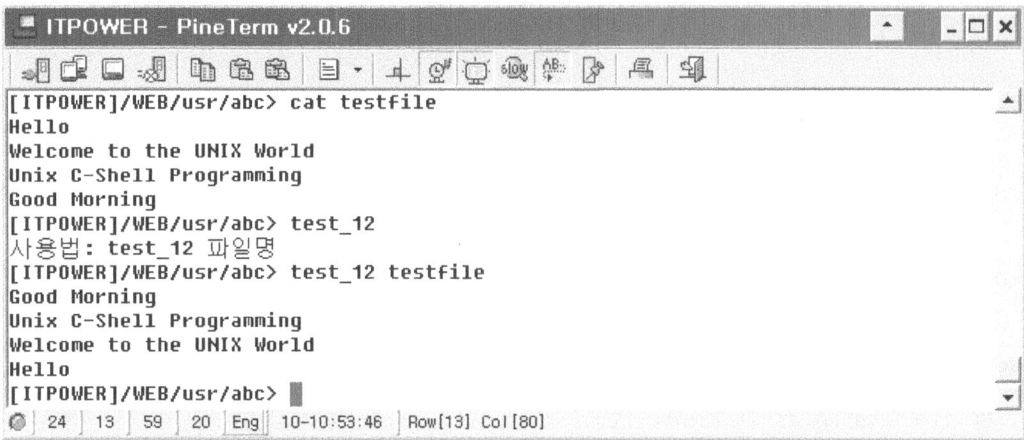
ITPOWER - PineTerm v2.0.6
[ITPOWER]/WEB/usr/abc> cat testfile
Hello
Welcome to the UNIX World
Unix C-Shell Programming
Good Morning
[ITPOWER]/WEB/usr/abc> test_12
사용법: test_12 파일명
[ITPOWER]/WEB/usr/abc> test_12 testfile
Good Morning
Unix C-Shell Programming
Welcome to the UNIX World
Hello
[ITPOWER]/WEB/usr/abc>
24 13 59 20 Eng 10-10:53:46 Row[13] Col[80]

추출한 각 텍스트 라인이 다수의 문자열로 구성되어 있는 경우 이를 배열 변수 취급할 수 있다. 이는 공백으로 분리된 각 문자열들을 개별적으로 다룰 수가 있음을 의미한다. 앞서 살펴 본 소스 코드에서 while 구문 내에 사용된 echo 구문을 아래와 같이 수정하도록 하자.

```
echo $line[1]
```

수정 후에 프로그램을 다시 실행하면 아래 그림과 같은 결과를 보여줌을 알 수 있다. 각 라인의 첫 번째 단어들만 출력된 것이다. 이를 잘 활용하면 텍스트 라인에서 특정 단어를 참조하는 것이 가능하다는 것을 알 수 있다.

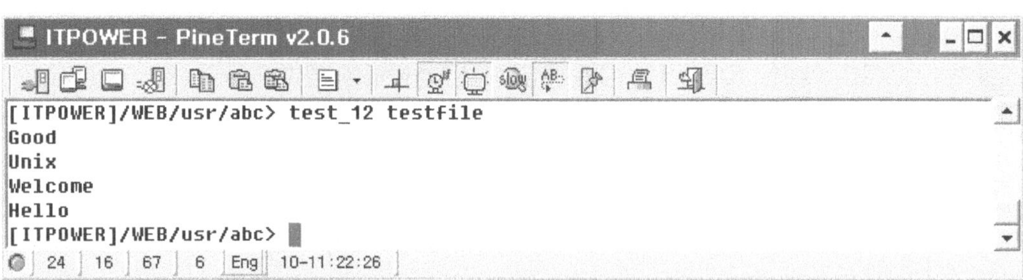
ITPOWER - PineTerm v2.0.6
[ITPOWER]/WEB/usr/abc> test_12 testfile
Good
Unix
Welcome
Hello
[ITPOWER]/WEB/usr/abc>
24 16 67 6 Eng 10-11:22:26

13. 디버깅(Debugging)

C쉘 프로그램 개발 시에 숙련된 프로그래머가 아니다 보니 원하지 않는 결과가 출력되기도 하고 문법이나 구문상의 오류를 접하기도 한다. 결과가 다르게 나오는 것은 알고리즘상의 문제이지만 문법이나 구문상의 오류는 프로그램이 실행 도중에 오류 메시지만 출력하고 끝나 버린다. 도대체 어느 라인에서 문제가 생겨 오류가 난 것인지를 전혀 보여주지 않으므로 답답하기만 할 것이다.

아래 그림은 앞 절에서 살펴 본 예제 코드를 작성하는 과정에서 사소한 실수를 해 아래 그림과 같은 오류가 발생한 모습을 보여주고 있다.

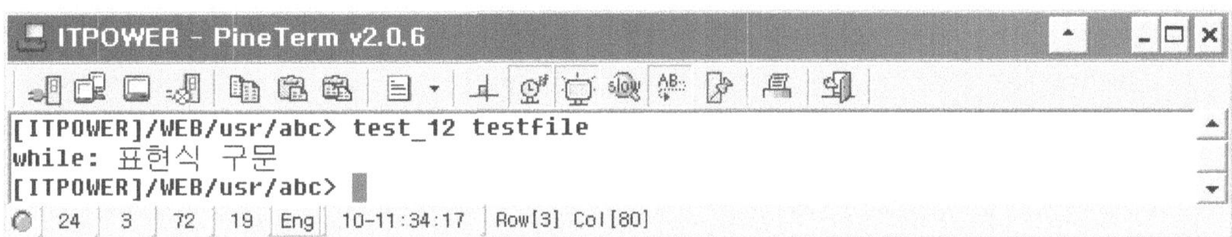
ITPOWER - PineTerm v2.0.6
[ITPOWER]/WEB/usr/abc> test_12 testfile
while: 표현식 구문
[ITPOWER]/WEB/usr/abc>
24 3 72 19 Eng 10-11:34:17 Row[3] Col[80]

이 정도 오류는 친절한 편이다. 왜냐하면 while: 표현식 구문 이라고 오류 메시지를 출력해 주기 때문이다. 아래 소스 코드에서 while 구문을 들여다보면 괄호 속에 사용된 변수 n 앞에 $ 기호가 빠졌음을 쉽게 찾아낼 수 있다.

```
while ($i <= n)
    set line = `cat $argv[1] | tail -$i | head -1`
    echo $line
    @ i++
end
```

그러나 프로그램 코드 상에 while 구문이 다수 존재하는 경우에는 상황이 달라진다. 어느 while 구문에서 오류가 발생했는지를 찾기 위해 모든 while 구문들을 살펴봐야 하기 때문이다.

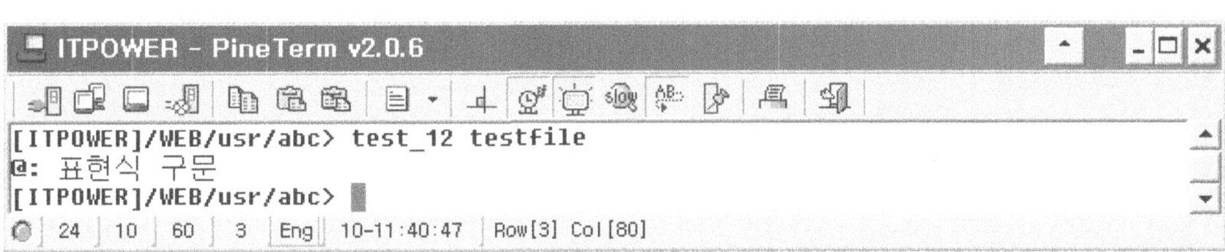
ITPOWER - PineTerm v2.0.6
[ITPOWER]/WEB/usr/abc> test_12 testfile
@: 표현식 구문
[ITPOWER]/WEB/usr/abc>
24 10 60 3 Eng 10-11:40:47 Row[3] Col[80]

마찬가지로 상기 그림과 같은 오류가 발생했다면 소스 코드 어느 부분을 뒤져봐야 할지 난감하기만 하다.

사용자가 작성한 C셸 프로그램을 실행하는 과정에서 발생하는 오류에 대해 오류가 난 위치와 오류에 대한 설명을 보여주어 디버깅(Debugging) 하기에 편리하도록 도와주는 유닉스 명령어가 있다.

사용법: csh −v (프로그램명 인자들)

사용 방법은 csh −v 뒤에 명령 라인에서 프로그램 실행 시에 입력하는 것과 동일하게 프로그램명과 인자들을 입력해 주면 된다. C셸이 프로그램을 순차적으로 실행하다가 오류가 발생하는 부분에서 오류 메시지와 함께 동작을 멈추게 되므로 이 부분을 확인하고서 수정하면 된다.

아래 그림들은 csh −v 명령을 사용해 오류를 확인하고 있는 모습인데, 변수명 앞에 $ 기호를 붙이지 않았거나 반복문 사용 시 괄호 기호를 빼먹은 경우이므로 참고하기 바란다.

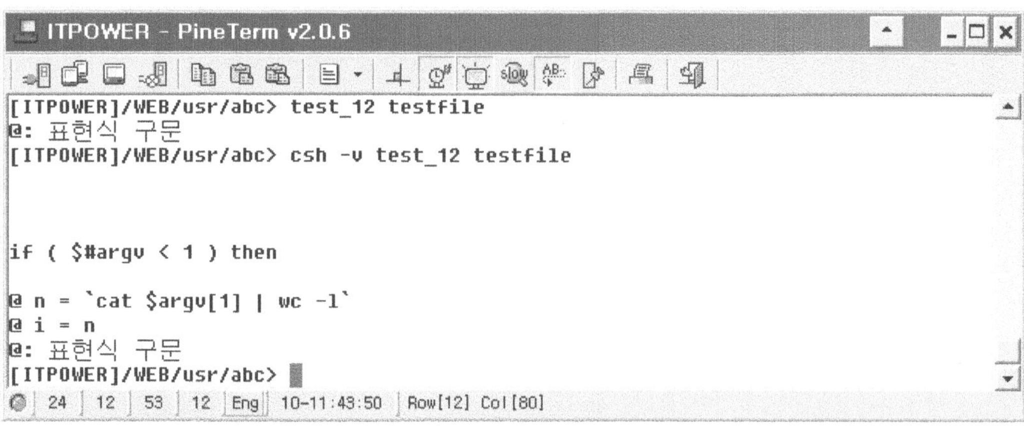
ITPOWER - PineTerm v2.0.6
[ITPOWER]/WEB/usr/abc> test_12 testfile
@: 표현식 구문
[ITPOWER]/WEB/usr/abc> csh -v test_12 testfile
if ($#argv < 1) then
@ n = `cat $argv[1] | wc -l`
@ i = n
@: 표현식 구문
[ITPOWER]/WEB/usr/abc>
24 12 53 12 Eng 10-11:43:50 Row[12] Col[80]

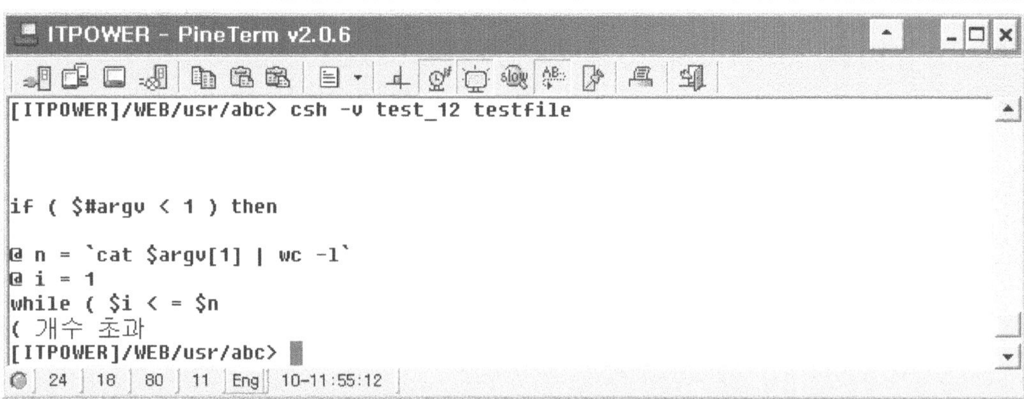
ITPOWER - PineTerm v2.0.6
[ITPOWER]/WEB/usr/abc> csh -v test_12 testfile
if ($#argv < 1) then
@ n = `cat $argv[1] | wc -l`
@ i = 1
while ($i < = $n
(개수 초과
[ITPOWER]/WEB/usr/abc>
24 18 80 11 Eng 10-11:55:12

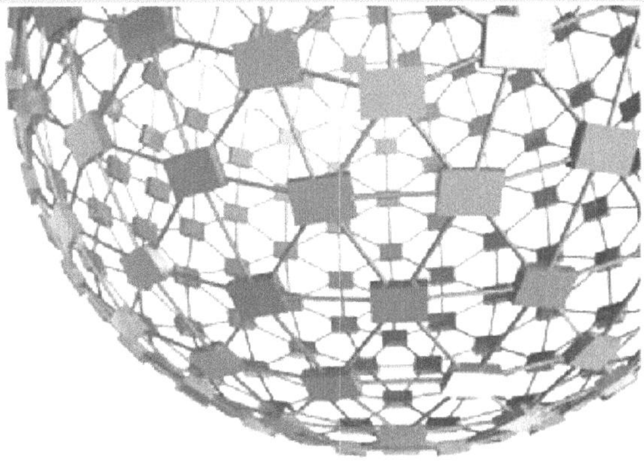

6 C쉘 프로그래밍 실습 -파일/디렉토리

이 장에서는 파일과 디렉토리를 대상으로 한 C쉘 프로그램 개발 실습 과정을 다루고자 한다.

1. 파일 다루기

기본적으로 ls 명령은 현재 디렉토리 내에 존재하는 파일과 디렉토리를 알파벳순으로 보여준다. 아래 그림은 ls -l 명령을 통해 현재 디렉토리에 존재하는 파일과 디렉토리에 대해 상세한 내용을 출력해 본 결과이다.

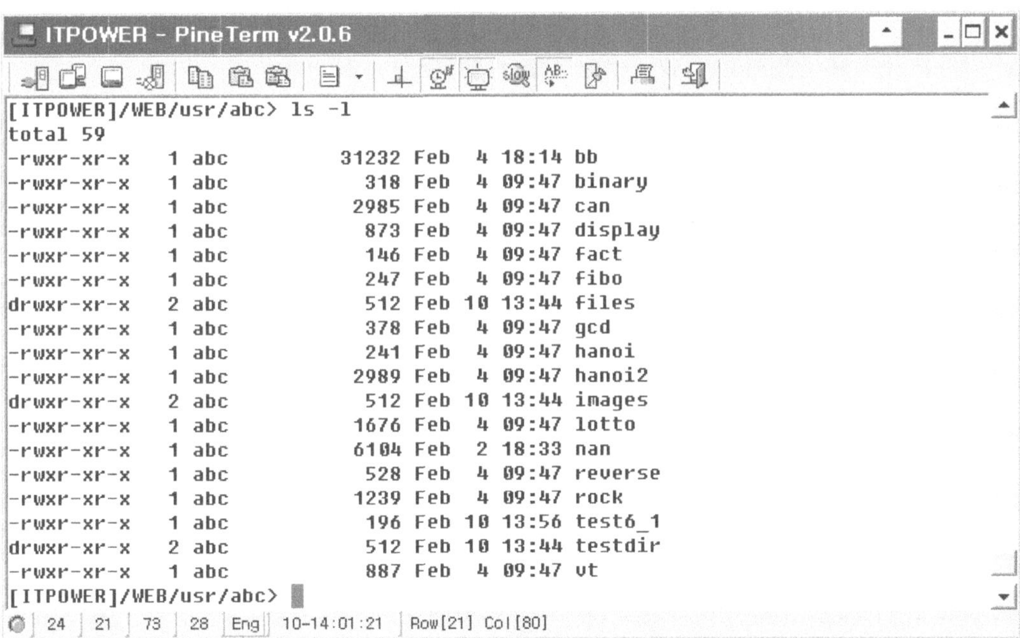

```
ITPOWER - PineTerm v2.0.6
[ITPOWER]/WEB/usr/abc> ls -l
total 59
-rwxr-xr-x   1 abc        31232 Feb  4 18:14 bb
-rwxr-xr-x   1 abc          318 Feb  4 09:47 binary
-rwxr-xr-x   1 abc         2985 Feb  4 09:47 can
-rwxr-xr-x   1 abc          873 Feb  4 09:47 display
-rwxr-xr-x   1 abc          146 Feb  4 09:47 fact
-rwxr-xr-x   1 abc          247 Feb  4 09:47 fibo
drwxr-xr-x   2 abc          512 Feb 10 13:44 files
-rwxr-xr-x   1 abc          378 Feb  4 09:47 gcd
-rwxr-xr-x   1 abc          241 Feb  4 09:47 hanoi
-rwxr-xr-x   1 abc         2989 Feb  4 09:47 hanoi2
drwxr-xr-x   2 abc          512 Feb 10 13:44 images
-rwxr-xr-x   1 abc         1676 Feb  4 09:47 lotto
-rwxr-xr-x   1 abc         6104 Feb  2 18:33 nan
-rwxr-xr-x   1 abc          528 Feb  4 09:47 reverse
-rwxr-xr-x   1 abc         1239 Feb  4 09:47 rock
-rwxr-xr-x   1 abc          196 Feb 10 13:56 test6_1
drwxr-xr-x   2 abc          512 Feb 10 13:44 testdir
-rwxr-xr-x   1 abc          887 Feb  4 09:47 vt
[ITPOWER]/WEB/usr/abc>
24 | 21 | 73 | 28 | Eng | 10-14:01:21 | Row[21] Col[80]
```

이미 알고 있는 바와 같이 각 라인의 첫 글자가 d 기호가 있으면 디렉토리를 말하고, 마이너스(-) 기호가 있는 것은 파일을 나타낸다. C쉘 프로그래밍을 이용해 이들 중에서 파일에 대해서만 파일명과 파일 크기를 출력하도록 하는 코드를 만들어 보자.

가장 먼저 떠오르는 방법은 ls -l 명령 실행 결과를 > 기호를 사용해 텍스트 파일에다 담은 다음 각 라인에서 첫 글자가 - 기호로 시작하는 라인을 찾아 4번째 원소인 파일 크기와 8번째 원소인 파일명을 출력하는 방법을 생각해 볼 수 있다. 이러한 방법으로 프로그램을 짜게 된다면 다소 복잡한 프로그램이 될 것이라 생각이 든다.

다음 예제 코드에서와 같이 if 조건문에 -f 옵션을 사용함으로써 간단히 파일을 찾아내는 방법을 사용하게 되면 간단하게 목적을 달성하게 됨을 알 수 있다.

```
# File name and File Size
# Filename: test6_1

set tmp = `ls`

while ($#tmp)
   if (-f $tmp[1]) then
      set info = `ls -l $tmp[1]`
      echo "$tmp[1]     $info[4]"
   endif
   shift tmp
end
```

이 프로그램의 실행 결과를 먼저 살펴보면 다음과 같다. 파일에 대해서만 파일명과 파일 크기를 쌍으로 출력하고 있음을 알 수 있다.

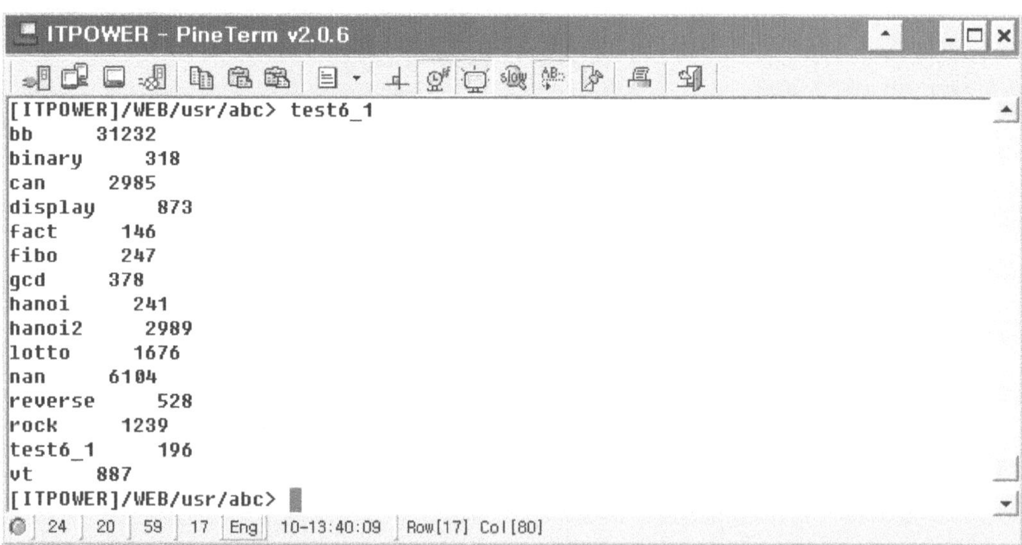
ITPOWER - PineTerm v2.0.6
[ITPOWER]/WEB/usr/abc> test6_1
bb 31232
binary 318
can 2985
display 873
fact 146
fibo 247
gcd 378
hanoi 241
hanoi2 2989
lotto 1676
nan 6104
reverse 528
rock 1239
test6_1 196
vt 887
[ITPOWER]/WEB/usr/abc>
24 20 59 17 Eng 10-13:40:09 Row[17] Col[80]

여기서 중요한 부분은 바로 if 구문의 조건을 판별하는 괄호 속에 -f 옵션이 사용되고 있다는 점이다. -f 옵션은 뒤에 따라오는 인자가 파일인 경우에 참이 되고 그렇지 않은 경우에는 거짓으로 판별하는 옵션이다.

```
if (-f $tmp[1]) then
      $tmp[1]이 파일인 경우 실행되는 코드
endif
```

if 구문의 조건 판별식에 주로 사용되는 파일 및 디렉토리 관련 옵션과 기능은 다음과 같다.

-d : 디렉토리(directory)
-e : 존재(exist)
-f : 파일(file)
-z : 파일 크기가 0(zero)

if 구문의 괄호 속에 다음과 같이 !(부정) 기호를 사용할 수도 있다. 아래 코드는 $tmp[1]이 디렉토리가 아닌 경우를 판별하고 있으므로 앞서 살펴본 바와 같이 파일임을 찾아내는 조건과 동일하게 사용 가능하다.

```
if (! -d $tmp[1]) then
      $tmp[1]이 디렉토리가 아닌 경우(파일인 경우) 실행되는 코드
endif
```

이러한 옵션을 사용하는 또 다른 예를 살펴보도록 하자. 다음 코드는 사용자가 파일명을 입력하면 해당 파일이 현재 디렉토리 내에 존재하는지 여부를 보여주는 프로그램이다.

```
# File name and File Size
# Filename: test6_2

echo -n "Filename: "
set fname = $<

if (! -e $fname) then
   echo "그런 파일 없어요"
else
   if (-d $fname) then
      echo "디렉토리 이름에는 있어요"
   else
      echo "$fname 파일이 존재합니다"
   endif
endif
```

아래 그림은 상기 예제 코드의 실행 결과이다.

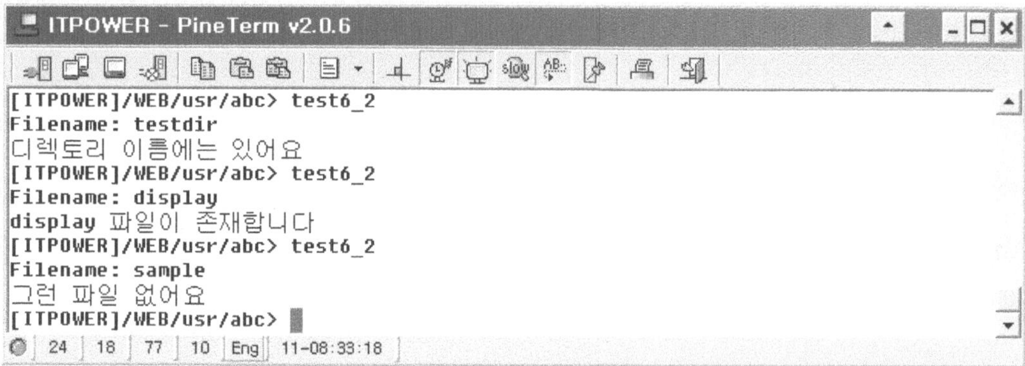
ITPOWER - PineTerm v2.0.6
[ITPOWER]/WEB/usr/abc> test6_2
Filename: testdir
디렉토리 이름에는 있어요
[ITPOWER]/WEB/usr/abc> test6_2
Filename: display
display 파일이 존재합니다
[ITPOWER]/WEB/usr/abc> test6_2
Filename: sample
그런 파일 없어요
[ITPOWER]/WEB/usr/abc>
24 18 77 10 Eng 11-08:33:18

디렉토리 내에 존재하는 파일을 찾을 수 있다면 이러한 파일에 대해 복사(cp), 이동(mv), 삭제(rm) 등의 명령어를 이용한 파일 다루기가 가능해진다. 아래 예제 코드를 살펴보기로 하자.

```
# File name and File Size
# Filename: test6_3

set fdir = ./fdir

if (! -e $fdir) mkdir $fdir

set tmp = `ls`
while ($#tmp)
   if (! -d $tmp[1]) cp $tmp[1] $fdir
   shift tmp
end
```

현재 디렉토리 내에 fdir 이라는 디렉토리명이 존재하지 않으면 이를 생성한 다음 모든 파일들을 찾아 cp 명령으로 fdir 디렉토리로 복사하고 있음을 알 수 있다. 아래 실행 결과를 참고하도록 하자.

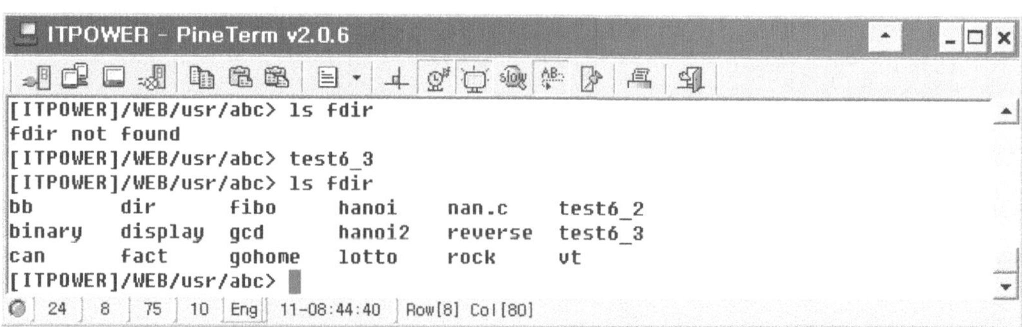
ITPOWER - PineTerm v2.0.6
[ITPOWER]/WEB/usr/abc> ls fdir
fdir not found
[ITPOWER]/WEB/usr/abc> test6_3
[ITPOWER]/WEB/usr/abc> ls fdir
bb dir fibo hanoi nan.c test6_2
binary display gcd hanoi2 reverse test6_3
can fact gohome lotto rock vt
[ITPOWER]/WEB/usr/abc>
24 8 75 10 Eng 11-08:44:40 Row[8] Col[80]

파일을 다루는 기술이 조금 익숙해 졌다면 아래 그림과 같은 결과물을 출력하는 프로그램을 직접 만들어 보도록 하자.

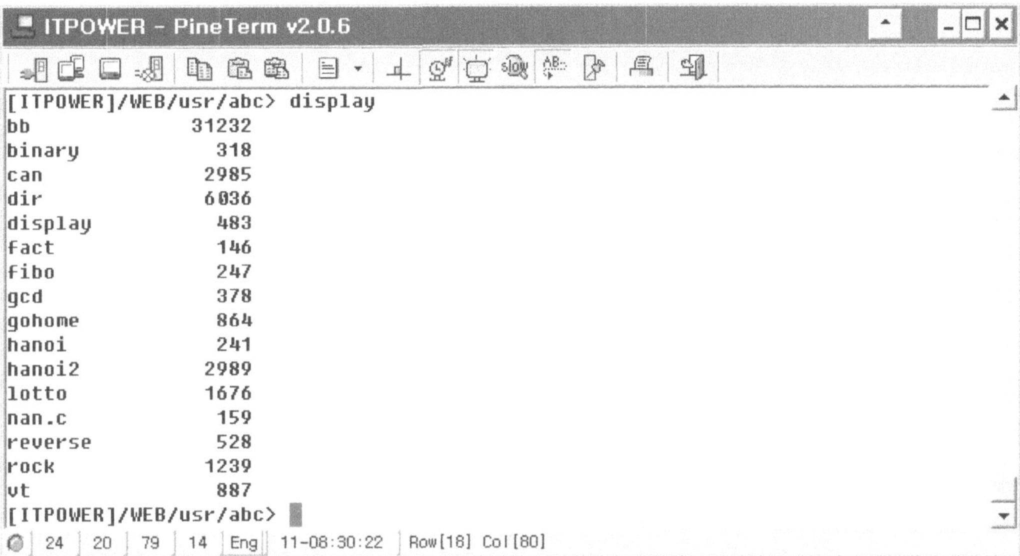
ITPOWER - PineTerm v2.0.6
[ITPOWER]/WEB/usr/abc> display
bb 31232
binary 318
can 2985
dir 6036
display 483
fact 146
fibo 247
gcd 378
gohome 864
hanoi 241
hanoi2 2989
lotto 1676
nan.c 159
reverse 528
rock 1239
vt 887
[ITPOWER]/WEB/usr/abc>
24 20 79 14 Eng 11-08:30:22 Row[18] Col[80]

규칙만 잘 생각하면 코드 작성에 어려움이 없을 것이다. 여기서는 파일명, 공백 그리고 파일크기의 자릿수 합이 모두 일정하다는 규칙을 이용하면 될 것이다. 일정한 크기의 폭을 정해놓고 여기서 파일명과 파일크기의 자릿수 합을 뺀 값이 바로 공백의 길이가 된다는 점을 이해하면 상기 결과를 얻어낼 수 있는 아래 소스 코드를 충분히 이해할 수 있을 것이라 생각한다.

```
# Display both filename and filesize with same width
# Filename: display

set tmp = `ls`
@ len = 20

while ($#tmp)
     if (! -d $tmp[1]) then
        set oneline = `ls -l $tmp[1]`
        @ fn = `echo $oneline[8] |wc -c` - 1
        @ fs = `echo $oneline[4] |wc -c` - 1
        @ sum = $fn + $fs
        @ gap = $len - $sum
        echo -n $oneline[8]
        while ($gap)
          echo -n " "
          @ gap--
        end
        echo $oneline[4]
     endif
     shift tmp
end
```

2. 디렉토리 다루기

앞 절에서 파일을 다루는 여러 가지 예제 프로그램을 중심으로 살펴보았는데, 이 절에서는 디렉토리와 관련된 예제 프로그램을 간단히 살펴보고자 한다. 디렉토리만 이용해 프로그램을 만드는 것은 너무 제한적이라 파일과 디렉토리를 함께 사용하는 예제들임을 이해하도록 한다.

아래 코드는 현재 디렉토리에 존재하는 파일과 디렉토리를 출력하되 디렉토리인 경우에는 디렉토리명 뒤에 <DIR> 이라고 출력하며 해당 디렉토리에 몇 개의 파일들을 가지고 있는지를 출력하는 기능을 가진 간단한 프로그램이다.

```
# Directory Handling
# Filename: dir_files

set tmp = `ls`

while ($#tmp)
   if (-d $tmp[1]) then
      set files = `ls $tmp[1] |wc -w`
      echo "$tmp[1] <DIR .. $files Files>"
   else
      echo "$tmp[1]"
   endif
   shift tmp
end
```

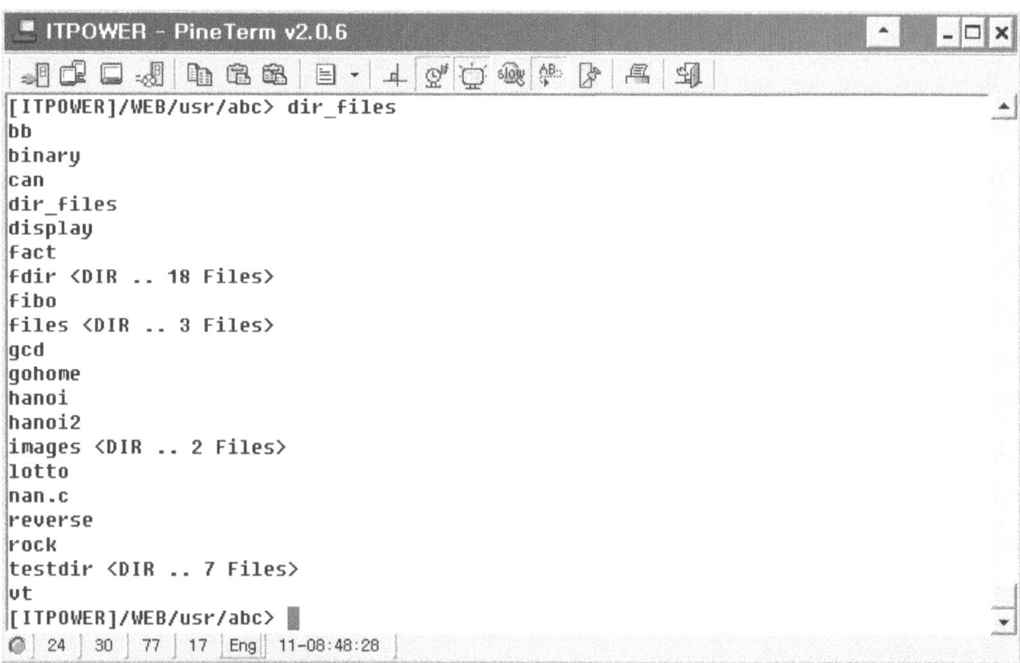
ITPOWER - PineTerm v2.0.6
[ITPOWER]/WEB/usr/abc> dir_files
bb
binary
can
dir_files
display
fact
fdir <DIR .. 18 Files>
fibo
files <DIR .. 3 Files>
gcd
gohome
hanoi
hanoi2
images <DIR .. 2 Files>
lotto
nan.c
reverse
rock
testdir <DIR .. 7 Files>
vt
[ITPOWER]/WEB/usr/abc>
24 30 77 17 Eng 11-08:48:28

상기 예제에서는 if 조건문에 -d 옵션을 사용함으로써 디렉토리 여부를 쉽게 확인할 수 있음을 보여준다. 그리고 특정 디렉토리 내의 파일 수는 ls 명령을 통해 얻어지는 결과를 파이프를 통해 전달해 wc -w 명령과 옵션으로 구할 수 있다.

아래 소스 코드는 동일한 확장자를 가진 파일들을 확장자 명과 동일한 디렉토리를 만들어 모두 이동시키는 프로그램이다.

```
# Moving Files into Directories
# Filename: mvfiles

set list = `ls *.*`
while ($#list)
      @ l = `echo $list[1] | wc -c` - 1
      @ i = 1
      while ($i <= $l)
          set c = `echo $list[1] |cut -c$i`
          if ($c == ".") break
          @ i++
      end
      @ i++
      set op = `echo $list[1] |cut -c$i-$l`
      if (! -e $op) mkdir $op
      mv $list[1] $op
      shift list
end
```

이를 위해 먼저 확장자가 있는 파일들만을 ls 명령으로 임시 파일에다 저장한 다음 첫 번째 파일부터 확장자를 찾는 작업을 한다. 확장자를 찾는 규칙은 파일명의 처음부터 몇 번째 위치에 확장자 표시를 위한 점(.) 기호가 있는지를 찾아낸 다음 그 다음 위치부터 파일의 끝까지를 cut 명령으로 잘라내는 방법을 사용해야 한다.

이렇게 파일의 확장자 부분을 추출했으면 이와 동일한 디렉토리가 존재하는 지를 확인해 보고서, 만약 존재하지 않으면 새로운 디렉토리를 만들어 이동시키고 그렇지 않으면 그냥 파일을 옮기는 식으로 진행하면 된다.

상기 코드 실행을 위해 아래 그림과 같이 테스트용의 디렉토리를 하나 만들고서 그 안에 touch 명령어를 이용해 다양한 확장자를 가진 파일들과 확장자가 없는 임시 파일들을 만들었다.

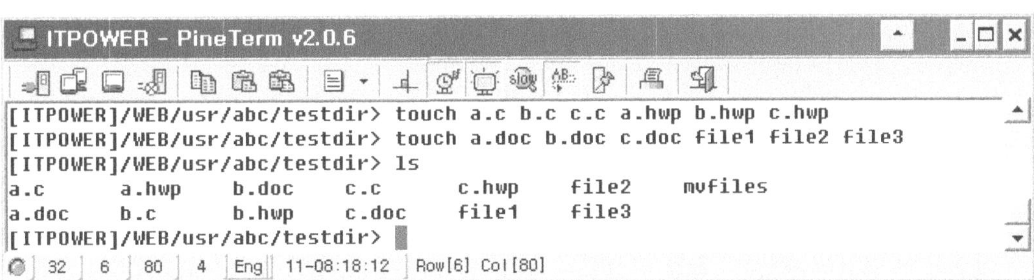
ITPOWER - PineTerm v2.0.6
[ITPOWER]/WEB/usr/abc/testdir> touch a.c b.c c.c a.hwp b.hwp c.hwp
[ITPOWER]/WEB/usr/abc/testdir> touch a.doc b.doc c.doc file1 file2 file3
[ITPOWER]/WEB/usr/abc/testdir> ls
a.c a.hwp b.doc c.c c.hwp file2 mvfiles
a.doc b.c b.hwp c.doc file1 file3
[ITPOWER]/WEB/usr/abc/testdir>
32 6 80 4 Eng 11-08:18:12 Row[6] Col[80]

확장자 부분과 일치하는 디렉토리는 전혀 만들어 놓지 않은 상태에서 프로그램을 실행하게 되면 새로이 어떤 디렉토리들이 만들어 지며, 또한 새로이 만들어 지는 디렉토리에 어떤 파일들이 생겨나게 되는 지를 살펴보면 된다.

아래 그림은 상기 코드의 실행 결과를 보여준다.

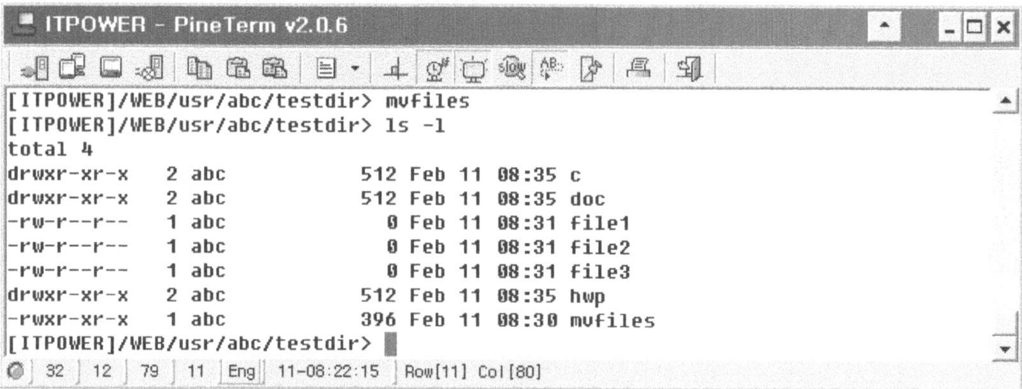
ITPOWER - PineTerm v2.0.6
[ITPOWER]/WEB/usr/abc/testdir> mvfiles
[ITPOWER]/WEB/usr/abc/testdir> ls -l
total 4
drwxr-xr-x 2 abc 512 Feb 11 08:35 c
drwxr-xr-x 2 abc 512 Feb 11 08:35 doc
-rw-r--r-- 1 abc 0 Feb 11 08:31 file1
-rw-r--r-- 1 abc 0 Feb 11 08:31 file2
-rw-r--r-- 1 abc 0 Feb 11 08:31 file3
drwxr-xr-x 2 abc 512 Feb 11 08:35 hwp
-rwxr-xr-x 1 abc 396 Feb 11 08:30 mvfiles
[ITPOWER]/WEB/usr/abc/testdir>
32 12 79 11 Eng 11-08:22:15 Row[11] Col[80]

확장자가 붙어있는 파일들은 사라지고 그렇지 않은 파일들만 남아있음을 알 수 있다. 대신에 확장자에 해당하는 디렉토리들이 생겨났음을 알 수 있다. 디렉토리 내에는 어떤 파일들이 존재하는 지를 살펴보면 아래 그림과 같다.

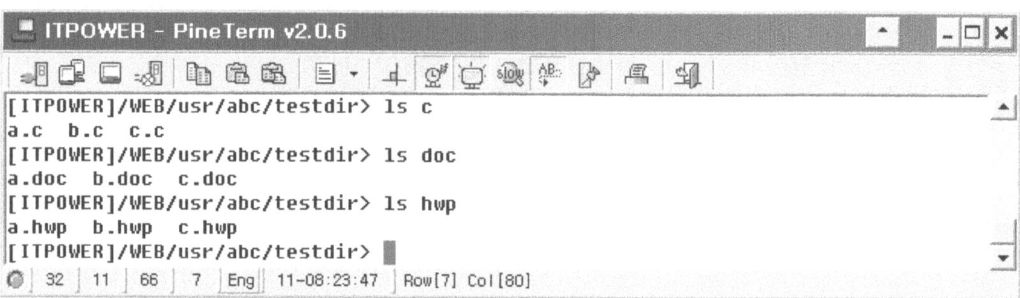
ITPOWER - PineTerm v2.0.6
[ITPOWER]/WEB/usr/abc/testdir> ls c
a.c b.c c.c
[ITPOWER]/WEB/usr/abc/testdir> ls doc
a.doc b.doc c.doc
[ITPOWER]/WEB/usr/abc/testdir> ls hwp
a.hwp b.hwp c.hwp
[ITPOWER]/WEB/usr/abc/testdir>
32 11 66 7 Eng 11-08:23:47 Row[7] Col[80]

3. 휴지통 만들기

윈도우 환경에서 휴지통은 사용자가 부주의로 삭제한 파일이나 폴더를 복구할 수 있도록 삭제된 파일이나 폴더를 임시 보관하고 있는 공간이다. 차후에 다시 복원하거나 휴지통 비우기를 통해 완전히 제거할 수 있는 기능을 가진다. 유닉스 환경에서는 이러한 휴지통 기능이 없기 때문에 파일이나 디렉토리를 삭제하게 되는 경우 다시 복구할 수 없다는 불편함이 따른다.

이 절에서는 앞서 살펴 본 파일 및 디렉토리를 다루는 기능을 종합적으로 활용해 유닉스 환경에서 사용 가능한 휴지통 기능을 구현해 보도록 한다.

휴지통 기능의 사용 시나리오를 생각해 보면 개발하고자 하는 프로그램이 어떤 기능을 가져야 하는지를 쉽게 알 수 있다. 유닉스 명령 라인 상에서 rm 명령을 내리면 파일은 복구 불가능해지나 여기서 개발하고자 하는 프로그램을 이용해 이를 복구 가능하도록 해야 하므로 삭제하려는 파일을 휴지통 디렉토리로 옮겨 보관해 주면 된다. 만약 복구하려는 경우에는 휴지통 디렉토리의 내용을 보여주고서 복구하고자 하는 파일을 휴지통에서 제거하고 현재 디렉토리로 가져오면 된다. 그리고 휴지통을 비우고자 하는 경우에는 휴지통 디렉토리에 보관중인 파일들을 완전히 삭제해 복구 불가능하게 만들면 된다.

이러한 파일 삭제, 파일 복구, 휴지통 내용 보기 및 휴지통 비우기의 4가지 기능을 중심으로 아래 소스 코드와 같이 switch 구문을 이용해 골격을 먼저 만들어 보자.

```
# Trash Program v1.0
# Filename: can

set TR = $home/.trash          # 삭제한 파일들이 보관될 숨은 디렉토리
if (! -e $TR) mkdir $TR

if ($#argv  < 1) then
    echo "사용법: $0 -[dlrx] files..."
    exit
endif

switch($argv[1])
      case "-d":
          echo "파일을 삭제하는 기능"
          breaksw

      case "-r":
          echo "파일을 복구하는 기능"
          breaksw

      case "-l":
          echo "휴지통 내용보기 기능"
          breaksw

      case "-x":
          echo "휴지통을 비우는 기능"
          breaksw

      default:
          echo "사용법: $0 -[dlrx] files..."
          breaksw
endsw
```

우리가 개발하고자 하는 파일명은 can 이며, 앞으로 rm 이나 mv 같은 파일을 다루는

기존 유닉스 명령 대신에 can 명령과 옵션을 사용해 유닉스 상에서 휴지통 기능을 이용하게 된다.

휴지통으로 사용할 디렉토리는 아래 코드에서 보는 바와 같이 사용자의 홈 디렉토리 내에 숨어있는 디렉토리를 하나 만들어 사용하게 된다. 이를 위해 점(.)으로 시작하는 디렉토리명을 사용하고 있다. 숨어있는 디렉토리로 만들어 두면 사용자가 일반 작업 과정에서 휴지통 디렉토리를 삭제하는 일이 거의 발생하기 않기 때문이다.

```
set TR = $home/.trash
if (! -e $TR) mkdir $TR
```

개발하는 휴지통 프로그램은 실행 시에 반드시 인자를 필요로 한다. 따라서 아래 코드와 같이 인자를 동반하지 않는 경우에는 사용법을 화면상에 보여주고 프로그램이 종료하도록 구현한다.

```
if ($#argv   < 1) then
    echo "사용법: $0 -[dlrx] files..."
    exit
endif
```

개발하고자 하는 휴지통 프로그램은 실행 시에 다음과 같이 프로그램명, 옵션 그리고 필요한 경우 파일들을 제시해야 한다. 따라서 옵션 부분은 $argv[1] 변수가 가지게 된다.

```
사용법: can (옵션) (파일명)
```

휴지통의 4가지 기본 기능에 대해 별도의 옵션이 사용될 것이므로, switch 구문에서 $argv[1] 변수 값에 따라 각 옵션 별로 경우를 구분하게 된다. 또한 4가지 옵션 이외의 옵션을 입력한 경우에는 default 구문에서 관련 사용법을 보여주는 것으로 처리하면 된다.

아래 그림은 상기 소스 코드의 실행 결과이다.

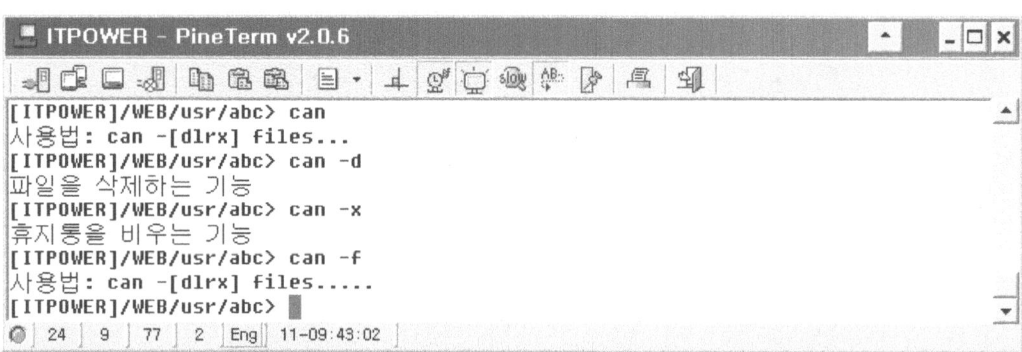
ITPOWER - PineTerm v2.0.6
[ITPOWER]/WEB/usr/abc> can
사용법: can -[dlrx] files...
[ITPOWER]/WEB/usr/abc> can -d
파일을 삭제하는 기능
[ITPOWER]/WEB/usr/abc> can -x
휴지통을 비우는 기능
[ITPOWER]/WEB/usr/abc> can -f
사용법: can -[dlrx] files.....
[ITPOWER]/WEB/usr/abc>
24 9 77 2 Eng 11-09:43:02

이제 본격적으로 명령 라인에서 사용자가 -d 옵션을 사용해 파일을 삭제하는 경우에 대한 상세 코드 부분을 만들어 보도록 하자.

```
# Trash Program v1.1
# Filename: can

set TR = $home/.trash
if (! -e $TR) mkdir $TR

if ($#argv   < 1) then
   echo "사용법: $0 -[dlrx] files..."
   exit
endif

switch($argv[1])
      case "-d":
          if ($#argv < 2) then
              echo "사용법: $0 -d filename"
              exit
          else
              if (-e $argv[2]) then
                  mv $argv[2] $TR
                  echo "$argv[2] 파일을 휴지통으로 옮겼어요"
              else
                  echo "그런 파일 없어요"
              endif
          endif
          breaksw

      default:
          echo "사용법: $0 -[dlrx] files..."
          breaksw
endsw
```

-d 옵션 뒤에 인자로 따라오는 파일명이 존재하는 경우 휴지통으로 mv 명령을 이용해 옮기며, 파일명이 존재하지 않는 경우에는 파일이 없다는 메시지를 출력하고 종료한다.

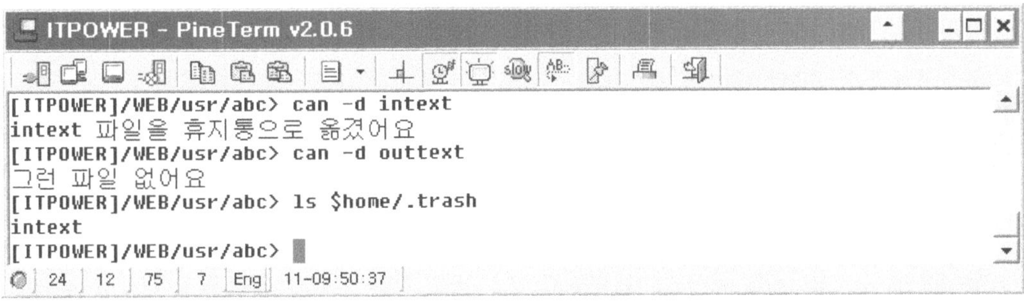
ITPOWER - PineTerm v2.0.6
[ITPOWER]/WEB/usr/abc> can -d intext
intext 파일을 휴지통으로 옮겼어요
[ITPOWER]/WEB/usr/abc> can -d outtext
그런 파일 없어요
[ITPOWER]/WEB/usr/abc> ls $home/.trash
intext
[ITPOWER]/WEB/usr/abc>
24 12 75 7 Eng 11-09:50:37

아직 완성된 코드가 아님을 알 수 있다. 유닉스 상에서의 rm 명령처럼 다수의 파일들이 인자로 입력되는 경우에도 처리될 수 있어야 하므로 파일 개수만큼 while 반복문을 실행할 수 있도록 다음과 같이 코드를 넣어주면 될 것이다.

```
# Trash Program v1.2
# Filename: can

set TR = $home/.trash
if (! -e $TR) mkdir $TR

if ($#argv   < 1) then
    echo "사용법: $0 -[dlrx] files..."
    exit
endif

switch($argv[1])
       case "-d":
           if ($#argv < 2) then
               echo "사용법: $0 -d files..."
               exit
           else
               @ i = 2
               while ($i <= $#argv)
                   if (-e $argv[$i]) then
                       mv $argv[$i] $TR
                       echo "$argv[$i] 파일을 휴지통으로 옮겼어요"
                   else
                       echo "$argv[$i] 파일은 없어요"
                   endif
                   @ i++
               end
           endif
           breaksw

       default:
           echo "사용법: $0 -[dlrx] files..."
           breaksw
endsw
```

–d 옵션 내의 코드 중에서 else 부분만 while 반복문이 추가되었음을 알 수 있다. $argv[1]에는 옵션이 담기고, 삭제하고자 하는 파일들은 $argv[2] 부터 담기게 되므로 인덱스를 2부터 $#argv까지 while 반복문을 실행하면 된다. 맨 마지막으로 입력한 파일명은 $argv[$#argv] 변수가 가리키고 있음을 이해하면 소스 코드를 쉽게 이해할 수 있을 것이다.

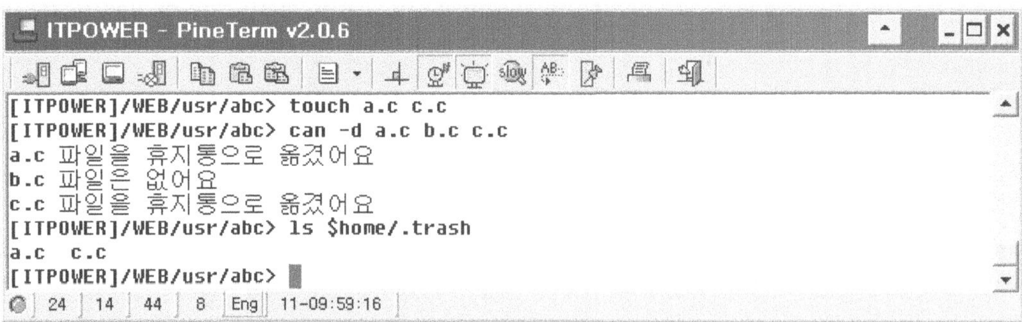
ITPOWER - PineTerm v2.0.6
[ITPOWER]/WEB/usr/abc> touch a.c c.c
[ITPOWER]/WEB/usr/abc> can -d a.c b.c c.c
a.c 파일을 휴지통으로 옮겼어요
b.c 파일은 없어요
c.c 파일을 휴지통으로 옮겼어요
[ITPOWER]/WEB/usr/abc> ls $home/.trash
a.c c.c
[ITPOWER]/WEB/usr/abc>
24 14 44 8 Eng 11-09:59:16

휴지통의 -d 옵션 기능에 대해 이해가 되었으면 지금부터는 휴지통에 담겨있는 파일들의 리스트를 확인하기 위한 -l 옵션에 대해 상세 코드를 만들어 보도록 하자.

```
# Trash Program v1.3
# Filename: can

set TR = $home/.trash
if (! -e $TR) mkdir $TR

if ($#argv   < 1) then
    echo "사용법: $0 -[dlrx] files..."
    exit
endif

switch($argv[1])

        case "-l":
            echo "---------------<휴지통>---------------"
            ls $TR
            echo "--------------------------------------"
            breaksw

        default:
            echo "사용법: $0 -[dlrx] files..."
            breaksw

endsw
```

여러분의 이해를 돕기 위해 앞서 완성한 -d 옵션 부분의 상세 코드와 나머지 옵션에 대한 부분은 생략하고서 -l 옵션 부분만을 보여주고 있다. -l 옵션의 기능은 휴지통 디렉토리를 ls 명령으로 보여주는 기능만 있으면 되므로 아주 간단하다.

아래 그림은 -l 옵션을 이용해 휴지통의 내용을 보여주고 있는 모습이다.

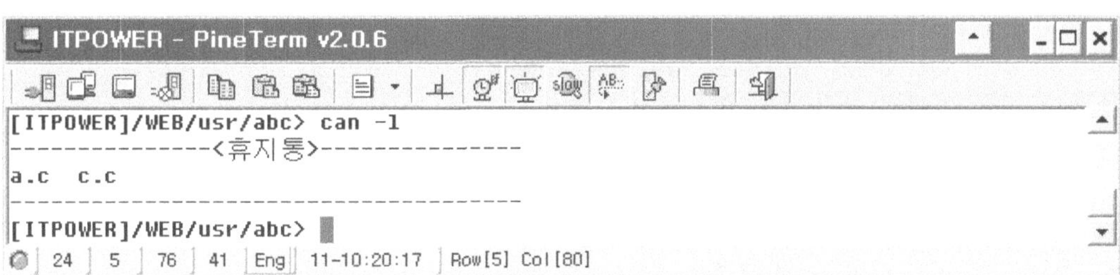
ITPOWER - PineTerm v2.0.6
[ITPOWER]/WEB/usr/abc> can -l
---------------<휴지통>---------------
a.c c.c

[ITPOWER]/WEB/usr/abc>
24 5 76 41 Eng 11-10:20:17 Row[5] Col[80]

-l 옵션의 기능이 뭔가 허전하다 생각된다면 윈도우즈 환경에서 휴지통 폴더에서 작업할 수 있는 기능들을 생각해 보면 된다. 특정한 파일을 선택해 복구하는 기능과 휴지통을 모두 비우는 기능이 있음을 알 수 있다.

본 예제에서는 이러한 복구 기능과 휴지통 비우기 기능을 -r 옵션과 -x 옵션으로 별도로 구분해 기능을 살펴볼 예정이다.

휴지통의 -d 옵션과 -l 옵션의 기능에 대해 이해가 되었으면 지금부터는 휴지통에 담겨있는 파일들을 복구하기 위한 -r 옵션에 대해 상세 코드를 만들어 보도록 하자.

```
# Trash Program v1.4
# Filename: can

set TR = $home/.trash
if (! -e $TR) mkdir $TR

if ($#argv   < 1) then
    echo "사용법: $0 -[dlrx] files..."
    exit
endif

switch($argv[1])

        case "-r":
            if ($#argv < 2) then
                echo "사용법: $0 -r filename"
                exit
            else
                if (-e $TR/$argv[2]) then
                    mv $TR/$argv[2] $cwd
                    echo "$argv[2] 파일을 현재 작업 디렉토리로 복구했어요"
                else
                    echo "휴지통에 그런 파일 없어요"
                endif
            endif
            breaksw

        default:
            echo "사용법: $0 -[dlrx] files..."
            breaksw

endsw
```

휴지통에서 파일을 복구하기 위해서는 can -d 명령 뒤에 복구하고자 하는 파일명을 입력해야 한다. 본 예제에서는 단일 파일명에 대해서만 복구하는 기능을 제시한다. 만약 다수의 파일을 입력해 복구하는 기능을 만들고자 한다면 앞서 살펴 본 -d 옵션을 참고하면 쉽게 해결할 수 있을 것이다.

휴지통에 담긴 파일을 복구하기 위해 mv 명령이 사용하면 된다. 이 때 사용자가 입력한 파일이 휴지통에 존재하는 지를 확인해야 하므로 if 구문에서 (-e $TR/$argv[2]) 판별식이 사용되고 있음을 알 수 있다.

해당 파일이 휴지통에 존재하는 경우에는 mv 명령으로 파일을 현재 작업 디렉토리로 이동시키면 된다. 유닉스 C쉘 프로그래밍 시에 현재 작업 디렉토리를 가리키는 변수로 $cwd 라는 환경 변수를 사용하게 된다. cwd는 Current Working Directory를 가리키는 약어이다. 유닉스 명령어 라인에서 현재 작업 디렉토리를 보여주는 pwd 명령과 기능은 같으니 프로그래밍 시에는 반드시 $cwd 환경 변수를 사용해야 함을 알기 바란다.

아래 그림은 -d 옵션을 이용해 휴지통에 있는 파일들을 현재 작업 디렉토리로 복구하고 있는 모습을 보여준다.

```
ITPOWER - PineTerm v2.0.6
[ITPOWER]/WEB/usr/abc> can -l
---------------<휴지통>--------------
a.c  c.c
-------------------------------------
[ITPOWER]/WEB/usr/abc> ls *.c
nan.c
[ITPOWER]/WEB/usr/abc> can -r a.c
a.c 파일을 현재 작업 디렉토리로 복구했어요
[ITPOWER]/WEB/usr/abc> can -r b.c
휴지통에 그런 파일 없어요
[ITPOWER]/WEB/usr/abc> can -r c.c
c.c 파일을 현재 작업 디렉토리로 복구했어요
[ITPOWER]/WEB/usr/abc> ls *.c
a.c    c.c    nan.c
[ITPOWER]/WEB/usr/abc>
24 | 15 | 53 | 15 | Eng | 11-10:25:47
```

만약 현재 작업디렉토리로 복구하는 게 아니라 삭제 당시에 존재했던 디렉토리로 복구하고자 하는 경우에는 다음과 같은 절차에 의해 기능 구현이 가능하다.

- 파일 삭제 시에 현재 디렉토리 경로와 삭제 파일명을 쌍으로 별도의 숨은 텍스트 파일에다 저장을 하라. (>> 기호를 활용)
- 파일 복구 시에는 이 숨은 텍스트 파일에서 복구 파일명이 포함된 라인을 찾아 복구 위치를 확인하라. (grep 명령어 활용)
- 파일을 원래 위치에 복구하고 나면 이 숨은 텍스트 파일에서 해당 라인을 삭제하라. (grep 명령어에 -v 옵션을 사용).

여기서는 힌트만 제공하고 실제 구현은 여러분들을 위한 과제로 남겨주고자 한다.

이제 마지막으로 휴지통에 보관된 파일들을 모두 삭제하는 휴지통 비우기 기능에 대해 살펴보고자 한다. 휴지통 비우기 기능은 -x 옵션을 사용하는 것으로 정한다. 휴지통 비우기 기능은 rm 명령으로 휴지통 디렉토리를 완전히 삭제하는 것으로 쉽게 해결된다.

아래 소스 코드는 -x 옵션을 사용해 휴지통을 비우는 기능에 대한 코드 부분을 상세히 다루고 있다.

휴지통을 비우기 위한 rm 명령을 내리기에 앞서 사용자로 하여금 재차 확인을 하는 과정이 포함되어 있을 뿐 코드는 간단하므로 별도의 설명은 생략하도록 한다.

```
# Trash Program v1.5
# Filename: can

set TR = $home/.trash
if (! -e $TR) mkdir $TR

if ($#argv  < 1) then
   echo "사용법: $0 -[dlrx] files..."
   exit
endif

switch($argv[1])

      case "-x":
         echo -n "정말로 휴지통을 비우실겁니까?(y/n) "
         set answer = $<
         if ($answer == "y") then
            rm -r $TR
            echo "휴지통을 깨끗이 비웠어요"
         else
            echo "휴지통 비우기를 취소했어요"
         endif
         breaksw

      default:
         echo "사용법: $0 -[dlrx] files..."
         breaksw

endsw
```

아래 그림은 상기 휴지통 비우기 기능을 담은 소스 코드에 대한 실행 결과이다.

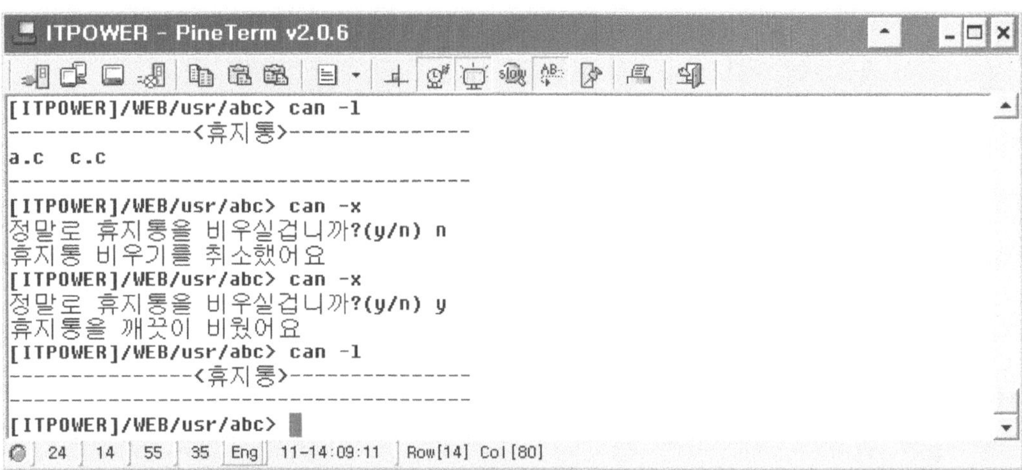
ITPOWER - PineTerm v2.0.6
[ITPOWER]/WEB/usr/abc> can -l
---------------<휴지통>---------------
a.c c.c

[ITPOWER]/WEB/usr/abc> can -x
정말로 휴지통을 비우실겁니까?(y/n) n
휴지통 비우기를 취소했어요
[ITPOWER]/WEB/usr/abc> can -x
정말로 휴지통을 비우실겁니까?(y/n) y
휴지통을 깨끗이 비웠어요
[ITPOWER]/WEB/usr/abc> can -l
---------------<휴지통>---------------

[ITPOWER]/WEB/usr/abc>
24 14 55 35 Eng 11-14:09:11 Row[14] Col[80]

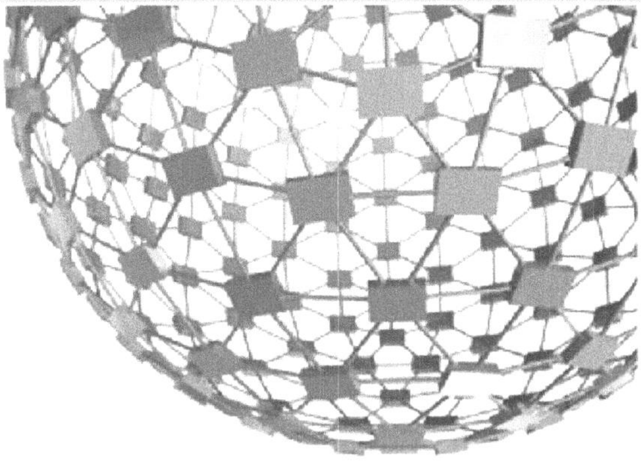

7 C쉘 프로그래밍 실습 –숫자게임

유닉스 C쉘 프로그래밍 시에 명령어나 특수 기호뿐만 아니라 다른 프로그래밍 언어로 만들어진 실행 파일을 이용할 수도 있다. 이 장에서는 C 프로그래밍 언어로 만든 난수(Random Number) 생성 프로그램을 이용하는 다양한 C쉘 프로그래밍 예제를 실습하도록 한다.

1. 난수 생성 C 프로그램

텍스트 편집기를 이용해 난수 생성 C 프로그램 코드를 작성하도록 하자. 소개하는 난수 생성 코드는 다양한 예제 프로그램에서 난수 발생 범위만 수정해 재사용되므로 코드 수정 방법이나 컴파일 방법에 대해서는 꼭 이해하기 바란다.

◇ **nan.c**

```
#include <stdio.h>
#include <time.h>
#include <stdlib.h>

int main() {
        int i;

        srand((unsigned)time(NULL));

        i = rand() % 9 + 1;
        printf("%d\n", i);
}
```

난수 발생은 현재 시각을 기초로 해서 만들어지며 사용자는 난수 발생 범위만 정하면 된다. 상기 코드에서는 % 연산자를 이용해 9로 나눈 나머지를 취하므로 0부터 8까지의 임의의 나머지가 계산되고 여기에다 1을 더하므로 1부터 9까지의 난수를 생성할 수 있다.

이 코드는 C 프로그램이므로 아래 그림에서 보는 바와 같이 유닉스 시스템에서 기본적으로 제공하는 C 컴파일러를 이용해 실행 코드로 만들 수가 있다.

```
ITPOWER - PineTerm v2.0.6
[ITPOWER]/WEB/usr/abc> gcc -o nan nan.c
[ITPOWER]/WEB/usr/abc> ls
bb          display     files       hanoi2      nan.c       rock
binary      fact        gcd         images      ordering    testdir
can         fdir        gohome      lotto       output      tmp
dir_files   fibo        hanoi       nan         reverse     vt
[ITPOWER]/WEB/usr/abc>
24 | 7 | 68 | 7 | Eng | 11-14:59:02 | Row[7] Col[80]
```

사용법: gcc –o 실행파일명 C소스파일명

난수 발생 소스코드인 nan.c 파일을 gcc 컴파일러로 컴파일 하게 되면 실행파일이 만들어 지는데 이는 일반 유닉스 명령과 동일하게 명령 라인에서 실행해 볼 수도 있고 C쉘 프로그램 내에서도 이를 사용할 수 있다.

아래 그림은 명령 라인에서 난수 발생 실행파일의 동작을 확인하고 있는 모습이다.

```
ITPOWER - PineTerm v2.0.6
[ITPOWER]/WEB/usr/abc> nan
9
[ITPOWER]/WEB/usr/abc> nan
5
[ITPOWER]/WEB/usr/abc> nan
4
[ITPOWER]/WEB/usr/abc> nan
6
[ITPOWER]/WEB/usr/abc>
24 | 9 | 52 | 19 | Eng | 11-15:08:22 | Row[9] Col[80]
```

만약 100부터 999 사이의 난수를 필요로 하는 경우에는 아래 코드와 같이 900으로 나누고서 여기에다 100을 더하는 방식으로 사용하면 된다.

```
#include <stdio.h>
#include <time.h>
#include <stdlib.h>

int main() {
        int i;

        srand((unsigned)time(NULL));

        i = rand() % 900 + 100;
        printf("%d\n", i);
}
```

아래 그림은 100부터 999 사이의 난수를 발생하는 실행 파일을 만들어 결과를 확인하는 모습이다.

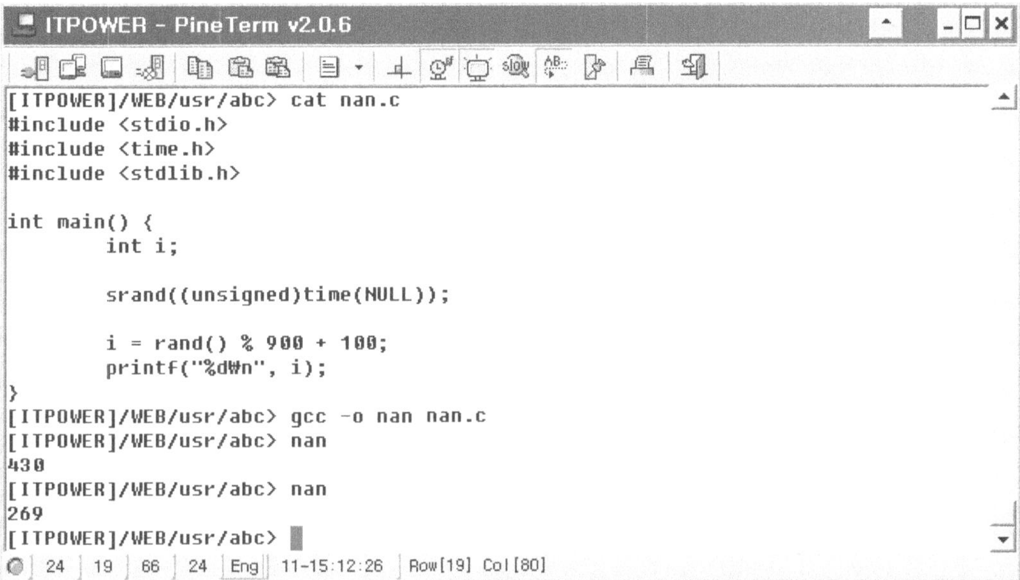
ITPOWER - PineTerm v2.0.6
[ITPOWER]/WEB/usr/abc> cat nan.c
#include <stdio.h>
#include <time.h>
#include <stdlib.h>
int main() {
int i;
srand((unsigned)time(NULL));
i = rand() % 900 + 100;
printf("%d₩n", i);
}
[ITPOWER]/WEB/usr/abc> gcc -o nan nan.c
[ITPOWER]/WEB/usr/abc> nan
430
[ITPOWER]/WEB/usr/abc> nan
269
[ITPOWER]/WEB/usr/abc>
24 19 66 24 Eng 11-15:12:26 Row[19] Col[80]

2. 큰수-작은수 게임

앞서 C쉘 프로그래밍 기초를 배우는 과정에서 한 사용자가 입력한 수를 다른 사용자가 맞추는 프로그램을 다룬 적이 있다. 여기서는 컴퓨터가 1부터 100 사이의 난수를 발생하고 사용자가 이를 맞추는 게임으로 바꿔보도록 한다.

1부터 100사이의 난수를 생성하려면 아래 난수 발생 코드에서 나머지 연산자(%) 부분을 100으로 나누고서 1을 더하면 된다.

```
#include <stdio.h>
#include <time.h>
#include <stdlib.h>

int main() {
        int i;

        srand((unsigned)time(NULL));

        i = rand() % 100 + 1;
        printf("%d\n", i);
}
```

상기 코드를 컴파일 과정을 거쳐 nan 이라는 실행 파일을 만들어 놓았다는 전제 하에서 아래 C쉘 프로그램을 차근차근 만들어 나가면 된다.

```
# Big or Small Game
# Filename: big-small

@ com = `nan`

@ counter = 1
while ($counter <= 10)
   echo -n "Guess Number : "
   @ input = $<
   if ($input > $com) then
        echo "숫자가 커요"
   else if ($input < $com) then
        echo "숫자가 작아요"
   else
        echo "$counter 번에 맞췄으니 당신이 이겼네요"
        break
   endif
   @ counter++
end
if ($counter > 10) echo "컴퓨터가 이겼네요"
```

C쉘 프로그램 코드 내에서 백틱을 사용해 난수 발생 프로그램을 실행한 후 그 값을 숫자 변수에 저장하고 있음을 알 수 있다. 이 값은 사용자가 echo 구문으로 출력해 보면 알 수 있으나 게임을 통해 맞춰보도록 하라. 이미 C쉘 프로그래밍 기초 과정에서 다루어 본 예제이므로 더 이상의 소스 코드에 대한 설명은 필요 없다고 생각한다.

아래 그림은 상기 소스코드의 실행 결과이다.

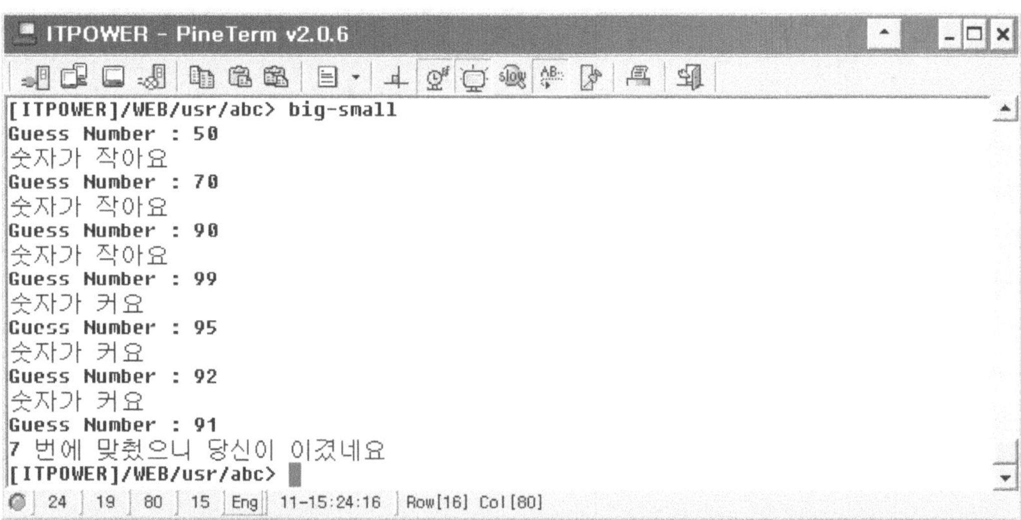
ITPOWER - PineTerm v2.0.6
[ITPOWER]/WEB/usr/abc> big-small
Guess Number : 50
숫자가 작아요
Guess Number : 70
숫자가 작아요
Guess Number : 90
숫자가 작아요
Guess Number : 99
숫자가 커요
Guess Number : 95
숫자가 커요
Guess Number : 92
숫자가 커요
Guess Number : 91
7 번에 맞췄으니 당신이 이겼네요
[ITPOWER]/WEB/usr/abc>
24 19 80 15 Eng 11-15:24:16 Row[16] Col[80]

3. 무지개 색깔

또 다른 난수 발생 예제 프로그램을 살펴보도록 하자. 무작위로 생성된 무지개의 일곱 가지 색깔 중의 하나를 맞추는 프로그램인데 약간의 변수가 존재한다. 세 번 연속으로 틀린 경우에는 다시 다른 색깔로 바뀌게 되는 것이다. 1부터 7까지 숫자를 각각 무지개 색깔로 간주해 1은 빨강, 2는 주황, … , 7은 보라색으로 정의한다.

사용자는 컴퓨터가 생각한 색깔을 맞추기 위해 1부터 7사이의 숫자를 입력하는데 앞서 언급한 바와 같이 세 번 연속으로 틀린 경우에는 다시 1부터 7 사이의 랜덤 숫자를 발생하게 되므로 맞춰야 할 무지개 색깔이 바뀌게 된다. 사용자가 색깔을 맞춘 경우에는 몇 번의 시도로 맞추게 되었는지를 결과로 출력한다.

먼저 아래 코드와 같이 1부터 7까지의 난수를 발생하는 C 프로그램을 만들어야 할 것이다.

```
#include <stdio.h>
#include <time.h>
#include <stdlib.h>

int main() {
        int i;

        srand((unsigned)time(NULL));

        i = rand() % 7 + 1;
        printf("%d\n", i);
}
```

상기 코드를 컴파일 해서 nan 이라는 실행 파일을 만든 다음 아래 그림과 같이 1 부터 7 사이의 난수가 발생되는지를 확인하도록 하자.

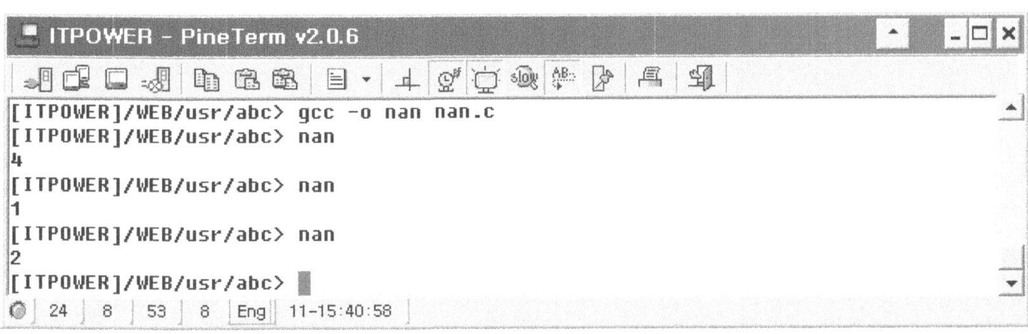
ITPOWER - PineTerm v2.0.6
[ITPOWER]/WEB/usr/abc> gcc -o nan nan.c
[ITPOWER]/WEB/usr/abc> nan
4
[ITPOWER]/WEB/usr/abc> nan
1
[ITPOWER]/WEB/usr/abc> nan
2
[ITPOWER]/WEB/usr/abc>
24 8 53 8 Eng 11-15:40:58

이제 무지개 색깔을 맞추는 메인 코드를 만들어 보자. 다양한 방법으로 만들 수 있으므로 자신이 직접 프로그래밍을 해 본 다음에 아래 제시하는 코드와 비교를 해 보도록 하자.

```
# Rainbow Program
# Filename: rainbow

@ com = `nan`
@ counter = 0

again:
echo -n "[$com]무지개 색깔은? "
@ you = $<

@ counter++

if ($com == $you) then
   echo "$counter 번 만에 맞추셨네요"
   exit
else
   if (($counter % 3) == 0) @ com = `nan`
   goto again
endif
```

컴퓨터가 생성한 난수를 확인할 수 있도록 echo 구문에 com 변수의 값을 출력하도록 삽입해 놓았다는 것을 알 수 있다. 프로그램 디버깅 과정에서만 활용하고 실제 프로그램 실행 시에는 이 부분을 삭제하기 바란다.

사용자가 세 번 연속 맞추지 못했을 때 새로운 난수를 발생하게 되므로, 이를 확인하기 위한 코드를 유심히 살펴보도록 하라. 새로운 난수를 발생해야 할 시점은 counter 값이 3의 배수인 경우이므로 아래와 같은 코드가 필요함을 알 수 있다.

```
if (($counter % 3) == 0) @ com = `nan`
```

아래 그림은 무지개 색깔을 맞추는 프로그램의 실행 결과를 보여주고 있다.

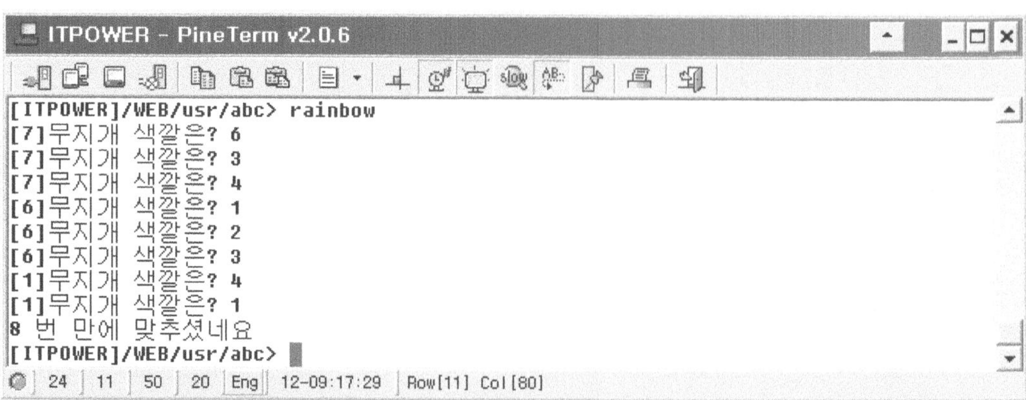
ITPOWER - PineTerm v2.0.6
[ITPOWER]/WEB/usr/abc> rainbow
[7]무지개 색깔은? 6
[7]무지개 색깔은? 3
[7]무지개 색깔은? 4
[6]무지개 색깔은? 1
[6]무지개 색깔은? 2
[6]무지개 색깔은? 3
[1]무지개 색깔은? 4
[1]무지개 색깔은? 1
8 번 만에 맞추셨네요
[ITPOWER]/WEB/usr/abc>
24 11 50 20 Eng 12-09:17:29 Row[11] Col[80]

4. 원점 복귀

다음으로 살펴 볼 난수 활용 예제 프로그램은 원점에서 출발해 동서남북 4가지 방향 중의 하나에 해당하는 난수를 반복해 발생한 후 이에 따라 이동을 하는 경우 일정 횟수 이내에 출발지인 원점으로 돌아올 수 있는가를 확인하는 프로그램이다.

난수 발생은 1부터 4까지 범위에서 발생하면 되므로 아래와 같은 난수 발생 C 프로그램을 사용하면 된다.

```
#include <stdio.h>
#include <time.h>
#include <stdlib.h>

int main() {
        int i;

        srand((unsigned)time(NULL));

        i = rand() % 4 + 1;
        printf("%d\n", i);
}
```

난수 발생 프로그램을 컴파일 한 다음 nan 이라는 실행 파일을 만들어 1부터 4 사이의 숫자들이 발생되나 확인해 두도록 한다.

4가지 방향 중의 하나를 가리키는 난수를 이용해 이동 위치를 구하려면 4가지 방향을 가리키는 변수가 필요하다. 본 예제 프로그램에서는 up, down, left 및 right 이름의 변수를 사용하도록 한다.

각 방향에 해당하는 난수가 발생하면 해당 방향 변수의 값을 1씩 증가하는 식으로 진행하며, 원점으로 돌아오는 지 여부는 서로 반대 방향을 가리키는 변수들의 값이 같은지를 확인하는 방법을 사용하도록 한다. 즉, up과 down 변수의 값이 같고, left와 right 변수의 값이 같은 경우에는 원점으로 되돌아 온 것으로 확인하는 것이다.

또 다른 구현 방법으로 각 방향에 해당하는 난수가 발생하면 해당 방향 변수의 값을 증가시키는 것과 동시에 반대 방향 변수의 값을 감소시키는 방법도 있다. 이 경우에는 4가지 방향에 해당하는 변수의 값이 모두 0이 되는 경우에 원점으로 돌아온 것으로 판별하면 된다.

아래 코드는 전자의 방법으로 구현한 소스 코드를 보여주고 있다.

```
# Go Back Home Program
# Filename: gohome

@ up = 0
@ down = 0
@ left = 0
@ right = 0

@ i = 1
echo -n "홈"
while ($i <= 30)
     sleep 1
     @ n = `nan`
     switch ($n)
          case 1:
              @ up++
              echo -n "상"
              breaksw
          case 2:
              @ down++
              echo -n "하"
              breaksw
          case 3:
              @ left++
              echo -n "좌"
              breaksw
          case 4:
              @ right++
              echo -n "우"
              breaksw
     endsw
     if ($left == $right && $up == $down) then
                echo -n "홈"
          echo ""
          break
     endif
     @ i++
end
if ($i == 31) then
        echo -n "꽝"
        echo ""
endif
```

switch 구문을 사용하여 난수 발생 결과가 어느 방향인지에 따라 해당 변수 값을 1씩 증가하고 있다. 난수를 발생해 화면에 출력하는 시간을 1초 간격으로 조절하기 위해 sleep 1 코드를 넣고 있다. 본 예제 프로그램에서는 30번의 난수 발생 과정을 거쳐 원점으로 돌아오지 못하는 경우에는 실패한 것으로 간주하여 "꽝" 이라는 글자를 출력하도록 하였다.

아래 그림은 상기 예제 프로그램을 실행한 결과이다. 대부분의 경우 다시 원점으로 돌아오고 있음을 알 수 있다.

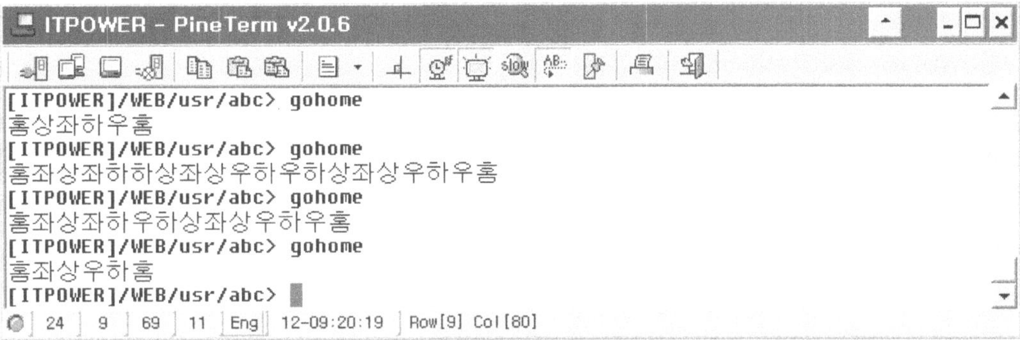
ITPOWER - PineTerm v2.0.6
[ITPOWER]/WEB/usr/abc> gohome
홈상좌하우홈
[ITPOWER]/WEB/usr/abc> gohome
홈좌상좌하하상좌상우하우하상좌상우하우홈
[ITPOWER]/WEB/usr/abc> gohome
홈좌상좌하우하상좌상우하우홈
[ITPOWER]/WEB/usr/abc> gohome
홈좌상우하홈
[ITPOWER]/WEB/usr/abc>
24 9 69 11 Eng 12-09:20:19 Row[9] Col[80]

5. 카드 게임

이제 난수를 이용한 간단한 카드 게임을 만들어 보자. 카드 게임의 규칙을 잘 이해하면 쉽게 프로그램을 개발할 수 있으니 다음 규칙을 잘 살펴보도록 한다.

초기 게임 머니로 플레이어에게 10,000원이 주어지는데 플레이어가 가진 게임 머니를 모두 잃게 되면 게임은 종료한다. 게임이 시작되면 1부터 10까지의 숫자 카드 중에서 플레이어에게 랜덤하게 두 장의 서로 다른 숫자 카드가 주어진다.

여기서 플레이어는 배팅 금액을 정해야 한다. 최소 1,000원에서부터 최대 자신이 보유한 게임 머니 전부까지 배팅이 가능하다. 이제 플레이어는 새로운 한 장의 카드를 받게 될 건데 이 카드의 숫자가 앞서 받았던 두 장의 카드 숫자 범위 사이에 있을 확률에 근거해 배팅 금액을 결정하면 된다. 만약 새로운 카드 숫자가 앞서 받은 두 장의 카드 사이의 숫자이면 플레이어가 배팅한 금액의 두 배를 따게 되나, 그렇지 않다면 플레이어가 배팅한 금액만큼 잃게 된다.

새로이 받게 되는 카드는 앞서 받은 카드와는 무관하게 1부터 10 사이의 임의의 카드이므로 이미 받은 두 장의 카드와 같은 숫자일 수도 있는데 이 경우에도 플레이어는 배팅 금액을 잃게 된다. 반드시 앞서 받은 두 장의 카드 숫자 사이에 존재해야만 플레이어가 배팅 금액의 두 배를 따게 되는 것이다.

이제 게임 규칙에 대한 이해가 되었다면 본격적으로 코드를 작성해 보자.

먼저 1부터 10 사이의 난수를 발생하는 프로그램을 만들어야 한다. 아래 난수 발생 프로그램에서 보는 바와 같이 나머지 연산자를 이용해 10으로 나눈 나머지를 얻으면 0부터 9사이의 숫자이므로 여기에다 1을 더하면 된다. 컴파일을 거쳐 nan 이라는 실행 파일을 만들어 두라.

```
#include <stdio.h>
#include <time.h>
#include <stdlib.h>

int main() {
        int i;

        srand((unsigned)time(NULL));

        i = rand() % 10 + 1;
        printf("%d\n", i);
}
```

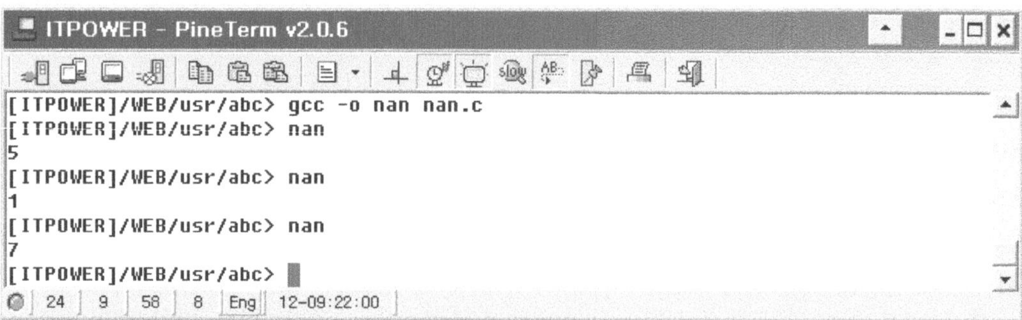
ITPOWER - PineTerm v2.0.6
[ITPOWER]/WEB/usr/abc> gcc -o nan nan.c
[ITPOWER]/WEB/usr/abc> nan
5
[ITPOWER]/WEB/usr/abc> nan
1
[ITPOWER]/WEB/usr/abc> nan
7
[ITPOWER]/WEB/usr/abc>
24 9 58 8 Eng 12-09:22:00

아래 코드는 플레이어에게 두 장의 카드를 발급하는 과정을 보여준다.

```
# New Card between Two Card Numbers
# Filename: card

@ card1 = `nan`
@ card2 = `nan`
while ($card1 == $card2)
   @ card2 = `nan`
end

if ($card1 > $card2) then     # 항상 카드1 < 카드2 순서를 만들어 줌
    @ temp = $card1
    @ card1 = $card2
    @ card2 = $temp
endif

echo "당신이 받은 카드 입니다"
echo "$card1  $card2"
```

두 장의 카드 숫자는 달라야 하는데 만약 같은 숫자라면 while 반복 구문을 이용해 서로 다를 때 까지 반복해 새로운 난수를 발생시킨다. 두 장의 카드의 숫자를 비교해 항상 카드1 보다 카드2 숫자가 큰 상황으로 만들어 놓으면 나중에 새로운 카드를 받았을 때 두 카드 사이의 숫자인지를 판별하기에 수월하다.

아래 그림은 상기 코드의 실행 결과 모습이다.

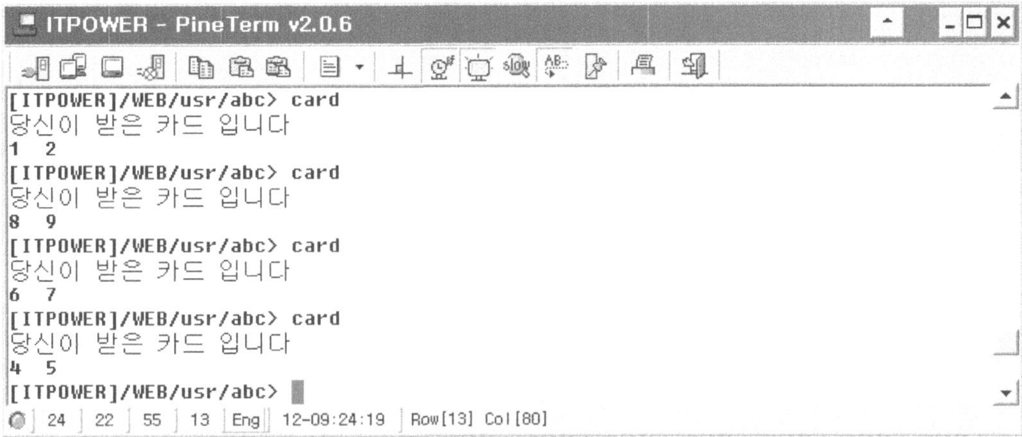
ITPOWER - PineTerm v2.0.6
[ITPOWER]/WEB/usr/abc> card
당신이 받은 카드 입니다
1 2
[ITPOWER]/WEB/usr/abc> card
당신이 받은 카드 입니다
8 9
[ITPOWER]/WEB/usr/abc> card
당신이 받은 카드 입니다
6 7
[ITPOWER]/WEB/usr/abc> card
당신이 받은 카드 입니다
4 5
[ITPOWER]/WEB/usr/abc>
24 22 55 13 Eng 12-09:24:19 Row[13] Col[80]

난수의 발생은 현재 시각을 이용하므로 연속으로 발생시키는 경우에는 근접한 숫자가 발생되는 경향이 많아 카드 게임에 활용하기 어려운 생각이 든다. 그렇다면 소스 코드에서 난수를 발생하는 코드 바로 윗부분에 sleep 3 이라는 코드를 삽입해 보자. 3초 정도 시간 여유를 가지고 난수를 발생하도록 수정하는 것이다. 이 경우 아래 그림과 같이 만족할 만한 결과를 가져올 것이다.

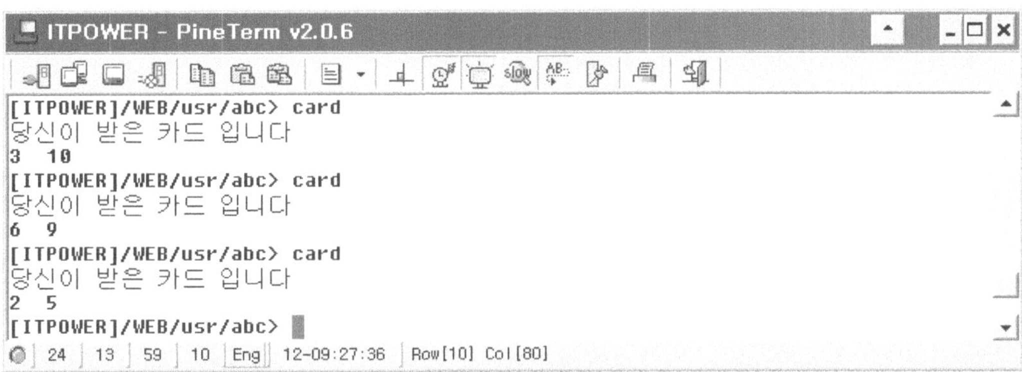
ITPOWER - PineTerm v2.0.6
[ITPOWER]/WEB/usr/abc> card
당신이 받은 카드 입니다
3 10
[ITPOWER]/WEB/usr/abc> card
당신이 받은 카드 입니다
6 9
[ITPOWER]/WEB/usr/abc> card
당신이 받은 카드 입니다
2 5
[ITPOWER]/WEB/usr/abc>
24 13 59 10 Eng 12-09:27:36 Row[10] Col[80]

플레이어에게 지급되는 두 장의 카드 생성 기능이 완성되었으면, 다음으로 플레이어가 배팅 금액을 입력한 다음 새로운 카드를 받아 승패 여부를 결정하는 기능을 구현하도록 한다.

아래 코드는 완성한 카드 게임의 전체 소스 코드를 보여주고 있다.

```
# New Card between Two Card Numbers
# Filename: card

@ money = 10000

while ($money > 0)
   @ card1 = `nan`
   sleep 3                        # 3초 기다림 - 같은 숫자 발생될 확률 낮추어 줌
   @ card2 = `nan`
   while ($card1 == $card2)
      sleep 3
      @ card2 = `nan`
   end

   if ($card1 > $card2) then     # 항상 카드1 < 카드2 순서를 만들어 줌
      @ temp = $card1
      @ card1 = $card2
      @ card2 = $temp
   endif

   echo "당신이 받은 카드: $card1  $card2"

rebat:
   echo "배팅금액을 입력하세요 (잔액: $money)"
   @ bat = $<

   if ($bat > $money || $bat < 1000) then
      echo "배팅 금액을 잘못 입력하셨어요"
      goto rebat
   endif

   @ money = $money - $bat
   sleep 3
   @ card3 = `nan`
   echo "새로운 카드: $card3"

   if ($card1 < $card3 && $card3 < $card2) then
      @ money = $money + ($bat * 2)
      echo "축하합니다. 잔액은 $money 원입니다."
   else
      echo "돈을 잃으셨습니다. 잔액은 $money 원입니다."
      if ($money == 0) break
   endif

   echo -n "게임을 그만 하실래요?(y/n)"
   set answer = $<

   if ($answer == "y") break

end
```

소스 코드에 이해하기 어려운 부분은 없으므로 다음 그림에 나와 있는 카드 게임 실행 결과를 살펴보면서 차근차근 소스 코드의 기능을 이해하도록 노력하기 바란다.

```
[ITPOWER]/WEB/usr/abc> card
당신이 받은 카드: 7  10
배팅금액을 입력하세요 (잔액: 10000)
100
배팅 금액을 잘못 입력하셨어요
배팅금액을 입력하세요 (잔액: 10000)
11000
배팅 금액을 잘못 입력하셨어요
배팅금액을 입력하세요 (잔액: 10000)
5000
새로운 카드: 6
돈을 잃으셨습니다. 잔액은 5000 원입니다.
게임을 그만 하실래요?(y/n)y
[ITPOWER]/WEB/usr/abc>
```

상기 그림은 배팅 금액을 1000원 미만으로 입력하거나 자신의 보유액 이상으로 입력하는 경우에 다시 배팅 금액을 입력하도록 하는 기능에 대한 확인 과정을 보여준다. 그리고 아래 그림은 정상적으로 게임을 진행하고 있는 모습을 보여주고 있다.

```
[ITPOWER]/WEB/usr/abc> card
당신이 받은 카드: 5  7
배팅금액을 입력하세요 (잔액: 10000)
1000
새로운 카드: 1
돈을 잃으셨습니다. 잔액은 9000 원입니다.
게임을 그만 하실래요?(y/n)n
당신이 받은 카드: 6  9
배팅금액을 입력하세요 (잔액: 9000)
3000
새로운 카드: 2
돈을 잃으셨습니다. 잔액은 6000 원입니다.
게임을 그만 하실래요?(y/n)n
당신이 받은 카드: 8  9
배팅금액을 입력하세요 (잔액: 6000)
1000
새로운 카드: 2
돈을 잃으셨습니다. 잔액은 5000 원입니다.
게임을 그만 하실래요?(y/n)n
당신이 받은 카드: 1  10
배팅금액을 입력하세요 (잔액: 5000)
5000
새로운 카드: 6
축하합니다. 잔액은 10000 원입니다.
게임을 그만 하실래요?(y/n)
```

6. 숫자 야구

컴퓨터가 난수를 발생해 각 자릿수가 1부터 9사이에 서로 다른 숫자 3개를 생성하고, 이를 사용자가 맞추는 숫자야구 게임을 C쉘 프로그래밍을 이용해 만들 수 있다. 컴퓨터가 생각한 숫자와 사용자가 입력한 숫자가 자릿수가 일치하면 스트라이크(Strike), 숫자는 포함되어 있으나 자릿수가 다르면 볼(Ball)로 결과를 보여주므로, 이를 힌트로 사용하여 컴퓨터가 생각한 숫자를 모두 맞추는 게임이다.

세 자리의 숫자를 만들어 내기 위해 아래 코드와 같이 난수 발생 C 프로그램을 만들어 사용한다.

```
#include <stdio.h>
#include <time.h>
#include <stdlib.h>

int main() {
        int i;

        srand((unsigned)time(NULL));

        i = rand() % 900 + 100;
        printf("%d\n", i);
}
```

나머지 연산자를 이용해 0부터 899까지의 나머지가 생성되면 여기에다 100을 더하면 100부터 999 사이의 난수가 발생될 것이다. 아래 그림은 난수 발생 결과를 확인하는 모습을 보여준다.

그림에서 알 수 있는 바와 같이 숫자 야구에 사용할 수 없는 숫자들도 많이 발생하고 있음을 알 수 있다. 숫자 야구 게임을 위해서는 1부터 9사이의 서로 다른 숫자 세 개를 사용해야 하는데, 숫자 0이 포함되거나 같은 숫자를 포함하는 경우가 발생되는 경우에는 C쉘 프로그램 코드 내에서 다루도록 한다.

ITPOWER - PineTerm v2.0.6
[ITPOWER]/WEB/usr/abc> nan
433
[ITPOWER]/WEB/usr/abc> nan
220
[ITPOWER]/WEB/usr/abc> nan
553
[ITPOWER]/WEB/usr/abc> nan
351
[ITPOWER]/WEB/usr/abc>
24 9 39 9 Eng 11-16:58:36

아래 소스 코드는 숫자 야구 프로그램을 개발하는 첫 번째 단계로서 세 자리 숫자에 0이 포함되지 않으며 숫자가 각기 다른 난수를 생성하는 기능을 제공한다. 앞서 살펴 본 세 자리 난수 발생 프로그램을 이용하되 이러한 조건에 만족되지 않으면 다시 난수를 발생하는 방식으로 반복해 결국 게임에 사용 가능한 숫자를 생성하게 되는 것이다.

```
# Baseball Program v1.0
# Filename: bb

again:

@ com = `nan`
@ com1 = `echo $com |cut -c1`
@ com2 = `echo $com |cut -c2`
@ com3 = `echo $com |cut -c3`

if ($com1 == $com2 || $com1 == $com3 || $com2 == $com3 || $com1 == 0 ||
$com2 == 0 || $com3 == 0) goto again

echo "컴퓨터: $com1 $com2 $com3"
```

아래 그림은 상기 코드를 실행해 숫자 야구 게임에 사용 가능한 난수를 생성하는 결과를 보여주고 있다.

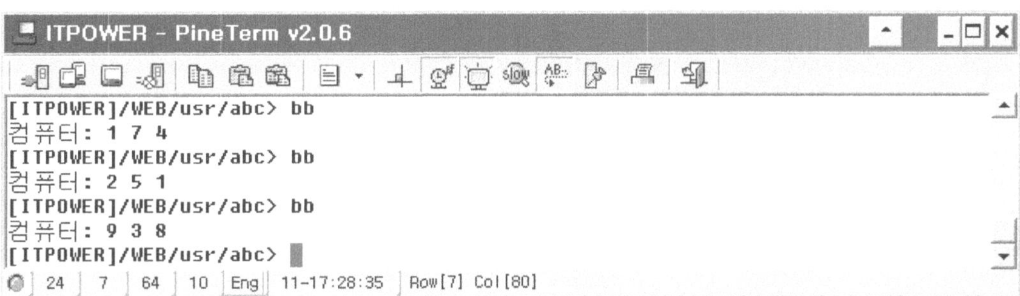
ITPOWER - PineTerm v2.0.6
[ITPOWER]/WEB/usr/abc> bb
컴퓨터: 1 7 4
[ITPOWER]/WEB/usr/abc> bb
컴퓨터: 2 5 1
[ITPOWER]/WEB/usr/abc> bb
컴퓨터: 9 3 8
[ITPOWER]/WEB/usr/abc>
24 7 64 10 Eng 11-17:28:35 Row[7] Col[80]

반면, 아래 소스 코드는 사용자가 입력하는 세 자리 숫자에 0이 포함되어 있거나 동일한 숫자가 포함되어 있거나 세자리 숫자가 아닌 자릿수의 숫자를 입력한 경우에는 다시 입력을 요구하는 프로그램이다. 정상적으로 숫자 야구 게임에 적합한 숫자를 입력한 경우에만 사용자의 입력 숫자를 각 자릿수 별로 출력해 준다.

```
# Baseball Program v1.1
# Filename: bb2

replay:
echo -n "숫자 입력 :  "
set you =  $<

@ len = `echo $you | wc -c` - 1
set you1 = `echo $you |cut -c1`
set you2 = `echo $you |cut -c2`
set you3 = `echo $you |cut -c3`

if ($you1 !~ [1-9] || $you2 !~ [1-9] || $you3 !~ [1-9] || $len != 3) then
   echo "1에서 9사이의 세자리 숫자만 입력 가능합니다"
   goto replay
endif
if ($you1 == $you2 || $you2 == $you3 || $you3 == $you1) then
   echo "동일한 숫자는 입력하실 수 없습니다"
   goto replay
endif

echo "사용자 : $you1 $you2 $you3"
```

아래 그림은 상기 코드의 실행 결과이다. 사용자가 영문자를 입력하거나, 동일한 숫자가 포함된 숫자를 입력하거나 세 개 이상 혹은 이하의 숫자를 입력하는 경우에는 모두 다시 입력을 요구하고 있음을 알 수 있다. 정상적으로 각기 다른 세 개의 숫자를 입력한 경우에만 각 자리 숫자를 정상적으로 출력해 준다.

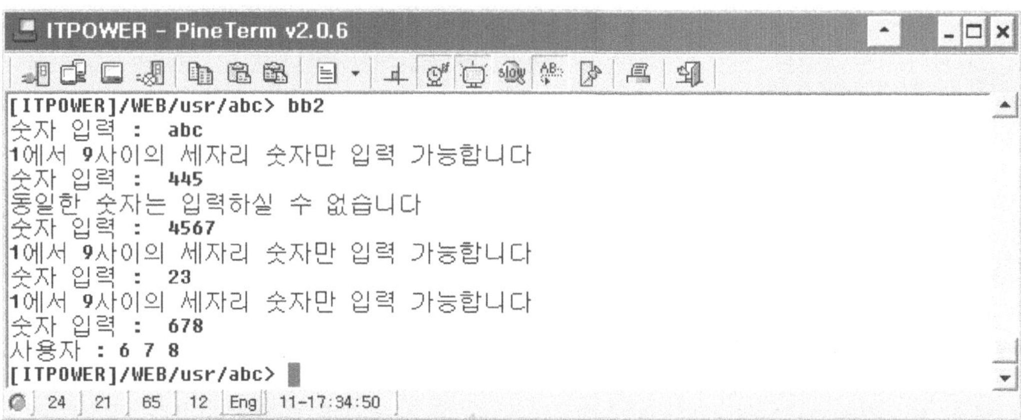
ITPOWER - PineTerm v2.0.6
[ITPOWER]/WEB/usr/abc> bb2
숫자 입력 : abc
1에서 9사이의 세자리 숫자만 입력 가능합니다
숫자 입력 : 445
동일한 숫자는 입력하실 수 없습니다
숫자 입력 : 4567
1에서 9사이의 세자리 숫자만 입력 가능합니다
숫자 입력 : 23
1에서 9사이의 세자리 숫자만 입력 가능합니다
숫자 입력 : 678
사용자 : 6 7 8
[ITPOWER]/WEB/usr/abc>
24 21 65 12 Eng 11-17:34:50

컴퓨터의 난수 발생과 사용자의 숫자 입력 체크 기능이 완료 되었으므로 여기에다 숫자 야구 기능 코드를 추가해 본격적으로 숫자 야구 게임을 완성해 보도록 하자.

```
# Baseball Program v2.0
# Filename: bb

again:

@ com = `nan`
@ com1 = `echo $com |cut -c1`
@ com2 = `echo $com |cut -c2`
@ com3 = `echo $com |cut -c3`

if ($com1 == $com2 || $com1 == $com3 || $com2 == $com3 || $com1 == 0 || $com2
== 0 || $com3 == 0) goto again

set com = ($com1 $com2 $com3)

@ round = 1

while ($round <= 9)

replay:

   echo -n "세자리 숫자 입력: "
   set you = $<

   @ len = `echo $you | wc -c` - 1
   set you1 = `echo $you |cut -c1`
   set you2 = `echo $you |cut -c2`
   set you3 = `echo $you |cut -c3`

   if ($you1 !~ [1-9] || $you2 !~ [1-9] || $you3 !~ [1-9] || $len != 3) then
      echo "1에서 9사이의 세자리 숫자만 입력 가능합니다"
      goto replay
   endif
   if ($you1 == $you2 || $you2 == $you3 || $you3 == $you1) then
      echo "동일한 숫자는 입력하실 수 없습니다"
      goto replay
   endif

   set you = ($you1 $you2 $you3)

   @ strike = 0
   @ ball = 0
   @ i = 1
   while ($i <= 3)
      @ j = 1
      while ($j <= 3)
         if ($com[$i] == $you[$j]) then
             if ($i == $j) then
                   @ strike++
             else
                   @ ball++
             endif
         endif
         @ j++
      end
      @ i++
   end
   echo "$round 회: $you ---> $strike S $ball B"

   if ($strike == 3) then
        echo "축하합니다....짝짝짝"
        exit
   endif
   @ round++
end
```

야구 게임이 1회부터 9회까지가 기본이듯이 숫자 야구 게임 역시 아홉 번의 기회에 맞추어야 하는 게임이다. 숫자 변수 round를 1부터 증가시키면서 사용자의 숫자 입력을 받아 컴퓨터의 숫자와 자릿수 비교를 통해 결과를 보여주는 과정을 되풀이 하게 된다.

만약 아홉 번의 입력 이후에도 세 자리 숫자를 모두 맞히지 못하면 게임은 종료되며, 중간에 모두 맞힌 경우에는 축하 메시지를 보여주고 게임은 종료된다.

아래 코드 부분은 각 사용자의 입력 숫자 세 자리와 컴퓨터가 발생한 난수 세 자리를 while 구문을 중첩해서 비교하고 있는 부분이다.

```
@ strike = 0
@ ball = 0
@ i = 1
while ($i <= 3)
   @ j = 1
   while ($j <= 3)
      if ($com[$i] == $you[$j]) then
          if ($i == $j) then
                @ strike++
          else
                @ ball++
          endif
      endif
      @ j++
   end
   @ i++
end
```

즉, 컴퓨터의 첫 번째 숫자와 사용자의 세 숫자를 비교하고, 이어 컴퓨터의 두 번째 숫자와 사용자의 세 숫자를 비교하는 식으로 모두 아홉 번의 비교를 거치게 된다.

만약 같은 숫자가 발견되었을 때 위치가 같으면 스트라이크 변수를 증가시키고, 위치가 다르면 볼 변수를 증가시키는 방식이다. 이 코드는 사용자가 세 자리 숫자를 한 번 입력할 때 마다 실행되기 때문에 스트라이크 변수와 볼 변수는 항상 초기화 되어야 한다.

상기 코드는 아래와 같이 단순 비교를 하는 코드로 대체될 수도 있음을 알아두면 좋다.

```
@ strike = 0
@ ball = 0
if ($com[1] == $you[1]) @ strike++
if ($com[2] == $you[2]) @ strike++
if ($com[3] == $you[3]) @ strike++
if ($com[1] == $you[2]) @ ball++
if ($com[1] == $you[3]) @ ball++
if ($com[2] == $you[1]) @ ball++
if ($com[2] == $you[3]) @ ball++
if ($com[3] == $you[1]) @ ball++
if ($com[3] == $you[2]) @ ball++
```

만약 컴퓨터의 세 자리 숫자와 사용자의 세 자리 숫자가 모두 일치하는 경우에는 아래 코드에서와 같이 축하 메시지를 보여준 다음 exit 명령어를 통해 프로그램을 종료한다.

```
if ($strike == 3) then
      echo "축하합니다....짝짝짝"
      exit
endif
```

마찬가지로 round 변수 값이 9를 초과하게 되는 경우에도 가장 바깥의 while 구문을 벗어나게 되므로 프로그램은 종료하게 된다.

```
while ($round <= 9)
                :
   @ round++
end
```

아래 그림은 완성된 숫자 야구 게임의 실행 결과이다. 각자 컴퓨터가 생각한 숫자 세 개를 몇 번 만에 맞출 수 있나 자신의 능력도 확인할 겸 프로그램이 정상 동작하는 지를 확인해 보도록 한다.

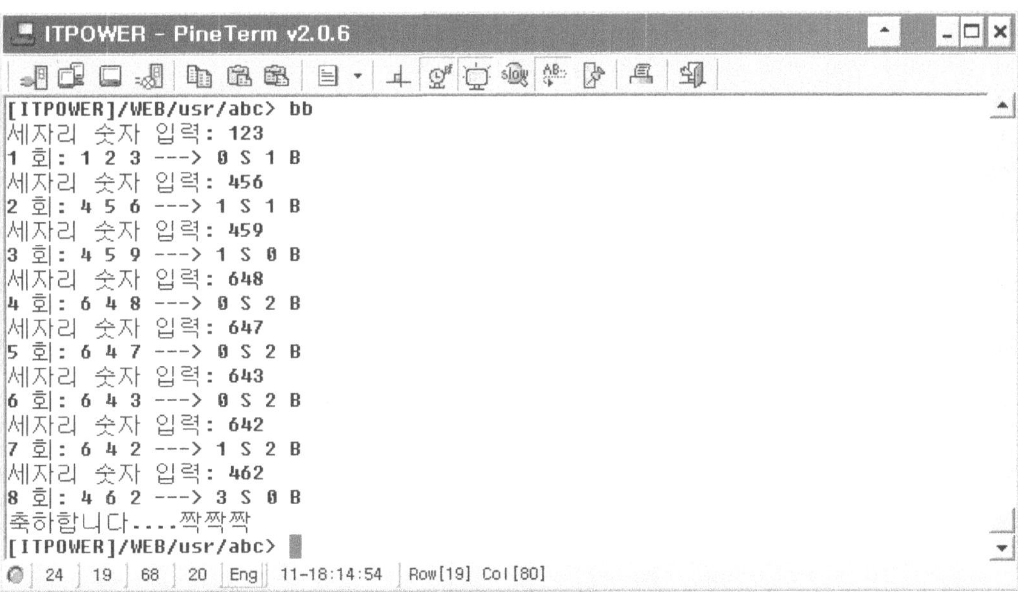
ITPOWER - PineTerm v2.0.6
[ITPOWER]/WEB/usr/abc> bb
세자리 숫자 입력: 123
1 회: 1 2 3 ---> 0 S 1 B
세자리 숫자 입력: 456
2 회: 4 5 6 ---> 1 S 1 B
세자리 숫자 입력: 459
3 회: 4 5 9 ---> 1 S 0 B
세자리 숫자 입력: 648
4 회: 6 4 8 ---> 0 S 2 B
세자리 숫자 입력: 647
5 회: 6 4 7 ---> 0 S 2 B
세자리 숫자 입력: 643
6 회: 6 4 3 ---> 0 S 2 B
세자리 숫자 입력: 642
7 회: 6 4 2 ---> 1 S 2 B
세자리 숫자 입력: 462
8 회: 4 6 2 ---> 3 S 0 B
축하합니다....짝짝짝
[ITPOWER]/WEB/usr/abc>
24 19 68 20 Eng 11-18:14:54 Row[19] Col[80]

아래 그림은 아홉 번의 기회 동안에 컴퓨터가 발생한 숫자를 맞추지 못한 경우에 게임이 종료되는 모습을 보여준다.

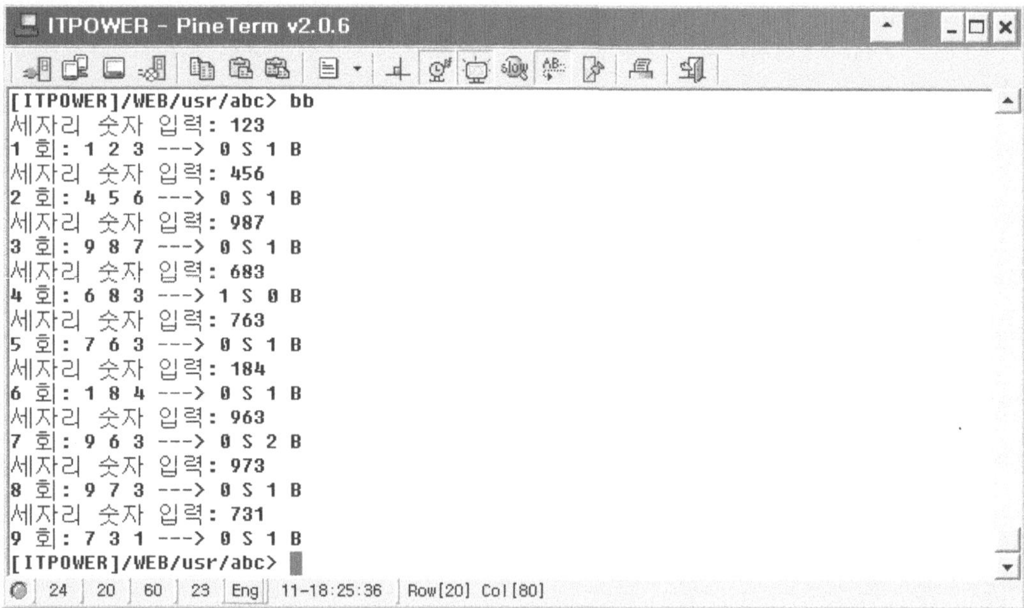
ITPOWER - PineTerm v2.0.6
[ITPOWER]/WEB/usr/abc> bb
세자리 숫자 입력: 123
1 회: 1 2 3 ---> 0 S 1 B
세자리 숫자 입력: 456
2 회: 4 5 6 ---> 0 S 1 B
세자리 숫자 입력: 987
3 회: 9 8 7 ---> 0 S 1 B
세자리 숫자 입력: 683
4 회: 6 8 3 ---> 1 S 0 B
세자리 숫자 입력: 763
5 회: 7 6 3 ---> 0 S 1 B
세자리 숫자 입력: 184
6 회: 1 8 4 ---> 0 S 1 B
세자리 숫자 입력: 963
7 회: 9 6 3 ---> 0 S 2 B
세자리 숫자 입력: 973
8 회: 9 7 3 ---> 0 S 1 B
세자리 숫자 입력: 731
9 회: 7 3 1 ---> 0 S 1 B
[ITPOWER]/WEB/usr/abc>
24 20 60 23 Eng 11-18:25:36 Row[20] Col[80]

숫자 야구 게임에다 좀 더 기능을 보완할 수 있는 내용을 한 가지 소개하고자 한다. 아래 코드에서 보는 바와 같이 게임을 처음 시작 할 때 시스템의 시간 정보를 읽어낸 다음 사용자가 세 개의 숫자를 모두 맞힌 경우의 시스템 시간을 계산해 이들 시간 차이를 보여주는 방법도 고려해 볼 수 있겠다. 참고하기 바란다.

```
# 게임 시작할 때 시스템 시간(분과 초)을 저장
set sdate = `date`
@ sm = `echo $sdate[7] | cut -c1-2`
@ ss = `echo $sdate[8] | cut -c1-2`
@ stime = ($sm * 60) + $ss

                  :

# 게임 종료시의 시스템 시간(분과 초)을 저장
set edate = `date`
@ em = `echo $edate[7] | cut -c1-2`
@ es = `echo $edate[8] | cut -c1-2`
@ etime = ($em * 60) + $es

@ gametime = $etime - $stime
echo "게임에 소요된 시간은 $gametime 초입니다"
```

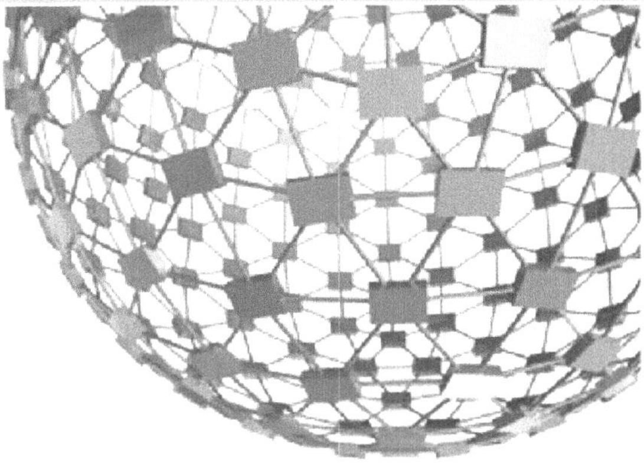

8 C쉘 프로그래밍 실습 –재귀적 함수 호출

이 장에서는 재귀적 함수 호출(Recursive Function Call)을 다루는 C쉘 프로그래밍을 실습해 보고자 한다. 재귀적 함수 호출이란 여러분이 만든 C쉘 프로그램 내에 다시 자기 자신을 호출하는 기능을 가진 것을 말한다.

이러한 재귀적 함수 호출을 이용하게 되면 반복문을 다수 중첩해서 복잡하게 코딩을 해야 하는 부분을 단지 몇 줄의 코드만으로 문제를 해결할 수도 있다. 다만 이러한 재귀적 함수 호출은 이 장에서 제시하는 여러 예제와 같이 보통 특정한 문제를 해결하는 용도에 국한해서 사용하게 되므로 사용에 한계가 있다는 점이 아쉽다.

1. 합계(Sum)

숫자 1부터 n까지를 순차적으로 더하는 방법을 생각해 보자. 이는 1부터 (n-1) 까지 더한 값에다 마지막으로 n을 더해준 것과 같은 결과이며, 이는 1부터 (n-2)까지의 합에다 (n-1)과 n을 더하는 경우와 같다. 이는 다음과 같이 거꾸로 생각해 볼 수도 있다.

```
Sum(n) = n + Sum(n-1) = n + (n-1) + Sum(n-2) = ...
```

이러한 일정한 규칙이 발견되면 이를 재귀적 함수 호출을 이용한 프로그램으로 개발할 수 있다. 아래 코드를 살펴보면 재귀적 함수에 대해 쉽게 이해할 수 있을 것이다.

```
# Sum using Recursive Call
# Filename: sum

if ($argv[1] == 1) then
   @ result = 1
else
   @ n = $argv[1] - 1
   @ result = $argv[1] + `sum $n`
endif
echo $result
```

재귀적 함수 호출을 이용할 경우에는 이 호출이 종료될 수 있는 상황을 만들어줘야 한다. 그렇지 않으면 무한 루프에 빠질 가능성이 높아지며 원하는 결과를 얻지 못할 것이다. 이 합산 프로그램에서는 인자가 1인 경우에는 더 이상의 재귀적 호출을 하지 않고 결과 값으로 1을 리턴 하도록 하고 있다.

인자가 1이 아닌 경우에 한해 인자에서 1을 뺀 값을 이용해 재귀적 호출을 하고, 이 호출 결과를 인자 값과 더하는 방식으로 계산하면 된다.

```
@ n = $argv[1] - 1
@ result = $argv[1] + `sum $n`
```

재귀적 함수 호출 부분은 자기 자신의 이름을 가진 유닉스 명령을 다시 실행하는 것이므로 백틱 기호를 사용해야 한다.

완성된 합산 프로그램의 실행 결과는 다음과 같다. 반드시 실행 파일명 뒤에 숫자 인자를 하나 넣어줘야 한다. 실행 파일명 뒤에 인자의 입력 여부를 확인하는 코드는 생략하고 있음을 알 수 있다.

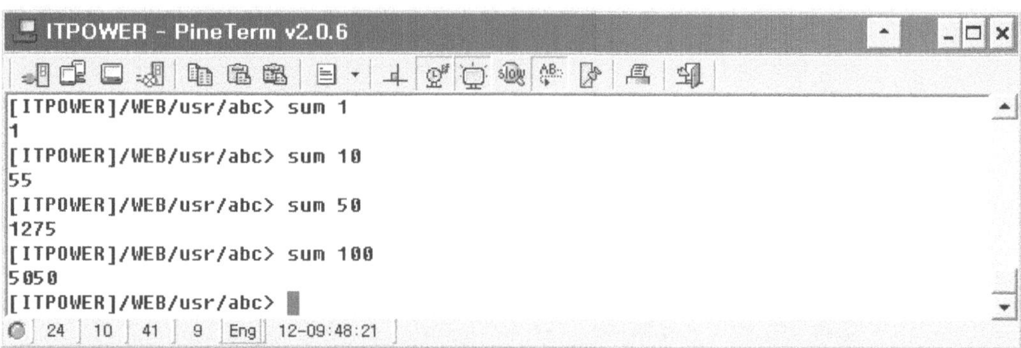
ITPOWER - PineTerm v2.0.6
[ITPOWER]/WEB/usr/abc> sum 1
1
[ITPOWER]/WEB/usr/abc> sum 10
55
[ITPOWER]/WEB/usr/abc> sum 50
1275
[ITPOWER]/WEB/usr/abc> sum 100
5050
[ITPOWER]/WEB/usr/abc>
24 10 41 9 Eng 12-09:48:21

2. 팩토리얼(Factorial)

재귀적 함수 호출의 대명사라 할 수 있는 팩토리얼(Factorial) 계산 프로그램에 대해 살펴보도록 하자. 팩토리얼은 다음과 같은 규칙에 의해 계산이 될 수 있음을 이해한다면 앞서 살펴본 합산 프로그램을 활용해 직접 프로그램을 만들 수 있을 것이다.

```
Fact(n) = n * Fact(n-1) = n * (n-1) * Fact(n-2) = ...
```

아래 소스 코드는 재귀적 함수 호출을 이용해 팩토리얼 계산을 하는 프로그램이다.

```
# Factorial Program
# Filename: fact

if ($#argv < 1) then
   echo "사용법: $0 숫자"
   exit
endif
if ($argv[1] == 0) then
   @ result = 1
else
   @ num = $argv[1] - 1
   @ result = $argv[1] * `fact $num`
endif
echo $result
```

아래 실행 결과를 토대로 소스 코드와 비교해 보면 재귀적 함수 호출을 이용한 팩토리얼 계산 프로그램에 대한 이해가 될 것이라 생각한다.

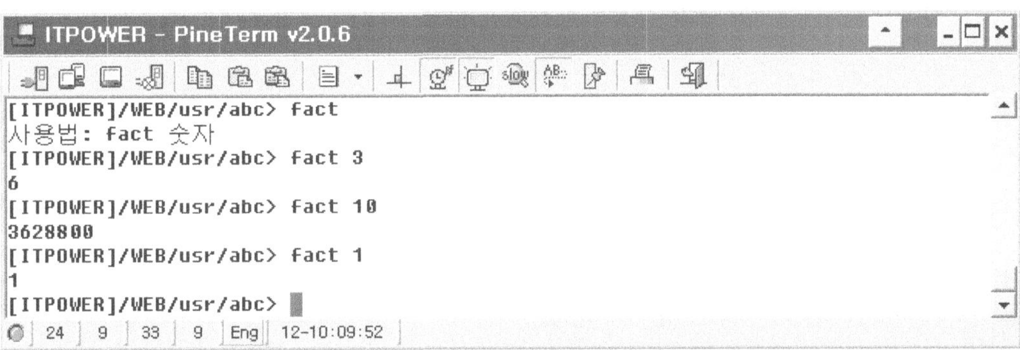
ITPOWER - PineTerm v2.0.6
[ITPOWER]/WEB/usr/abc> fact
사용법: fact 숫자
[ITPOWER]/WEB/usr/abc> fact 3
6
[ITPOWER]/WEB/usr/abc> fact 10
3628800
[ITPOWER]/WEB/usr/abc> fact 1
1
[ITPOWER]/WEB/usr/abc>
24 9 33 9 Eng 12-10:09:52

3. 거듭제곱(Power)

앞서 살펴 본 예제들과 유사한 거듭제곱(Power) 계산 프로그램을 재귀적 함수 호출을 이용해 구현해 보도록 하자. 거듭제곱은 같은 수를 몇 번 곱하는 것을 말하며, 아래와 같은 규칙적인 패턴을 발견하기만 하면 쉽게 재귀적 함수 호출을 이용해 구현할 수 있다.

```
power(n, k) = n * power(n, k-1) = n * n * power(n, k-2) = ...
```

숫자 n을 k번 곱하는 경우는 n에다 n을 k-1 번 곱한 결과를 곱해주는 결과와 동일하며, 이는 마찬가지로 n과 n을 곱한 값에다 n을 k-2번 곱한 결과와 곱해주는 것과 같다.

아래 소스 코드는 두 개의 숫자를 인자로 받아들여 거듭제곱을 계산하는 프로그램을 재귀적 함수 호출을 이용해 구현한 것이다.

```
# Power Program
# Filename: power

if ($#argv < 2) then
   echo "사용법: $0 숫자 숫자"
   exit
endif

if ($argv[2] == 1) then
   @ result = $argv[1]
else
   @ num = $argv[2] - 1
   @ result = $argv[1] * `power $argv[1] $num`
endif

echo $result
```

상기 코드를 실행한 결과는 다음 그림과 같다. 두 개의 인자를 입력받아 첫 번째 숫자를 두 번째 숫자만큼 곱한 결과를 보여주고 있음을 알 수 있다. 두 개의 숫자 인자가 모두 입력되지 않은 경우에는 사용법을 보여주며 프로그램은 종료한다.

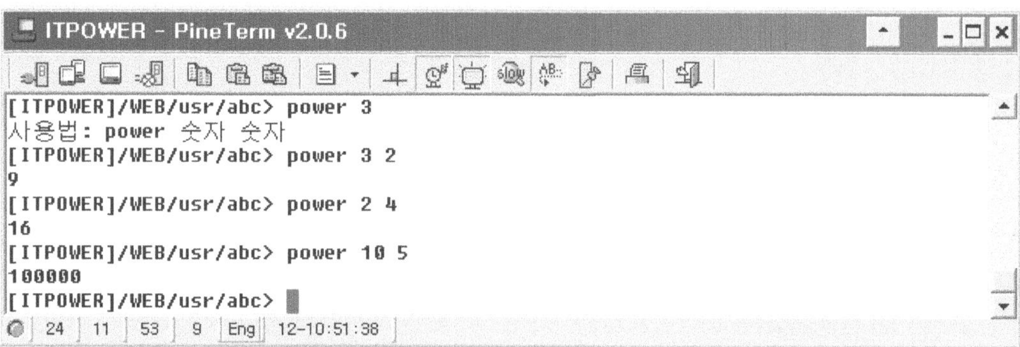
ITPOWER - PineTerm v2.0.6
[ITPOWER]/WEB/usr/abc> power 3
사용법: power 숫자 숫자
[ITPOWER]/WEB/usr/abc> power 3 2
9
[ITPOWER]/WEB/usr/abc> power 2 4
16
[ITPOWER]/WEB/usr/abc> power 10 5
100000
[ITPOWER]/WEB/usr/abc>
24 11 53 9 Eng 12-10:51:38

4. 피보나치(Fibonacci) 수열

피보나치 수열 역시 재귀적 함수 호출을 다룰 때 자주 예제로 다루는 기술이다. 피보나치 수열은 아래 그림에서 보는 바와 같은 규칙을 가지고 있으며, 피보나치 수열의 임의의 위치에 있는 숫자는 해당 위치보다 한 칸 앞에 있는 숫자와 두간 앞에 있는 숫자를 서로 합한 것임을 쉽게 알 수 있다.

- 처음 두 개의 숫자는 1임
- 앞에 있는 두 개의 숫자를 더해 다음 숫자를 생성
- 피보나치 수열의 예: 1...1...2...3...5...8...13...21...34...55...89...144...233...377...610...
- fibo(5) =

```
fibo(5) =                  fibo(4)          +        fibo(3)
        =          fibo(3)      +  fibo(2)  +  fibo(2) +   fibo(1)
        =   fibo(2) + fibo(1)   +     1     +     1    +     1
        =      1    +    1      +     1     +     1    +     1
```

아래 그림은 피보나치 수를 이용해 사각형 채우기를 하고 있는 모습을 보여준다.

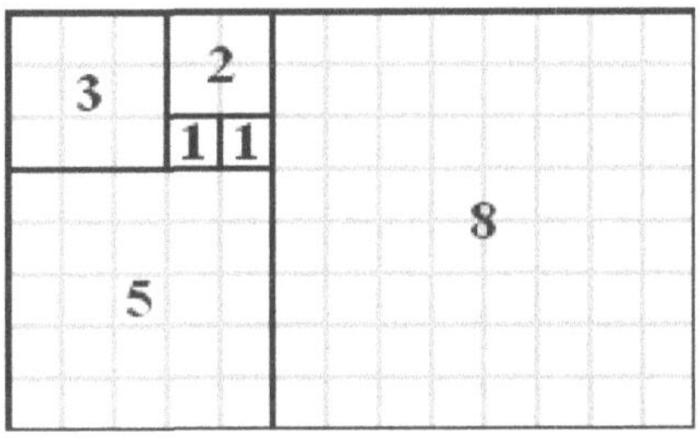

이처럼 피보나치 수는 두 숫자 1과 1로 시작하며, 다음 피보나치 수는 바로 앞의 두 피보나치 수의 합이 된다. 이러한 규칙을 이용해 아래와 같이 피보나치 수열의 특정한 위치의 숫자를 출력하는 프로그램을 만들 수가 있다.

```
# Fibonacci Program
# Filename: fibo

if ($#argv < 1) then
    echo "사용법: $0 숫자"
    exit
endif
if ($argv[1] == 1) then
    @ result = 1
else
    if ($argv[1] == 2) then
        @ result = 1
    else
        @ m1 = $argv[1] - 1
        @ m2 = $argv[1] - 2
        @ result = `fibo $m2` + `fibo $m1`
    endif
endif
echo $result
```

아래 그림은 재귀적 함수 호출을 이용한 피보나치 수열 프로그램의 실행 결과를 보여준다. 프로그램 실행 결과를 피보나치 수열 상의 해당 위치의 숫자와 맞는지를 비교해 보도록 하자.

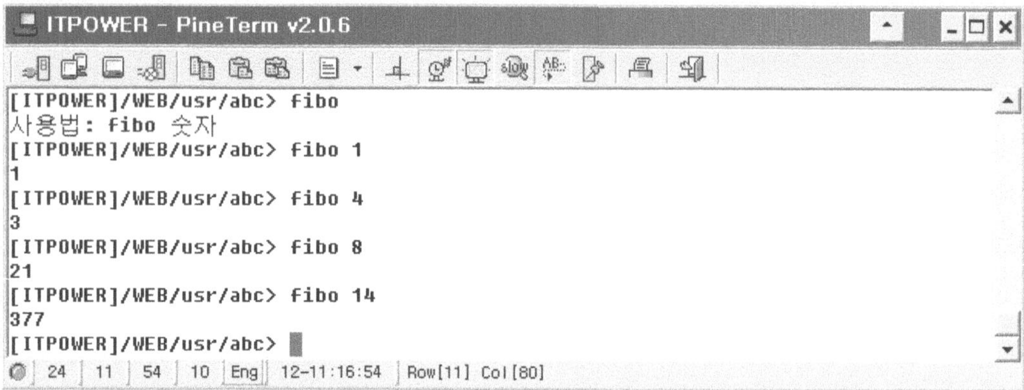
ITPOWER - PineTerm v2.0.6
[ITPOWER]/WEB/usr/abc> fibo
사용법: fibo 숫자
[ITPOWER]/WEB/usr/abc> fibo 1
1
[ITPOWER]/WEB/usr/abc> fibo 4
3
[ITPOWER]/WEB/usr/abc> fibo 8
21
[ITPOWER]/WEB/usr/abc> fibo 14
377
[ITPOWER]/WEB/usr/abc>
24 11 54 10 Eng 12-11:16:54 Row[11] Col[80]

5. 최대 공약수(Greatest Common Divisor)

일반적으로 두 수의 최대 공약수를 구하는 것은 각 숫자가 가진 약수들 중에서 가장 큰 공통 약수를 찾는 것을 말한다. 이를 프로그래밍에 활용하려면 두 숫자의 약수들을 계산한 다음 이들 중에서 공통적으로 포함된 가장 큰 약수를 찾아야 하는데, 의미는 이해가 되지만 도대체 어떤 방법으로 프로그래밍을 해야 할지 선뜻 생각이 떠오르지 않을 것이다.

만약 두 수의 최대 공약수를 구하는 다음과 같은 알고리즘이 존재한다면 어떻게 될까?
두 수의 최대 공약수는 두 숫자 중에서 작은 숫자랑 큰 숫자 % 작은 숫자 결과의 최대 공약수와 같다. 이 방법을 계속 진행해 두 숫자 중의 하나가 0이 되는 상황이 발생하면, 이 때 0이 아닌 값이 바로 원래 두 숫자의 최대공약수가 된다는 규칙이다.
이 규칙이 이해가 잘 되지 않는다면 다음 예제를 통해 살펴보도록 하자.

```
gcd(6,40) = gcd(6,4) = gcd(4,2) = gcd(2,0)
```

두 숫자 6과 40의 최대 공약수는 두 수 중에서 작은 숫자인 6과 40을 6으로 나눈 나머지인 4의 최대 공약수와 같다는 뜻이다. 이는 다시 4와 2의 최대 공약수 계산과 같아지며, 궁극적으로 두 개의 숫자 중의 하나가 0이 되는 상황이 되므로 이때 0이 아닌 숫자 2가 바로 처음 두 숫자 6과 40의 최대 공약수가 된다는 논리이다.
직접 계산한 두 수의 최대 공약수랑 이러한 알고리즘에 의한 최대 공약수를 비교해 보고 같은 결과가 나온다면 무조건 수긍하도록 하자.

이러한 알고리즘을 이용한다면 아래 코드와 같이 재귀적 함수 호출을 이용해 두 숫자의 최대 공약수를 계산할 수가 있다.

```
# Greatest Common Divisor(GCD) Program
# Filename: gcd

if ($#argv != 2) then
   echo "사용법: $0 숫자1 숫자2"
   exit
endif
if ($argv[1] == 0 || $argv[2] == 0) then
   if ($argv[1] == 0) then
      @ result = $argv[2]
   else
      @ result = $argv[1]
   endif
else
   if ($argv[1] > $argv[2]) then
      @ min = $argv[2]
      @ div = $argv[1] % $argv[2]
   else
      @ min = $argv[1]
      @ div = $argv[2] % $argv[1]
   endif
      @ result = `gcd $min $div`
endif

echo $result
```

재귀적 함수 호출을 이용한 프로그램 개발 시에 중요한 코드 부분은 앞서 언급한 바와 같이 프로그램이 종료될 수 있는 기능을 먼저 염두에 두어야 한다는 것이다. 위 소스 코드에서는 두 인자 중의 하나가 0인 경우에 0이 아닌 숫자를 결과 변수에다 담은 후에 더 이상의 재귀적 호출 없이 프로그램이 종료되도록 하고 있다.

아래 코드 부분은 인자로 받은 두 숫자 중에서 어느 숫자가 큰지를 판별한 다음 작은 숫자 하나와 나머지 연산자를 이용한 두 숫자의 나머지 값을 계산하고 있음을 알 수 있다.

```
if ($argv[1] > $argv[2]) then
   @ min = $argv[2]
   @ div = $argv[1] % $argv[2]
else
   @ min = $argv[1]
   @ div = $argv[2] % $argv[1]
endif
```

아래 코드 부분은 두 숫자 중에서 작은 숫자($min)와 두 숫자의 나머지 연산 결과($div)를 이용해 자신의 프로그램을 다시 호출하는 부분이다.

```
@ result = `gcd $min $div`
```

아래 그림은 재귀적 함수 호출을 이용해 두 숫자의 최대 공약수를 구하는 프로그램의 실행 결과 모습이다.

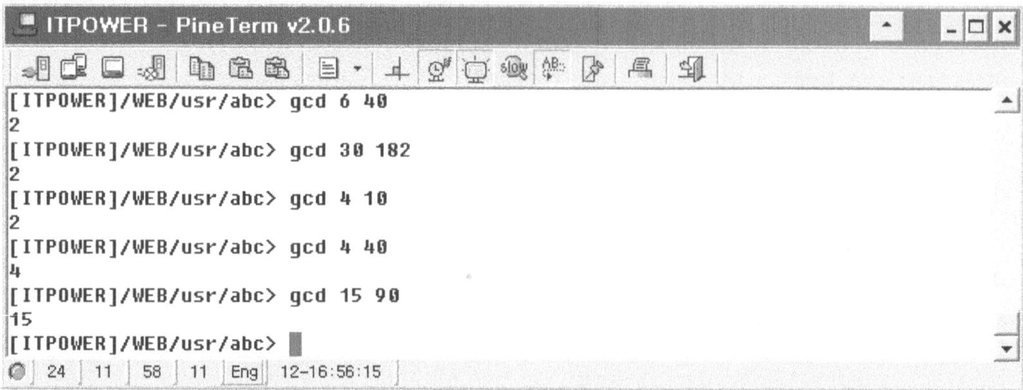
ITPOWER - PineTerm v2.0.6
[ITPOWER]/WEB/usr/abc> gcd 6 40
2
[ITPOWER]/WEB/usr/abc> gcd 30 182
2
[ITPOWER]/WEB/usr/abc> gcd 4 10
2
[ITPOWER]/WEB/usr/abc> gcd 4 40
4
[ITPOWER]/WEB/usr/abc> gcd 15 90
15
[ITPOWER]/WEB/usr/abc>
24 11 58 11 Eng 12-16:56:15

6. 십진수 -> 이진수 변환

십진수 숫자를 이진수로 변환하는 프로그램을 재귀적 함수 호출을 이용해 구현할 수가 있다. 어떤 규칙이 존재하기에 가능한지 차근차근 살펴보도록 하자.

예를 들어 십진수 숫자 10을 이진수로 계산하면 $1010_{(2)}$이 된다. 아래와 그림과 같이 십진수 숫자를 2로 계속 나누어 가면서 나머지 값을 얻어낸 다음 이를 역으로 읽어 이진수를 계산할 수 있음을 이미 오래전에 배웠다.

```
2 )  10     ... 0
   ------
2 )   5     ... 1
   ------
2 )   2     ... 0
   ------
      1
```

십진수를 이진수로 바꿔주는 프로그램을 재귀적 함수 호출을 이용해 구현할 수 있는 규칙이 눈에 보일 것이다. 인자로 주어지는 십진수를 2로 나누고서 나머지를 바로 출력하지 않고 텍스트 파일에다 저장해 놓은 다음, 그 몫을 인자로 하여 다시 자기 자신 프로그램을 호출하는 방법으로 접근할 수 있다. 재귀적 함수 호출이 더 이상 계속되지 않고 종료될 수 있는 조건을 명시해야 하는데 이는 인자가 1인 경우가 될 것이다.

십진수를 2로 나눈 나머지 값들은 >> 기호를 이용해 숨은 텍스트 파일에다 차례대로 저장하게 될 것이므로 프로그램 종료 싯점에 이를 역순으로 읽어 출력하면 십진수를 이진수를 변환하는 기능이 완성된다. 이진수 출력 이후에는 텍스트 파일을 삭제하도록 한다.

아래 소스 코드는 십진수를 이진수로 변환하는 재귀적 함수 호출 프로그램이다.

```
# Decimal to Binary Conversion Program
# Filename: binary

if ($#argv < 1) then
   echo "사용법: $0 십진수"
   exit
endif
if ($argv[1] == 1) then
   echo -n "1"  >> $home/.bin

   @ i = `cat $home/.bin | wc -c`

   while ($i > 0)
      @ num = `cat $home/.bin | cut -c$i`
      echo -n $num
      @ i--
   end
   echo ""
   rm $home/.bin

else
   @ num1 = $argv[1] / 2
   @ num2 = $argv[1] % 2
   echo -n $num2 >> $home/.bin
   binary $num1
endif
```

재귀적으로 프로그램이 실행되는 과정에서 인자가 1인 경우에는 그냥 이진수 1 값을 숨은 텍스트 파일에다 마지막으로 추가한 다음 지금까지 텍스트 파일에 담긴 내용을 역순으로 출력하고서 프로그램은 종료된다.

상기 소스 코드에서는 숨은 텍스트 파일에 이진수를 저장할 때 echo −n 옵션을 사용하고 있으므로 줄 바꿈 없이 이진수가 저장된다. 이 경우에는 줄 바꿈 기호가 포함되지 않으므로 wc −c 옵션을 사용하면 1을 빼지 않아도 순수한 글자 수를 얻을 수 있다. 지금까지 1을 빼 주는 상황에 익숙하겠지만 이번엔 1을 빼지 않아야 한다는 것을 이해하도록 하라. 아래 그림을 살펴보면 이해가 빠를 것이다.

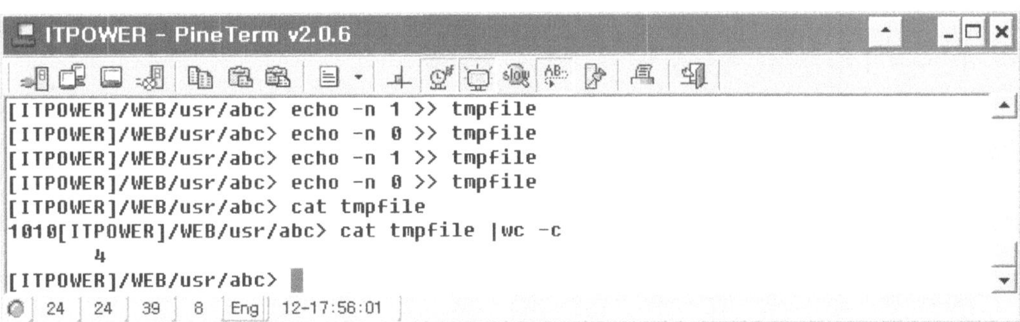
ITPOWER - PineTerm v2.0.6
[ITPOWER]/WEB/usr/abc> echo -n 1 >> tmpfile
[ITPOWER]/WEB/usr/abc> echo -n 0 >> tmpfile
[ITPOWER]/WEB/usr/abc> echo -n 1 >> tmpfile
[ITPOWER]/WEB/usr/abc> echo -n 0 >> tmpfile
[ITPOWER]/WEB/usr/abc> cat tmpfile
1010[ITPOWER]/WEB/usr/abc> cat tmpfile |wc -c
4
[ITPOWER]/WEB/usr/abc>
24 24 39 8 Eng 12-17:56:01

숨은 텍스트 파일에 저장된 이진수들을 역순으로 출력하는 방법은 아래와 같다.

```
@ i = `cat $home/.bin |wc -c`
while ($i > 0)
   @ num = `cat $home/.bin |cut -c$i`
   echo -n $num
   @ i--
end
```

아래 그림은 십진수를 이진수로 변환하는 기능을 재귀적 함수 호출을 이용해 구현한 프로그램의 실행 결과이다.

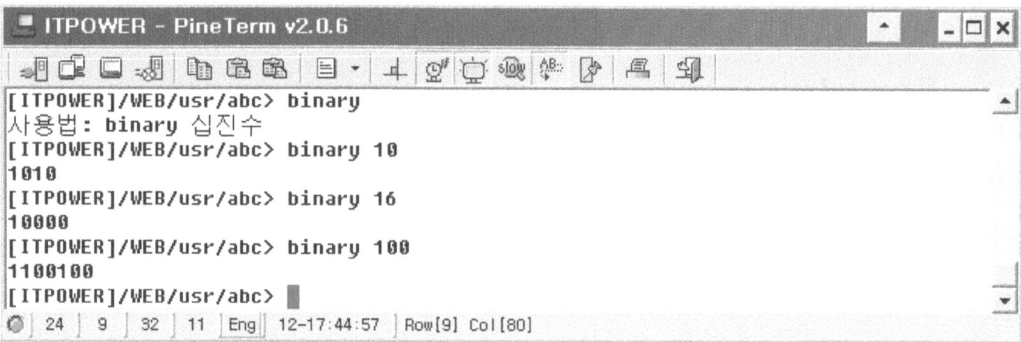
ITPOWER - PineTerm v2.0.6
[ITPOWER]/WEB/usr/abc> binary
사용법: binary 십진수
[ITPOWER]/WEB/usr/abc> binary 10
1010
[ITPOWER]/WEB/usr/abc> binary 16
10000
[ITPOWER]/WEB/usr/abc> binary 100
1100100
[ITPOWER]/WEB/usr/abc>
24 9 32 11 Eng 12-17:44:57 Row[9] Col[80]

7. 이진수 -> 십진수 변환

앞서 살펴본 십진수를 이진수로 변환하는 프로그램이 이해가 되었다면 이제 이진수를 십진수로 변환하는 기능을 가진 재귀적 함수 호출 프로그램을 만들어 보자.

이 기능 또한 규칙만 발견하기만 하면 쉽게 구현할 수 있다. 예를 들어 이진수 $1010_{(2)}$을 십진수로 바꾸려는 경우 이는 $1 * 2^3 + 0 * 2^2 + 1 * 2^1 + 0 * 2^0 = 8 + 0 + 2 + 0 = 10$ 으로 계산해야 할 것이다. 이러한 계산 방법을 조금만 응용해 다음과 같은 방식으로 이진수에서 십진수를 계산해 낼 수 있음을 알도록 한다.

$$\text{decimal}(1010) = 1 * 2^3 + \text{decimal}(010) = 8 + 0 * 2^2 + \text{decimal}(10) = 8 + 0 + 1 * 2^1 + \text{decimal}(0) = 8 + 0 + 2 + 0 = 10$$

여기서 decimal(1010) 의미는 이진수 1010을 인자로 받아 십진수로 바꾸어 주는 함수 호출이라고 생각하라.

이러한 방식을 재귀적 함수 호출을 이용해 구현하는 경우 프로그램이 종료되는 시점은 decimal(0) 혹은 decimal(1)과 같이 한 자리의 이진수가 인자로 입력되었을 때이다.

아래 소스코드는 이진수를 십진수로 변환하는 프로그램을 재귀적 함수 호출을 이용해 구현한 것이다.

```
# Binary to Decimal Conversion Program
# Filename: decimal

if ($#argv != 1) then
   echo "사용법: $0 이진수"
   exit
endif

@ len = `echo $argv[1] | wc -c` - 1

if ($len == 1) then
   @ result = $argv[1]
else
   @ num = `echo $argv[1] | cut -c1`
   @ i = 1
   while ($i < $len)
      @ num = $num * 2
      @ i++
   end
   @ bin = `echo $argv[1] | cut -c2-$len`
   @ result = $num + `decimal $bin`
endif

echo $result
```

이진수를 입력받아 글자 수를 계산해 len 변수에 저장한 다음 이 글자 수가 1인 경우와 그렇지 않은 경우로 나누어 각각의 경우에 대한 코드를 작성하도록 한다.

만약 $len == 1 인 경우는 더 이상 재귀적 함수 호출을 하지 않는 종료 시점이 되며, 이 경우에는 해당 이진수가 바로 십진수와 같음을 알 수 있다. 즉, 이진수 1은 십진수 1이고, 이진수 0은 십진수 0이 된다는 것이다.

만약 $len != 1 인 경우에는 인자로 입력된 이진수의 가장 높은 자리 숫자를 하나 잘라내야 한다. 이 숫자에다 2를 계속 곱하여 십진수로 변환시키면 되는데, 이 때 2를 곱하는 횟수는 $len 보다 1이 적어야 한다. 예를 들어, $1010_{(2)}$을 계산함에 있어서 가장 높은 자리 숫자는 1이고 이에 해당하는 십진수는 얻기 위해서는 2를 세 번 곱해야 한다는 것이다. 아래 코드가 이진수의 각 자리 위치에 해당하는 십진수 값을 얻어주는 부분이다.

```
@ num = `echo $argv[1] | cut -c1`
@ i = 1
while ($i < $len)
   @ num = $num * 2
   @ i++
end
```

상기 코드를 통해 이진수의 가장 높은 자리 숫자를 하나 잘라내어 십진수로 계산을 했으면 이 값에다가 이진수의 나머지 자리 숫자들을 인자로 해서 재귀적 함수 호출을 한 결과를 더해주면 된다.

아래 코드는 이진수의 가장 높은 자리를 제외한 두 번째 자리부터 가장 낮은 자리까지를 잘라내어 이를 인자로 해서 재귀적 함수를 호출하는 부분이다. 재귀적 함수 호출의 결과는 이진수의 가장 높은 자리를 십진수로 변환한 값과 더해줘야 함을 알 수 있다.

```
@ bin = `echo $argv[1] | cut -c2-$len`
@ result = $num + `decimal $bin`
```

아래 그림은 재귀적인 함수 호출을 이용해 이진수를 십진수로 바꾸는 C쉘 프로그램의 실행 결과이다.

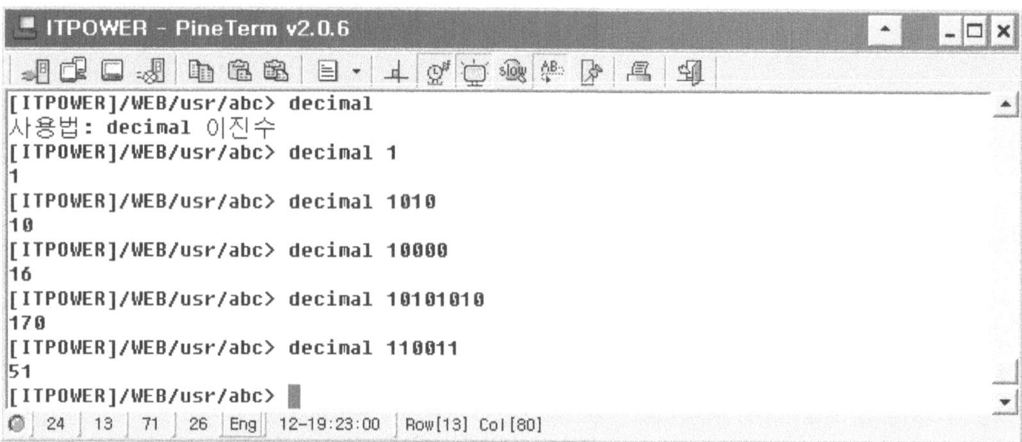
ITPOWER - PineTerm v2.0.6
[ITPOWER]/WEB/usr/abc> decimal
사용법: decimal 이진수
[ITPOWER]/WEB/usr/abc> decimal 1
1
[ITPOWER]/WEB/usr/abc> decimal 1010
10
[ITPOWER]/WEB/usr/abc> decimal 10000
16
[ITPOWER]/WEB/usr/abc> decimal 10101010
170
[ITPOWER]/WEB/usr/abc> decimal 110011
51
[ITPOWER]/WEB/usr/abc>
24 13 71 26 Eng 12-19:23:00 Row[13] Col[80]

8. 하노이 탑(Hanoi Tower)

세 개의 막대기 중의 하나에 꽂혀있는 원반을 다른 막대기로 옮기는 하노이 탑(Hanoi Tower) 알고리즘을 알고 있을 것이다. 막대기를 옮기는 조건은 절대로 작은 원반 위에 큰 원반이 올라와서는 안 된다는 것이다.

아래 그림은 하노이 탑 알고리즘이 동작하는 환경을 그림으로 보여주고 있다. 세 개의 막대기와 n 개(그림에서는 다섯 개)의 원반으로 구성되어 있다.

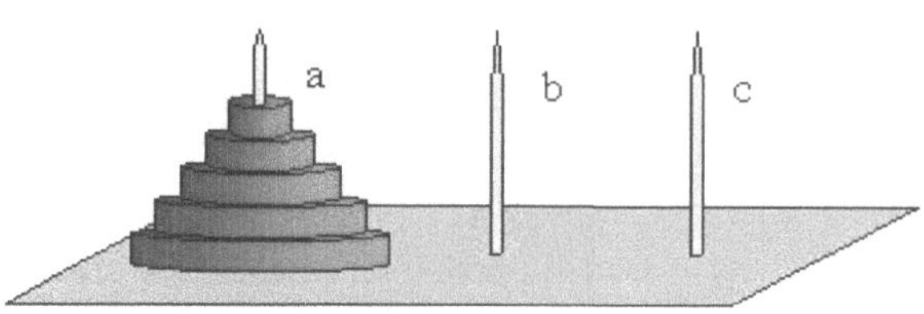
a
b
c

막대기 a에서 c로 원반을 모두 옮기는 시나리오를 생각해 보자.

막대기 a 에서 맨 위에 있는 가장 작은 원반을 막대기 b로 옮긴다. 막대기 a에서 두 번째 원반을 꺼내 막대기 c로 옮긴다. 막대기 b에는 자신보다 작은 원반이 놓여있으므로 이곳으로는 옮길 수 없다. 이제 막대기 b에 있는 가장 작은 원반을 막대기 c로 옮긴다. 이런 식으로 진행해 막대기 a에 꽂혀있는 모든 원반을 막대기 c로 옮기게 되면 알고리즘은 종료한다.

이러한 하노이 탑 알고리즘을 재귀적 함수 호출을 이용해 구현할 수 있도록 규칙을 만들어 보면 다음과 같다.

```
1) 막대기 a에서 맨 아래 한 개의 원반만 남기고 나머지 n-1개는 모두 막대기 b에
   옮겨놓는다.
2) 막대기 a에 있는 맨 아래 한 개의 원반을 막대기 c로 옮긴다.
3) 막대기 b에 옮겨놓았던 n-1 개의 원반을 모두 막대기 c로 옮긴다.
```

알고리즘은 쉽게 이해할 수 있을 것이다. 이를 재귀적 함수 호출을 이용하는 프로그램으로 작성한다면 다음과 같은 코드를 만들 수 있다.

```
# Hanoi Tower Program
# Filename: hanoi

if ($argv[1] > 0) then
     set from = $argv[2]
     set using = $argv[3]
     set to = $argv[4]

     @ num = $argv[1] - 1

     hanoi $num $from $to $using
     echo "Move $from ----> $to"
     hanoi $num $using $from $to

endif
```

이 코드는 네 개의 인자를 필요로 한다. 첫 번째 인자는 막대기 a에 꽂혀있는 원반의 개수이며, 두 번째 부터 네 번째 까지의 인자는 각각 막대기 a, 막대기 b 그리고 막대기 c를 가리킨다.

이 코드에서 재귀적 함수 호출이 끝나는 조건은 원반의 개수가 0개 일 때 이다. 원반이 한 개 이상이면 이를 막대기 a에서 c로 옮기는 작업을 재귀적 함수 호출을 통해 수행해야 한다.

앞서 살펴 본 하노이 탑 알고리즘이 아래 코드에 실제 구현되어 있다.

```
1) 막대기 a에서 맨 아래 한 개의 원반만 남기고 나머지 n-1개는 모두 막대기 b에
   옮겨놓는다.

   hanoi $num $from $to $using
```

2) 막대기 a에 있는 맨 아래 한 개의 원반을 막대기 c로 옮긴다.

```
echo "Move $from ----> $to"
```

3) 막대기 b에 옮겨놓았던 n-1 개의 원반을 모두 막대기 c로 옮긴다.

```
hanoi $num $using $from $to
```

막대기 a는 $from 변수가 가리키고, 막대기 b는 $using 그리고 막대기 c는 $to 변수가 가리키고 있다는 점만 알고 있으면 하노이 탑 알고리즘과 상기 소스 코드에 대한 이해가 충분히 될 것이라 생각한다.

아래 그림은 3개의 원반에 대해 완성한 하노이 탑 프로그램을 실행한 결과 모습이다.

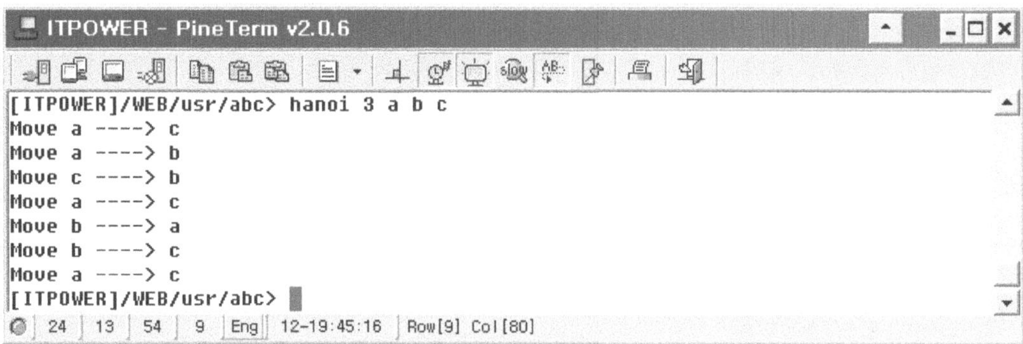
ITPOWER - PineTerm v2.0.6
[ITPOWER]/WEB/usr/abc> hanoi 3 a b c
Move a ----> c
Move a ----> b
Move c ----> b
Move a ----> c
Move b ----> a
Move b ----> c
Move a ----> c
[ITPOWER]/WEB/usr/abc>
24 13 54 9 Eng 12-19:45:16 Row[9] Col[80]

그리고 아래 그림은 4개의 원반에 대해 하노이 탑 프로그램을 실행한 결과 모습이다.

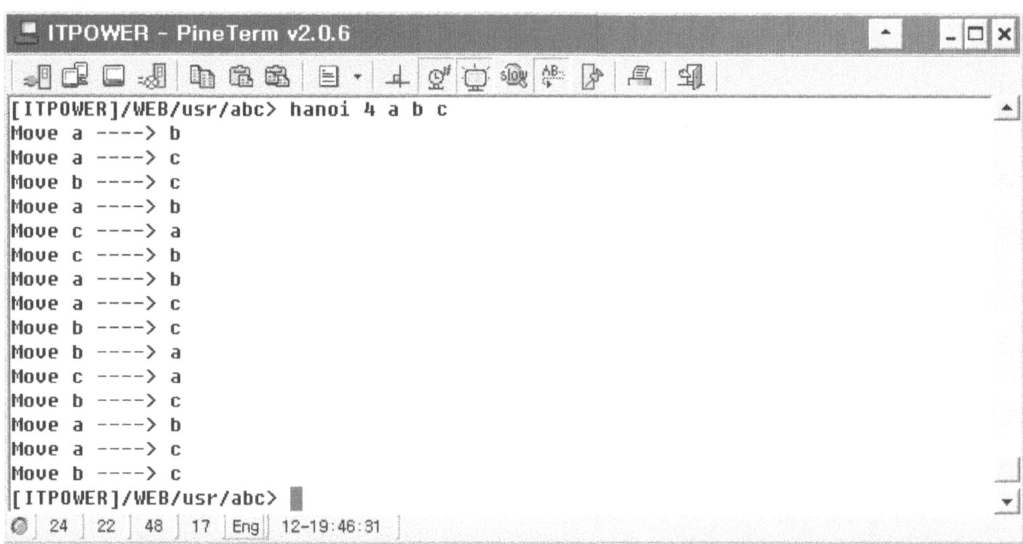
ITPOWER - PineTerm v2.0.6
[ITPOWER]/WEB/usr/abc> hanoi 4 a b c
Move a ----> b
Move a ----> c
Move b ----> c
Move a ----> b
Move c ----> a
Move c ----> b
Move a ----> b
Move a ----> c
Move b ----> c
Move b ----> a
Move c ----> a
Move b ----> c
Move a ----> b
Move a ----> c
Move b ----> c
[ITPOWER]/WEB/usr/abc>
24 22 48 17 Eng 12-19:46:31

하노이 탑 알고리즘이 이해가 되었다면 아래 그림과 같이 하노이 탑 알고리즘을 텍스트 그래픽으로 보여줄 수 있는 프로그램을 만들어 보자. 각자 과제로 만들어 볼 수 있도록 이 책에서는 소스 코드를 생략하고자 한다.

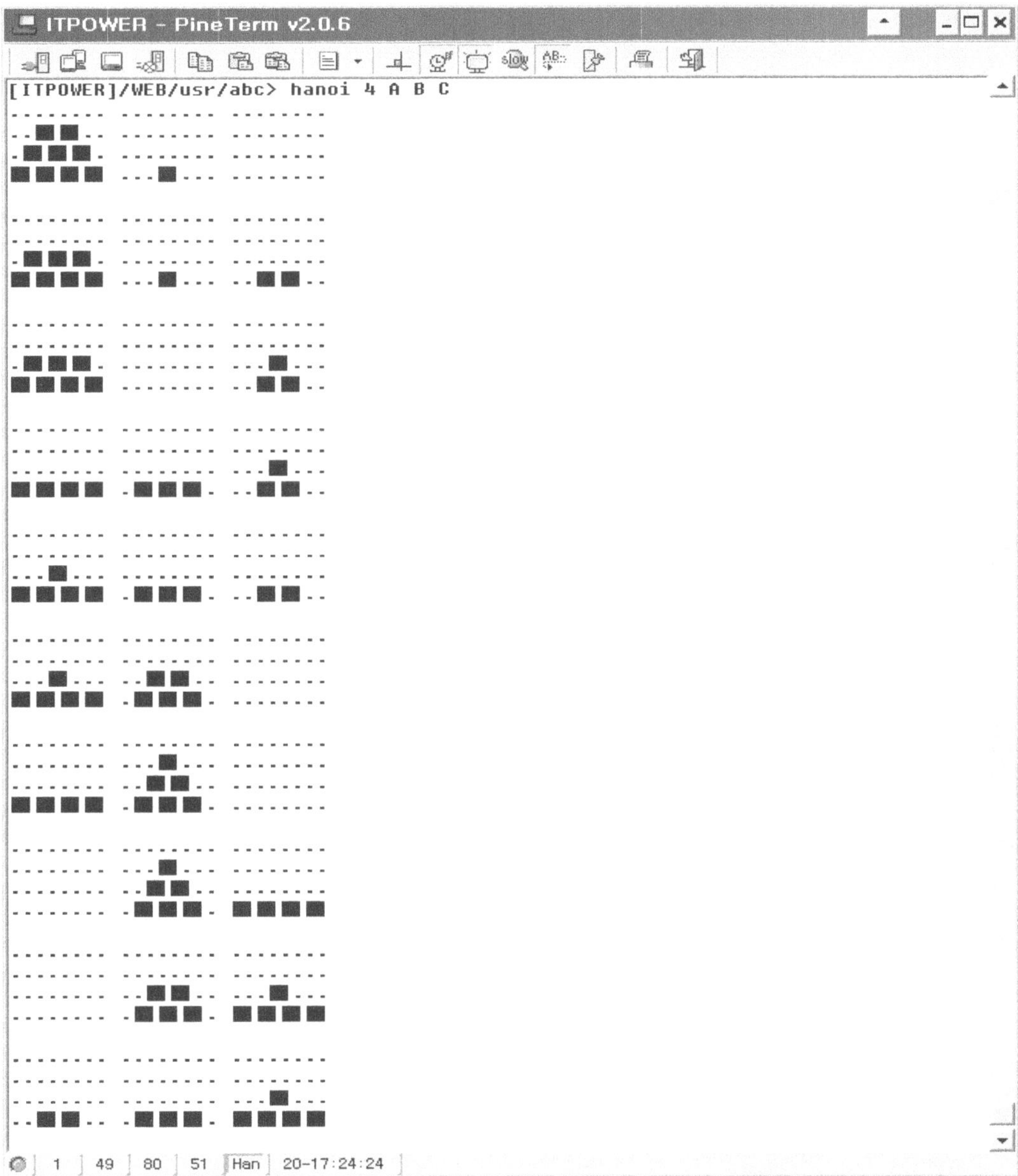

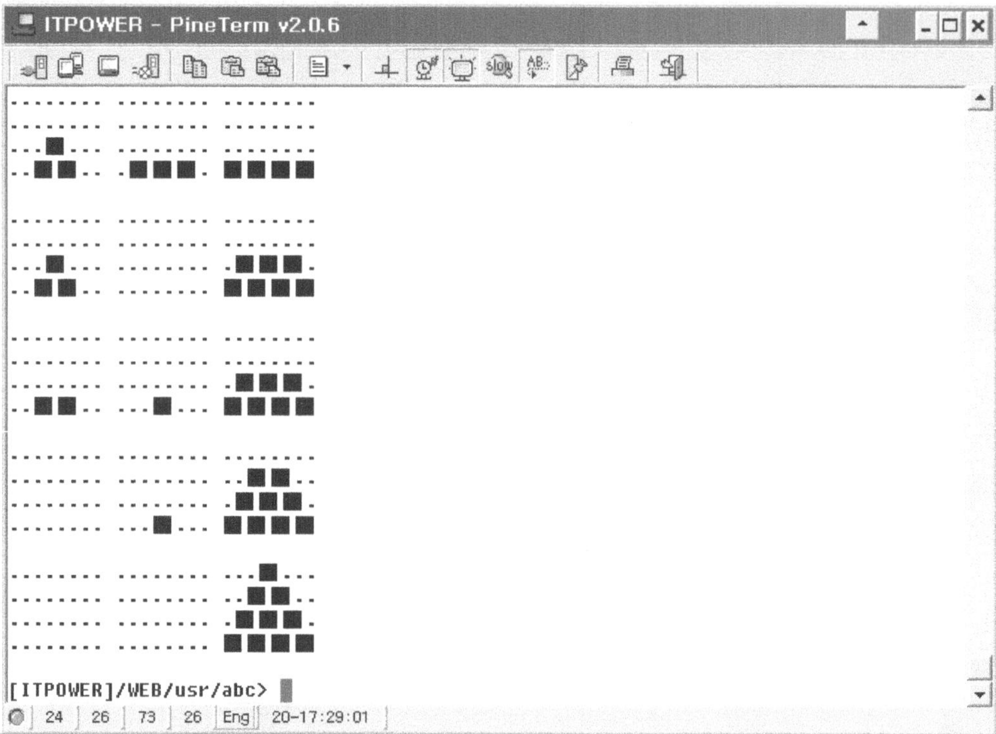
ITPOWER - PineTerm v2.0.6
[ITPOWER]/WEB/usr/abc>
24 26 73 26 Eng 20-17:29:01

9. 비주얼 트리(Visual Tree)

재귀적 함수 호출과 관련해 마지막으로 다루어 볼 주제는 바로 비주얼 트리(Visual Tree) 프로그램이다.

윈도우즈 환경에서는 아래 그림과 같이 디렉토리 구조가 트리 모양으로 보여주고 있어 디렉토리 간의 계층 구조를 잘 파악할 수 있다.

그러나 유닉스 환경에서 ls 명령을 내리면 아래 그림과 같은 결과가 화면상에 출력되기 때문에 파일과 디렉토리를 구분할 수 없어 불편하다.

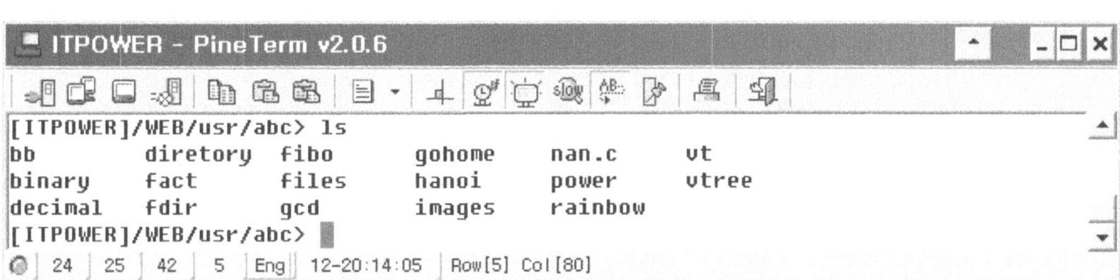

명령 라인에서 ls -l 옵션을 사용하더라도 현재 디렉토리 내의 파일과 디렉토리는 구분이 되나 특정 디렉토리 내에는 어떠한 파일이나 디렉토리들이 담겨있는지를 알 수가 없다.

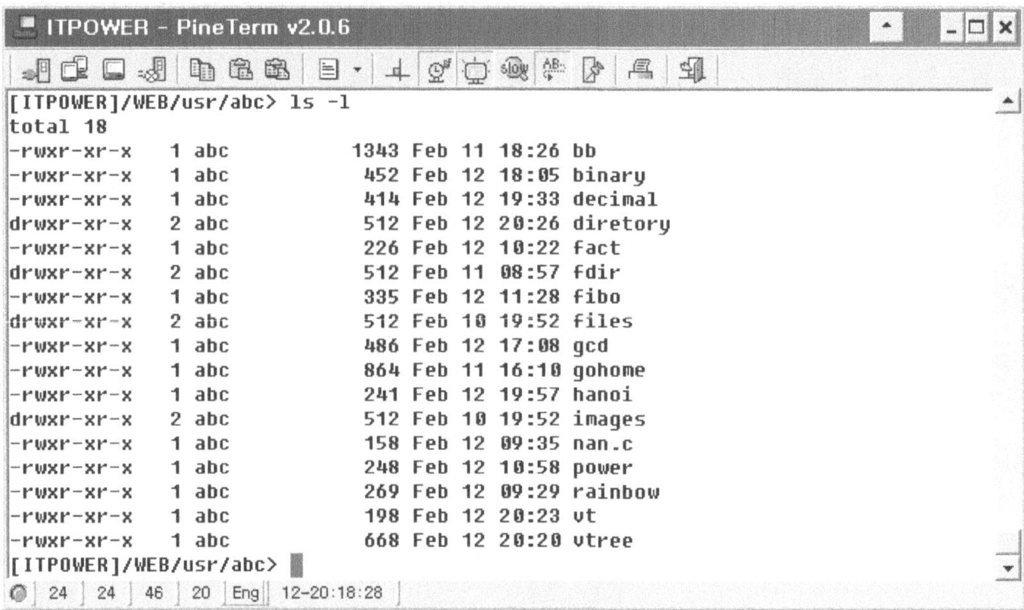
ITPOWER - PineTerm v2.0.6
[ITPOWER]/WEB/usr/abc> ls -l
total 18
-rwxr-xr-x 1 abc 1343 Feb 11 18:26 bb
-rwxr-xr-x 1 abc 452 Feb 12 18:05 binary
-rwxr-xr-x 1 abc 414 Feb 12 19:33 decimal
drwxr-xr-x 2 abc 512 Feb 12 20:26 diretory
-rwxr-xr-x 1 abc 226 Feb 12 10:22 fact
drwxr-xr-x 2 abc 512 Feb 11 08:57 fdir
-rwxr-xr-x 1 abc 335 Feb 12 11:28 fibo
drwxr-xr-x 2 abc 512 Feb 10 19:52 files
-rwxr-xr-x 1 abc 486 Feb 12 17:08 gcd
-rwxr-xr-x 1 abc 864 Feb 11 16:10 gohome
-rwxr-xr-x 1 abc 241 Feb 12 19:57 hanoi
drwxr-xr-x 2 abc 512 Feb 10 19:52 images
-rwxr-xr-x 1 abc 158 Feb 12 09:35 nan.c
-rwxr-xr-x 1 abc 248 Feb 12 10:58 power
-rwxr-xr-x 1 abc 269 Feb 12 09:29 rainbow
-rwxr-xr-x 1 abc 198 Feb 12 20:23 vt
-rwxr-xr-x 1 abc 668 Feb 12 20:20 vtree
[ITPOWER]/WEB/usr/abc>
24 24 46 20 Eng 12-20:18:28

따라서 이 절에서는 유닉스 환경에서도 윈도우즈 환경에서처럼 트리 구조로 파일과 디렉토리들을 출력해 보여줄 수 있는 프로그램을 개발해 보도록 한다.

여기서 핵심 기술은 사용자의 디렉토리 내에 서브 디렉토리들이 어느 깊이(Depth)까지 존재하는지를 알 수 없기 때문에 앞서 배운 바와 같이 재귀적인 함수 호출 방법을 사용하도록 할 예정이다.

아래 소스 코드는 사용자의 현재 디렉토리 내에 존재하는 파일과 디렉토리를 모두 출력하는 프로그램이다.

```
# Visual Tree Program v1.0
# Filename: vtree

set tmp = `ls`
while ($#tmp)
   if (-d $tmp[1]) then
      echo " ├── $tmp[1] <DIR>"
   else
      echo " ├── $tmp[1]"
   endif
   shift tmp
end
```

아래 그림은 상기 코드의 실행 결과이다. 보시다 시피 디렉토리 여부를 판단하는 기능만을 담고 있다.

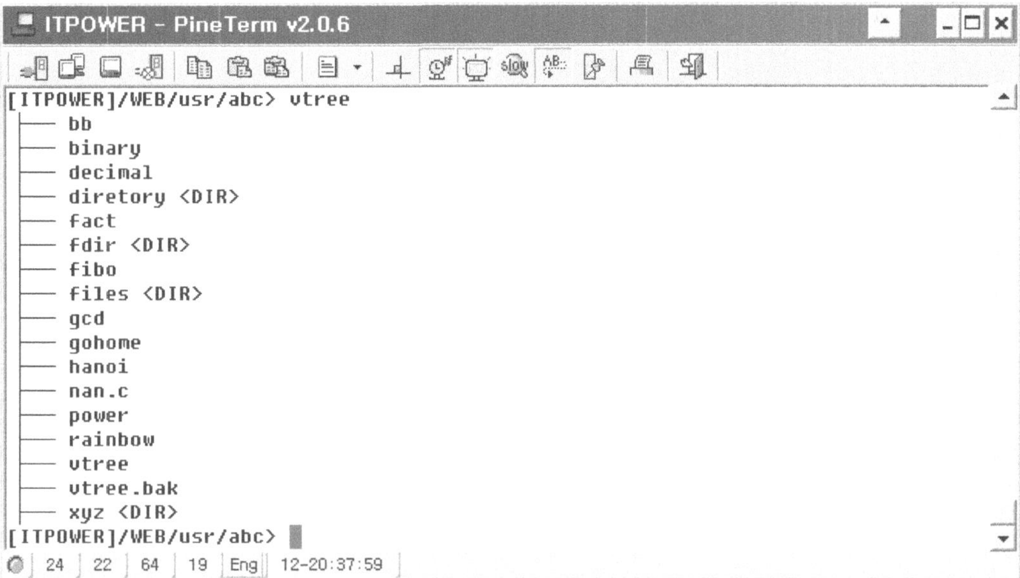
ITPOWER - PineTerm v2.0.6
[ITPOWER]/WEB/usr/abc> vtree
├── bb
├── binary
├── decimal
├── diretory <DIR>
├── fact
├── fdir <DIR>
├── fibo
├── files <DIR>
├── gcd
├── gohome
├── hanoi
├── nan.c
├── power
├── rainbow
├── vtree
├── vtree.bak
└── xyz <DIR>
[ITPOWER]/WEB/usr/abc>
24 22 64 19 Eng 12-20:37:59

파일의 경우에는 더 이상 출력할 정보가 없으나 디렉토리의 경우에는 그 안에 담고 있는 파일들이나 또 다른 디렉토리를 출력해 줄 수 있어야 할 것이다. 이러한 기능 구현을 위해서는 사용자의 홈 디렉토리로부터 몇 단계 깊이까지 디렉토리를 포함하고 있는지를 알려주는 정보가 필요하다. 이러한 깊이 정보를 이용해야만 파일이나 디렉토리들에 대해 깊이를 기준으로 한 들여쓰기 기능을 제공할 수가 있다.

깊이 정보를 저장할 수 있는 숨은 파일을 홈 디렉토리에 하나 만들어 두면 재귀적 함수 호출 방법을 사용해 현재 어느 깊이의 디렉토리에 존재하더라도 자신의 깊이 정보를 쉽게 알 수 있을 것이다.

```
set DT = $home/.depth
```

깊이 정보를 담고 있는 텍스트 파일의 내용은 숫자이다. 예를 들어 숫자 3이 저장되어 있다면 홈 디렉토리로부터 3 단계 깊이에 있는 디렉토리에서 파일과 디렉토리를 출력하고 있다는 것을 뜻한다. 그렇다면 이 깊이에 있는 파일이나 디렉토리들은 기본적으로 3 단계 만큼의 들여쓰기를 해주어야 한다. 아래 코드가 바로 깊이에 따른 들여쓰기를 제공하는 부분이다.

```
@ depth = `cat $DT`
@ i = 0
while ($i < $depth)
    echo -n "|   "
    @ i++
end
```

그리고 파일이나 디렉토리명 앞에 그래픽 기호를 이용해 선을 그어줌으로써 깔끔한 모습을 보여줄 수가 있다. 여기서 현재 디렉토리에 있는 파일과 디렉토리를 출력할 때 알파벳 순서로 맨 마지막에 위치한 파일이나 디렉토리에 대해서는 다른 모양의 그래픽 기호를 표시해 줘야 할 것이다. 아래 예제 코드를 참고하기 바란다.

```
if ($#tmp == 1) then
    echo " └── $tmp[1]<DIR>"
else
    echo " ├── $tmp[1]<DIR>"
endif
```

아래 소스 코드는 앞서 살펴 본 기능들을 고려해 비주얼 트리 기능을 재귀적 함수 호출을 이용해 구현한 C셸 프로그램이다.

```
# Visual Tree Program v2.0
# Filename: vtree

set DT = $home/.depth
set tmp = `ls`
while ($#tmp)
    @ depth = `cat $DT`
    @ i = 0
    while ($i < $depth)
        echo -n "│   "
        @ i++
    end
    if (-d $tmp[1]) then
        if ($#tmp == 1) then
            echo " └── $tmp[1]<DIR>"
        else
            echo " ├── $tmp[1]<DIR>"
        endif

        @ depth++
        echo $depth > $DT

        cd $tmp[1]
        vtree                         # 재귀적 함수 호출 부분
        cd ..

        @ depth--
        echo $depth > $DT

    else
        if ($#tmp == 1) then
            echo " └── $tmp[1]"
        else
            echo " ├── $tmp[1]"
        endif
    endif
    shift tmp
end
```

아래 그림은 상기 프로그램의 실행 결과이다. 소스 코드에 대한 이해를 돕기 위해 프로그램 실행 결과를 먼저 제시한다.

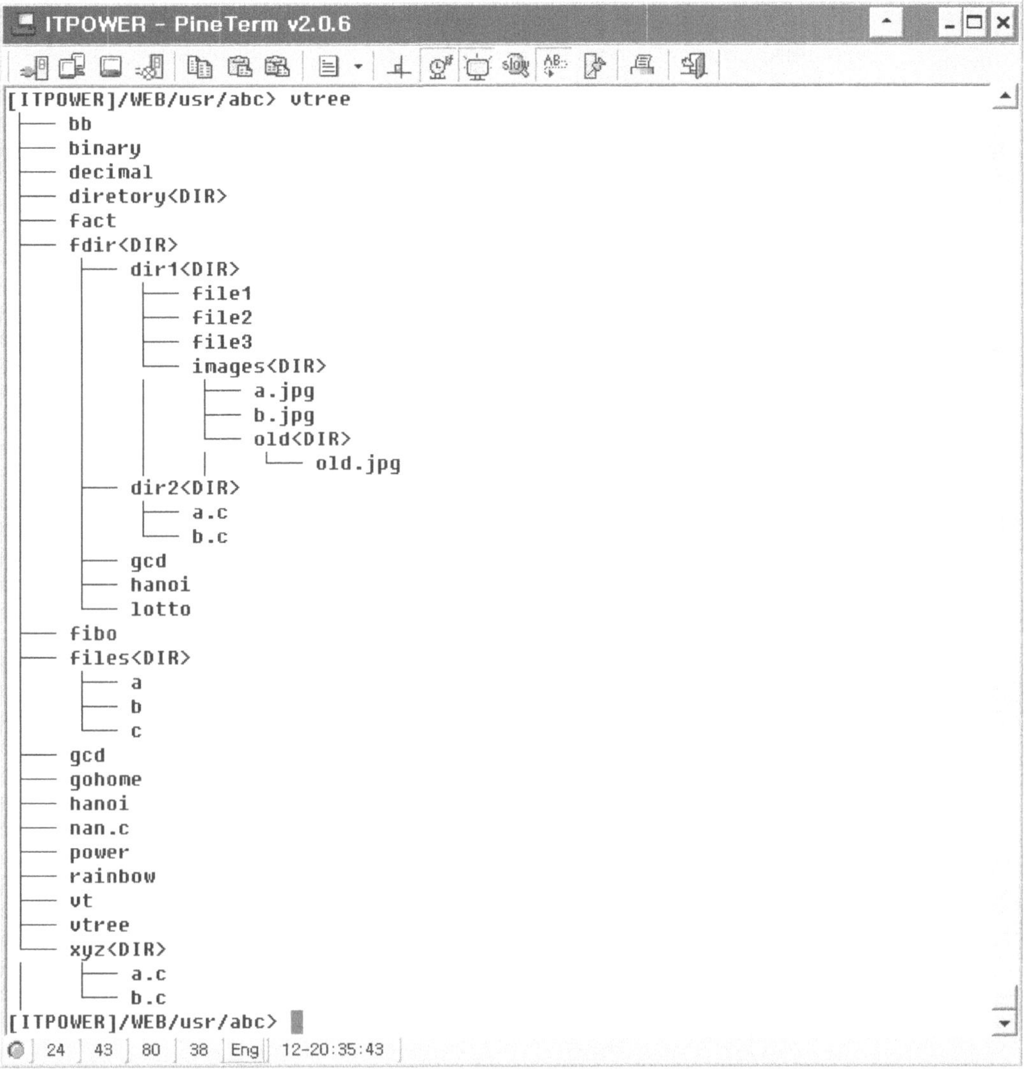
ITPOWER - PineTerm v2.0.6
[ITPOWER]/WEB/usr/abc> vtree
├── bb
├── binary
├── decimal
├── diretory<DIR>
├── fact
├── fdir<DIR>
│   ├── dir1<DIR>
│   │   ├── file1
│   │   ├── file2
│   │   ├── file3
│   │   └── images<DIR>
│   │   ├── a.jpg
│   │   ├── b.jpg
│   │   └── old<DIR>
│   │   └── old.jpg
│   ├── dir2<DIR>
│   │   ├── a.c
│   │   └── b.c
│   ├── gcd
│   ├── hanoi
│   └── lotto
├── fibo
├── files<DIR>
│   ├── a
│   ├── b
│   └── c
├── gcd
├── gohome
├── hanoi
├── nan.c
├── power
├── rainbow
├── vt
├── vtree
└── xyz<DIR>
    ├── a.c
    └── b.c
[ITPOWER]/WEB/usr/abc>
24 43 80 38 Eng 12-20:35:43

상기 프로그램에서 가장 중요한 부분은 바로 아래 코드 부분이다.

```
@ depth++
echo $depth > $DT

cd $tmp[1]
vtree                    # 재귀적 함수 호출 부분
cd ..

@ depth--
echo $depth > $DT
```

이 코드는 현재 디렉토리에 존재하는 파일들을 출력하다가 디렉토리를 만나게 되는 경우에 깊이 정보를 하나 증가시켜 이를 홈 디렉토리 내에 있는 숨은 파일에다 저장을 한 다음 cd 명령을 이용해 해당 디렉토리로 들어가는 기능을 제공한다.

이제 새로운 디렉토리에 들어간 상황이므로 처음 홈 디렉토리에서 vtree 프로그램을 실행시킬 때와 마찬가지로 이 디렉토리 내에서 vtree 프로그램을 실행시켜야 한다. 이를 위해 vtree 라는 재귀적 함수 호출을 하고 있는 것이다.

유닉스 C쉘 프로그램은 실행 결과를 순차적으로 화면상에 출력한다. 따라서 홈 디렉토리의 파일들을 출력하다가 어느 순간에 디렉토리를 만나게 되면 상기 실행 결과에서 보는 바와 같이 이 디렉토리 내의 파일이나 디렉토리를 다음 순서로 출력해 줘야 한다. 그 이후에 홈 디렉토리에서 출력하다 남은 파일이나 디렉토리를 출력하는 순서로 실행 순서가 진행됨을 이해해야 한다.

상기 코드에서 특정 디렉토리에 들어가서 재귀적으로 vtree 실행 파일을 호출하고 난 뒤에는 다시 디렉토리 상에서 한 단계 위로 돌아가야 한다. 이를 위해 cd .. 명령을 실행하게 되는데 여기서 중요한 것은 깊이가 하나 줄어들게 되므로 깊이 변수의 값을 하나 감소시켜야 한다는 것이다. 감소시킨 깊이 값은 다시 홈 디렉토리 내에 있는 숨은 텍스트 파일에다 기록해 두어야 한다.

앞서 언급한 바와 같이 디렉토리 뿐만 아니라 파일에 대해서도 맨 마지막으로 출력되는 파일은 그렇지 않은 파일과는 다른 모양의 그래픽 기호를 파일명 앞에 표시해 줘야 할 것이다. 아래 예제 코드를 참고하기 바란다.

```
if ($#tmp == 1) then
    echo "└── $tmp[1]"
else
    echo "├── $tmp[1]"
endif
```

이렇게 해서 비주얼 트리 프로그램은 어느 정도 완성이 된 것 같다. 하지만 앞서 살펴본 실행 결과를 보면 어딘가 엉성한 부분이 발견될 것이다. 아래 그림은 이러한 부분을 보완해서 만든 정말로 완성된 비주얼 트리 프로그램의 실행 결과이다. 어떤 차이점이 있나 비교해 살펴본 다음 문제 해결을 위해 어떤 방법을 사용하면 될지 고민해 보도록 하자.

```
ITPOWER - PineTerm v2.0.6
[ITPOWER]/WEB/usr/abc> vtree
├── bb
├── binary
├── decimal
├── diretory <DIR>
├── fact
├── fdir <DIR>
│    ├── dir1 <DIR>
│    │    ├── file1
│    │    ├── file2
│    │    ├── file3
│    │    └── images <DIR>
│    │         ├── a.jpg
│    │         ├── b.jpg
│    │         └── old <DIR>
│    │              └── old.jpg
│    ├── dir2 <DIR>
│    │    ├── a.c
│    │    └── b.c
│    ├── gcd
│    ├── hanoi
│    └── lotto
├── fibo
├── files <DIR>
│    ├── a
│    ├── b
│    └── c
├── gcd
├── gohome
├── hanoi
├── nan.c
├── power
├── rainbow
├── vtree
└── xyz <DIR>
     ├── a.c
     └── b.c
[ITPOWER]/WEB/usr/abc> █
24 | 38 | 78 | 26 | Eng | 12-21:25:29
```

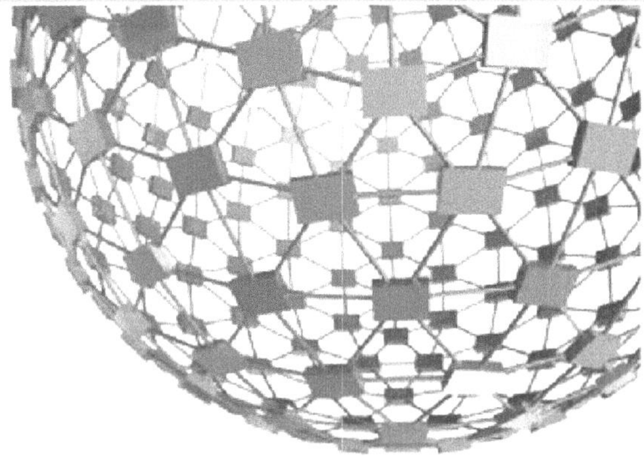

9 기타 유닉스 명령어

이 장에서는 지금까지 살펴 본 유닉스 명령어와 C쉘 프로그래밍 문법 및 예제 프로그램과는 달리 유닉스 시스템에서 자주 사용하게 되는 네트워크, 압축, 암호 관련 유닉스 명령어에 대해 사용법을 살펴보도록 한다. 그리고 관리자로서 사용하게 될 사용자, 디스크 및 프로세스 관리와 관련된 명령어에 대해서도 살펴보도록 한다.

1. 네트워크 관련 명령어

네트워크와 관련된 명령어를 배우기 위해서는 단일 유닉스 시스템 내에 두 개의 사용자 계정을 필요로 하며, 다른 유닉스 시스템 사용자와의 네트워크 관련 명령어를 테스트할 필요성도 있으므로 미리 관리자 권한으로 여러 사용자 계정들을 만들어 놓도록 하자.

이 장에서는 동일 유닉스 시스템 사용자간 네트워크 관련 명령어를 테스트하기 위해 ITPOWER 이름을 가진 유닉스 시스템에 abc 사용자 계정과 sample 사용자 계정을 만들었으며, 아울러 다른 유닉스 시스템 사용자간 네트워크 관련 명령어를 테스트하기 위해 UTOPIA 라는 이름을 가진 유닉스 시스템에 mthwang과 guest 라는 두 개의 사용자 계정을 추가로 만들었다.

유닉스 시스템에서의 네트워크 관련 명령어는 사용자 개인용 PC와 유닉스 시스템 간에도 일부 네트워크 관련 명령어 실습이 가능하므로 관련 명령어 실습 시에 이에 대한 설명을 덧붙이도록 한다.

1) write

write 명령은 다른 사용자에게 간단한 메시지를 전달하는 용도로 사용된다. 사용법은 write 명령 뒤에다 현재 로그온 상태에 있는 다른 사용자 아이디를 입력하면 된다.

사용법: write 사용자_이름

메시지 입력은 여러 라인에 걸쳐 입력이 가능하며, 메시지 전송을 위해서는 ^D(Ctrl +

C) 키를 누르면 된다.

아래 그림은 아이디 abc 사용자가 동일 유닉스 시스템에 로그온 되어있는 아이디 sample 사용자에게 메시지를 보내고 있는 화면이다.

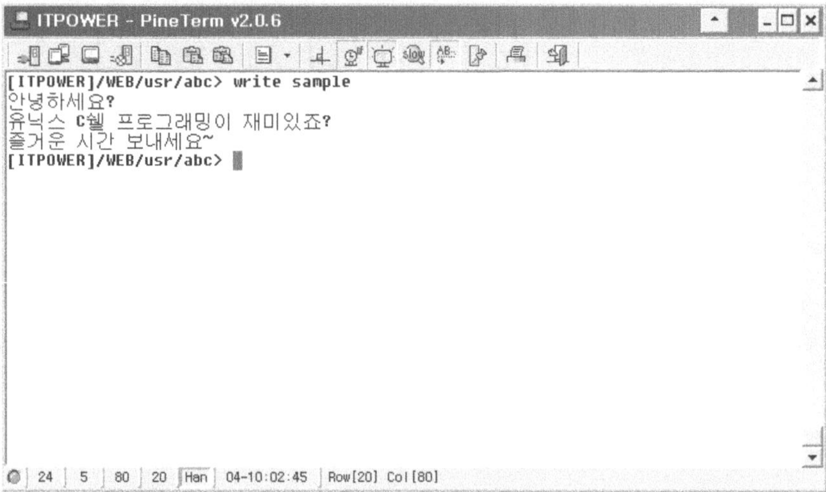

아래 그림은 아이디 sample 사용자의 화면에 나타나는 아이디 abc 사용자가 보내온 메시지이다.

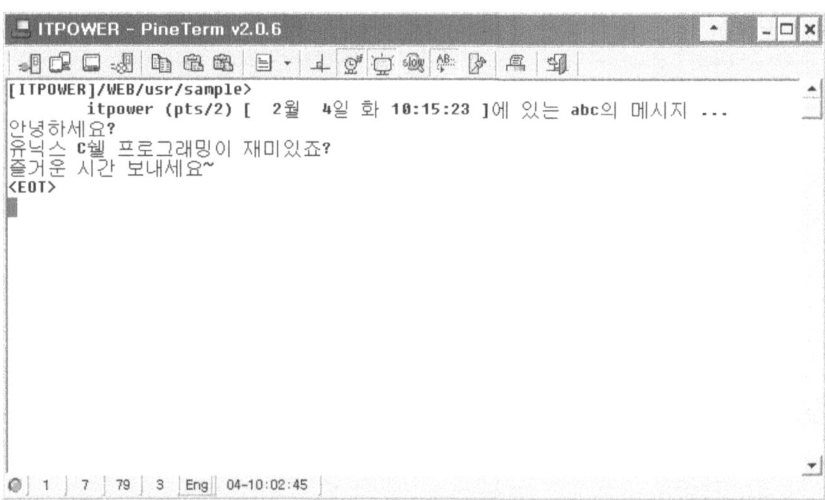

사용자가 작업 도중에 이러한 메시지를 받게 되는 경우에 불편을 초래할 수 있으므로 다음과 같은 방법으로 메시지 수신을 거절할 수가 있다.

사용법: mesg -n

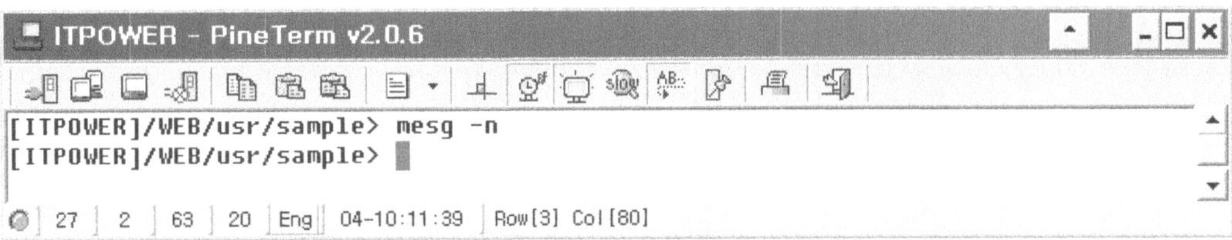
ITPOWER - PineTerm v2.0.6
[ITPOWER]/WEB/usr/sample> mesg -n
[ITPOWER]/WEB/usr/sample>
27 2 63 20 Eng 04-10:11:39 Row[3] Col[80]

아래 그림은 상대방이 메시지 수신을 거부한 상태에서 메시지 송신을 시도하는 경우에 나타나는 화면 모습이다.

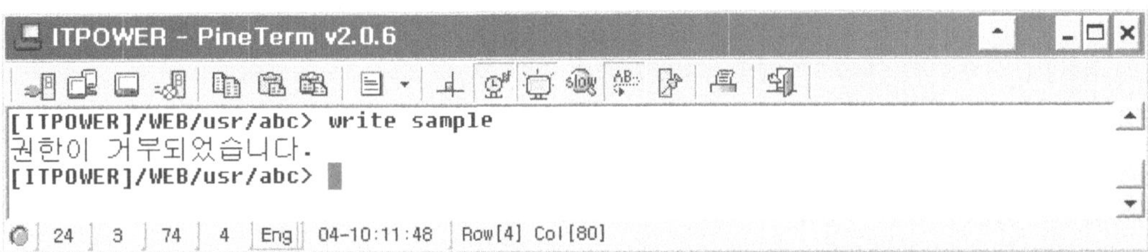
ITPOWER - PineTerm v2.0.6
[ITPOWER]/WEB/usr/abc> write sample
권한이 거부되었습니다.
[ITPOWER]/WEB/usr/abc>
24 3 74 4 Eng 04-10:11:48 Row[4] Col[80]

만약 다시 메시지를 받을 수 있는 상태로 바꾸려면 mesg -y라고 입력하면 된다.

사용법: mesg -y

2) mail

mail 유닉스 명령어는 친구에게 편지를 쓰는 기능으로서 관리자에 의해 sendmail 이나 mailx 와 같은 메일 전송 유틸리티 프로그램이 설치되어 있는 경우에 한해 가능하다. 보통 솔라리스 운영체제를 설치하게 되면 기본적으로 설치되는 경우가 많으므로 실습이 가능하리라 생각한다.

참고로 write 명령은 상대방이 로그온 상태일 경우에만 메시지를 전달할 수 있으나, mail 명령은 그렇지 않은 경우에도 메시지를 전달할 수 있는 특징이 있다.

mail 명령어 뒤에 동일 시스템의 사용자 ID만 입력하면 아래 그림과 같이 제목(Subject)과 내용을 차례로 입력하는 화면을 맞이하게 된다. 메시지 입력을 완료한 후 전송하기 위해서는 CTRL+D 키를 누르면 된다.

사용법: mail 사용자_ID

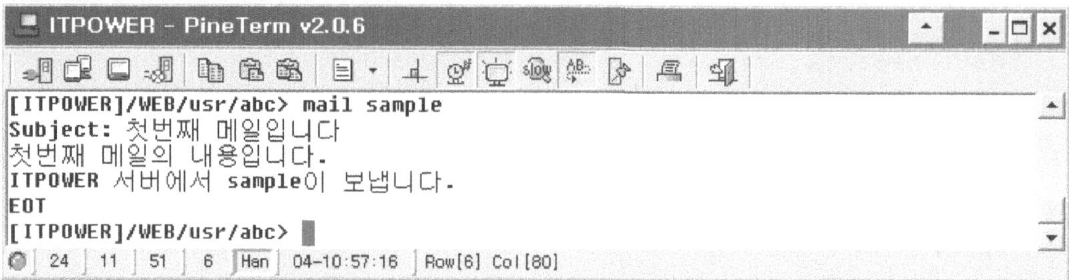
ITPOWER - PineTerm v2.0.6
[ITPOWER]/WEB/usr/abc> mail sample
Subject: 첫번째 메일입니다
첫번째 메일의 내용입니다.
ITPOWER 서버에서 sample이 보냅니다.
EOT
[ITPOWER]/WEB/usr/abc>
24 11 51 6 Han 04-10:57:16 Row[6] Col[80]

만약 다른 유닉스 시스템 사용자에게 편지를 보내고 싶은 경우에는 mail 명령어 뒤에 다른 시스템의 사용자_ID@도메인주소 형태로 입력하면 된다. 유닉스 서버 시스템 사용자가 아닌 일반 사용자에게 메일을 보내는 경우에는 mail 명령어 뒤에 이메일 주소를 입력하면 된다.

사용법: mail 사용자_ID@도메인주소
사용법: mail 이메일주소

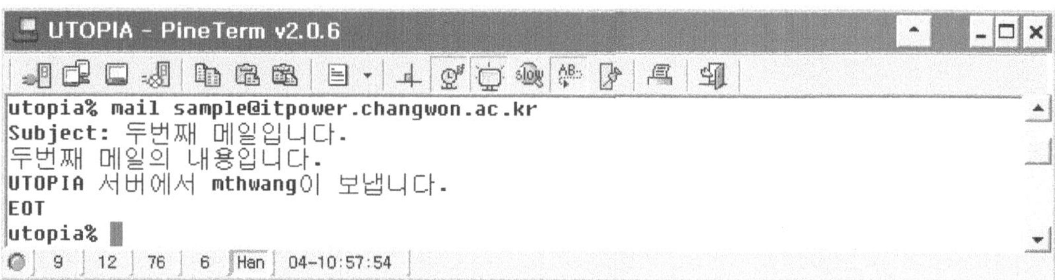
UTOPIA - PineTerm v2.0.6
utopia% mail sample@itpower.changwon.ac.kr
Subject: 두번째 메일입니다.
두번째 메일의 내용입니다.
UTOPIA 서버에서 mthwang이 보냅니다.
EOT
utopia%
9 12 76 6 Han 04-10:57:54

아래 그림은 사용자가 메일을 수신 확인하는 모습이다. 메일 수신을 확인하려면 단순히 mail 이라고만 입력하면 된다. 아래 그림은 ITPOWER 사용자 sample이 수신한 메시지를 확인하고 있는 모습이다.

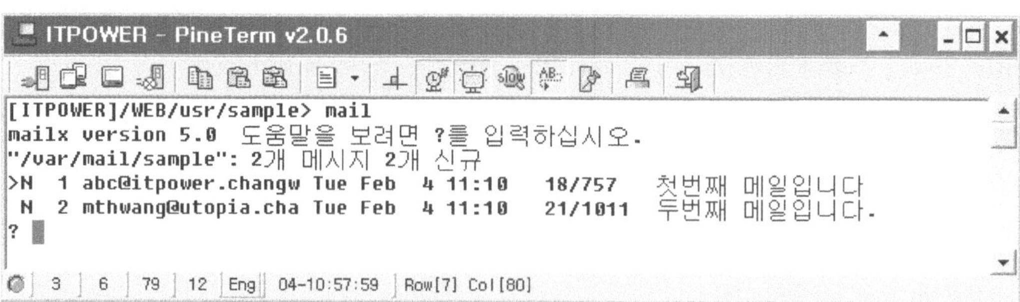
ITPOWER - PineTerm v2.0.6
[ITPOWER]/WEB/usr/sample> mail
mailx version 5.0 도움말을 보려면 ?를 입력하십시오.
"/var/mail/sample": 2개 메시지 2개 신규
>N 1 abc@itpower.changw Tue Feb 4 11:10 18/757 첫번째 메일입니다
N 2 mthwang@utopia.cha Tue Feb 4 11:10 21/1011 두번째 메일입니다.
?
3 6 79 12 Eng 04-10:57:59 Row[7] Col[80]

수신한 메일을 읽으려면 메일 리스트에 나와 있는 글 번호를 입력하면 된다.

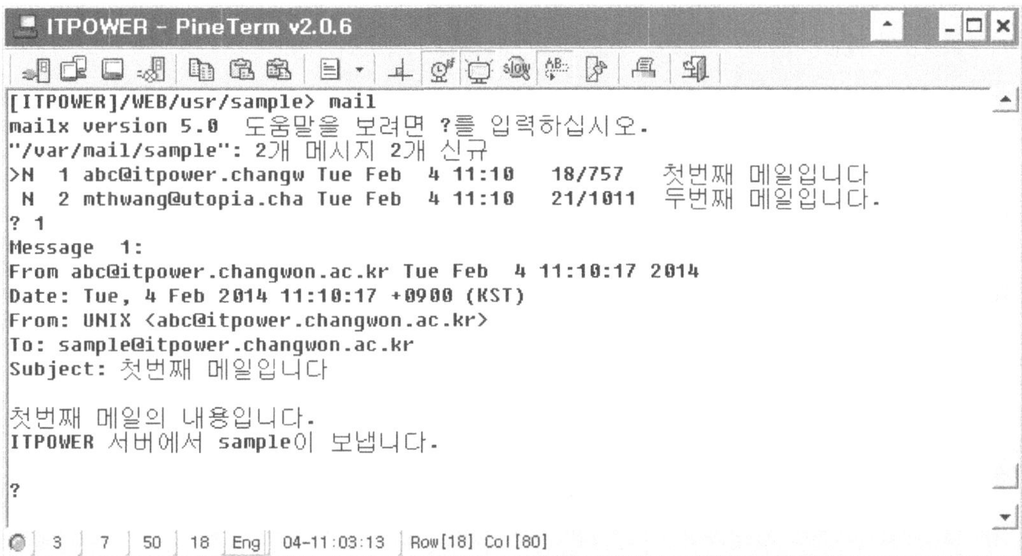
ITPOWER - PineTerm v2.0.6
[ITPOWER]/WEB/usr/sample> mail
mailx version 5.0 도움말을 보려면 ?를 입력하십시오.
"/var/mail/sample": 2개 메시지 2개 신규
>N 1 abc@itpower.changw Tue Feb 4 11:10 18/757 첫번째 메일입니다
N 2 mthwang@utopia.cha Tue Feb 4 11:10 21/1011 두번째 메일입니다.
? 1
Message 1:
From abc@itpower.changwon.ac.kr Tue Feb 4 11:10:17 2014
Date: Tue, 4 Feb 2014 11:10:17 +0900 (KST)
From: UNIX <abc@itpower.changwon.ac.kr>
To: sample@itpower.changwon.ac.kr
Subject: 첫번째 메일입니다
첫번째 메일의 내용입니다.
ITPOWER 서버에서 sample이 보냅니다.
?
3 7 50 18 Eng 04-11:03:13 Row[18] Col[80]

다시 메일 리스트로 가려면 ? 프롬프트 상에서 h 문자를 입력하면 된다. 메일 헤더(Header) 리스트를 보여주는 명령이다. 모든 메일을 현재 상태로 두고서 빠져 나가려면 x 혹은 exit 이라고 입력하면 되고, 읽은 메일을 편지함에다 보관한 후 빠져나가려면 q 혹은 quit 이라고 입력하면 된다. 그 차이점은 직접 확인해 보도록 하자.

자세한 mail 명령 관련된 내용은 도움말 기능을 통해 살펴볼 수 있다. ? 프롬프트 상에서 ?를 다시 입력하거나 help 라고 입력한 후 엔터키를 치면 도움말이 나오게 된다.

만약 로그온 상태가 아닌 경우에는 사용자가 유닉스 시스템에 로그인 과정을 거치면 화면상에 You have mail 이라는 메시지를 받게 되므로 편지가 왔음을 알 수 있다.

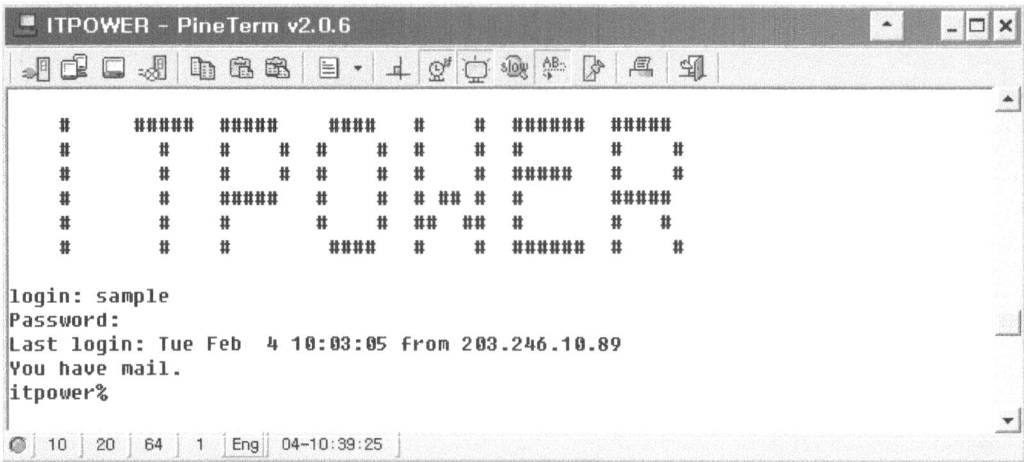
ITPOWER - PineTerm v2.0.6
login: sample
Password:
Last login: Tue Feb 4 10:03:05 from 203.246.10.89
You have mail.
itpower%
10 20 64 1 Eng 04-10:39:25

3) talk

talk 네트워크 명령은 현재 로그온 사용자간에 실시간 채팅 기능을 제공한다. 사용법은 talk 명령 뒤에 대화 상대방의 아이디를 입력하면 된다. talk 명령 역시 유닉스 시스템의 관리자가 관련 유틸리티 프로그램을 설치한 경우에만 사용이 가능하다.

사용법: talk 사용자_ID

아래 그림은 guest 사용자가 mthwang 사용자에게 talk 신청을 하고 있는 모습이다.

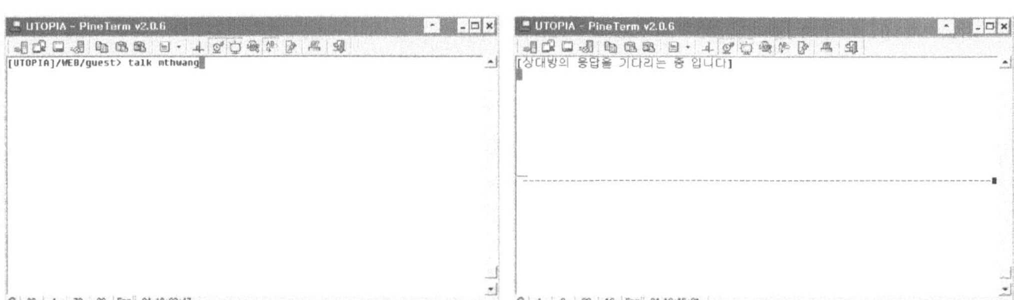
UTOPIA - PineTerm v2.0.6
[UTOPIA]/WEB/guest> talk mthwang
UTOPIA - PineTerm v2.0.6
[상대방의 응답을 기다리는 중 입니다]

반면 mthwang 사용자의 화면에는 상대방으로부터의 talk 메시지가 뜨게 되며, 상대방과 대화를 시작하려면 어떤 방식으로 응답을 하라는 안내가 포함되어 있다. 명령 프롬프트와 상관없이 현재 커서 위치에서 talk 상대방_ID@서버이름 형태로 입력하면 된다. 동일한 서버의 사용자 간에 대화를 하는 경우에는 그냥 talk 상대방_ID 형태로 입력해도 무방하다.

아래 그림은 mthwang 사용자가 guest 사용자의 토크 신청에 대해 응답하는 모습을 보여주고 있다.

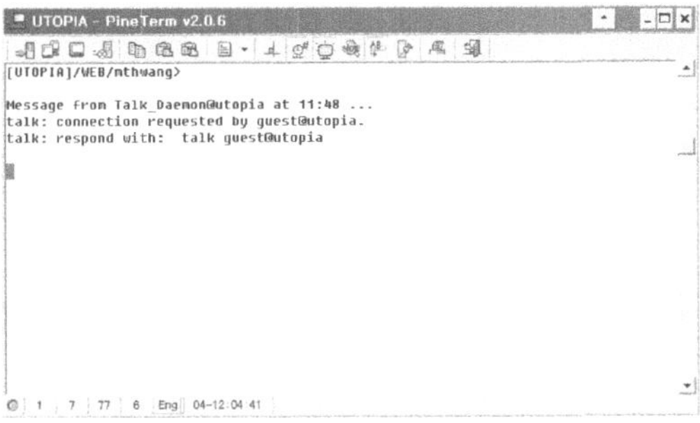
UTOPIA - PineTerm v2.0.6
[UTOPIA]/WEB/mthwang>
Message from Talk_Daemon@utopia at 11:48 ...
talk: connection requested by guest@utopia.
talk: respond with: talk guest@utopia

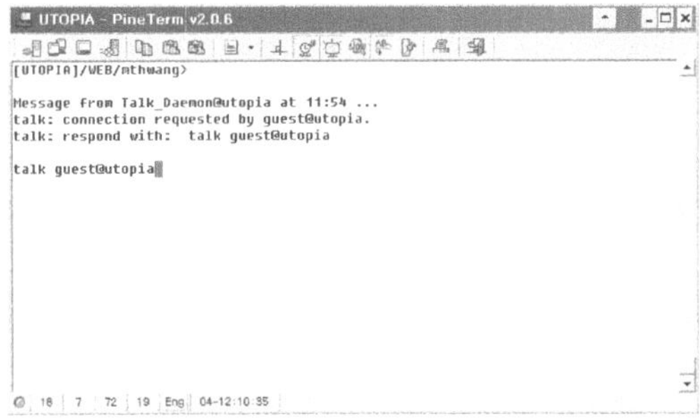
UTOPIA - PineTerm v2.0.6
[UTOPIA]/WEB/mthwang>
Message from Talk_Daemon@utopia at 11:54 ...
talk: connection requested by guest@utopia.
talk: respond with: talk guest@utopia
talk guest@utopia

상대방과의 연결이 확립된 경우에는 서로 간에 대화 메시지를 실시간으로 주고받을 수 있게 된다. 내가 입력하는 메시지는 상대방 화면의 하단부에 출력된다.

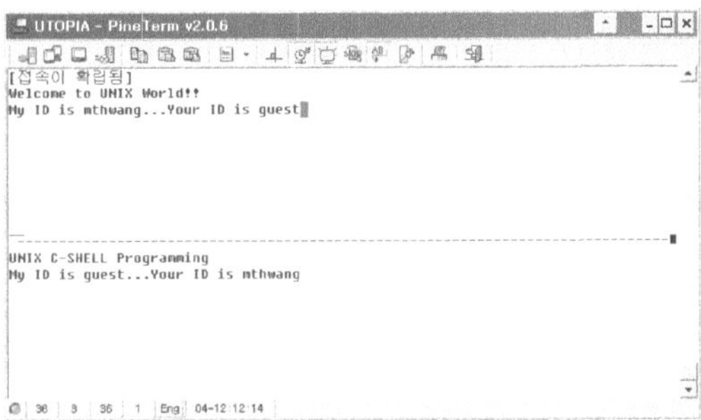
UTOPIA - PineTerm v2.0.6
[접속이 확립됨]
Welcome to UNIX World!!
My ID is mthwang...Your ID is guest
UNIX C-SHELL Programming
My ID is guest...Your ID is mthwang

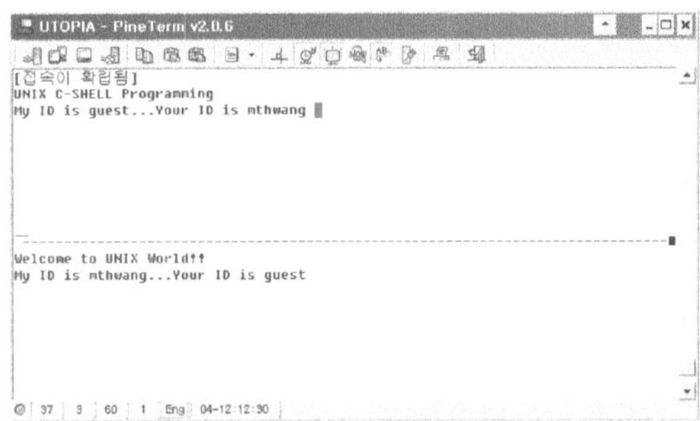
UTOPIA - PineTerm v2.0.6
[접속이 확립됨]
UNIX C-SHELL Programming
My ID is guest...Your ID is mthwang
Welcome to UNIX World!!
My ID is mthwang...Your ID is guest

대화를 종료하려면 CTRL+C를 입력하면 된다. 만약 vi 텍스트 편집기를 사용 중일 경우 화면상에 뜨는 대화 초청 메시지는 작업 내용에는 영향을 미치지 않으나 작업 중인 상태라 대화에 응답할 수 없으므로 작업을 저장 종료한 후 응답을 하도록 해야 한다.

마찬가지로 작업 도중에 대화 초청 메시지를 받기 싫다면 mesg -n 명령을 사용하면 된다.

4) wall

네트워크 명령어 wall은 동일 시스템 사용자 전체에게 메시지를 방송하는 기능을 제공한다. 사용법은 간단히 wall 이라고 입력한 뒤에 방송하고자 하는 메시지들을 입력한 후에 CTRL+D 키를 누르면 된다.

방송 메시지 수신자 입장에서는 작업 도중에 이러한 메시지를 받게 되면 불편할 수도 있으므로 이때에는 mesg -n 명령을 사용하도록 한다.

아래 그림은 ITPOWER 유닉스 시스템 사용자 abc가 wall 명령을 통해 전체 로그온 사용자에게 방송 메시지를 전달한 모습이다. 자신이 방송한 메시지는 다시 자신에게도 수신됨을 알 수 있다.

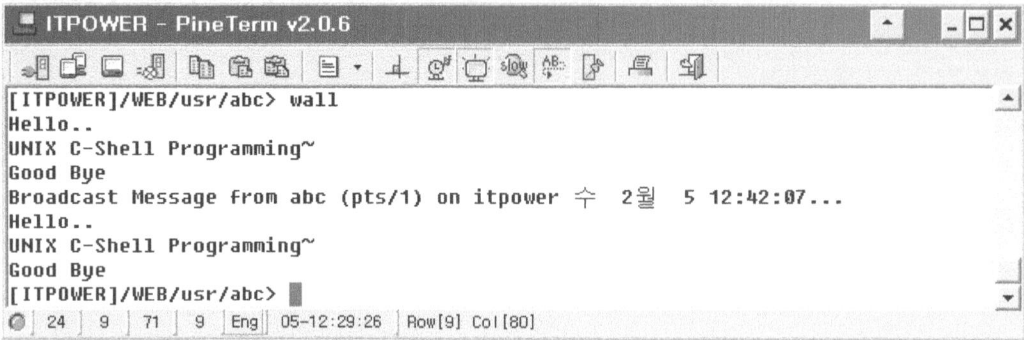
ITPOWER - PineTerm v2.0.6
[ITPOWER]/WEB/usr/abc> wall
Hello..
UNIX C-Shell Programming~
Good Bye
Broadcast Message from abc (pts/1) on itpower 수 2월 5 12:42:07...
Hello..
UNIX C-Shell Programming~
Good Bye
[ITPOWER]/WEB/usr/abc>

아래 그림들은 abc 사용자가 방송한 메시지를 동일 시간에 sample 사용자와 mthwang 사용자가 동시에 수신한 모습을 보여준다.

ITPOWER - PineTerm v2.0.6
[ITPOWER]/WEB/usr/sample> Broadcast Message from abc (pts/1) on itpower 수 2월
5 12:42:07...
Hello..
UNIX C-Shell Programming~
Good Bye

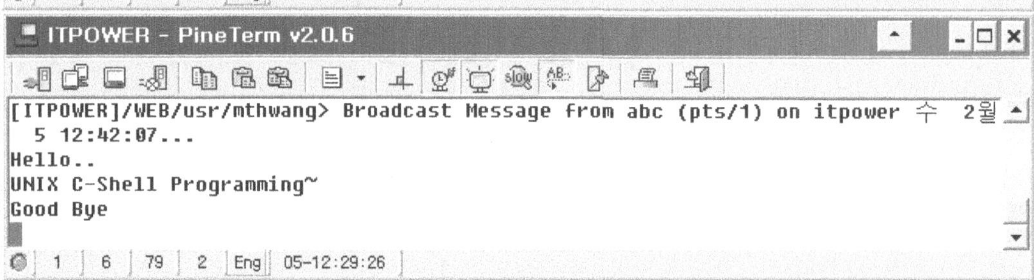
ITPOWER - PineTerm v2.0.6
[ITPOWER]/WEB/usr/mthwang> Broadcast Message from abc (pts/1) on itpower 수 2월
5 12:42:07...
Hello..
UNIX C-Shell Programming~
Good Bye

5) telnet

네트워크 명령 telnet은 한 서버 시스템에서 원격지에 있는 다른 서버 시스템으로 접속해 해당 서버의 기능을 활용할 수 있도록 하는 명령이다. 이는 원격지 서버 시스템에 사용자 계정을 보유한 경우에만 사용이 가능하다.

사용법: telnet 도메인_주소

아래 그림은 ITPOWER 유닉스 서버에서 abc 계정 사용자가 telnet 명령을 이용해

UTOPIA 유닉스 서버 시스템에 접속을 시도하는 모습이다. 이미 UTOPIA 서버 시스템에 사용자 계정이 존재하므로 로그인 과정을 거치면 된다.

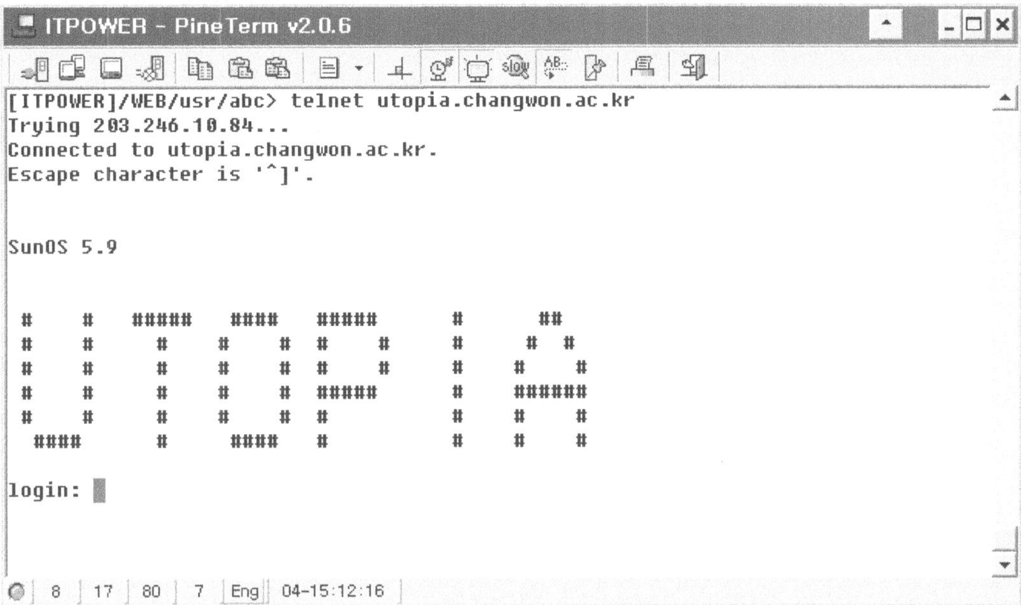
ITPOWER - PineTerm v2.0.6
[ITPOWER]/WEB/usr/abc> telnet utopia.changwon.ac.kr
Trying 203.246.10.84...
Connected to utopia.changwon.ac.kr.
Escape character is '^]'.
SunOS 5.9
login:
8 17 80 7 Eng 04-15:12:16

아래 그림은 사용자 계정 mthwang 으로 로그인 한 후 몇 가지 유닉스 명령어를 내린 모습이다. 유닉스 명령뿐만 아니라 텍스트 편집기를 비롯한 유틸리티 기능과 심지어 쉘 프로그래밍까지 이용 가능하다. 접속을 종료하려면 exit 명령을 내리면 된다.

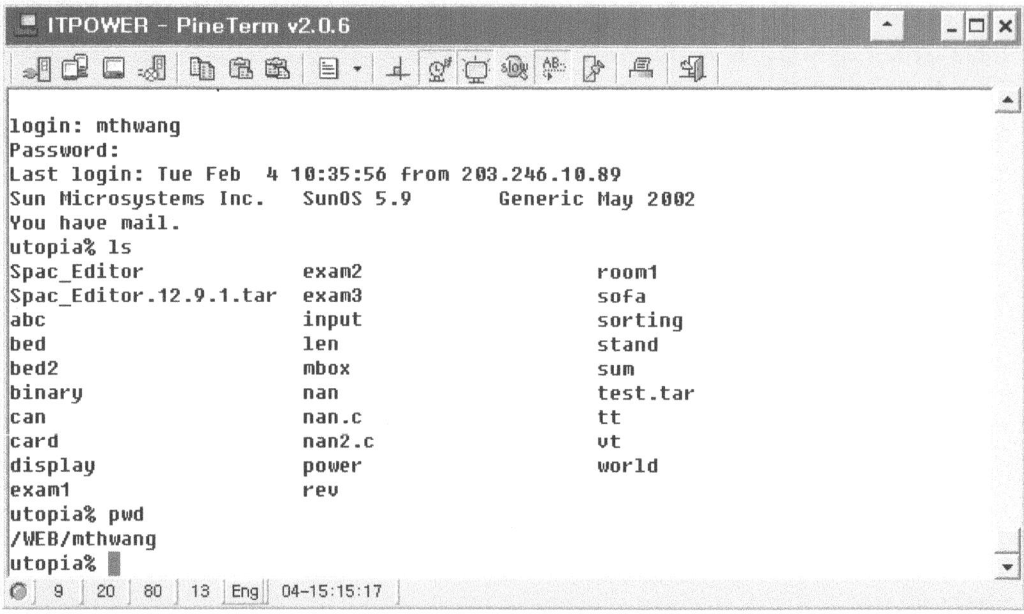
ITPOWER - PineTerm v2.0.6
login: mthwang
Password:
Last login: Tue Feb 4 10:35:56 from 203.246.10.89
Sun Microsystems Inc.   SunOS 5.9   Generic May 2002
You have mail.
utopia% ls
Spac_Editor   exam2   room1
Spac_Editor.12.9.1.tar   exam3   sofa
abc   input   sorting
bed   len   stand
bed2   mbox   sum
binary   nan   test.tar
can   nan.c   tt
card   nan2.c   vt
display   power   world
exam1   rev
utopia% pwd
/WEB/mthwang
utopia%
9 | 20 | 80 | 13 | Eng | 04-15:15:17

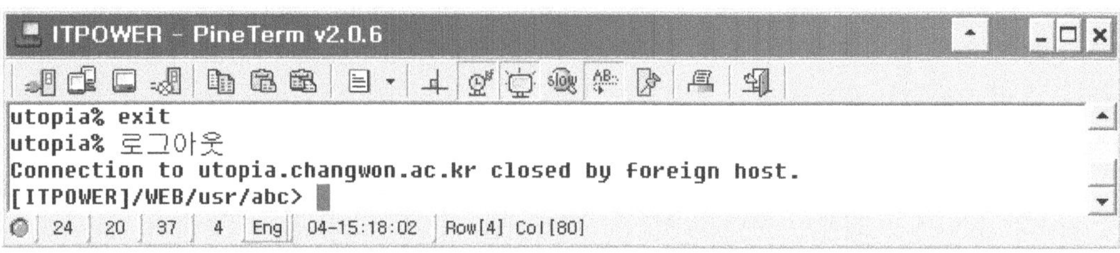
ITPOWER - PineTerm v2.0.6
utopia% exit
utopia% 로그아웃
Connection to utopia.changwon.ac.kr closed by foreign host.
[ITPOWER]/WEB/usr/abc>
24 | 20 | 37 | 4 | Eng | 04-15:18:02 | Row[4] Col[80]

사용자의 개인용 PC에서 시작 > 실행 창에서 telnet 명령을 사용할 수도 있다. 이 경우는 PineTerm과 같은 터미널 에뮬레이터가 없는 경우에 서버 접속을 위해 사용하면 된다.

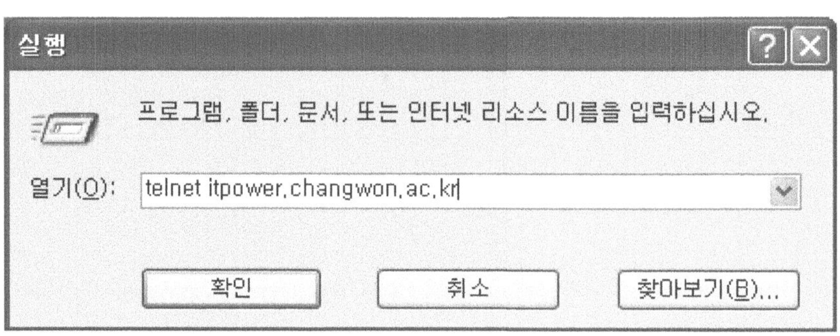
실행
프로그램, 폴더, 문서, 또는 인터넷 리소스 이름을 입력하십시오.
열기(O):
telnet itpower.changwon.ac.kr
확인
취소
찾아보기(B)...

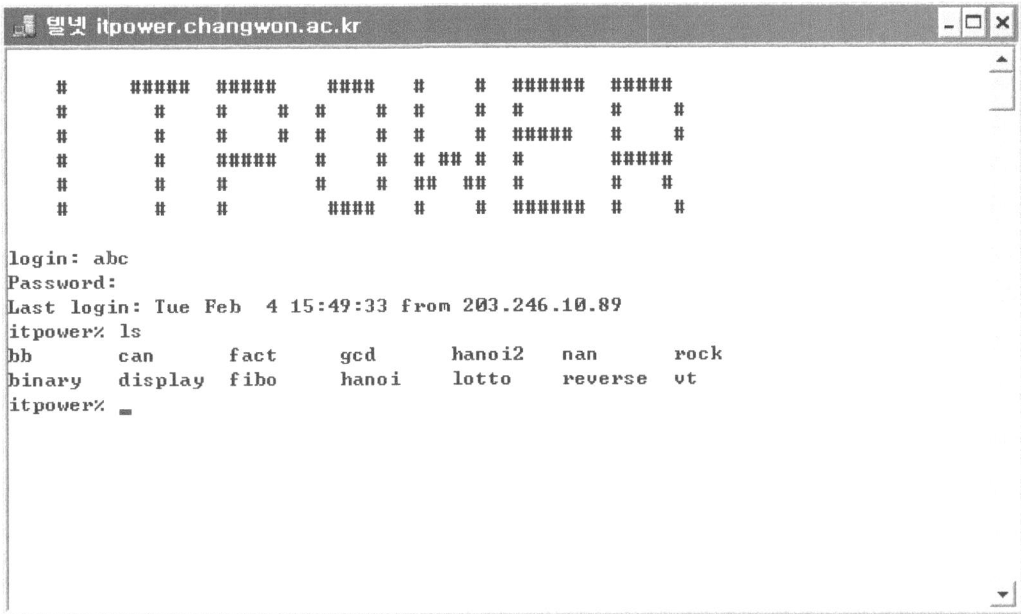
텔넷 itpower.changwon.ac.kr
login: abc
Password:
Last login: Tue Feb 4 15:49:33 from 203.246.10.89
itpower% ls
bb can fact gcd hanoi2 nan rock
binary display fibo hanoi lotto reverse vt
itpower%

이 경우에도 마찬가지로 telnet 접속을 종료하려면 exit 명령을 입력하면 된다.

6) ftp

네트워크 관련 ftp 명령은 유닉스 서버 시스템 간에 파일을 교환하는 기능을 제공한다. 원격지 서버 시스템에 ftp 접속을 시도하려면 ftp 도메인_주소 형태로 명령을 내리면 된다.

사용법: ftp 도메인_주소

아래 그림에서 보는 바와 같이 ITPOWER 시스템에서 UTOPIA 시스템으로의 ftp 접속이 이루어지면 사용자 계정 이름과 비밀번호를 입력해야 한다. 이미 발급받은 계정이 있으므로 정상적으로 로그인됨을 알 수 있다.

ftp 명령을 통해 다른 서버 시스템에 접속이 되면 ftp> 프롬프트가 나타나는데 이곳 프롬프트 상에서 파일 교환을 위해 내릴 수 있는 명령들은 help 라고 입력함으로써 알 수 있다. ftp> 프롬프트 상에서 일반적으로 많이 사용되는 명령에는 ls, pwd, mkdir, rmdir, cd, lcd, get, put, mget, mput, binary, ascii, prompt, hash, quit 등이 있다.

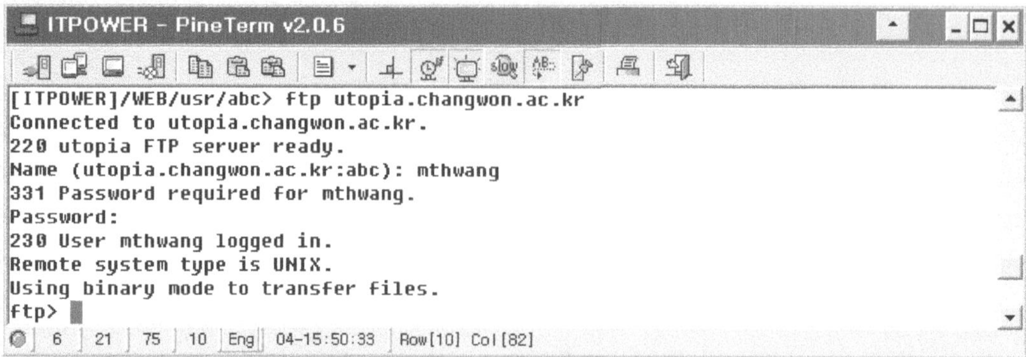
ITPOWER - PineTerm v2.0.6
[ITPOWER]/WEB/usr/abc> ftp utopia.changwon.ac.kr
Connected to utopia.changwon.ac.kr.
220 utopia FTP server ready.
Name (utopia.changwon.ac.kr:abc): mthwang
331 Password required for mthwang.
Password:
230 User mthwang logged in.
Remote system type is UNIX.
Using binary mode to transfer files.
ftp>
6 21 75 10 Eng 04-15:50:33 Row[10] Col[82]

ftp> 프롬프트 상에서 주로 사용되는 명령어	
ls	원격지 시스템의 현재 디렉토리에 존재하는 파일과 디렉토리 리스트 출력
pwd	원격지 시스템의 현재 작업 디렉토리 출력
mkdir	원격지 시스템의 현재 디렉토리에 새로운 디렉토리 생성
rmdir	원격지 시스템의 현재 디렉토리에 있는 디렉토리 삭제
cd	원격지 시스템의 현재 디렉토리 변경
lcd	로컬 시스템의 현재 디렉토리 변경
get	원격지 시스템으로부터 하나의 파일을 로컬 시스템으로 가져옴
put	로컬 시스템으로부터 하나의 파일을 원격지 시스템으로 전달함
mget	원격지 시스템으로부터 다수의 파일을 로컬 시스템으로 가져옴
mput	로컬 시스템으로부터 다수의 파일을 원격지 시스템으로 전달함
binary	실행 파일 전달 모드로 변경 (줄여서 bin 이라 입력해도 됨)
ascii	텍스트 파일 전달 모드로 변경 (줄여서 asc 로 입력해도 됨)
prompt	다수의 파일을 교환할 때 확인 여부를 물어보거나 해제함
hash	용량이 큰 파일을 교환할 때 진행 상태를 # 기호로 표시함
quit	원격지 시스템과의 접속을 끊고 ftp 프롬프트에서 빠져나감

:

개인용 PC에서 시작 > 실행 화면에서 아래와 같이 ftp 명령을 사용할 수 있다. 별도의 ftp 에뮬레이터가 PC에 설치되지 않은 경우에 유용하게 사용할 수 있다. 이때 로컬 시스템은 개인용 PC가 되며, 원격지 시스템은 입력한 도메인을 가지는 서버 컴퓨터가 된다.

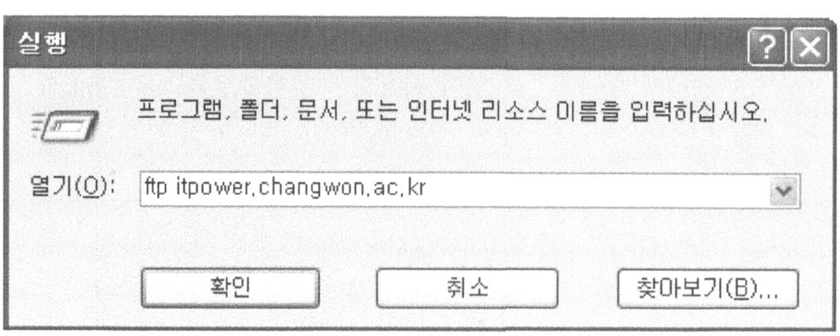
실행
프로그램, 폴더, 문서, 또는 인터넷 리소스 이름을 입력하십시오.
열기(O):
ftp itpower.changwon.ac.kr
확인
취소
찾아보기(B)...

```
C:\windows\system32\ftp.exe
Connected to itpower.changwon.ac.kr.
220 itpower FTP server ready.
User (itpower.changwon.ac.kr:(none)): abc
331 Password required for abc.
Password:
230 User abc logged in.
ftp> ls
200 PORT command successful.
150 Opening ASCII mode data connection for file list.
bb
binary
can
display
fact
fibo
gcd
hanoi
hanoi2
lotto
nan
reverse
rock
vt
226 Transfer complete.
ftp: 89 bytes received in 0.00Seconds 89000.00Kbytes/sec.
ftp> _
```

개인용 PC에서 원격지 서버 컴퓨터와 자주 파일을 주고받는 경우에는 아래 그림과 같이 ftp 에뮬레이터를 사용하는 것이 좋다. 대부분의 PC용 ftp 에뮬레이터가 무료로 배포되므로 자신이 사용하기 편리한 것을 설치해 사용하면 된다. 이러한 에뮬레이터의 대부분은 원격지 서버 컴퓨터와 개인용 PC간에 마우스를 이용해 간단히 파일을 교환할 수 있는 편리함을 제공한다.

itpower.changwon.ac.kr - 알FTP v5.33
/WEB/usr/abc
>> PWD
<< FTP : 257 "/WEB/usr/abc" is current directory.
>> CWD /WEB/usr/abc/
<< FTP : 250 CWD command successful.

7) ping

ping 네트워크 명령은 원격지 시스템에 짧은 패킷을 보내고서 응답을 받아 해당 시스템에 정상 동작중임을 확인하는 기능을 제공한다.

사용법: ping 도메인_주소

아래 그림은 ITPOWER 시스템에서 원격지 UTOPIA 시스템이 살아있나 확인하는 모습이다.

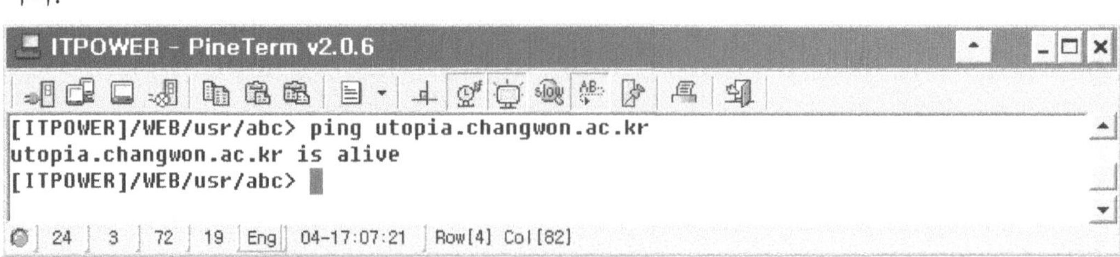
ITPOWER - PineTerm v2.0.6
[ITPOWER]/WEB/usr/abc> ping utopia.changwon.ac.kr
utopia.changwon.ac.kr is alive
[ITPOWER]/WEB/usr/abc>

만약 원격지 시스템이 고장이 났거나 전원이 꺼져 있는 경우에는 아래 그림과 같이 응답이 없다는 메시지를 받게 된다.

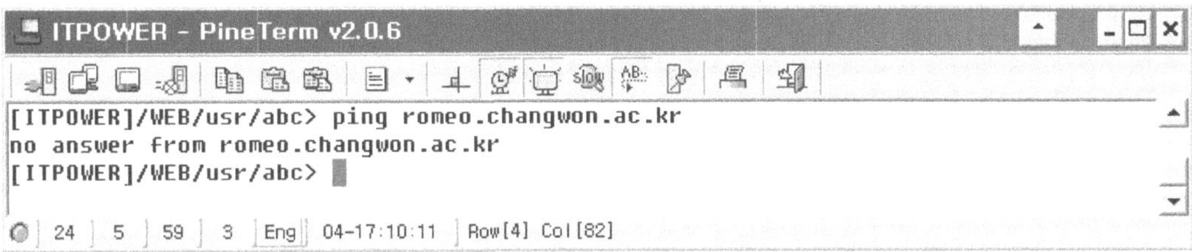
ITPOWER - PineTerm v2.0.6
[ITPOWER]/WEB/usr/abc> ping romeo.changwon.ac.kr
no answer from romeo.changwon.ac.kr
[ITPOWER]/WEB/usr/abc>
24 5 59 3 Eng 04-17:10:11 Row[4] Col[82]

ping 명령은 원격지 시스템과의 telnet이나 ftp 접속이 이루어지지 않는 경우에 정상 동작 여부를 확인하는 용도로 이용될 수 있다.

이러한 ping 명령은 사용자의 개인 PC에서도 가능하다. 짧은 패킷을 한 번만 주고받게 되는 경우에는 결과를 보여주는 창이 금방 닫혀버리므로 -t 옵션을 사용해 반복적으로 동작하게 하면 된다.

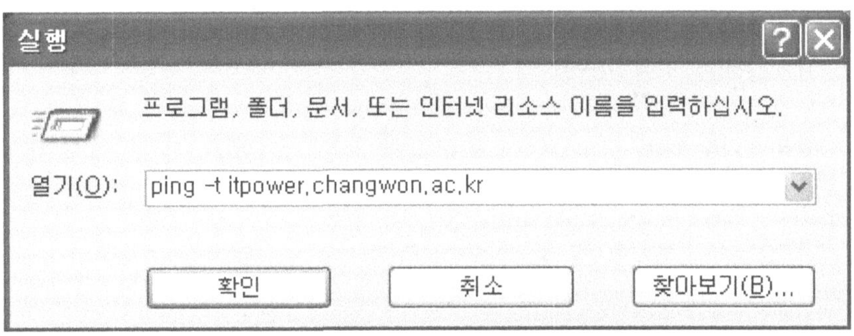
실행
프로그램, 폴더, 문서, 또는 인터넷 리소스 이름을 입력하십시오.
열기(O):
ping -t itpower.changwon.ac.kr
확인
취소
찾아보기(B)...

```
C:₩windows₩system32₩ping.exe

Pinging itpower.changwon.ac.kr [203.246.1.189] with 32 bytes of data:

Reply from 203.246.1.189: bytes=32 time<1ms TTL=252
Reply from 203.246.1.189: bytes=32 time<1ms TTL=252
Reply from 203.246.1.189: bytes=32 time<1ms TTL=252
Reply from 203.246.1.189: bytes=32 time<1ms TTL=252
Reply from 203.246.1.189: bytes=32 time<1ms TTL=252
Reply from 203.246.1.189: bytes=32 time<1ms TTL=252
Reply from 203.246.1.189: bytes=32 time<1ms TTL=252
Reply from 203.246.1.189: bytes=32 time<1ms TTL=252
Reply from 203.246.1.189: bytes=32 time<1ms TTL=252
Reply from 203.246.1.189: bytes=32 time<1ms TTL=252
Reply from 203.246.1.189: bytes=32 time<1ms TTL=252
Reply from 203.246.1.189: bytes=32 time<1ms TTL=252
```

8) traceroute

traceroute 네트워크 명령은 원격지 시스템까지 네트워크 접속을 위해 거치게 되는 중간 통신 장치(게이트웨이, 라우터)들에 대한 정보와 접속에 소요되는 시간 정보를 표시한다.

사용법: traceroute 도메인_주소

아래 그림은 ITPOWER 시스템에서 원격지에 있는 UTOPIA 시스템까지 네트워크 접속을 위해 거치게 되는 중간 통신 장치들과 이들 장치 간 연결 소요 시간을 최솟값, 최댓값 및 평균값으로 표시하고 있는 모습이다.

```
ITPOWER - PineTerm v2.0.6
[ITPOWER]/WEB/usr/abc> traceroute utopia.changwon.ac.kr
traceroute to utopia.changwon.ac.kr (203.246.10.84), 30 hops max, 40 byte packets
 1  203.246.1.1 (203.246.1.1)  0.459 ms  0.333 ms  0.229 ms
 2  203.246.0.3 (203.246.0.3)  0.483 ms  0.471 ms  0.484 ms
 3  203.246.0.26 (203.246.0.26)  0.621 ms  0.752 ms  0.598 ms
 4  utopia.changwon.ac.kr (203.246.10.84)  0.487 ms  0.389 ms  0.362 ms
[ITPOWER]/WEB/usr/abc> 
24 | 7 | 45 | 11 | Eng | 04-17:14:57 | Row[8] Col[82]
```

이러한 traceroute 명령은 사용자의 개인 PC에서도 아래 그림과 같이 시작 > 실행 창에서 cmd 명령을 통해 터미널 창을 열고서 tracert 라는 명령어를 통해 가능하다.

사용법: tracert 도메인_주소

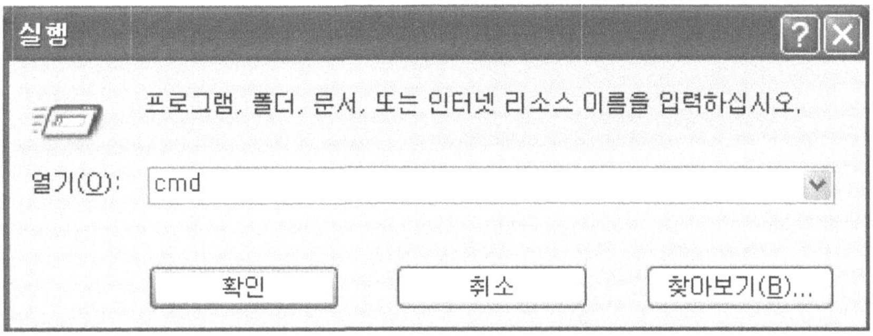


```
C:\windows\system32\cmd.exe
C:\Documents and Settings\User>tracert itpower.changwon.ac.kr

Tracing route to itpower.changwon.ac.kr [203.246.1.189]
over a maximum of 30 hops:

  1    <1 ms    <1 ms    <1 ms  10.10.9.1
  2    <1 ms    <1 ms    <1 ms  203.246.0.25
  3    <1 ms    <1 ms    <1 ms  203.246.0.6
  4    <1 ms    <1 ms    <1 ms  itpower.changwon.ac.kr [203.246.1.189]

Trace complete.

C:\Documents and Settings\User>
```

9) nslookup

nslookup 네트워크 명령은 해당 도메인 주소(Domain Address)를 가진 서버 시스템의 숫자형 인터넷 주소(IP Address)를 출력하거나 반대의 결과를 얻는 용도로 사용된다.

사용법: nslookup 도메인_주소 (혹은 IP 주소)

```
ITPOWER - PineTerm v2.0.6
[ITPOWER]/WEB/usr/abc> nslookup utopia.changwon.ac.kr
Server:         203.246.1.3
Address:        203.246.1.3#53

Name:   utopia.changwon.ac.kr
Address: 203.246.10.84

[ITPOWER]/WEB/usr/abc>
```

```
[ITPOWER]/WEB/usr/abc> nslookup 203.246.10.84
Server:         203.246.1.3
Address:        203.246.1.3#53

84.10.246.203.in-addr.arpa      name = utopia.changwon.ac.kr.

[ITPOWER]/WEB/usr/abc>
```

유닉스 서버를 비롯한 서버 시스템을 운용하려는 경우 다수의 사용자가 네트워크 접속을 통해 사용 가능하도록 하려면 고정된 도메인 주소와 인터넷 주소를 가져야 하는데, nslookup 명령은 도메인 주소가 이미 사용 중인지 아닌지를 확인하는 용도로 주로 사용된다.

아래 그림은 nslookup 명령을 통해 newserver 라는 도메인 주소를 동일한 기관 내에서 아무도 사용하지 않고 있음을 보여주고 있다.

```
[ITPOWER]/WEB/usr/abc> nslookup newserver.changwon.ac.kr
Server:         203.246.1.3
Address:        203.246.1.3#53

** server can't find newserver.changwon.ac.kr: NXDOMAIN

[ITPOWER]/WEB/usr/abc>
```

2. 암호 관련 명령어

유닉스 시스템에서 주로 사용하는 암호 관련 명령어로 crypt가 있다. 이는 입력 파일을 암호화 키(Key)를 이용해 암호화한 다음 새로운 파일을 만들어 내는 기능을 가진다.

사용법: crypt 암호키 < 입력파일 > 출력파일

암호화된 파일은 원본 입력 파일과는 내용이 달라지므로 정보의 보호 용도로 이용될 수 있다.

암호의 해독은 유사한 방법으로 암호화된 파일을 입력으로 받아 처음 암호화 시에 사용한 키를 이용해 해독한 다음 원래의 파일을 출력으로 만들어 내게 된다.

사용법: crypt 암호키 < 암호화파일 > 원본파일

아래 그림은 vi 텍스트 편집기로 간단한 텍스트 파일(파일명: testfile)을 만들어서 그 내용을 화면에 출력해 본 다음, crypt 명령을 통해 암호키 1234를 이용해 암호화 작업을 수행하는 모습이다. 이 명령 수행 결과로 암호화된 파일(파일명: result)을 얻어낼 수 있다.

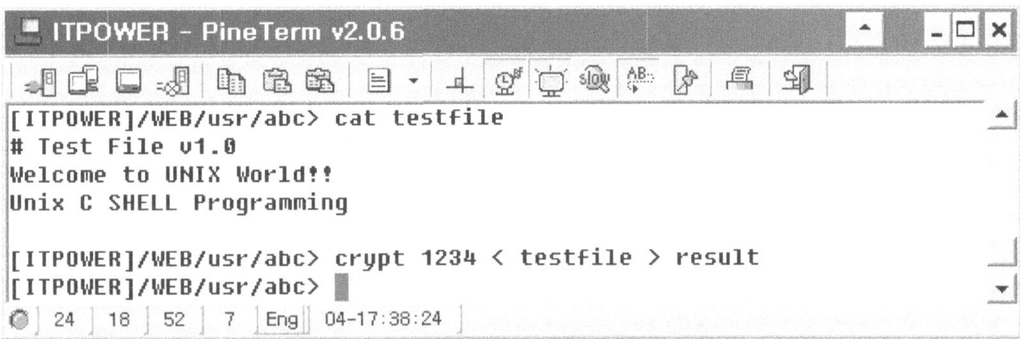
ITPOWER - PineTerm v2.0.6
[ITPOWER]/WEB/usr/abc> cat testfile
Test File v1.0
Welcome to UNIX World!!
Unix C SHELL Programming
[ITPOWER]/WEB/usr/abc> crypt 1234 < testfile > result
[ITPOWER]/WEB/usr/abc>
24 18 52 7 Eng 04-17:38:24

아래 그림은 암호화 결과로 만들어진 파일의 내용을 출력해 본 모습이다. 그림에서 보는 바와 같이 원본 파일의 내용과 상이하며, 일반 텍스트 파일의 모습을 찾아볼 수 없음을 알 수 있다. 아울러 원본 파일(파일명: testfile)을 삭제하여 암호화된 파일로 부터 다시 복구 가능함을 보여주고자 한다.

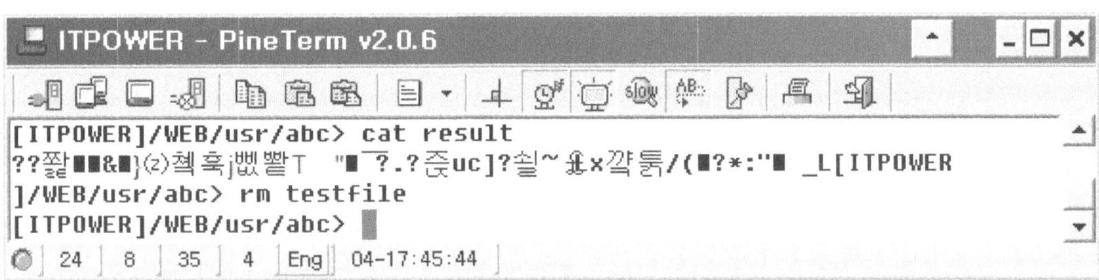
ITPOWER - PineTerm v2.0.6
[ITPOWER]/WEB/usr/abc> cat result
]/WEB/usr/abc> rm testfile
[ITPOWER]/WEB/usr/abc>
24 8 35 4 Eng 04-17:45:44

아래 그림은 암호화된 파일(파일명: result)로 부터 암호 복구 과정을 통해 원본 파일(파일명: testfile)을 만들어 내는 과정을 보여주고 있다. 암호 복구된 파일의 내용을 화면상에 출력해 봄으로써 암호 복구가 정상적으로 이루어졌음을 알 수 있다. 만약, 암호화 키를 달리하는 경우에는 정상적으로 복구되지 않게 되므로 이는 각자 확인해 보기 바란다.

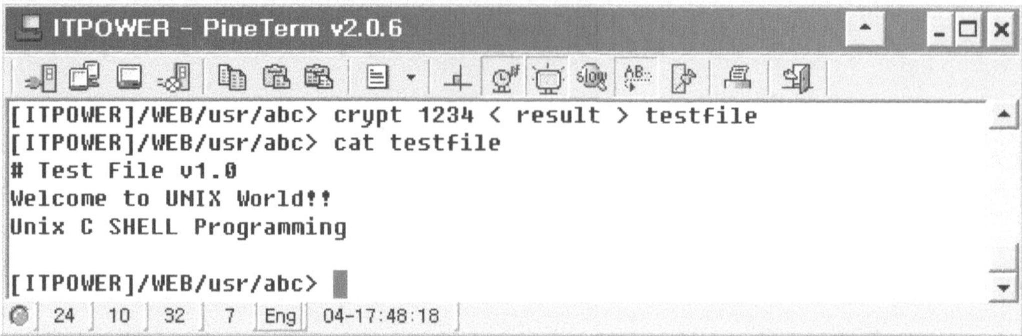
ITPOWER - PineTerm v2.0.6
[ITPOWER]/WEB/usr/abc> crypt 1234 < result > testfile
[ITPOWER]/WEB/usr/abc> cat testfile
Test File v1.0
Welcome to UNIX World!!
Unix C SHELL Programming
[ITPOWER]/WEB/usr/abc>
24 10 32 7 Eng 04-17:48:18

3. 압축 관련 명령어

이 절에서는 자신의 홈 디렉토리에 많은 수의 파일과 디렉토리가 존재하는 경우 이를 하나의 파일로 묶어주는 tar 명령과 사이즈가 방대한 파일에 대해서 압축 기능을 제공하는 gzip, compress 및 pack 압축 명령에 대해서 살펴보도록 한다.

1) tar

tar 명령은 압축 기능을 제공하는 명령이라기 보다는 다수의 파일과 디렉토리를 하나의 파일로 묶어 주는 기능을 가지는 명령이다. 이 명령은 사용자 계정의 파일과 디렉토리를 백업하고자 하는 경우에 유용하게 사용될 수 있는 명령이다.

유닉스 시스템에서 tar 명령은 원래 서버 관리자가 사용자 데이터나 중요 시스템 파일 등을 테이프 백업 장치를 통해 백업하는 용도로 주로 사용되던 명령이다. 그렇기 때문에 tar 명령 뒤에 사용되는 옵션들 중에는 테이프 백업 장치를 위한 옵션들이 다수 포함되어 있다. 하지만 요즘에는 이 명령을 이용해 개인 사용자가 자신의 중요 데이터를 하나의 파일로 묶어서 개인용 PC로 ftp 명령을 통해 전송한 다음 이를 보관하는 용도로 자주 사용된다. 따라서 개인 사용자를 위해 최적화된 옵션만을 제시하여 직접 활용해 보도록 하는데 주안점을 두고자 한다.

사용법: tar cvf 파일명.tar 디렉토리명(또는 파일그룹)
사용법: tar tvf 파일명.tar
사용법: tar xvf 파일명.tar

아래 그림은 abc 사용자 계정의 모든 파일 리스트를 화면상에 출력해 본 다음 이들을 unix.tar 라는 하나의 파일로 묶어주는 작업을 tar 명령을 이용해 실시한 결과를 보여주고 있다.

```
ITPOWER - PineTerm v2.0.6
[ITPOWER]/WEB/usr/abc> ls
bb         display   gcd       lotto     reverse   vt
binary     fact      hanoi     nan       rock
can        fibo      hanoi2    result    testfile
[ITPOWER]/WEB/usr/abc> tar cvf unix.tar *
a bb 31K
a binary 1K
a can 3K
a display 1K
a fact 1K
a fibo 1K
a gcd 1K
a hanoi 1K
a hanoi2 3K
a lotto 2K
a nan 6K
a result 5K
a reverse 1K
a rock 2K
a testfile 1K
a vt 1K
[ITPOWER]/WEB/usr/abc>
24 | 23 | 45 | 22 | Eng | 04-18:02:49 | Row[22] Col[70]
```

아래 그림은 생성한 unix.tar 파일 내에 포함되어 있는 파일 리스트를 tar 명령으로 살펴보고 있는 모습이다.

```
ITPOWER - PineTerm v2.0.6
[ITPOWER]/WEB/usr/abc> ls -al *.tar
-rw-r--r--    1 abc          67072 Feb  4 18:15 unix.tar
[ITPOWER]/WEB/usr/abc> tar tvf unix.tar
-rwxr-xr-x 170/1     31232 2014년  2월  4일  18:14 bb
-rwxr-xr-x 170/1       318 2014년  2월  4일  09:47 binary
-rwxr-xr-x 170/1      2985 2014년  2월  4일  09:47 can
-rwxr-xr-x 170/1       873 2014년  2월  4일  09:47 display
-rwxr-xr-x 170/1       146 2014년  2월  4일  09:47 fact
-rwxr-xr-x 170/1       247 2014년  2월  4일  09:47 fibo
-rwxr-xr-x 170/1       378 2014년  2월  4일  09:47 gcd
-rwxr-xr-x 170/1       241 2014년  2월  4일  09:47 hanoi
-rwxr-xr-x 170/1      2989 2014년  2월  4일  09:47 hanoi2
-rwxr-xr-x 170/1      1676 2014년  2월  4일  09:47 lotto
-rwxr-xr-x 170/101    6104 2014년  2월  2일  18:33 nan
-rw-r--r-- 170/101    4608 2014년  2월  4일  18:14 result
-rwxr-xr-x 170/1       528 2014년  2월  4일  09:47 reverse
-rwxr-xr-x 170/1      1239 2014년  2월  4일  09:47 rock
-rw-r--r-- 170/101      67 2014년  2월  4일  18:00 testfile
-rwxr-xr-x 170/1       887 2014년  2월  4일  09:47 vt
[ITPOWER]/WEB/usr/abc>
24 | 22 | 45 | 20 | Eng | 04-18:05:08 | Row[20] Col[70]
```

이제 unix.tar 파일이 만들어 졌으므로 이 파일을 제외한 모든 파일들을 삭제해 보고자 한다. 만약 unix.tar 파일마저 삭제되어 버린다면 소중한 파일들을 모두 복구할 수 없게 되므로 주의하기 바란다.

아래 그림은 unix.tar 파일을 제외한 모든 파일들을 삭제한 후에 현재 디렉토리의 파일 리스트를 확인한 후에 tar 명령을 통해 unix.tar 파일로 묶여있는 모든 파일들을 다시 풀어내는 작업을 한 결과 모습이다.

ITPOWER - PineTerm v2.0.6

```
[ITPOWER]/WEB/usr/abc> ls
unix.tar
[ITPOWER]/WEB/usr/abc> tar xvf unix.tar
x bb, 31232 bytes, 61 테이프 블록
x binary, 318 bytes, 1 테이프 블록
x can, 2985 bytes, 6 테이프 블록
x display, 873 bytes, 2 테이프 블록
x fact, 146 bytes, 1 테이프 블록
x fibo, 247 bytes, 1 테이프 블록
x gcd, 378 bytes, 1 테이프 블록
x hanoi, 241 bytes, 1 테이프 블록
x hanoi2, 2989 bytes, 6 테이프 블록
x lotto, 1676 bytes, 4 테이프 블록
x nan, 6104 bytes, 12 테이프 블록
x result, 4608 bytes, 9 테이프 블록
x reverse, 528 bytes, 2 테이프 블록
x rock, 1239 bytes, 3 테이프 블록
x testfile, 67 bytes, 1 테이프 블록
x vt, 887 bytes, 2 테이프 블록
[ITPOWER]/WEB/usr/abc>
```

24 | 20 | 56 | 19 | Eng | 04-18:08:30

아래 그림은 unix.tar 파일을 풀어서 원래 존재했던 파일들을 다시 복구한 모습이다. 정상적으로 파일들이 복구되었음을 알 수 있다.

ITPOWER - PineTerm v2.0.6

```
[ITPOWER]/WEB/usr/abc> ls
bb          display     gcd         lotto       reverse     unix.tar
binary      fact        hanoi       nan         rock        vt
can         fibo        hanoi2      result      testfile
[ITPOWER]/WEB/usr/abc>
```

24 | 20 | 33 | 5 | Eng | 04-18:09:34 | Row[5] Col[70]

2) gzip

gzip 명령은 사이즈가 큰 단일 파일의 압축 기능을 제공하는 명령이다. 사용법은 gzip 명령 뒤에 파일명을 입력하면 된다.

사용법: gzip 파일명

gzip 명령을 통해 파일을 압축하게 되는 경우 자동적으로 파일명 뒤에 gz 확장자가 붙게 된다.

ITPOWER - PineTerm v2.0.6

```
[ITPOWER]/WEB/usr/abc> ls
bb          display     gcd         lotto       reverse     testfile
binary      fact        hanoi       nan         rock        vt
can         fibo        hanoi2      result      test.tar.gz
[ITPOWER]/WEB/usr/abc>
```

24 | 6 | 53 | 5 | Eng | 04-18:29:16 | Row[5] Col[80]

아래 그림은 gzip 명령을 실행하기에 앞서 파일 사이즈를 확인한 다음 gzip 명령을 통해 압축 후 결과를 비교하는 모습이다.

ITPOWER - PineTerm v2.0.6

```
[ITPOWER]/WEB/usr/abc> ls -al test.tar
-rw-r--r--   1 abc        419840 Feb  4 18:27 test.tar
[ITPOWER]/WEB/usr/abc> gzip test.tar
[ITPOWER]/WEB/usr/abc> ls -al test.tar.gz
-rw-r--r--   1 abc        109443 Feb  4 18:27 test.tar.gz
[ITPOWER]/WEB/usr/abc>
```

24 | 6 | 63 | 6 | Eng | 04-18:26:28 | Row[6] Col[80]

압축을 해제하는 명령은 gunzip 이다. gzip 명령어 뒤에 확장자가 gz가 붙은 파일명을 입력해야 한다. 혹은 gzip -d 파일명 형태로 압축 해제가 가능하다.

사용법: gunzip 파일명(확장자 gz)
사용법: gzip -d 파일명(확장자 gz)

아래 그림은 압축된 파일의 크기를 살펴본 후에 gunzip 명령으로 압축 파일을 해제한 다음 다시 파일 크기를 비교해 본 모습이다. 본래 사이즈의 파일이 생성되었음을 알 수 있다.

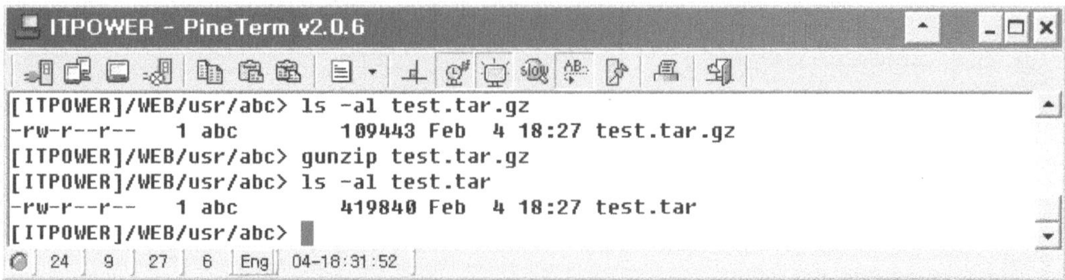
ITPOWER - PineTerm v2.0.6
[ITPOWER]/WEB/usr/abc> ls -al test.tar.gz
-rw-r--r--   1 abc   109443 Feb 4 18:27 test.tar.gz
[ITPOWER]/WEB/usr/abc> gunzip test.tar.gz
[ITPOWER]/WEB/usr/abc> ls -al test.tar
-rw-r--r--   1 abc   419840 Feb 4 18:27 test.tar
[ITPOWER]/WEB/usr/abc>
24 9 27 6 Eng 04-18:31:52

아래 그림은 gzip -d 옵션을 사용해 gz 확장자가 붙은 파일의 압축을 해제하는 결과를 살펴보고 있다.

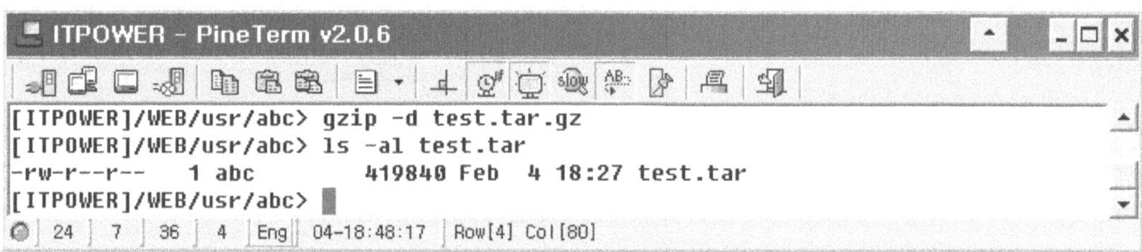
ITPOWER - PineTerm v2.0.6
[ITPOWER]/WEB/usr/abc> gzip -d test.tar.gz
[ITPOWER]/WEB/usr/abc> ls -al test.tar
-rw-r--r--   1 abc   419840 Feb 4 18:27 test.tar
[ITPOWER]/WEB/usr/abc>
24 7 36 4 Eng 04-18:48:17 Row[4] Col[80]

3) compress

compress 명령은 gzip 명령과 압축 알고리즘만 다를 뿐 동일한 기능을 제공한다. compress 명령의 사용법 역시 gzip 명령과 동일하므로 생략한다. 다만 압축 결과로 생성되는 파일의 확장자는 대문자 Z 임을 확인하도록 하자.

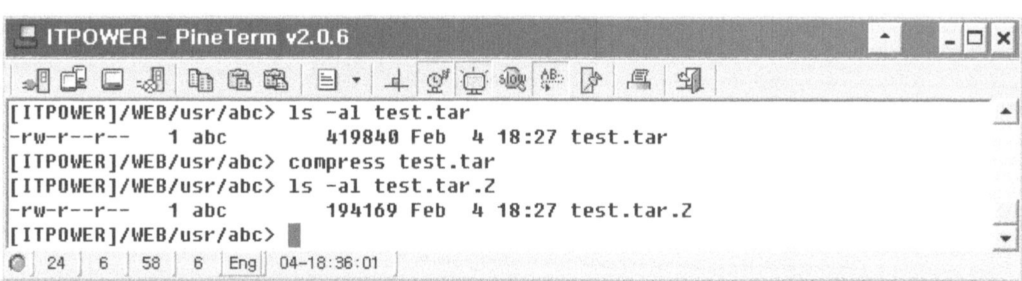
ITPOWER - PineTerm v2.0.6
[ITPOWER]/WEB/usr/abc> ls -al test.tar
-rw-r--r--   1 abc   419840 Feb 4 18:27 test.tar
[ITPOWER]/WEB/usr/abc> compress test.tar
[ITPOWER]/WEB/usr/abc> ls -al test.tar.Z
-rw-r--r--   1 abc   194169 Feb 4 18:27 test.tar.Z
[ITPOWER]/WEB/usr/abc>
24 6 58 6 Eng 04-18:36:01

확장자가 Z인 압축 파일의 해제는 uncompress 명령을 통해 가능하다. 아래 그림은 uncompress 명령의 실행 결과 모습이다.

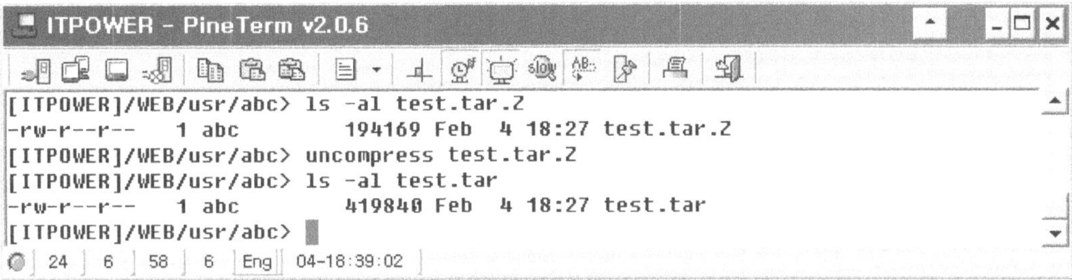
ITPOWER - PineTerm v2.0.6
[ITPOWER]/WEB/usr/abc> ls -al test.tar.Z
-rw-r--r--   1 abc   194169 Feb 4 18:27 test.tar.Z
[ITPOWER]/WEB/usr/abc> uncompress test.tar.Z
[ITPOWER]/WEB/usr/abc> ls -al test.tar
-rw-r--r--   1 abc   419840 Feb 4 18:27 test.tar
[ITPOWER]/WEB/usr/abc>
24 6 58 6 Eng 04-18:39:02

4) pack

pack 명령 역시 gzip 및 compress 명령과 압축 알고리즘만 다를 뿐 동일한 기능을 제공한다. pack 명령의 사용법 역시 gzip 및 compress 명령과 동일하므로 생략한다. 다만 압축 결과로 생성되는 파일의 확장자는 소문자 z 임을 확인하도록 하자.

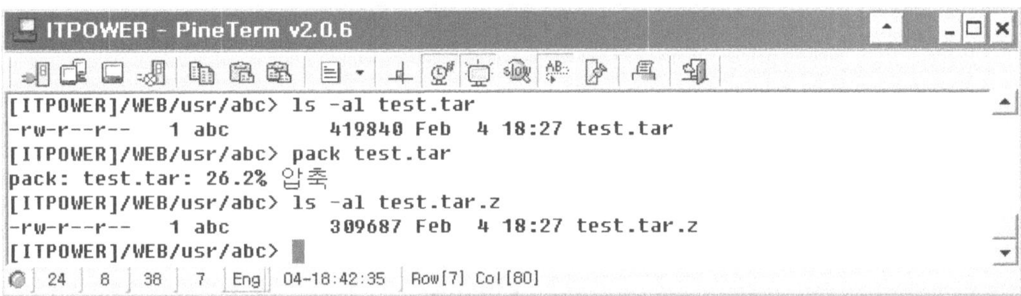
ITPOWER - PineTerm v2.0.6
[ITPOWER]/WEB/usr/abc> ls -al test.tar
-rw-r--r--   1 abc   419840 Feb 4 18:27 test.tar
[ITPOWER]/WEB/usr/abc> pack test.tar
pack: test.tar: 26.2% 압축
[ITPOWER]/WEB/usr/abc> ls -al test.tar.z
-rw-r--r--   1 abc   309687 Feb 4 18:27 test.tar.z
[ITPOWER]/WEB/usr/abc>
24 8 38 7 Eng 04-18:42:35 Row[7] Col[80]

확장자가 z인 압축 파일의 해제는 unpack 명령을 통해 가능하다. 아래 그림은 unpack 명령의 실행 결과 모습이다.

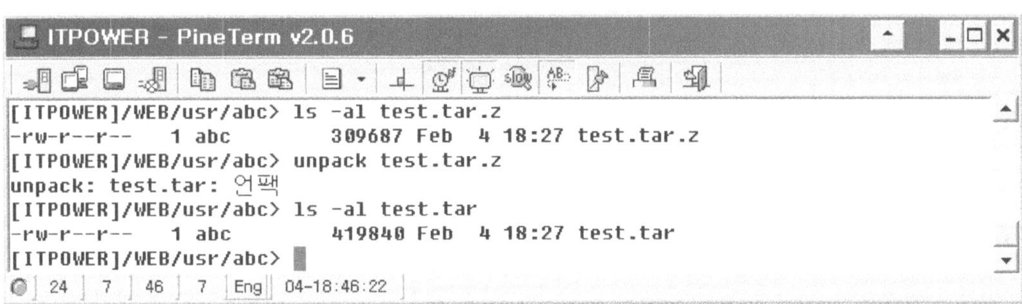
ITPOWER - PineTerm v2.0.6
[ITPOWER]/WEB/usr/abc> ls -al test.tar.z
-rw-r--r--   1 abc   309687 Feb 4 18:27 test.tar.z
[ITPOWER]/WEB/usr/abc> unpack test.tar.z
unpack: test.tar: 언팩
[ITPOWER]/WEB/usr/abc> ls -al test.tar
-rw-r--r--   1 abc   419840 Feb 4 18:27 test.tar
[ITPOWER]/WEB/usr/abc>
24 7 46 7 Eng 04-18:46:22

pack 압축 명령의 실행 결과를 gzip 및 compress 압축 명령 실행 결과와 압축 정도를 비교해 보도록 하자. 약간의 차이가 있음을 알 수 있는데 이는 압축에 사용된 알고리즘의

차이에서 나타난다. 압축 대상 파일의 종류나 내용에 따라서 압축 효율을 달라지므로 성능의 우위를 비교하기는 힘들다.

그리고 gzip, compress 및 pack 압축 명령의 경우 텍스트 파일의 경우에는 사이즈가 많이 줄어들지만 이진 파일의 경우에는 압축 효율이 그리 높지 않은데 이는 직접 확인해 보도록 하자.

4. 파일 찾기 및 찾은 파일에 대한 명령 실행

유닉스 시스템의 관리자나 개인 사용자에게 유용한 find 명령에 대해 살펴보고자 한다. find 명령은 특정한 파일명 혹은 일부 파일명을 가지고서 특정 디렉토리 내에 존재 여부를 확인하는 용도로 보통 이용된다. find 명령에 대한 옵션도 여러 가지가 있으나 특정 파일명에 포함된 패턴을 인자로 주어 파일을 찾는 작업을 주로 하게 되므로 이에 대한 옵션만 예제를 중심으로 살펴보도록 한다.

사용법: find 디렉토리 −name “패턴(와일드카드 사용 가능)”

find 명령의 뒤에는 찾고자 하는 디렉토리를 입력해야 하는데, 현재 디렉토리를 포함해 전체를 대상으로 하는 경우에는 점(.)을 입력하고, 현재 디렉토리 내의 특정 디렉토리만 탐색할 경우에는 해당 디렉토리를 입력하면 된다.

−name 옵션은 뒤에 찾고자 하는 파일명에 포함된 패턴을 인자로 주겠다는 것을 의미한다. 특정한 파일명을 인자로 주는 경우에는 쌍따옴표가 필요 없지만 와일드 카드를 사용하는 경우에는 큰 따옴표를 표시하도록 한다. 일반적으로 쌍따옴표 내에 파일명이나 일부 파일명을 입력하면 된다.

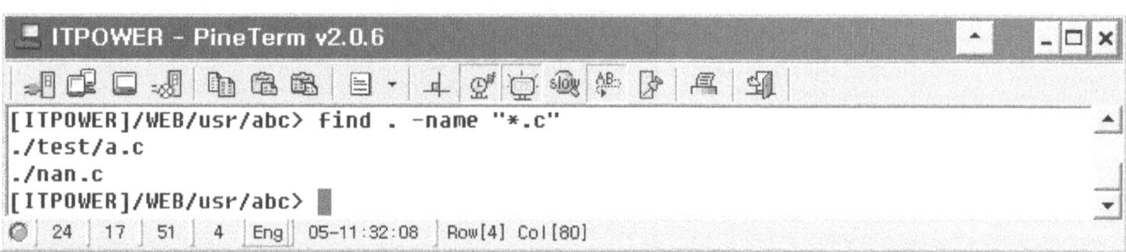
ITPOWER - PineTerm v2.0.6
[ITPOWER]/WEB/usr/abc> find . -name "*.c"
./test/a.c
./nan.c
[ITPOWER]/WEB/usr/abc>
24 17 51 4 Eng 05-11:32:08 Row[4] Col[80]

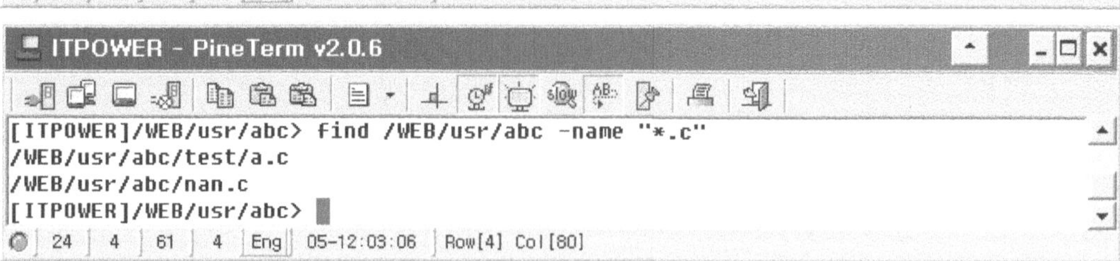
ITPOWER - PineTerm v2.0.6
[ITPOWER]/WEB/usr/abc> find /WEB/usr/abc -name "*.c"
/WEB/usr/abc/test/a.c
/WEB/usr/abc/nan.c
[ITPOWER]/WEB/usr/abc>
24 4 61 4 Eng 05-12:03:06 Row[4] Col[80]

find 명령은 이처럼 특정 파일의 존재 여부를 찾는 작업 이외에도 찾은 파일에 대해 명령 실행을 적용하는 -exec 옵션을 사용할 수 있다.

사용법: find 디렉토리 -name "패턴(와일드카드 사용 가능)" -exec 명령어 {} \;

옵션 -exec 뒤에는 찾은 파일에 대해 내릴 수 있는 명령들(예: rm, mv, cp, chmod 등)이 올 수 있으며, find 명령으로 찾은 각각의 파일을 일대일 매칭 시켜주는 {} 기호를 명령어 뒤 혹은 명령어 사이에 입력하면 된다. 그리고 -exec 옵션의 종료 기능으로 백슬래쉬와 세미콜론(\;)을 마지막에 입력하면 된다.

아래 그림은 확장자가 c인 파일들을 찾아서 모두 삭제하는 한 줄 명령어 실행 결과이다.

```
ITPOWER - PineTerm v2.0.6
[ITPOWER]/WEB/usr/abc> find . -name "*.c"
./test/a.c
./nan.c
[ITPOWER]/WEB/usr/abc> find . -name "*.c" -exec rm {} ₩;
[ITPOWER]/WEB/usr/abc> find . -name "*.c"
[ITPOWER]/WEB/usr/abc>
24 | 6 | 58 | 15 | Eng | 05-12:04:25 | Row[6] Col[80]
```

아래 그림은 확장자가 c인 파일들을 찾아서 파일들의 접근 권한을 변경하는 chmod 명령을 적용한 결과를 보여주고 있다.

```
ITPOWER - PineTerm v2.0.6
[ITPOWER]/WEB/usr/abc> find . -name "*.c" -exec ls -l {} ₩;
-rw-r--r--    1 abc            0 Feb  5 12:02 ./test/a.c
-rw-r--r--    1 abc            0 Feb  5 12:02 ./nan.c
[ITPOWER]/WEB/usr/abc> find . -name "*.c" -exec chmod 777 {} ₩;
[ITPOWER]/WEB/usr/abc> find . -name "*.c" -exec ls -l {} ₩;
-rwxrwxrwx    1 abc            0 Feb  5 12:02 ./test/a.c
-rwxrwxrwx    1 abc            0 Feb  5 12:02 ./nan.c
[ITPOWER]/WEB/usr/abc>
24 | 8 | 80 | 8 | Eng | 05-12:01:30 | Row[8] Col[80]
```

아래 그림은 사용자 계정에 있는 확장자가 c인 파일들을 찾아서 이들을 backup 이라는 디렉토리로 모두 복사하는 한줄 명령을 보여주고 있다.

```
[ITPOWER]/WEB/usr/abc> ls backup
[ITPOWER]/WEB/usr/abc> find . -name "*.c"
./test/a.c
./nan.c
[ITPOWER]/WEB/usr/abc> find . -name "*.c" -exec cp {} backup ₩;
cp: ./backup/a.c와(과) backup/a.c은(는) 동일합니다
cp: ./backup/nan.c와(과) backup/nan.c은(는) 동일합니다
[ITPOWER]/WEB/usr/abc> ls backup
a.c     nan.c
[ITPOWER]/WEB/usr/abc>
```

backup 디렉토리가 비어 있음을 확인한 다음 find 명령으로 파일들을 찾아 복사한 후에 backup 디렉토리를 확인해 봄으로써 알 수 있다. find 명령은 재귀적인 함수 호출 방식으로 디렉토리들을 찾아보게 되므로 이미 backup 디렉토리 내로 복사된 파일들에 대해서도 동일 작업을 시도하고서 이미 동일한 파일이 있다는 메시지를 보여줌을 알 수 있다.

find 명령과 -exec 옵션은 다소 복잡해 보이지만 이 한 가지만 익혀두면 요긴하게 사용할 수 있을 것이다. 예를 들자면, 관리자가 유닉스 시스템의 디스크 용량이 부족한 경우 전체 사용자 계정을 대상으로 해서 avi 확장자를 가진 동영상 파일들의 존재 여부를 검색하고 이들 파일을 모두 삭제하고자 하는 경우에 아래 그림과 같이 한 줄 명령으로 처리 가능함을 알 수 있다.

```
[ITPOWER]/WEB/usr/abc> su
암호:
# find /WEB/usr -name "*.avi" -exec rm {} ₩;
#
```

만약 find 명령과 -exec 옵션의 사용법을 모른다고 가정한다면 관리자가 이러한 작업을 어떻게 처리해야 할지 생각해 보기 바란다.

```
[ITPOWER]/WEB/usr/abc> find . -name "*.c" -exec rm {} ₩;
[ITPOWER]/WEB/usr/abc> find . -name "*.c"
[ITPOWER]/WEB/usr/abc>
```

5. 유닉스 시스템 관리자를 위한 명령어

이 절에서는 유닉스 시스템 관리자가 알아두면 좋을 명령어 몇 가지만 간단히 소개하도록 한다.

1) 관리자 공지사항 알림

앞서 네트워크 관련 명령어로 살펴본 wall 명령은 관리자가 시스템 유지 관리를 위해 현재 로그온 사용자들에게 실시간 메시지를 방송하는 용도로 주로 이용 가능하다.

아래 그림은 관리자 권한으로 메시지를 방송하는 모습을 보여주고 있다.

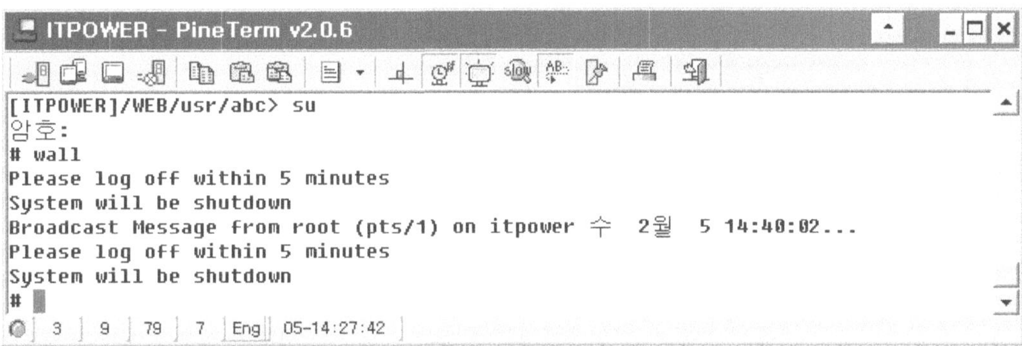
ITPOWER - PineTerm v2.0.6
[ITPOWER]/WEB/usr/abc> su
암호:
wall
Please log off within 5 minutes
System will be shutdown
Broadcast Message from root (pts/1) on itpower 수 2월 5 14:40:02...
Please log off within 5 minutes
System will be shutdown
#
3 9 79 7 Eng 05-14:27:42

시스템 관리자 권한으로서 wall 명령을 통해 보내는 메시지는 아래 그림과 같이 개인 사용자가 mesg -n 설정을 해놓았을 지라도 무시되고서 전달된다.

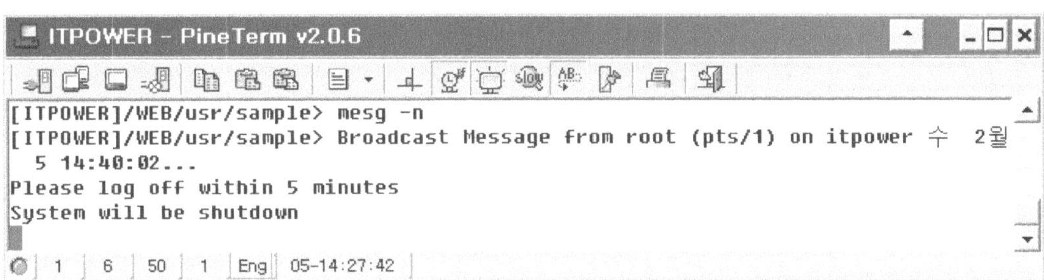
ITPOWER - PineTerm v2.0.6
[ITPOWER]/WEB/usr/sample> mesg -n
[ITPOWER]/WEB/usr/sample> Broadcast Message from root (pts/1) on itpower 수 2월 5 14:40:02...
Please log off within 5 minutes
System will be shutdown
1 6 50 1 Eng 05-14:27:42

만약, 시스템 관리자가 전체 사용자에게 미리 공지할 내용이 있다면 텍스트 편집기를 이용해 /etc/motd 파일 내에다 공지 메시지를 입력하면 된다. 이렇게 작성된 메시지는 개인 사용자가 로그인 과정을 거치면 나타나게 되므로 전체 사용자에게 공지 메시지를 전달할 수 있게 된다. /etc/motd 파일은 관리자만 이용 가능한 파일이므로 일반 사용자는 접근

할 수가 없다.

아래 그림은 관리자가 vi 텍스트 편집기를 이용해 /etc 디렉토리에 있는 motd 파일에다 공지 메시지를 작성하고 있는 모습을 보여준다.

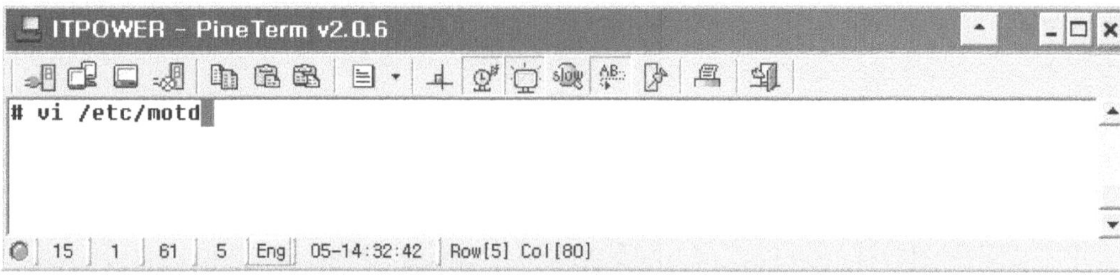
ITPOWER - PineTerm v2.0.6
vi /etc/motd
15 1 61 5 Eng 05-14:32:42 Row[5] Col[80]

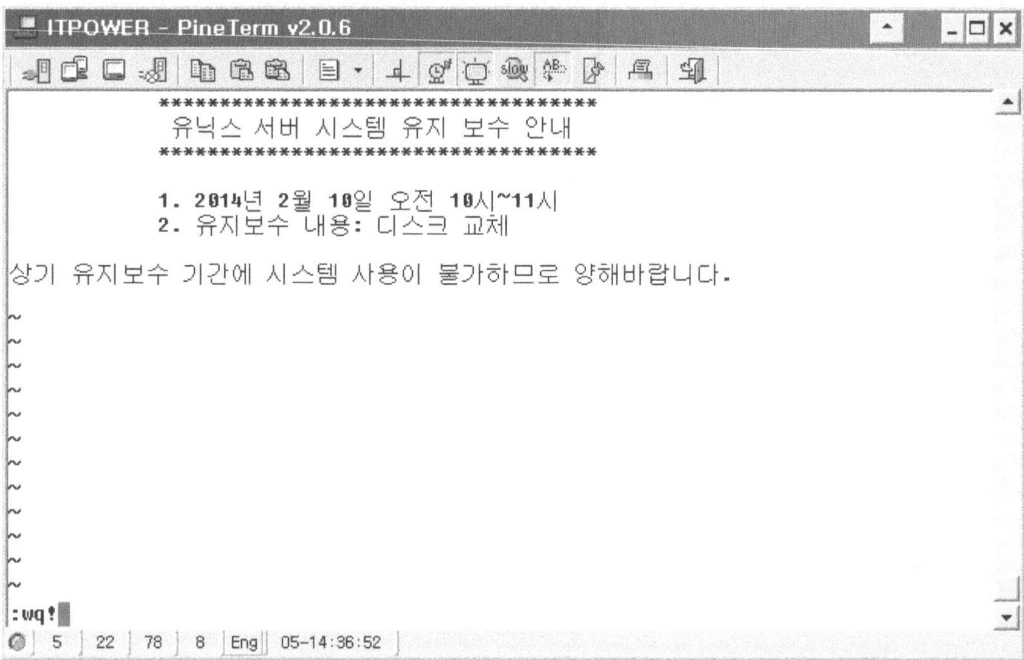
ITPOWER - PineTerm v2.0.6
****
유닉스 서버 시스템 유지 보수 안내
****
1. 2014년 2월 10일 오전 10시~11시
2. 유지보수 내용: 디스크 교체
상기 유지보수 기간에 시스템 사용이 불가하므로 양해바랍니다.
:wq!
5 22 78 8 Eng 05-14:36:52

일반 사용자가 자신의 계정으로 로그인하게 되면 아래 그림과 같이 관리자가 공지하는 메시지를 바로 확인할 수가 있음을 알 수 있다.

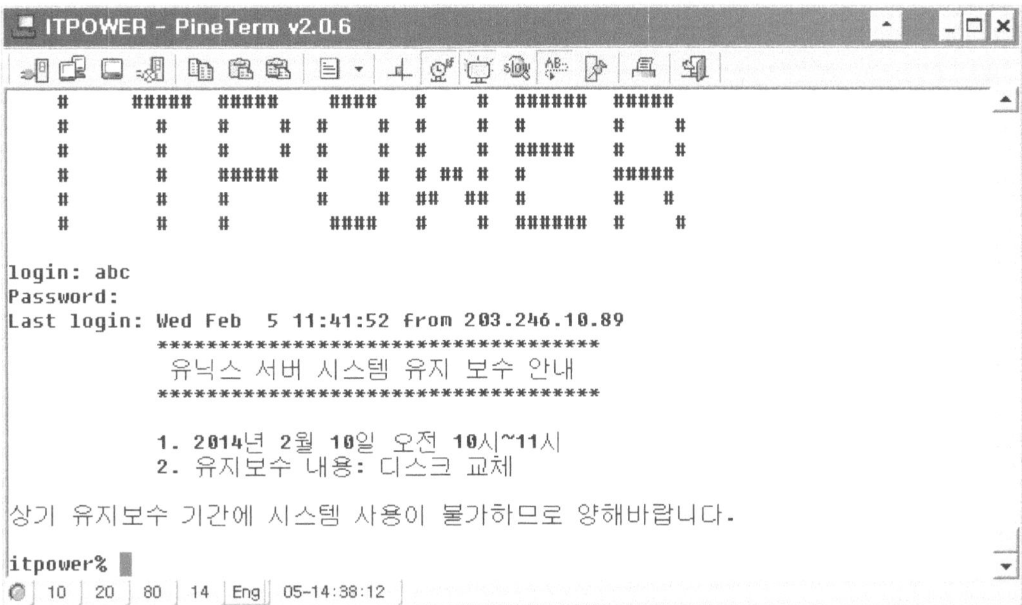
ITPOWER - PineTerm v2.0.6
login: abc
Password:
Last login: Wed Feb 5 11:41:52 from 203.246.10.89
유닉스 서버 시스템 유지 보수 안내
1. 2014년 2월 10일 오전 10시~11시
2. 유지보수 내용: 디스크 교체
상기 유지보수 기간에 시스템 사용이 불가하므로 양해바랍니다.
itpower%
10 20 80 14 Eng 05-14:38:12

2) 프로세스 관리

유닉스 시스템 관리자는 불필요하게 동작하고 있는 프로세스가 있어 시스템 자원을 소비하고 있다면 이를 찾아내서 제거하는 중요한 역할을 수행하게 된다. 이처럼 유닉스 시스템 상에 실행중인 각종 프로세스의 상태를 확인하고 필요한 경우에 임의의 프로세스를 제거하는 기능을 제공하는 명령이 바로 ps와 kill 명령어이다.

관리자 권한으로 시스템의 프로세스 상태를 확인하기 위한 ps 명령에는 여러 가지 옵션이 있지만 우선 상세 정보를 보여줄 수 있는 한 가지 옵션만 살펴보도록 한다. 다른 여러 가지 옵션에 대해서는 온라인 매뉴얼을 참고하도록 하자.

사용법: ps -ef

이 명령과 옵션은 서버 시스템에서 실행중인 프로세스의 상세 정보를 보여주는 명령과 옵션이다. 사용자 아이디(UID), 프로세스 아이디(PID), 부모 프로세스 아이디(PPID), 날짜, 작업 시간 그리고 관련 명령어(CMD) 리스트가 한꺼번에 출력이 되므로 관리자가 프로세스 상태를 확인하기 편리하다.

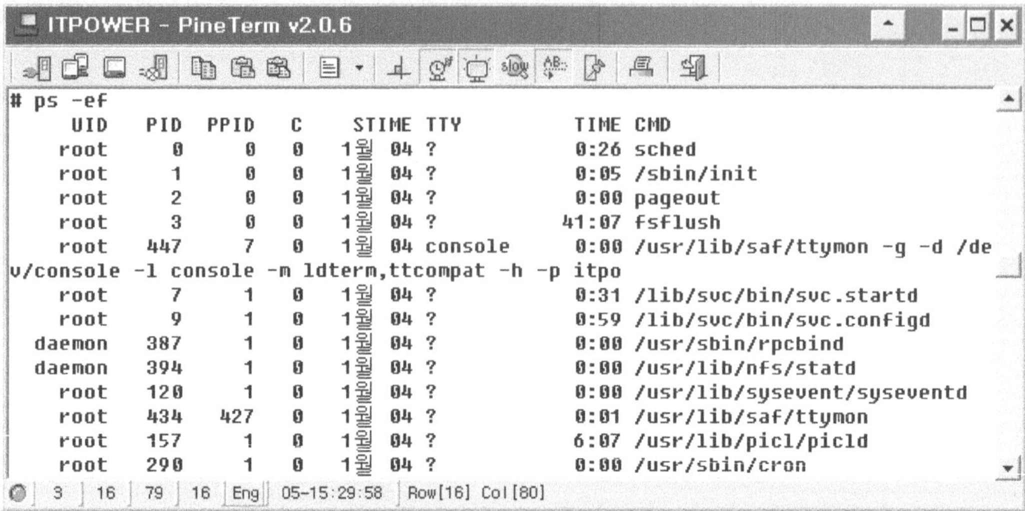

```
ITPOWER - PineTerm v2.0.6
# ps -ef
     UID   PID  PPID   C    STIME TTY         TIME CMD
    root     0     0   0   1월 04 ?           0:26 sched
    root     1     0   0   1월 04 ?           0:05 /sbin/init
    root     2     0   0   1월 04 ?           0:00 pageout
    root     3     0   0   1월 04 ?          41:07 fsflush
    root   447     7   0   1월 04 console     0:00 /usr/lib/saf/ttymon -g -d /de
v/console -l console -m ldterm,ttcompat -h -p itpo
    root     7     1   0   1월 04 ?           0:31 /lib/svc/bin/svc.startd
    root     9     1   0   1월 04 ?           0:59 /lib/svc/bin/svc.configd
  daemon   387     1   0   1월 04 ?           0:00 /usr/sbin/rpcbind
  daemon   394     1   0   1월 04 ?           0:00 /usr/lib/nfs/statd
    root   120     1   0   1월 04 ?           0:00 /usr/lib/sysevent/syseventd
    root   434   427   0   1월 04 ?           0:01 /usr/lib/saf/ttymon
    root   157     1   0   1월 04 ?           6:07 /usr/lib/picl/picld
    root   290     1   0   1월 04 ?           0:00 /usr/sbin/cron
3 | 16 | 79 | 16 | Eng | 05-15:29:58 | Row[16] Col[80]
```

보통 개인 사용자가 터미널 에뮬레이터를 사용해 자신의 계정에 로그인한 다음 작업을 마친 후에도 정상적으로 로그아웃을 하지 않은 경우에는 이 사용자의 프로세스가 오랜 기간 동안 시스템 자원만 소비하면서 남아있는 경우가 자주 발생하게 된다. 아울러 개인 사용자들이 C쉘 프로그래밍 작업 시에 무한 루프에 빠져있는 경우도 빈번히 발생하는 편이다.

이처럼 프로세스 상태 확인 과정에서 일반 사용자의 작업 프로세스가 오랜 시간동안 중지 상태에 있는 경우에는 관리자가 이를 제거할 수가 있다.

프로세스 제거는 kill 명령을 이용한다. 이 명령도 몇 가지 옵션이 있지만 관리자에 의해 자주 사용되는 강제 종료 옵션에 대해서만 살펴보도록 한다.

사용법: kill –9 프로세스_아이디(PID)

아래 그림은 관리자가 프로세스 상태를 ps 명령과 –ef 옵션으로 실행한 결과인데, 여기서 개인 사용자 abc의 프로세스를 강제 종료하기 위해 kill 명령을 내리는 모습을 살펴볼 수가 있다.

```
ITPOWER - PineTerm v2.0.6
    root  1162  1142   0    1월 04 ?         6:17 dtgreet -display :0
    root  1163  1162   0         - ?         0:00 <defunct>
    root  1118  1115   0    1월 04 ?         5:42 /usr/openwin/bin/Xsun :0 -def
depth 24 -nobanner -auth /var/dt/A:0-0iaylc
   smmsp   639     1   0    1월 04 ?         0:04 /usr/lib/sendmail -Ac -q15m
    root   615     1   0    1월 04 ?         0:05 /usr/lib/fm/fmd/fmd
noaccess  1204     1   0    1월 04 ?        26:07 /usr/java/bin/java -server -X
mx128m -XX:+BackgroundCompilation -XX:PermSize=32m
     abc  8645  8642   0 11:41:50 pts/1      0:00 -csh
    root  1115     1   0    1월 04 ?         0:00 /usr/dt/bin/dtlogin -daemon
    root  1142  1115   0    1월 04 ?         0:00 /usr/dt/bin/dtlogin -daemon
    root   632     1   0    1월 04 ?         0:00 /usr/lib/dmi/dmispd
    root  8793   424   0 12:39:26 ?          0:00 /usr/sbin/in.telnetd
    root   635     1   0    1월 04 ?         0:25 /usr/sfw/sbin/snmpd
    root  8901  8842   0 15:54:38 pts/1      0:00 ps -ef
# kill -9 8645
 15 | 16 | 56 | 16 | Eng | 05-15:42:20
```

아래 그림은 관리자에 의해 강제 종료된 사용자의 화면 모습을 보여주고 있다. 사용자의 명령어 처리를 담당하는 C쉘(csh) 프로세스를 제거함으로써 사용자가 더 이상 명령 작업을 하지 못하고 강제 종료됨을 알 수 있다.

```
ITPOWER - PineTerm v2.0.6
[ITPOWER]/WEB/usr/abc> ls
aaa       can       fibo      hanoi2    result    test      vt
bb        display   gcd       lotto     reverse   test.tar
binary    fact      hanoi     nan       rock      testfile
[ITPOWER]/WEB/usr/abc>

- 접속이 종료 되었습니다.
- 시간 : 2014년 2월 5일 수요일 15:49:25
 24 | 5 | 50 | 9 | Eng | 05-15:48:35
```

이 명령어는 개인 사용자의 경우에도 사용 가능하다. 자신이 개발한 C쉘 프로그램이 무한 루프에 빠져 헤어나지 못하고 있는 경우에 보통 CTRL+C 키를 눌러 벗어날 수 있지만 그렇지 못하는 상황일 경우에는 무한 루프에 빠진 프로세스를 찾아내서 제거할 수밖에 없다.

개인 사용자가 자신이 살펴볼 수 있는 시스템의 모든 프로세스 리스트를 보려면 관리자와는 다른 -au 옵션을 사용해야 한다.

사용법: ps -au

아래 그림은 일반 사용자 abc가 자신이 사용하고 있는 유닉스 시스템의 프로세스 상태를 확인하고 있는 모습이다. 시스템 관리자와는 달리 일부 프로세스만 볼 수 있음을 알 수 있다.

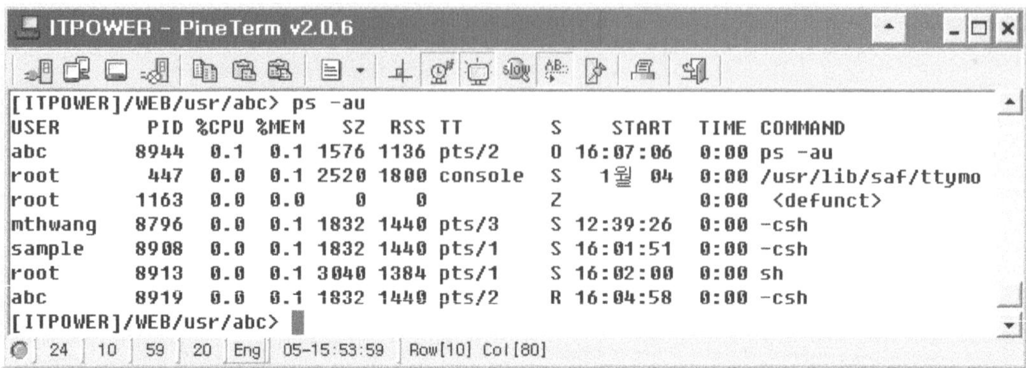
ITPOWER - PineTerm v2.0.6
[ITPOWER]/WEB/usr/abc> ps -au
USER PID %CPU %MEM SZ RSS TT S START TIME COMMAND
abc 8944 0.1 0.1 1576 1136 pts/2 O 16:07:06 0:00 ps -au
root 447 0.0 0.1 2520 1800 console S 1월 04 0:00 /usr/lib/saf/ttymo
root 1163 0.0 0.0 0 0 Z 0:00 <defunct>
mthwang 8796 0.0 0.1 1832 1440 pts/3 S 12:39:26 0:00 -csh
sample 8908 0.0 0.1 1832 1440 pts/1 S 16:01:51 0:00 -csh
root 8913 0.0 0.1 3040 1384 pts/1 S 16:02:00 0:00 sh
abc 8919 0.0 0.1 1832 1440 pts/2 R 16:04:58 0:00 -csh
[ITPOWER]/WEB/usr/abc>
24 10 59 20 Eng 05-15:53:59 Row[10] Col[80]

개인 사용자가 별도의 옵션 없이 ps 명령을 내리는 경우에는 아래 그림과 같이 개인 사용자만의 간략화된 프로세스 정보를 볼 수 있다.

ITPOWER - PineTerm v2.0.6
[ITPOWER]/WEB/usr/abc> ps
PID TT S TIME COMMAND
8919 pts/2 S 0:00 -csh
8945 pts/2 O 0:00 ps
[ITPOWER]/WEB/usr/abc>
24 10 62 5 Eng 05-15:55:35

개인 사용자가 자신의 프로세스 중에서 삭제를 원하는 프로세스가 존재하는 경우 kill 명령을 통해 제거할 수가 있다. 아래 그림은 자신의 C쉘을 삭제하여 자동적으로 로그아웃되는 과정을 보여주고 있다.

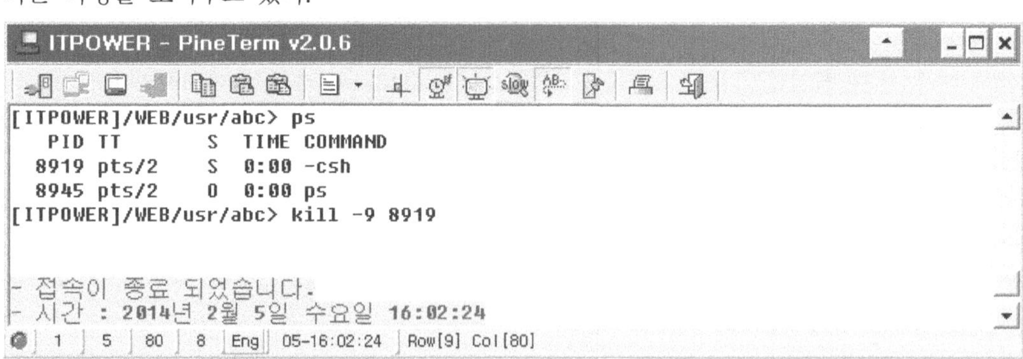
ITPOWER - PineTerm v2.0.6
[ITPOWER]/WEB/usr/abc> ps
PID TT S TIME COMMAND
8919 pts/2 S 0:00 -csh
8945 pts/2 O 0:00 ps
[ITPOWER]/WEB/usr/abc> kill -9 8919
- 접속이 종료 되었습니다.
- 시간 : 2014년 2월 5일 수요일 16:02:24
1 5 80 8 Eng 05-16:02:24 Row[9] Col[80]

3) 디스크 사용량 관리

유닉스 시스템 관리자는 자신이 관리하고 서버의 파일 시스템 구조 및 디스크 사용 정도를 확인할 필요가 있다. 다수의 사용자를 위한 서버 시스템이다 보니 디스크 용량이 부족한 경우 추가로 디스크를 추가한다거나 개인 사용자의 불필요한 파일 삭제를 요청해 디스크 공간을 확보해야 할 필요성이 있기 때문이다.

이러한 목적을 위해 사용되는 명령이 바로 df 명령이다. df 명령 역시 다수의 옵션 선택이 가능하나 파일 시스템에 대한 상세한 정보를 한꺼번에 모두 보여주는 -k 옵션에 대해서만 살펴보도록 한다. 다른 옵션들에 대해서는 각자 온라인 매뉴얼을 참고하도록 하자.

사용법: df -k

df 명령의 경우 관리자뿐만 아니라 개인 사용자 역시 동일한 명령을 통해 본인이 사용중인 유닉스 서버 시스템의 파일 시스템 구조와 디스크 사용량을 확인해 볼 수 있다. 아래 그림은 개인 사용자 sample의 홈 디렉토리에서 df -k 명령을 내린 결과를 보여주고 있다. 관리자가 df -k 명령을 내린 경우에도 동일한 결과를 보여주게 된다.

```
ITPOWER - PineTerm v2.0.6
[ITPOWER]/WEB/usr/sample> df -k
파일시스템           K바이트    사용      가용     용량    설치지점
/dev/dsk/c0t0d0s0    20655025 6215755 14232720    31%     /
/devices                    0       0        0     0%    /devices
ctfs                        0       0        0     0%    /system/contract
proc                        0       0        0     0%    /proc
mnttab                      0       0        0     0%    /etc/mnttab
swap                 11610256    1552 11608704     1%     /etc/svc/volatile
objfs                       0       0        0     0%    /system/object
/platform/sun4u-us3/lib/libc_psr/libc_psr_hwcap1.so.1
                     20655025 6215755 14232720    31%     /platform/sun4u-us3/lib
/libc_psr.so.1
/platform/sun4u-us3/lib/sparcv9/libc_psr/libc_psr_hwcap1.so.1
                     20655025 6215755 14232720    31%     /platform/sun4u-us3/lib
/sparcv9/libc_psr.so.1
fd                          0       0        0     0%    /dev/fd
swap                 11608736      32 11608704     1%     /tmp
swap                 11608760      56 11608704     1%     /var/run
/dev/dsk/c0t1d0s0    70589121   65553 69817677     1%     /DATA2
/dev/dsk/c0t3d0s0    141179002 5326148 134441064     4%     /WEB2
/dev/dsk/c0t2d0s0    141179002 3870412 135896800     3%     /WEB
/dev/dsk/c0t0d0s3    41671194 2219644 39034839     6%     /DATA
[ITPOWER]/WEB/usr/sample>
 27 | 24 | 56 | 23 | Eng | 05-21:49:18
```

그림에서 알 수 있듯이 이 서버 시스템은 디스크를 5개의 파티션(/dev/dsk/c0t0d0s0, /dev/dsk/c0t1d0s0, /dev/dsk/c0t3d0s0, /dev/dsk/c0t2d0s0 및 /dev/dsk/c0t0d0s3)으로 나

누고 있으며, 각각 /(루트), /DATA2, /WEB2, /WEB 그리고 /DATA의 다섯 개 파일 시스템으로 이름 지어 구분 관리하고 있다. 이들 다섯 개 파일 시스템을 제외한 나머지 부분은 모두 /(루트) 파일 시스템에 종속적인 부분으로 생각하면 된다.

그리고 각 파일 시스템을 위해 할당된 디스크 크기, 사용량, 남은 용량 그리고 사용량 비율을 보여주고 있음을 알 수 있다. 루트 파일시스템이나 개인 사용자의 디스크 사용량이 할당된 디스크 용량에 근접해 저장 공간이 부족하게 되면 시스템의 반응이 늦어지거나 심지어 더 이상의 작업을 못하는 경우가 발생할 수가 있다.

df 명령이 유닉스 서버의 전체 파일 시스템에 대한 정보를 보여주는 반면, 유닉스 서버 시스템 관리자나 개인 사용자가 자신의 홈 디렉토리나 특정 디렉토리가 차지하고 있는 디스크 용량을 확인하고자 하는 경우에는 du 명령이 사용된다.

사용법: du [-s] [디렉토리명]

아래 그림은 sample 사용자의 홈 디렉토리에 있는 여러 디렉토리들 중에서 xyz 디렉토리에 대한 디스크 사용량을 확인하고 있는 모습이다.

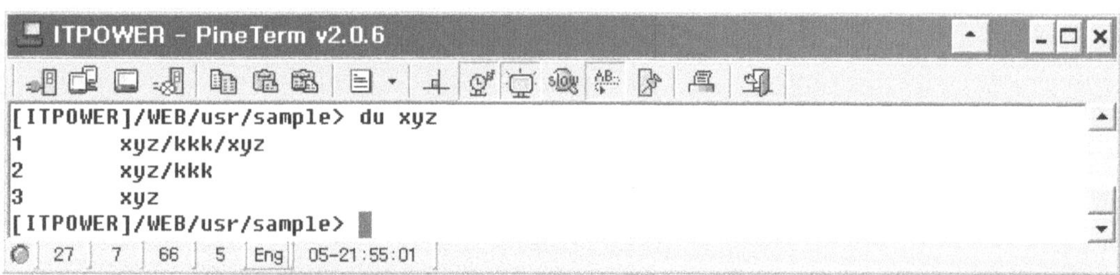
ITPOWER - PineTerm v2.0.6
[ITPOWER]/WEB/usr/sample> du xyz
1   xyz/kkk/xyz
2   xyz/kkk
3   xyz
[ITPOWER]/WEB/usr/sample>
27 7 66 5 Eng 05-21:55:01

디렉토리 내에 서브 디렉토리가 존재하게 되는 경우에 각각의 서브 디렉토리에 대해서도 디스크 사용량을 보여주고 있음을 알 수 있다. du 명령 역시 몇 가지 옵션이 사용될 수 있으나 개별 디렉토리의 디스크 사용량을 모두 합친 결과만을 보여주는 -s 옵션에 대해서만 알아두도록 하자.

ITPOWER - PineTerm v2.0.6
[ITPOWER]/WEB/usr/sample> du -s xyz
3   xyz
[ITPOWER]/WEB/usr/sample>
27 5 33 3 Eng 05-21:58:40

du -s 옵션 뒤에 디렉토리 명을 입력하지 않으면 명령을 내리고 있는 현재 디렉토리가

차지하고 있는 디스크 사용량을 보여주게 된다.

```
ITPOWER - PineTerm v2.0.6
[ITPOWER]/WEB/usr/sample> du -s
5146    .
[ITPOWER]/WEB/usr/sample>
27 | 3 | 48 | 3 | Eng | 05-22:03:00
```

디렉토리 명이나 -s 옵션 없이 du 명령을 내리는 경우에는 아래 그림과 같이 현재 디렉토리의 모든 서브 디렉토리에 대한 디스크 사용량을 확인할 수 있다.

```
ITPOWER - PineTerm v2.0.6
[ITPOWER]/WEB/usr/sample> du
1       ./room1
1       ./can
1       ./pt
1       ./can2
1       ./.trash
1       ./ls
1       ./exam1/doc
1       ./exam1/hwp
1       ./exam1/c
5       ./exam1
9       ./exam2
11      ./exam3
4       ./exam4
2       ./exam5
1       ./doc
2       ./exam6
4647    ./test
1       ./xyz/kkk/xyz
2       ./xyz/kkk
3       ./xyz
1       ./.tar
5146    .
[ITPOWER]/WEB/usr/sample>
27 | 30 | 34 | 24 | Eng | 05-21:52:00
```

4) 시스템 사용 시간 확인

last 라는 명령은 개인 사용자의 시스템 사용 기록을 조회할 수 있는 기능을 제공한다. 개인 사용자들이 언제 서버 시스템에 접속해 얼마의 시간 동안 시스템을 사용했는지를 알 수 있으므로, 학교에서 학생들을 대상으로 유닉스 수업을 진행하는 경우 개인 사용자가 실제 어느 정도 수업에 참여하거나 시스템을 사용하였는가를 알 수 있게 된다.

사용법: last [사용자_ID]

아래 그림은 sample 사용자가 최근에 유닉스 서버 시스템을 사용한 기록을 조회하고 있는 모습이다. 화면상에서 한 페이지 이상 출력이 되므로 파이프와 more 명령으로 한 페이지 단위로 출력해 보고 있음을 알 수 있다.

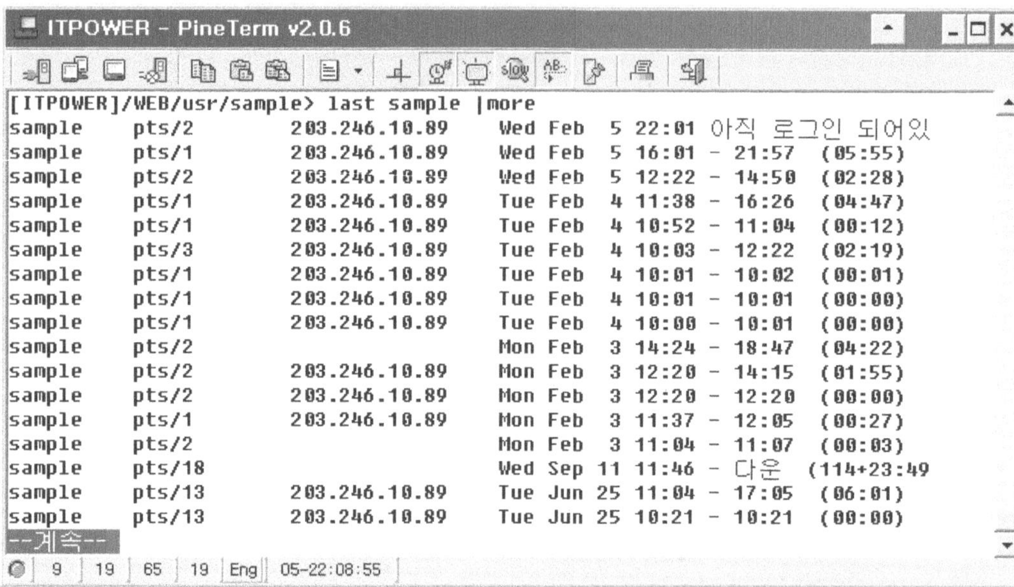
ITPOWER - PineTerm v2.0.6
[ITPOWER]/WEB/usr/sample> last sample |more
sample pts/2 203.246.10.89 Wed Feb 5 22:01 아직 로그인 되어있
sample pts/1 203.246.10.89 Wed Feb 5 16:01 - 21:57 (05:55)
sample pts/2 203.246.10.89 Wed Feb 5 12:22 - 14:50 (02:28)
sample pts/1 203.246.10.89 Tue Feb 4 11:38 - 16:26 (04:47)
sample pts/1 203.246.10.89 Tue Feb 4 10:52 - 11:04 (00:12)
sample pts/3 203.246.10.89 Tue Feb 4 10:03 - 12:22 (02:19)
sample pts/1 203.246.10.89 Tue Feb 4 10:01 - 10:02 (00:01)
sample pts/1 203.246.10.89 Tue Feb 4 10:01 - 10:01 (00:00)
sample pts/1 203.246.10.89 Tue Feb 4 10:00 - 10:01 (00:00)
sample pts/2 Mon Feb 3 14:24 - 18:47 (04:22)
sample pts/2 203.246.10.89 Mon Feb 3 12:20 - 14:15 (01:55)
sample pts/2 203.246.10.89 Mon Feb 3 12:20 - 12:20 (00:00)
sample pts/1 203.246.10.89 Mon Feb 3 11:37 - 12:05 (00:27)
sample pts/2 Mon Feb 3 11:04 - 11:07 (00:03)
sample pts/18 Wed Sep 11 11:46 - 다운 (114+23:49
sample pts/13 203.246.10.89 Tue Jun 25 11:04 - 17:05 (06:01)
sample pts/13 203.246.10.89 Tue Jun 25 10:21 - 10:21 (00:00)
--계속--
9 19 65 19 Eng 05-22:08:55

5) 소유자 및 그룹 관리

유닉스 시스템 관리자가 특정 사용자의 파일이나 디렉토리를 다른 사용자에게 복사해 주어야 하는 경우가 발생할 수 있다. 이러한 작업은 모든 사용자의 파일 및 디렉토리에 대한 접근 권한을 가지는 root 관리자 권한을 가져야만 가능하다. 따라서 아래와 같이 su 명령을 이용해 관리자 권한을 얻도록 한다.

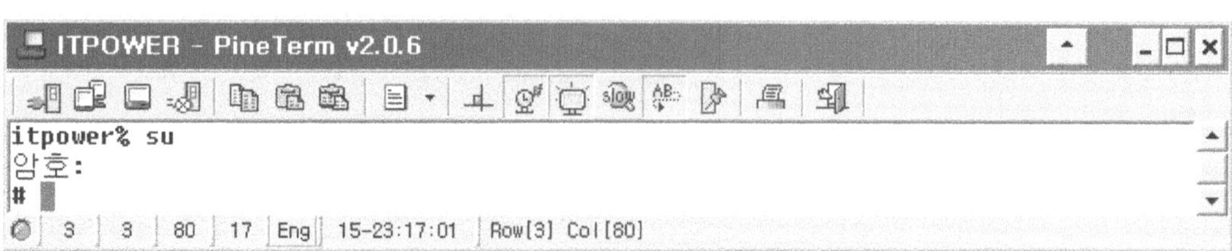
ITPOWER - PineTerm v2.0.6
itpower% su
암호:
#
3 3 80 17 Eng 15-23:17:01 Row[3] Col[80]

아래 그림은 관리자 권한으로 sample 사용자의 홈 디렉토리에서 두 개의 파일을 abc 사용자의 홈 디렉토리로 복사하고 있는 모습을 보여주고 있다.

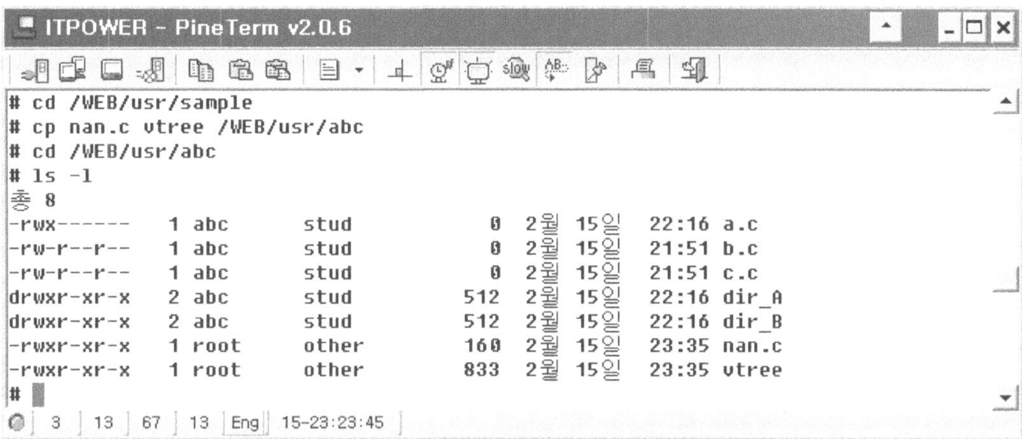
ITPOWER - PineTerm v2.0.6
cd /WEB/usr/sample
cp nan.c vtree /WEB/usr/abc
cd /WEB/usr/abc
ls -l
총 8
-rwx------ 1 abc stud 0 2월 15일 22:16 a.c
-rw-r--r-- 1 abc stud 0 2월 15일 21:51 b.c
-rw-r--r-- 1 abc stud 0 2월 15일 21:51 c.c
drwxr-xr-x 2 abc stud 512 2월 15일 22:16 dir_A
drwxr-xr-x 2 abc stud 512 2월 15일 22:16 dir_B
-rwxr-xr-x 1 root other 160 2월 15일 23:35 nan.c
-rwxr-xr-x 1 root other 833 2월 15일 23:35 vtree
#
3 13 67 13 Eng 15-23:23:45

복사가 제대로 되었나 abc 사용자의 홈 디렉토리를 방문해 살펴보면 방금 복사해 준 두 개의 파일이 있음을 알 수 있다. 그런데 이 두 개의 파일을 자세히 살펴보면 다른 파일들과는 달리 소유자와 그룹 이름이 다르다는 것을 알 수 있다.

만약 이 상태로 두게 되면 사용자 abc는 이 두 개의 파일에 대해 쓰기 작업을 할 수가 없다. 왜냐하면 이 두 개의 파일에 대한 소유자가 아니며, 다른 사용자들에 대한 접근 권한에 쓰기 권한도 주어져 있지 않기 때문이다.

만약 이 상태에서 사용자 abc가 vi 편집기로 파일을 열어 수정 작업을 한 다음 저장하려 하면 아래 그림과 같이 읽기 전용 파일이라는 메시지와 함께 수정한 파일을 저장할 수 없는 상황이 빚어진다.

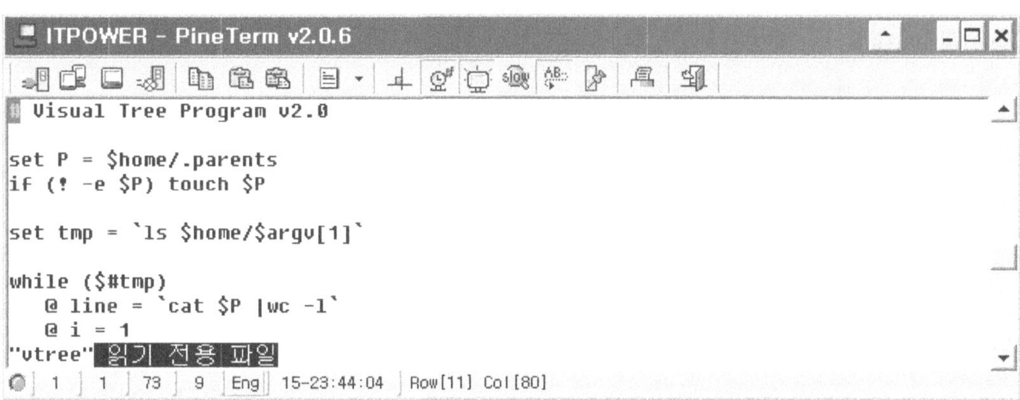
ITPOWER - PineTerm v2.0.6
Visual Tree Program v2.0
set P = $home/.parents
if (! -e $P) touch $P
set tmp = `ls $home/$argv[1]`
while ($#tmp)
@ line = `cat $P |wc -l`
@ i = 1
"vtree" 읽기 전용 파일
1 1 73 9 Eng 15-23:44:04 Row[11] Col[80]

따라서 관리자는 파일 복사 후에 반드시 chown 명령과 chgrp 명령을 이용해 복사한 파일의 소유자와 그룹명을 바꿔주는 작업을 해줘야 한다.

사용법: chown 사용자_ID 파일명(혹은 디렉토리명)...
사용법: chgrp 그룹명 파일명(혹은 디렉토리명)...

chown 명령은 파일 혹은 디렉토리의 소유자를 바꾸어 주는 명령이며, chgrp 명령은 파일 혹은 디렉토리의 그룹명을 바꾸어 주는 명령이다. 두 명령 모두 파일명이나 디렉토리명이 여러 개 나열되어도 무방하다.

아래 그림은 관리자가 복사해 준 파일의 소유자와 그룹명을 수정하는 과정을 보여주고 있다.

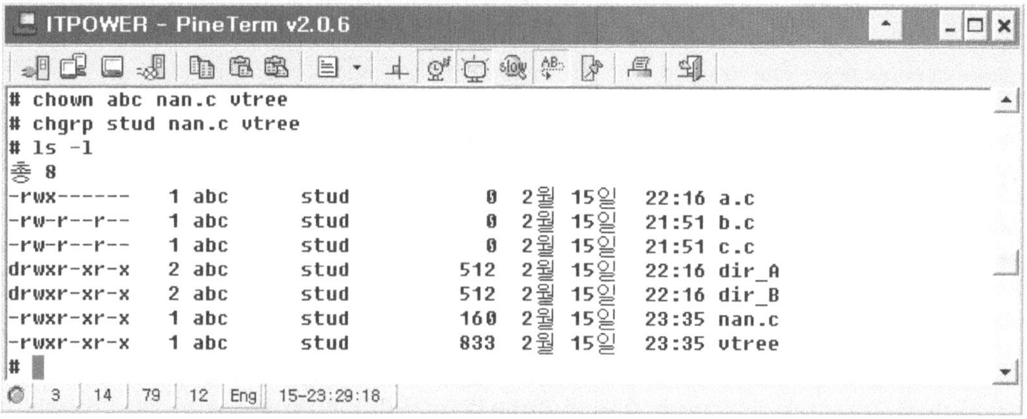
ITPOWER - PineTerm v2.0.6
chown abc nan.c vtree
chgrp stud nan.c vtree
ls -l
총 8
-rwx------   1 abc   stud   0 2월 15일   22:16 a.c
-rw-r--r--   1 abc   stud   0 2월 15일   21:51 b.c
-rw-r--r--   1 abc   stud   0 2월 15일   21:51 c.c
drwxr-xr-x   2 abc   stud   512 2월 15일   22:16 dir_A
drwxr-xr-x   2 abc   stud   512 2월 15일   22:16 dir_B
-rwxr-xr-x   1 abc   stud   160 2월 15일   23:35 nan.c
-rwxr-xr-x   1 abc   stud   833 2월 15일   23:35 vtree
#
3 | 14 | 79 | 12 | Eng | 15-23:29:18

6. 백그라운드 작업

유닉스 서버 시스템 관리자나 개인 사용자가 오랜 시간이 걸리는 명령을 실행하게 되는 경우에 그 작업이 완료되기 전에는 명령 프롬프트가 화면상에 나타나지 않으므로 다른 명령어를 내리지 못하는 경우가 발생한다. 보통 터미널 에뮬레이터를 사용하는 경우에는 아래 그림과 같이 다수의 세션을 열어 동시에 작업이 가능하지만, 단일 터미널 창만 열어서 작업하고 있는 중이거나 서버 시스템에 직접 연결된 콘솔 화면과 같이 단일 화면 상에서 작업을 해야 하는 경우에는 큰 불편이 야기된다.

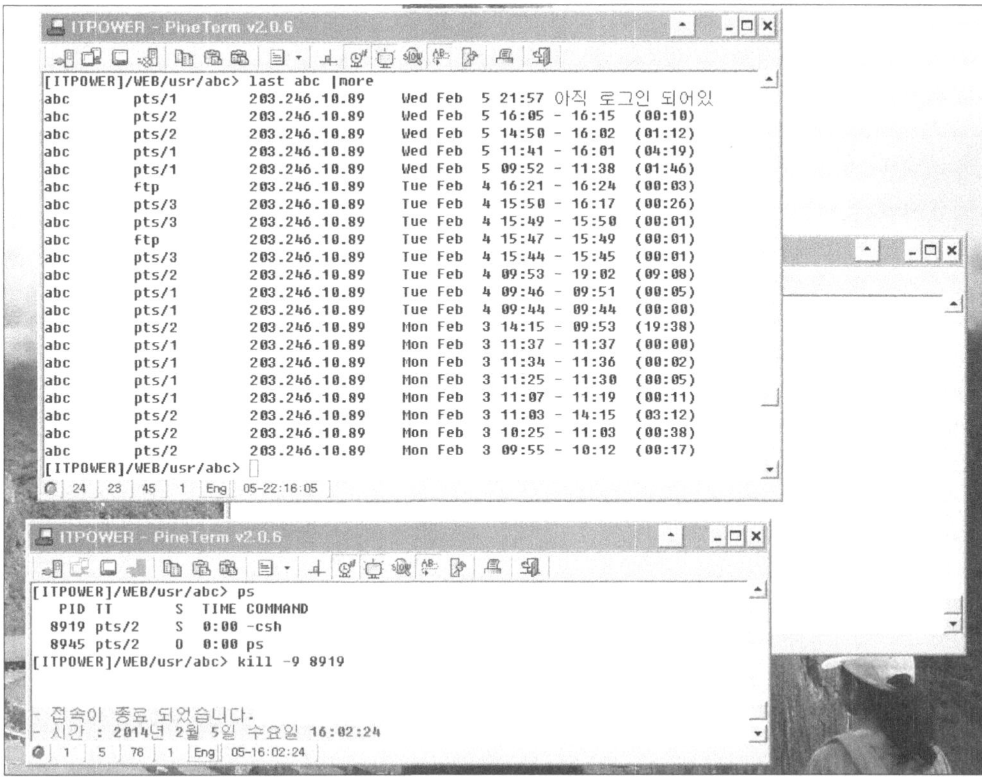
ITPOWER - PineTerm v2.0.6
[ITPOWER]/WEB/usr/abc> last abc |more
abc pts/1 203.246.10.89 Wed Feb 5 21:57 아직 로그인 되어있
abc pts/2 203.246.10.89 Wed Feb 5 16:05 - 16:15 (00:10)
abc pts/2 203.246.10.89 Wed Feb 5 14:50 - 16:02 (01:12)
abc pts/1 203.246.10.89 Wed Feb 5 11:41 - 16:01 (04:19)
abc pts/1 203.246.10.89 Wed Feb 5 09:52 - 11:38 (01:46)
abc ftp 203.246.10.89 Tue Feb 4 16:21 - 16:24 (00:03)
abc pts/3 203.246.10.89 Tue Feb 4 15:50 - 16:17 (00:26)
abc pts/3 203.246.10.89 Tue Feb 4 15:49 - 15:50 (00:01)
abc ftp 203.246.10.89 Tue Feb 4 15:47 - 15:49 (00:01)
abc pts/3 203.246.10.89 Tue Feb 4 15:44 - 15:45 (00:01)
abc pts/2 203.246.10.89 Tue Feb 4 09:53 - 19:02 (09:08)
abc pts/1 203.246.10.89 Tue Feb 4 09:46 - 09:51 (00:05)
abc pts/1 203.246.10.89 Tue Feb 4 09:44 - 09:44 (00:00)
abc pts/2 203.246.10.89 Mon Feb 3 14:15 - 09:53 (19:38)
abc pts/1 203.246.10.89 Mon Feb 3 11:37 - 11:37 (00:00)
abc pts/1 203.246.10.89 Mon Feb 3 11:34 - 11:36 (00:02)
abc pts/1 203.246.10.89 Mon Feb 3 11:25 - 11:30 (00:05)
abc pts/1 203.246.10.89 Mon Feb 3 11:07 - 11:19 (00:11)
abc pts/2 203.246.10.89 Mon Feb 3 11:03 - 14:15 (03:12)
abc pts/2 203.246.10.89 Mon Feb 3 10:25 - 11:03 (00:38)
abc pts/2 203.246.10.89 Mon Feb 3 09:55 - 10:12 (00:17)
[ITPOWER]/WEB/usr/abc>
24 23 45 1 Eng 05-22:16:05
ITPOWER - PineTerm v2.0.6
[ITPOWER]/WEB/usr/abc> ps
PID TT S TIME COMMAND
8919 pts/2 S 0:00 -csh
8945 pts/2 O 0:00 ps
[ITPOWER]/WEB/usr/abc> kill -9 8919
- 접속이 종료 되었습니다.
- 시간 : 2014년 2월 5일 수요일 16:02:24
1 5 78 1 Eng 05-16:02:24

이러한 경우에는 오랜 시간이 걸리는 작업 명령의 뒤에다 & 기호를 붙여줌으로써 백그라운드 작업이 가능하게 한다.

사용법: 명령어 &

여기서 명령어 부분에는 명령 프롬프트 상에서 내릴 수 있는 유닉스 명령어와 개인 사용자가 직접 만든 C쉘 프로그램이 될 수가 있다. 예를 들어 1부터 1,000,000까지 숫자 중에서 소수를 출력하는 C쉘 프로그램을 만들어 실행하게 되는 경우 모든 결과를 얻어내기까지 오랜 시간이 소요될 것이다. 따라서 이러한 경우에 실행 명령 끝에다 & 기호를 붙여줌으로써 실행과 동시에 프롬프트가 나타나게 되며, 다른 작업을 할 수가 있게 된다.

하지만 백그라운드 실행 중인 명령은 처리 결과를 얻어낼 때마다 화면상에 출력하게 되므로 다른 작업에 불편을 끼칠 수 있다. 따라서 보통 이러한 백그라운드 작업은 화면상의 결과 출력 보다는 별도의 파일에다 결과를 출력하도록 명령을 내리거나 C쉘 프로그램을 만들어야 할 것이다.

아래 그림은 유닉스 시스템 관리자가 전체 파일 시스템에서 확장자가 c인 파일들을 찾아서 접근 권한을 변경하는 작업을 백그라운드로 실행하는 모습을 보여주고 있다.

```
# find / -name "*.c" -exec chmod 755 {} \; &
```

7. 사용자 정보

유닉스 시스템 관리자 혹은 개인 사용자가 자신의 정보나 다른 사용자의 정보를 확인하려면 who, w 및 finger 명령어를 사용하게 된다.

아래 그림은 개인 사용자가 who 명령을 실행한 결과이다. 동일한 유닉스 서버 시스템을 사용하는 다른 사용자들의 아이디와 접속 시간 정보를 알 수 있다.

```
[ITPOWER]/WEB/usr/abc> who
abc          pts/1          2월  8일   19:48         (203.246.10.89)
sample       pts/2          2월  8일   19:52         (203.246.10.89)
mthwang      pts/3          2월  8일   19:52         (203.246.10.89)
[ITPOWER]/WEB/usr/abc>
```

만약 자신의 정보만 보고 싶다면 명령 라인에서 whoami 혹은 who am i 라고 입력하면 된다. whoami 라고만 입력하면 자신의 사용자 아이디만 보여주게 되며, who am i 라고 입력하면 앞서 살펴본 who 명령의 결과에서 자신의 정보만을 보여주는 것과 동일함을 알 수 있다.

```
[ITPOWER]/WEB/usr/abc> whoami
abc
[ITPOWER]/WEB/usr/abc> who am i
abc          pts/1          2월  8일   19:48         (203.246.10.89)
[ITPOWER]/WEB/usr/abc>
```

w 명령은 who 명령과는 달리 사용자가 어떤 작업을 하고 있는지도 보여준다. 아래 그림은 w 명령을 실행한 결과이다.

```
ITPOWER - PineTerm v2.0.6
[ITPOWER]/WEB/usr/abc> w
 11시44분오전  현재 가동중 36일, 8분,  4 사용자,  로드 평균: 0.00, 0.00, 0.00
사용자      터미늘            로그인시간  휴지   JCPU   PCPU  활동
mthwang  pts/1        11시37분오전     7               mail
abc      pts/2        11시37분오전                     w
sample   pts/3        11시38분오전     6               vi continue_test
abc      pts/4        11시44분오전                     -csh
[ITPOWER]/WEB/usr/abc>
 24 | 8 | 44 | 8 | Eng | 09-11:31:33
```

w 명령은 각 사용자가 어떠한 작업을 하고 있으며, 또한 얼마나 오랜 시간동안 아무런 작업 없이 휴지 상태에 있는지도 파악할 수 있다. 유닉스 시스템 관리자의 경우 장시간 휴지 상태에 있는 사용자에 대해 사용자 프로세스를 제거해 강제 종료시킬 수도 있으며, 사용자의 쉘 프로그램이 무한 반복 상태인지 여부도 파악해 이를 제거할 수 있으므로 w 명령은 관리자에게 특히 유용한 명령이라 볼 수 있다.

아래 그림에서 살펴보는 finger 명령은 개인 사용자의 상세 정보를 보여주는 명령이다. 개인 사용자의 홈 디렉토리, 마지막 로그인 시간, 사용하는 쉘뿐만 아니라 메일 확인 여부도 알 수 있다.

```
ITPOWER - PineTerm v2.0.6
[ITPOWER]/WEB/usr/abc> finger
Login       Name                TTY         Idle     When     Where
abc      UNIX                   pts/1            Sat 19:48   203.246.10.89
[ITPOWER]/WEB/usr/abc> finger abc
Login name: abc                          In real life: UNIX
Directory: /WEB/usr/abc                  Shell: /bin/csh
On since Feb  8 19:48:21 on pts/1 from 203.246.10.89
No unread mail
No Plan.
[ITPOWER]/WEB/usr/abc>
 24 | 10 | 76 | 10 | Eng | 08-19:39:57 | Row[10] Col[80]
```

이러한 finger 명령은 아래 그림과 같이 다른 사용자에 대해서도 내려 볼 수가 있다. 다른 사용자에 대해서는 자신과 마찬가지로 동일한 내용들을 살펴볼 수 있음을 알 수 있다.

ITPOWER - PineTerm v2.0.6
[ITPOWER]/WEB/usr/abc> finger mthwang
Login name: mthwang In real life: Prof. Hwang
Directory: /WEB/usr/mthwang Shell: /bin/csh
On since Feb 9 11:37:47 on pts/1
7 minutes 48 seconds Idle Time
Mail last read Sun Feb 9 11:37:51 2014
No Plan.
[ITPOWER]/WEB/usr/abc>
24 8 53 8 Eng 09-11:32:48

지금까지 유닉스 명령어 중에서 네트워크 관련 명령어, 암호 및 압축과 관련된 명령어, 관리자를 위한 명령어 및 그 밖의 알아두면 유용한 다양한 명령어들에 대한 소개를 다루었다.

이 책에서 다룬 유닉스 명령어와 C쉘 프로그래밍 예제 프로그램들이 비록 빈약해 보일지 몰라도 이 정도만 알고 있어도 유닉스 서버 시스템을 다루는 데 자신감을 가질 수 있을 것이다. 자신이 유닉스 관리자이건 개인 사용자이건 간에 이 책을 기초로 하여 다양한 유닉스 명령어를 자유자재로 사용할 수 있고, C쉘 프로그래밍을 이용해 보다 강력한 새로운 명령어나 유틸리티를 만들어 낼 수 있는 실력을 갖추어 나가길 바란다.

참고문헌

1. Anderson, 김창룡 역, The UNIX C SHELL Field Guide - 입문에서 현장실무까지, 홍릉과학출판사, 1997.

2. 쉘 스크립트, http://www.linuxlab.co.kr/docs/10-4.htm, 2002

3. Unix C-shell 변수와 환경변수, http://attiadmin.guyweb.co.kr/linux/shell2.html

4. UNIX Shell, https://cs.kangwon.ac.kr/~ysmoon/courses/2006_1/us/06.pdf

5. UNIX C-SHELL PROGRAMMING 기법, http://stone.backrush.com/sunfaq/kdk006.html

6. Shell 이란 무엇인가, http://math.ewha.ac.kr/~jylee/CompMath.html/unix2/h3.html

7. C 쉘 다루기, kihyun.uu.ac.kr/sub/lecture/unixintroduction/pdf-05.pdf

8. C 쉘 환경 변수 설정(UNIX 및 Linux), http://www-01.ibm.com/support/knowledgecenter/SSGSG7_6.4.0/com.ibm.itsm.mail.dom.unx.doc/task_domuev4.html?lang=ko

9. UNIX: C-Shell Scripts, The University of North Carolina, http://www.cims.nyu.edu/~ytang/c_script.html, 2011

10. Arnold Robbins, vi Editor Pocket Reference 1st Edition, O'Reilly Media,

1999

11. Robbins Arnold, Linda Lamb and Elbert Hannah, Learning the vi and Vim Editors, Seventh Edition. O'Reilly & Associates, Inc., 2008

12. The UNIX Time-Sharing System, http://www.alcatel-lucent.com/bstj/vol57-1978/articles/bstj57-6-1905.pdf, 1978

13. The Development of the C Language, http://cm.bell-labs.com/cm/cs/who/dmr/chist.html, 2003

14. Paul Wang, An Introduction to Berkeley UNIX, Wadsworth Publications Co., 1988

15. Gail Anderson and Paul Anderson, The Unix C Shell Field Guide, Prentice Hall, 1986

16. UNIX Shell Scripting, http://www.math.uga.edu/~caner/08reu/shell.html, 2002

17. Shell Scripting Primer, https://developer.apple.com/library/mac/documentation/opensource/conceptual/shellscripting/shell_scripts/shell_scripts.html, 2013

18. Shells and Shell Scripts, http://www.washington.edu/computing/unix/shell.html, 2007

19. Dennis M. Ritchie, Unix Manual, first edition, Lucent Technologies. 2001

20. Auslander, Marc A. and Larkin, David C. and Scherr, Allan L., The evolution of the MVS Operating System. IBM J. Research & Development, 1981

21. UNIX, Part One, http://www.ibiblio.org/team/intro/unix/what.html, 2002

22. Information Technology Corporate Histories Collection, http://corphist.computerhistory.org, 2007

23. Dennis M. Ritchie and Ken Thompson, The UNIX Time-Sharing System, Bell System Technology Journal, 1978

24. Silberschatz, Abraham and Galvin, Operating System Concepts (8th Edition), Hoboken, N.J.: Wiley & Sons, 2010

25. Pipes: A Brief Introduction, http://www.linfo.org/pipe.html, 2006

26. Regular Expressions, http://www.staff.tugraz.at/reinfried.o.peter/unix/regular.html

27. Malcolm J. Currie, C-Shell Cookbook, Rutherford Appleton Laboratory, Particle Physics & Astronomy Research Council, 2006

28. Practical Shell Scripting, http://csg.sph.umich.edu/docs/ShellScript/

29. Drew's grep tutorial, http://www.uccs.edu/~ahitchco/grep/

30. Felleisen, Matthias and Robert Bruce Findler, How to Design Programs: An Introduction to Computing and Programming, Cambridge, MASS: MIT Press, 2001

31. Brian J. Gough, An Introduction to GCC, Network Theory Ltd, 2005

32. Forouzan, B.A., TCP/IP: Protocol Suite. 1st ed, Tata McGraw-Hill Publishing Company Limited, 2000

33. Federal Standard 1037C, http://www.its.bldrdoc.gov/fs-1037/fs-1037c.htm, 1996

34. Elaine Barker and John Kelsey, Recommendation for Random Number Generation Using Deterministic Random Bit Generators, NIST, 2012

35. srand C++ Reference, http://www.cplusplus.com/reference/cstdlib/srand/

36. John Lions, Lions' Commentary on UNIX Sixth Edition, Peer to Peer Communications/ Annabook, 1977

37. Hansen, Per Brinch, Operating System Principles. Englewood Cliffs: Prentice Hal, 1973

38. Richard McDougall and Jim Mauro, Solaris Internals: Solaris 10 and OpenSolaris Kernel Architecture (2nd Edition), Prentice Hall, 2006

39. Sun Microsystems Security Engineers, Solaris 10 Security Essentials, Prentice Hall, 2009

40. Paul Watters, Solaris Administration: A Beginner's Guide, McGraw-Hill Companies, 2001

41. Paul Watters, Solaris 10 The Complete Reference (Osborne Complete Reference Series), McGraw-Hill Osborne Media, 2005

42. David Ennis and James C. Armstrong, Teach Yourself the Unix C Shell in 14 Days (Unix Library), Sams Publishing, 1994

43. Paul DuBois, Using csh & tcsh (Nutshell Handbooks), O'Reilly & Associates, 1995

44. Shirose and Anatole Olczak, C Shell Quick Reference Guide, Asp Inc, 1998

45. Martin Arick, UNIX C shell desk reference, QED Technical Pub. Group, 1992

46. Lowell Jay Arthur, UNIX Shell Programming, Wiley, 1997

47. Ellie Quigley, UNIX SHELLS BY EXAMPLE The Complete Guide to the C, Bourne, and Korn Shells Pus Awk, Sed and Grep, Prentice Hall, 1999

48. Rita K Hanson, A characterization of the use of the UNIX C shell, Computer Science Divison of University of Califonia, 1985

49. Arnold Robbins, vi and Vim Editors Pocket Reference: Support for every text editing task, O'Reilly Media, 2011

50. Unix in a Nutshell, Fourth Edition, Unix in a Nutshell, Fourth Edition, O'Reilly Media, 2005

51. Evi Nemeth; Garth Snyder; Trent R. Hein; Ben Whaley, UNIX and Linux System Administration Handbook (4th Edition), Prentice Hall, 2010

52. John R. Levine; Margaret Levine Young, UNIX For Dummies, For Dummies, 2004

53. Jerry Peek; Grace Todino-Gonguet; John Strang, Learning the UNIX Operating System, Fifth Edition, O'Reilly Media, 2001

54. vi Complete Key Binding List, http://hea-www.harvard.edu/~fine/Tech/vi.html

55. IEEE, IEEE Standard for Information Technology - Portable Operating System Interface (POSIX), IEEE Std 1003.1, 2001

56. W. Curtis Preston, Unix Backup and Recovery, O'Reillly Media, 1999

57. Network Working Group of the IETF, The Secure Shell (SSH) Authentication Protocol, RFC 4252, 2006

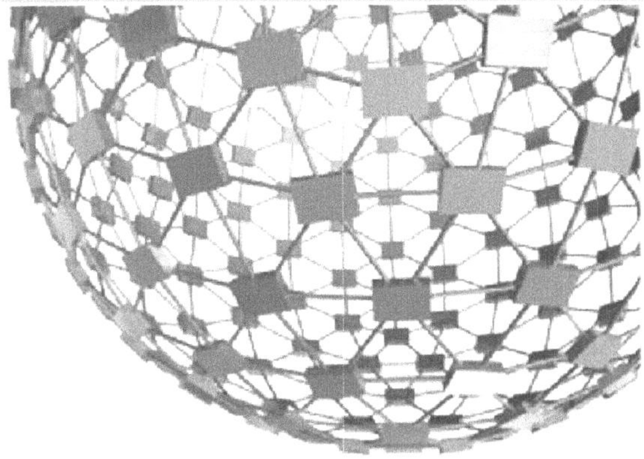

찾아보기(Index)

F

G

H

I

K

L

R

S

T

X

■ 저자약력

황민태

창원대학교 정보통신공학과 교수

유닉스 C쉘 프로그래밍

인 쇄 : 2014년 2월 15일
발 행 : 2014년 2월 20일
저 자 : 황민태
발 행 처 : 도서출판 한산
서울시 서대문구 수색로6길 43번지 105-602호
TEL : (02)304-3504 FAX : (02)304-3505
발 행 인 : 김 기 영
등록번호 : 제 10-1745 호
I S B N : 978-89-89215-94-3 93560

정가. 20,000원